新編諸子集成

吕氏春秋集釋

上

許維遹 撰
梁運華 整理

中華書局

整理説明

許維遹先生經過約四年半（一九二八年六月——一九三三年正月）時間精心結撰的吕氏春秋集釋，於一九三五年由清華大學作爲清華大學古籍整理叢刊之一排印出版，一九五五年文學古籍刊行社、一九八五年中國書店曾予以影印再版。現中華書局擬將其收入新編諸子集成，約我依例點校，加工要點如下：

一、原書僅有斷句，今一律改爲新式標點，其中不同之處不再説明。

一、原書「依據畢刻」，故用諸子集成本復校。畢本所取「舊校」，實乃明宋邦乂等校本，故更校以四部叢刊本。其他引文亦予復核。凡有改動，一律出校説明。

一、全書編排順序一依舊貌，其内容不予增删。學識所限，錯誤難免，盼讀者指正。

梁運華　二〇〇八年十月

呂氏春秋集釋總目

孝行覽第二凡八篇卷第十四

慎大覽第三凡八篇卷第十五

先識覽第四凡八篇卷第十六

呂氏春秋集釋序

呂氏春秋爲我國最早之有形式系統之私人箸述。蓋自先秦貴族政治崩壞以後，雖百家並起，各有述作，然皆僅具篇章，未有如後世所有之整書也。若世所傳之墨子、莊子等整書，乃秦以後人所結集，非其本如此也。即此等整書，就形式系統上言，亦不過差優於後世人之文集。獨呂氏春秋乃依預定計畫寫成，有十二紀、八覽、六論，綱具目張，條分理順，此在當時，蓋爲創舉，所以書成之後，文信侯布之國門，以自矜誇也。惟其書成於衆手，各記所聞，形式上雖具系統，思想上不成一家。然此書不名曰「呂子」，而名曰呂氏春秋，蓋文信侯本自以其書爲史也。史記謂呂不韋以其書「爲備天地萬物古今之事，號曰呂氏春秋」，亦以爲呂不韋以其書爲史耳。史記十二諸侯年表叙以呂氏春秋與左氏春秋、虞氏春秋並列，是史公亦以此書爲史也。以此書爲史，則其所紀先哲遺説、古史舊聞，雖片言隻字，亦可珍貴。故此書雖非子部之要籍，而實乃史家之寶庫也。有清一代，學者整理古書，是正文字，成績之大，超越前古。畢沅既已採諸家之説，爲呂氏春秋新校正矣，然自畢氏迄今，已百餘年，中間學者對於呂氏春秋又多整理，惟各家所得，散在羣書，讀呂氏春秋者苦難利用。許駿齋先生乃遍搜衆説，參以己見，成呂氏春秋集釋，使後之讀此書者得不勞而盡食以前學者整理此書之果，其利物之功宏矣。誠文信侯之功臣，高誘、畢沅之畏友，而孫詒讓、王先謙諸人之勁敵也。謹序。

中華民國二十四年九月十六日，唐河馮友蘭。

吕氏春秋集釋序

許君駿齋校栞其所爲吕氏春秋集釋既成，徵序於余。余受而讀之，曰：嗚呼！周、秦之際，士之治方術者多矣。百家之學，衆技異説，各有所出，皆有所長，時有所用。雖然，陰陽、儒、法、刑、名、兵、農之於治道，辟猶橑之於蓋，輻之於輪也，皆有所明而不能相通，是故攬掇一迹之蹤，拘繫一隅之指，而自以爲獨擅天地之美，判析萬物之理，徧察古今之全，此諭於一曲而不通天地之情者也。後之學者不達天地之純，宇宙之總，各爲其所欲，以自爲方，百家衆説蠭起，而道術乃爲天下裂矣。吕不韋以仲父之尊，處相國之位，獨能明黄帝、伊尹之道，使其客人人著所聞，集論以爲吕氏春秋，斟酌陰陽、儒、法、刑、名、兵、農百家衆説，採擷其精英，捐棄其畛挈，一以道術之經紀條貫統御之，誠可謂懷囊天地，爲道關門者矣。漢代大師高誘尋繹此書，以爲大出諸子之右，復依師訓，爲之詁解，并舉音讀，其可寶貴，直與許汶長説文解字竝驅爭先。班固志藝文，列之雜家。夫雜者會也，蓋先以道德爲標的，既定綱紀品式，乃博採九流，罔羅百氏，納於檢格之中，實能綜合方術之長，以成道術，非徒以鈔内羣言爲務者也。後之鄙儒隘士既昧斯義，又薄不韋爲人，遂少爲吕覽者。

其不陵遲以盡者，不絕如綫耳。有清諸師推本經術、研討故訓之間，每多援據，頗有匡正，而整齊補藝者未易得也。許君青士之彥，博通經傳，尤精校勘訓詁之學，棲心墳典，篤好呂書，以十年之力，著爲集釋廿六卷。嗚呼！當此九服崩離、學術放絕之日，許君獨能取我先民之鴻寶，補苴諟正，理而董之，使復大顯於世，其發揚文化之功，豈不偉與！後之覽者，欽念哉，欽念哉！

中華民國二十有四年十月十八日，合肥劉文典。

又余所爲札記，駿齋既採入注矣。頃復過余寓齋，偶檢敝篋稿本眎之，與共商討。察今篇「口惛之命不愉」，余校云：「本書精諭篇：『口唔不言，以精相告。』紂雖多心，弗能知矣。』口惛，蓋周季恒言，惛、唔音同字通。愉、諭形相近，又竝從俞得聲，古亦通用。『口唔不言，以精相告』，故臣下不能諭其指也。」駿齋頗韙余說，而剞劂久成，不及增入，故附誌於此。同日文典記。

呂氏春秋集釋序

駿齋從余遊，治呂覽，以畢校簡略，因參閲羣書，搜輯舊説，精研博討，撰次集釋二十六卷，而請序於余。余舊有舉正，已散見於注中。嘗謂：「呂氏春秋一書，雖有錯簡，而今本目次不相紊也。十二紀初爲一部，蓋以秦勢彊大，行將一統，故不韋延集賓客，各據所聞，撰月令，闡圜道，證人事，載天地、陰陽、四時、日月、星辰、五行、禮義之屬，名曰春秋，欲以定天下，施政教，故以序意殿其後焉。八覽、六論自可別行。觀其覽首有始，論原開春，旨趣相同，何容重複？實以智略之士各有所輯，編者混而一之，遂沿用春秋之名，太史公序紀於末。」又曰：「不韋遷蜀，世傳呂覽。序於末者，意甚尊之，非謂其次第必如此也。稱呂覽者，則行文之便矣。不韋著書之旨，當在十二紀，則覽、論置前殿末，竝無不可，不得拘滯於馬遷之文也。」晚周殽亂，百家蠭起，往往託古以自重，今世傳本，多失其真。呂書所引，最可依據。上農、任地、辯土、審時四篇，馬宛斯以爲即漢志農家野老之言，雖非塙論，而書中蘊藏皆此類也。高誘，漢末大儒，經術深邃，讀音解誼，竝有師承。惜今本譌錯衍挩，迷其意旨。「餔」誤爲「餲」，遂欲改移文注矣。「下」譌爲「至」，遂謂老子書名「上至經」矣。凡此之類，竝成大謬。駿齋分別斠注，其功匪細。若於校理之餘，仿賈、孔疏經之例，斟酌羣言，文注分釋，使先秦佚説觸類而推知，漢儒舊誼因此以徵彼，豈不善歟？駿齋其勉力爲之。

中華民國二十四年九月二十九日，鹽城孫人和。

吕氏春秋集釋自序

余爲吕氏春秋集釋二十六卷，起戊辰六月，至癸酉正月而殺青，爰序其首曰：夫吕覽之爲書，網羅精博，體製謹嚴，析成敗升降之數，備天地名物之文，總晚周諸子之精英，薈先秦百家之眇義，雖未必一字千金，要亦九流之喉襟，雜家之管鍵也。第自東京以降，脱誤漸多，屢經繕寫，校讐久廢。清儒治經，首以諟正文字爲事，旁及諸子，亦循此術。畢尚書秋帆廣採羣言，重付剞劂，補苴理董，功蓋前人。而篳路初開，榛蕪未剪，徵援雖廣，遺缺尚多。雖云據元本以下悉心校勘，而執編覆按，疏漏譌脱尚待刊正者猶數百事。且精栞如明張登雲、姜璧、李鳴春諸本，皆弇山所未及見。弇山以降百五十年，諸大師匡正浸多，考訂益富，惟簡編繁博，未有會歸。其他短書筆記，旁證遺聞，披沙揀金，取長舍短，雖通人其猶病諸，在初學更苦其蕪雜。是則狐白既集，成裘待人；和璞含光，敦琢斯貴矣。況夫孔、賈疏經，李氏注選，採華集萃，曲證旁求，雖有述事忘義之譏，實亦汲古考文之道。宋、元以來，踵注疏之風，遂多集注、集解、集傳、集釋之作。晚近學人，益相競尚，于是縱横四部，各有專書。採摭既多，檢尋倆便，其精者如孫仲容之詁墨子，劉先生之解淮南，衡量辨正，學者賴焉。余遠念前修，近承師教，于玩索之餘，輒自鈔纂，採真削繁，間附管見，依據畢刻，參伍別本，蓋于前人校讎訓詁之書，凡有發明，靡不甄録。其沿明、清人評點陋習及穿鑿附會者，輒加刪正。更自旁涉典籍，以廣異聞，質正師友，俾就繩墨。其或稽疑莫解，則丘蓋不言。如謂載咸陽市門之金，補高氏古注之闕，則吾豈敢。

中華民國二十有二年八月二十九日，滎成許維遹。

吕氏春秋集釋引用諸書姓氏

黄　生著義府。

臧　琳著經義雜記。

徐文靖著竹書紀年統箋。

惠　棟著九經古義。

盧文弨著鍾山札記。

程瑶田著九穀考。

段玉裁著説文解字注。

桂　馥著札樸。

孫志祖有校説引見吕子校補。

邵晉涵著南江札記。

梁玉繩著吕子校補、吕子校續補。

蔡　雲著吕子校補獻疑。

諸以敦有校説引見吕子校續補。
陳昌齊著吕氏春秋正誤。
錢坫著説文解字斠詮、爾雅釋地四篇。
王念孫著讀書雜志吕氏春秋校本（即吕氏春秋雜志初稿依畢刻本）。
茆泮林著吕氏春秋補校。
汪　中著舊學蓄疑、經義知新記。
武　億著經讀考異。
洪亮吉著曉讀書齋雜録。
梁履繩有校説引見吕子校補。
李賡芸著炳燭編。
郝懿行著山海經箋疏、爾雅義疏。
牟　庭著雪泥書屋雜志。
翟　灝著四書考異。
江　藩著爾雅小箋。
朱亦棟著羣書札記。

焦　循著易餘籥録、孟子正義。
王引之著經義述聞、經傳釋詞。
臧　庸著拜經日記。
許宗彦有校説引見吕子校續補。
嚴元照有校説引見吕子校續補。
陸繼輅著合肥學舍札記。
日本松皋圓著畢校吕氏春秋補正（鈔本）。
日本鹽田有校説引見上。
俞正燮著癸巳存稿、癸巳類稿。
凌　曙著羣書答問。
沈赤然著寄傲軒隨筆。
沈　濤著銅熨斗齋隨筆。
沈欽韓著左傳地名補注、左傳補注。
宋翔鳳著過庭録。
胡承珙著毛詩後箋。

王　筠著說文句讀。
朱駿聲著說文通訓定聲。
汪遠孫著國語發正。
張雲璈著四寸學。
張文虎著舒藝室隨筆。
徐　鼒著讀書雜釋。
沈　濂著懷小編。
左　暄著三餘偶筆。
王紹蘭著讀書雜記、說文段注訂補。
林昌彝著硯桂緒録。
陳　澧著聲律通考。
喬松年著蘿藦亭筆記。
蘇時學著爻山筆話。
徐時棟著煙嶼樓讀書志、煙嶼樓筆記。
吕調陽著吕氏春秋釋地。

孫鏘鳴著呂氏春秋高注補正。
蔣超伯著南漘楛語。
俞　樾著諸子平議、羣經平議。
阮惟和著小戴日記。
李慈銘著越縵堂日記。
吴汝綸著吕氏春秋點勘。
郭慶藩著莊子集釋。
孫詒讓著札迻、墨子間詁。
陶鴻慶著讀吕氏春秋札記(鈔本)。
王國維著觀堂集林。
劉咸炘著吕氏春秋發微。
劉師培著左盦集。
李寶淦著吕氏春秋高注補正。
章炳麟著劉子政左氏説、莊子解故、管子餘義、新方言。
吴闓生有校説引見吕氏春秋點勘。

馬叙倫著讀呂氏春秋記。

吴檢齋著呂覽舊注校理（稿本）、淮南舊注校理。

劉叔雅著三餘札記、淮南鴻烈集解、莊子補正。

孫蜀丞著呂氏春秋舉正（稿本）。

楊樹達有校説以函札商榷而得者。下同。

丁聲樹

楊德崇

呂氏春秋序

漢河東高誘撰○梁玉繩曰：「誘，涿人。見水經易水注。當靈、獻之時，從仝縣盧植。建安十年，辟司空掾，除東郡濮陽令。十七年，遷監河東。見高氏淮南子序。（誘又有正孟章句。見玉海。）」

呂不韋者，濮陽人也。爲陽翟之富賈，家累千金。秦昭襄王者，孝公之曾孫，惠文王之孫，武烈王之子也。太子死，以庶子安國君柱爲太子。柱有子二十餘人，所幸妃號曰華陽夫人。華陽夫人無子。○維遹案：「華陽夫人」原不重，據元至正嘉興本、許宗魯本、宋邦乂本、張登雲本、姜璧本增補。安國君庶子名楚，其母曰夏姬，不甚得幸，令楚質於趙。而不能顧質，數東攻趙。趙不禮楚。時不韋賈於邯鄲，見之，曰：「此奇貨也，不可失。」乃見楚曰：「吾能大子之門。」楚曰：「何不大君之門，乃大吾之門邪？」不韋曰：「子不知也，吾門待子門大而大之。」楚默幸之。不韋曰：「昭襄王老矣，而安國君爲太子。竊聞華陽夫人無子，能立適嗣者，獨華陽夫人耳。請以千金爲子西行，事安國君，令立子爲適嗣。」不韋乃以寶玩珍物獻華陽夫人，因言楚之賢，「以夫人爲天母，日夜涕泣，思夫人與太子」。夫人大喜，言於安國君，於是立楚爲適嗣，華陽夫人以爲己子，使不韋傅之。不韋取邯鄲姬，已有身。楚見説之，遂獻其姬。至楚所，生男，名之曰正，楚立之爲夫人。暨昭襄王薨，太子安國君立，○維遹案：「立」字許本、張本、姜本作「爲王」二字，史記本傳作「立爲王」。華陽夫人爲后，楚爲太子。安國君立一年薨，謚爲孝文王。太子楚立，是爲莊襄王，以不韋爲丞相，封爲文信侯，食河南雒陽十萬户。

莊襄王立三年而薨，太子正立，是爲秦始皇帝，尊不韋爲相國，號稱仲父。不韋乃集儒書，使著其所聞，○梁玉繩曰：「意林注作『儒士』，是也。『書』字譌。」○維遹案：「集儒書」御覽六百二引作「集諸儒」，禮記月令孔疏謂「集諸儒士」。爲十二紀、八覽、六論，合十餘萬言，○畢沅曰：「梁伯子曜北云：『史記十二諸侯年表序及呂不韋傳竝云著八覽、六論、十二紀。以紀居末，故世稱呂覽，舉其居首者言之。今呂氏春秋以十二紀爲首，似非本書序次。』愚案：以十二紀居首，此春秋之所由名也。漢書藝文志雜家載呂氏春秋二十六篇，不稱呂覽。鄭康成注禮記禮運『故聖人作則必以天地爲本』一節云：『天地以至於五行，其制作所取象也。禮義人情，其政治也。四靈者，其徵報也。此則春秋始於元、終於麟包之矣。呂氏説月令而謂之春秋，事類相近焉。』正義疏之云：『呂不韋説十二月之令謂爲呂氏春秋，事之倫類與孔子所修春秋相附近焉。月令亦載天地、陰陽、四時、日月、星辰、五行、禮義之屬，故云相近也。』據此，則自漢以來皆以呂氏春秋爲正名，至於行文之便則容有不拘耳。」○梁玉繩曰：「此余初校妄説也。史記表傳、文選楊修答臨淄侯牋注引桓譚新論及誘序俱著其名曰呂氏春秋，不獨藝文志、禮運注稱之。且古人作序皆在卷末，呂氏十二紀終而綴以序意，可知紀當居首，八覽、六論乃其附見者。」○維遹案：此文原作「爲十二紀八覽六論訓解各十餘萬言」，攷訓解爲高氏注呂氏春秋之名，此述紀、覽、論，中間不當涉及訓解，蓋後人以爲呂書字數十萬餘，高注字數十七萬餘，宜兼計之，故先增「訓解」二字，後改「合」字爲「各」，以足其數，其妄改痕迹可推知矣。御覽引正作「爲十二紀、八覽、六論合十餘萬言」，月令孔疏亦謂「著爲十二月紀合十餘萬言」，今據删正。 備天地萬物古今之事，名爲呂氏春秋。 暴之咸陽市門，懸千金其上，有能增損一字者與千金。○畢沅曰：「梁伯子云：『太平御覽八百九卷引史記同此序，而百九十一卷引史云：「呂不韋撰春秋成，牓於秦市曰：有人能改一字者，賜金三十斤。」豈別有所據乎？』」時人無能增損者。 誘以爲時人非不能也，蓋憚相國畏其勢耳。○梁玉繩曰：「論衡自紀云：『呂氏懸於市門，觀讀之者惶恐畏忌，雖乖不合，焉敢譴一字。』誘蓋本此。」然此書所尚，以道德爲標的，○維遹案：御覽引「標」作「準」。 以無爲爲綱紀，以忠義爲品式，以公方爲檢格，與孟軻、孫卿、淮南、揚雄相表裏也，是以著在録、略。 誘正孟子章句，作淮南、孝經解畢訖，家有此書，尋繹案省，大出諸子之右，既有脱誤，小儒又以私意改定，猶慮傳義失其本真，少能詳之，故復依先師舊訓，輒乃爲之解焉，以述古儒之旨，凡十七萬三千五十四言。 若有紕繆不經，後之君子斷而裁之，比其義焉。○維遹案：張本「斷」作「斲」。

呂氏春秋集釋卷第一

榮成許維遹學

呂氏春秋訓解　高氏

孟春紀第一　本生　重己　貴公　去私

一曰：孟春之月，日在營室，孟，長。春，時。夏之正月也。營室，北方宿，衛之分野。是月，日躔此宿。昏參中，旦尾中。參，西方宿，晉〔一〕之分野。尾，東方宿，燕之分野。是月昏旦時皆中於南方。其日甲乙，其帝太皞，甲乙，木日也。太皞，伏羲氏，以木德王天下之號，死祀於東方，爲木德之帝。○維遹案：據淮南天文注，此注「死」下當有「託」字。孟夏紀注：「神農死，託祀於南方。」其比正同。其神句芒，句芒，少皞氏之裔子曰重，佐木德之帝，死爲木官之神。其蟲鱗，其音角，東方少陽，物去太陰，甲散爲鱗。鱗，魚屬也，龍爲之長。角，木也，位在東方。律中太蔟，其數八，太蔟，陽律也。竹管音與太蔟聲和，太陰氣衰，少陽氣發，萬物動生，蔟地而出，故曰「律中太蔟」。五行數五，木第三，故數八。其味酸，其臭羶，春，東方，木王。木味酸，酸者鑽也，萬物應陽，鑽地而出。羶，

〔一〕「晉」，原作「衛」，據諸子集成本改。

木香羶也。○梁玉繩曰：「淮南時則注同。周禮天官瘍醫『以酸養骨』，鄭注：『酸，木味。木根立地中似骨。』釋曰『木立地中，似人之骨立肉中』，義亦精。」**其祀户，祭先脾。**蟄伏之類始動生，出由户，故祀户也。脾屬土。陳俎豆，脾在前，故曰「祭先脾」。春，木勝土，先食所勝也。一説脾屬木，自用其藏也。○凌曙曰：「高誘前一説本今文尚書歐陽説『脾，土』，與白虎通合；後一説乃古文尚書『脾，木也』，與白虎通異。」○維遹案：王引之主後一説，詳經義述聞。**東風解凍，蟄蟲始振，**蟄，讀如詩「文王之什」。東方木。木，火母也。火氣温，故東風解凍冰泮釋也；蟄伏之蟲乘陽始振動蘇生也。○陳昌齊曰：「據注及淮南時則訓『振』下當有『蘇』字。王念孫、沈濤説同。」○維遹案：注「釋」下「也」字原作「地」，今改從張本、姜本。**魚上冰，獺祭魚，**魚，鯉鮒之屬也，應陽而動，上負冰。獺，獱，水禽也，取鯉魚置水邊，四面陳之，世謂之祭魚爲時候者。○陳昌齊曰：「據注及夏小正、淮南時則訓當作『魚上負冰』。」○維遹案：玉燭寶典引正有「負」字，逸周書時訓解及月令俱無。又案：注水禽猶云水獸，説文「禽，走獸總名」，是也。**候鴈北。**候時之鴈從彭蠡來，北過至北極之沙漠也。○畢沅曰：「禮記月令作『鴻鴈來』，鄭注云：『今月令鴻皆爲候。』正義云：『月令出有先後，入禮記者爲古，不入禮記者爲今，則吕氏春秋是也。』盧案：『仲秋雁自北徼外而入中國，可以言來，若自南往北，非由南徼外也，似不可以言來，吕氏作「候鴈北」，當矣。』」○陳昌齊曰：「注『北過』下脱『周雒』二字，當據時則訓注增入。」**天子居青陽左个，**青陽者，明堂也，中方外圜，通達四出。各有左右房謂之个，个猶隔也。東出謂之青陽，南出謂之明堂，西出謂之總章，北出謂之玄堂。是月，天子朝日告朔，行令於左个之房，東向堂，北頭室也。○畢沅曰：「案：明堂之制，中外皆方，不得如注所云『个猶隔也』。舊本缺一『个』字，今補。」○維遹案：注「个」、「隔」乃一聲之轉。

个與介音義同，王弼注易兑卦云「介，隔也」，羣經音辨「个，副也，音介」，介之言界也。高釋个爲隔，此展轉相訓之例也。

乘鸞輅，駕蒼龍，輅，車也。鸞鳥在衡，和在軾，鳴相應和。後世不能復致，鑄銅爲之，飾以金，謂之鸞輅也。周禮「馬八尺以上爲龍，七尺以上爲騋，六尺以上爲馬」也。○畢沅曰：「『鸞』〔一〕字與月令同，唯劉本作『鑾』，注『鸞鳥在衡』作『鑾在鑣』。案：詩蓼蕭毛傳『在鑣曰鸞』，鄭於駟驖〔二〕箋云『置鸞於鑣，異於常車』，若據鄭説則劉本非是，但説文鑾字從金，云『人君乘車四馬，鑣八鑾鈴，象鸞鳥聲』，高氏之解或異於鄭，未可知也，亦不得竟以劉本爲非。」○王引之曰：「高注『馬八尺以上爲龍』，失之。『龍』當讀爲『駹』，下文赤騮、黄騮、白駱、鐵驪下一字皆馬色名，『倉龍』不應獨異。説卦傳『震爲龍』，虞翻『龍』作『駹』，云：『駹蒼色，震東方，故爲駹。』」○俞樾曰：「『鸞』本作『鑾』，今作『鸞』者，後人依月令改之也。吕氏原文本作『乘鑾輅』，注『鸞輅』本作『鑾輅』，蓋高意鑄銅象鸞鳥形，故其字從金從鸞省，若正文作『鸞』，則不必有鑄銅飾金之説矣。明劉如寵本正作『乘鑾輅』，是其所據本不誤，惟因正文是『鑾』字，疑注文不當以鸞鳥爲説，遂改注文『鸞鳥在衡』作『鑾在鑣』，則又失注意矣，不可從也。」**載青旂，衣青衣，服青玉，**旂，旗名，交龍爲旂。載者，若今之雞翹車是也。服，佩也。所衣佩玉皆青者，順木色也。○畢沅曰：「蔡邕獨斷云：『鸞旗車，編羽毛列繫橦旁，俗人名之雞翹車，非也。』續漢輿服志同。劉昭引胡廣曰『以銅作鸞鳥車衡上』，則與高誘注合。」**食麥與羊，其器疏以達。**麥屬

〔一〕「鸞」，原作「鑾」，據諸子集成本改。

〔二〕「驖」原作「鐵」，據諸子集成本改。

金，羊屬土，是月也，金、土以老，食所勝也。宗廟所用之器，皆疏鏤通達，以象陽氣之射出。**是月也，以立春。**冬至後四十六日而立春，立春之節多在是月也。**先立春三日，太史謁之天子曰：「某日立春，盛德在木。」**謁，告也。周禮「太史掌國之六典」，正歲時以序事，故告天子以立春日也。盛德在木，王東方也。**天子乃齋。**論語曰：「齋必變食，居必遷坐。」自禋潔也。**立春之日，天子親率三公九卿諸侯大夫以迎春於東郊。**率，使也。迎春木氣於東方八里之郊。○茆泮林曰：「朱子經傳通解附注謂吕『率』作『帥』，無『三』、『九』〔一〕及『諸侯』字。今本『帥』作『率』，餘同禮月令。案：吕下句無『三』、『九』字，高注亦無，則朱子所見本是也。無『諸侯』字，當是朱子所見本脱去，今有者，是後人據禮月令增入。」**還，乃賞卿諸侯大夫於朝。**賞，爵禄之賞也。三公至尊，坐而論道，不嫌不賞，故但言卿諸侯大夫者也。○畢沅曰：「舊本『卿』上衍『公』字，乃後人據月令增入，而不知其與注不合也。」○俞樾曰：「據高注則『卿』上無『公』字，畢説是也。然吕氏原文實有『公』字，其上文云『天子親率三公九卿諸侯大夫以迎春於東郊』，下文云『率三公九卿諸侯大夫躬耕帝籍田』，又云『反，執爵于太寢，三公九卿諸侯大夫皆御』，竝以三公九卿對言，則此文亦必當有『公』字矣。若謂三公至尊，不嫌不賞，則執爵太寢，三公至尊亦何嫌不預而必及之乎？然則吕氏原文當與月令同。今奪『公』字者，涉下文『卿諸侯大夫九推』而誤。高氏所據本已無『公』字，正高氏序所謂『既有脱誤』者。不加是正而曲爲之説，疏矣。」**命相布德和令，行慶施惠，下及**

〔一〕朱子儀禮經傳通解未言吕「無三九」，只謂「唐無三九字」。

兆民。相，三公也。出爲二伯，一相處于内也。布陽德和柔之令，行其慶善，施其澤惠，下至于兆民，無不被之也。○王引之曰：「『和』讀爲『宣』，謂布其德教，宣其禁令也。大宰職曰『始和布治于邦國都鄙』，『和』亦讀爲『宣』。古聲『宣』與『和』相近，故『宣』字通作『和』。」高注謂『布陽德和柔之令』，失之。」**慶賜遂行，無有不當。**各得其所也。**迺命太史守典奉法，司天日月星辰之行，**典，六典。法，八法。日月五星行度遲速，太史之職也，故命使司知之也。**宿離不忒，無失經紀，以初爲常。**忒，差也。星辰宿度，司知其度，以起牽牛之初爲常。○畢沅曰：「冬至十一月中起牽牛一度。」

是月也，天子乃以元日祈穀于上帝。日，從甲至癸也。元，善也。祈，求也。上帝，天帝也。**乃擇元辰，天子親載耒耜，措之參于保介之御間，**元，善也。辰，十二辰，從子至亥也。耒耜，耕器也。措，置也。保介，副也。御，致也。擇善辰之日，載耒耜之具於籍田，致于保介之間施用之也。○畢沅曰：「月令『參于』作『于參』，注『元，善也』三字衍，所解於文義不甚順。鄭以保介爲車右，此云副也，當謂副車。」○維遹案：「參于」疑當作「參乘」，「于」爲「乘」字壞脱。攷他籍多以「參乘」連文，其義易了，故高氏不注。月令作「于參」，蓋「乘」字既壞爲「于」，校者知「參于」難解，遂乙轉以就上文，幸賴呂覽尚有痕迹可尋。鄭注謂「參乘備非常」，孔疏謂「置此耒器於參乘保介及御者之間」，是注、疏作「參乘」，則經文亦作「參乘」明矣。且參乘兼保介與御者言，故疏又云保介御皆「參乘」。至疏以「參保介御」四字連語，乃行文之便，容有不拘耳。**率三公九卿諸侯大夫躬耕帝籍田，**躬，親也。天子籍田千畝，以供上帝之粢盛，故曰帝籍。○畢沅曰：「月令『帝籍』下無『田』字，此書上農篇亦有之。」**天子三推，三公五推，卿諸**

侯大夫九推。禮以三爲文，故天子三推，謂一發也。國語曰：「王耕一發，班三之。」班，次也。謂公卿大夫各三，其上公三發，卿九發，大夫二十七發也。○畢沅曰：「正文『大夫』，月令無。案：周語作『王耕一墢』。墢有鉢、跋二音，説文作『坺』，云『一〔一〕臿土』也。」○陳昌齊曰：「『三公五推』，『三』字因上『三公九卿』文而衍。」王念孫説同。**反，執爵于太寢，**爵，飲爵。太寢，祖廟也。示歸功於先祖，故於廟飲酒也。**三公九卿諸侯大夫皆御，命曰勞酒。**御致天子之命，勞羣臣於太廟，飲之以酒。○維遹案：據高注以「御命」連文，于義未安。月令鄭注云：「既耕而宴飲，以勞羣臣也。御，侍也。」則從「御」字爲句，是也。黄甫龍本「致」字作「侍」，殆依鄭注改正。黄本即畢引之朱夢龍本，本書稱黄本。下同。

是月也，天氣下降，地氣上騰，天地和同，草木繁動。是月也，泰卦用事，乾下坤上，天地和同，繁衆動挺而生也。○畢沅曰：「『繁動』，月令作『萌動』。」**王布農事，命田舍東郊，**命，令也。東郊，農郊也。命農大夫舍止東郊，監視田事。**皆修封疆，審端徑術，**修，治也。封，界也。起其疆畔，糾督惰窳於疆下也。詩云「中田有廬，疆埸〔二〕有瓜」，無休廢也。端正其徑路，不得邪行敗稼穡也。○畢沅曰：「漢書五行志載謡曰：『邪徑敗良田。』滅明不由徑，亦當是不隨衆人，穿田取捷耳。」**善相丘陵阪險原隰，**相，視也。阪險，傾危也。廣平曰原。下溼曰隰。

〔一〕説文「一」下有「曰」字。
〔二〕「埸」，原作「場」，據毛詩注疏改。

土地所宜，五穀所殖，殖，長。以教道民，必躬親之。詩云：「弗躬弗親，庶民弗信。」田事既飭，先定準直，農乃不惑。飭讀作勑。勑督田事，準定其功，農夫正〔一〕直不疑惑。○維遹案：月令鄭注：「準直，謂封疆徑遂也。夏小正曰：『農率均田。』」於義爲長。

是月也，命樂正入學習舞。樂正，樂官之長也。入學，官教國子講習羽籥之舞。周禮：「大胥掌學士之版，以六樂之會正舞位也。」乃修祭典，命祀山林川澤，犧牲無用牝。典，掌也。功施於民則祀之。山林川澤，百物所生，又能興雲雨以殖嘉苗，故祀之。無用牝，尚蠲潔也。○梁玉繩曰：「月令注：『爲傷妊生之類。』」禁止伐木，春，木王，尚長養也。無覆巢，無殺孩蟲胎夭飛鳥，無麛無卵，蕃庶物也。麋子曰夭，鹿子曰麛也。○畢沅曰：「月令正義云『胎謂在腹中』者，『夭謂生而已死〔二〕』者。此及淮南注皆云『麋子曰夭』，本爾雅釋獸文，彼『夭』字作『麌』。」無聚大衆，無置城廓，置，立也。揜骼霾髊。髊讀水漬物之漬。白骨曰骼。有肉曰髊。揜霾者，覆藏之也，順木德而尚仁恩也。

是月也，不可以稱兵，稱兵必有天殃。稱，舉也。殃，咎也。兵戎不起，不可以從我始。春當行仁，非興兵征伐時也，故曰「不可以從我始」。

〔一〕「正」，原脱，據諸子集成本補。
〔二〕「死」，原作「出」，據禮記注疏改。

無變天之道，變猶戾也。無絶地之理，絶猶斷也。無亂人之紀。人反德爲亂。紀，道也。孟春行夏令則風雨不時，草木早槁，國乃有恐；春，木也。夏，火也。木德用事，法當寬仁，而行火令，火性炎上，故使草木槁落，不待秋冬，故曰天氣不和，國人惶恐也。○畢沅曰：「『風雨』，月令作『雨水』。」○維遹案：作「風雨」是。詳經義述聞。「早槁」，許本、宋邦乂本作「旱槁」。別本與畢本同。莊本淮南作「旱落」，朱本、景宋本作「早落」，月令作「蚤落」。徐鼒據鄭注、孔疏謂「旱槁義較蚤落義長，此呂覽爲正也」。行秋令則民大疫，疾風暴雨數至，藜莠蓬蒿竝興；木仁，金殺而行其令，氣不和，故民疫病也。金生水，與水相干，故風雨數至，荒穢滋生，是以藜莠蓬蒿竝興。○畢沅曰：「月令『疾風』作『猋風』，『數至』作『總至』。」行冬令則水潦爲敗，霜雪大摯，首種不入。○春陽，冬陰也而行其令，陰乘陽故水潦爲敗，雪霜大摯，傷害五穀。春爲歲始，稼穡應之不成熟也，故曰「首種不入」。○畢沅曰：「月令注云：『舊説首種謂稷。』」○孫先生蜀丞曰：「『霜雪』本作『雪霜』，與月令同，今本蓋誤倒也。高注云云，是正文作『雪霜』明矣。孟冬紀『行秋令則雪霜不時』，與月令、逸周書、淮南子同。高注先『霜』後『雪』，亦後人誤易，當以呂覽注正之。」

孟春紀

二曰：始生之者，天也。養成之者，人也。始，初也。能養天之所生而勿攖之，謂之天子。攖猶戾也。○畢沅曰：「舊本作『謂天子』，無『之』字。」孫據太平御覽七十七增。天子之動也，以全天爲故者也。全猶順也。天，性也。故，事也。此官之所自立也，官，正也。自，從也。○維遹案：亢倉子君道篇「所」下有「以」字。立官者以全生也。生，性也。○維遹案：黄氏日抄引「以」上有「所」字。今世之惑主，主謂王也。多官而反以害生，則失所爲立之矣。多立官，致任不肖人，亂象干度，故以害生也，失其所爲立官之法也。○孫鏘鳴曰：「官謂耳目鼻口，下貴生篇所言『四官』是也。聲色滋味之欲，四官主之，皆生人養生之具，故聖人立之，如神農教民粒食皆是。『多官』謂縱欲不節，則適以害生矣。注『官』訓『正』，『多立官』爲『任不肖』，皆非。此篇專以重生言，不及政與用人也。」譬之若修兵者，以備寇也。今修兵而反以自攻，則亦失所爲修之矣。若秦築長城以備患，不知長城之所以自亡也，亦失其所爲修兵之法也。

夫水之性清，土者抇之，故不得清。抇讀曰骨。骨，濁也。○畢沅曰：「注似衍一『骨』字。說文『淈，濁也』，與汩、滑義同，竝音骨。」○陳昌齊曰：「淮南俶真訓云：『水之性真清而土汩之。』」○俞樾曰：「高注曰：『抇讀曰骨。骨，濁也。』此注必有錯誤。下文曰『人之性壽，物者抇之，故不得壽』，注曰：『抇，亂也。』抇字既見於前，不應又注於後。疑此文『土者抇之』本作『土者滑之』，高注『抇讀曰骨』本作『滑讀曰骨』。淮南原道篇『混混滑滑』，高注曰：『滑讀曰骨也。』即其例矣。『骨，濁也』當作『滑，濁也』，滑滑與混混同，故有濁義。」人之性壽，物者抇之，故不得壽。抇，亂也。亂之使夭折也。物也者，所以養性也，非所以性養也。物者，貨賄所以養人也。世人貪欲過制者多所以取禍，故曰「非所以性養也」。○陳昌齊曰：「下句『所』字衍。」○俞樾曰：「下句當作『非以性養也』，涉上句而衍『所』字，則義不可通。注文有『所』字，亦誤衍也。」今世之人，惑者多以性養物，夫無爲者不以身役物，有爲者則以物役身，故曰「惑者多以性養物」也。則不知輕重也。輕，喻物。重，喻身。不知輕重，則重者爲輕，輕者爲重矣。若此，則每動無不敗。以此爲君悖，以此爲臣亂，以此爲子狂。三者國有一焉，無幸必亡。假令有幸，且猶危危病者也。○俞樾曰：「『無幸必亡』乃到句也，言其國必亡，無可幸免也。高注未得其義。」

今有聲於此，耳聽之必慊慊，快也。己，聽之則使人聾，必弗聽。以聾故不當聽也。有色於此，目視之必慊己，視之則使人盲，必弗視。以盲故不當視也。有味於此，口食之必慊己，食之則使人瘖，必弗食。以瘖故不當食也。老子曰：「五聲亂耳，使耳不聰；五色亂目，使目不明；五味實口，使口爽傷也。」○畢沅曰：「老子道經云：『五音令人耳聾，五色令人目盲，五味令人口爽。』此約略其文耳。『實口』，後注亦同，非誤。」○陳昌齊曰：「三『必慊』字，據文皆當連下『己』字爲句。」○陶鴻慶曰：「高注讀『己』爲『以』，於正文語氣未合。『己』當讀如字，言既聽之則使人聾，故必弗聽也。下文『己視之』、『己食之』義並同。下文又云：『世之貴富者，其於聲色滋味也多惑者，日夜求，幸而得之則遁焉。遁焉，性惡得不傷。』即申說此義。」○孫先生曰：「陳、陶説是也。然不解三『則』字之義，文亦不了。余謂『則』猶『若』也，詳見經傳釋詞。此言聲所以快耳，聽之若使人聾則必不聽矣。色所以快目，視之若使人盲則必不視矣。味所以快口，食之若使人瘖則必不食矣。」○楊樹達曰：「『慊己』，陳讀是。孫釋『則』爲『若』，其說當矣。然以『聽之則使人聾』、『視之則使人盲』、『食之則使人瘖』爲句，仍非。此當以『聽之』、『視之』、『食之』爲句，蓋文謂聽之必慊於己則聽之，若使人聾則必不聽。視之必慊於己則視之，若使人盲則必不視。食之必慊於己則食之，若使人瘖則必不食也。」是故聖人之於聲色滋味也，利於性則取之，害於性則舍之，此全性之道也。

世之貴富者，其於聲色滋味也多惑者，惑，眩。日夜求，幸而得之則遁焉。遁，流逸不能自禁也。遁焉，性惡得不傷。惡，安也。傷，病也。萬人操弓，共射其一招，招無不中。招，埻的也。衆人所見，會弓射之，故曰「無不中」也。○畢沅曰：「『共射其〔一〕一招』，中間『其』字衍。注『埻』與『準』音義同。」○孫先生曰：「御覽三百四十七引正無『其』字，畢校是也。」○楊樹達曰：「詩小雅賓之初筵篇『發彼有的』，毛傳：『的，質也。』此『招』字即『的』字。召聲、勺聲古音同在豪部也。高以『埻的』訓『招』，殆已不知招、的爲一字矣。段氏説文注土部『埻』字下謂招、的同字，引戰國策『以其類爲招』、春秋後語作『以其頸爲招』、文選詠懷詩注引作『以其頸爲的』爲證，知段君小學過於高誘矣。」萬物章章，以害一生，生無不傷；章章，明美貌。故生隕〔二〕也。○陳昌齊曰：「據下句注例，當云『害其生性，故生隕也。』」以便一生，生無不長。便，利也。利其生性，故生長久也。故聖人之制萬物也，以全其天也。天，身也。○維遹案：注「天，身」者，疊韻爲訓，亦高之常詁。「天」訓「身」猶「天」訓「性」

〔一〕「其」，原脱，據正文補。
〔二〕「生隕」，原作「隕生」，據諸子集成本乙。

也。淮南原道篇云「故達於道者不以人易天」，高注：「天，性也。」一説曰：「天，身也。」是其比。三國志吴質傳注「上將軍曹〔一〕真性肥，中領軍朱鑠性瘦」，性肥性瘦即身肥身瘦，尤爲明顯。天全則神和矣，目明矣，耳聰矣，鼻臭矣，口敏矣，三百六十節皆通利矣。若此人者，不言而信，法天不言，四時行焉，是其信也。不謀而當，不慮而得，詩云：「不識不知，順帝之則。」故曰不謀慮而當合得事實。精通乎天地，神覆乎宇宙；宇宙，區宇之内。言其德大，皆覆被也。其於物無不受也，無不裹也，受猶承也。裹猶囊也。若天地然；其德如天無不覆，如地無不載，故曰「若天地然」也。上爲天子而不驕，常戰栗也，故堯戒曰：「戰戰栗栗，日慎一日。」下爲匹夫而不惛，惛讀憂悶之悶，義亦然也。此之謂全德之人。其德行升降無所虧闕，故曰全。

貴富而不知道，適足以爲患，不知持盈止足之道，以至破亡，故曰「適足以爲患」也。不如貧賤。貧賤之致物也難，雖欲過之，奚由？貧賤無勢，不能致情欲之物，故曰「難」也。於禮無爲，於身無闕，故曰「雖欲過之，奚由」也。○李寶淦曰：「『雖欲過之，奚由』，言貧賤無力致物，故可免於淫奢之事，所以足上文貴富『適足以爲患』之意。」出則以車，入則以輦，務以自佚，人引車曰輦。出門乘車，入門用輦，此驕佚之務也。命之曰招蹷之機。招，至也。蹷機，門内之位也。乘輦於宮中遊翔，至於蹷機，故曰「務以自佚」也。詩云：「不遠伊爾，薄送我

〔一〕「軍曹」，原脱，據三國志注補。

譏。」此不過蹷之謂。○臧琳曰：「七發注引聲類『佁，嗣理切』，又集韻六止『佁，至也』，呂氏春秋『佁蹷之機』，高誘讀案李善、丁度所引，知呂覽本作『佁蹷』，今作『招』，乃形近之譌。高引詩證車行不過譏，明出車入輦爲至蹷之機。此注當作：『佁，至也。乘輦於宮中遊翔至於蹷，故曰「務以自佚」也〔一〕。詩云「不遠伊爾，薄送我譏」，此不過譏之謂。譏，門内之位也。』正文機括字與注『門内之位』譏字迥然不同，不知何時溷并爲一，致〔二〕凌躐失次，誤不可讀。李善謂『枚乘好奇，改佁蹷爲蹷痿』者，案七發以伐性與腐腸爲對，蹷痿與寒熱爲對，故改佁蹷爲蹷痿。然呂氏春秋以機爲佁蹷，以食爲爛腸，以斧爲伐性，三句一例，高注亦與本文合。若文人出新竄變，何足爲據。宋之黄震熟於文選，反譏高注爲非，失之不審。」○畢沅曰：「此注全不諳文義而妄説。蓋招，致也；蹷者，痿蹷；過佚則血脈不周通，骨幹不堅利，故爲致蹷之機括。高誤以蹷爲門橛，又誤以機即詩之譏，故有斯訛。黄東發亦言其誤。」又曰：「李善注文選枚乘七發引此，『招』作『佁』，『嗣理切』，孤文無證，亦不可從。」○梁玉繩曰：「高注雖誤，然疑古『機』與『譏』通借，故云然。又集韻『佁』訓『固滯』，司馬相如大人賦『仡以佁儗』，張揖曰『佁儗，不前也』，義亦得通。李善譏枚叔好奇，改『佁蹷』爲『蹷痿』，知呂子元是『佁』字。」○維遹案：王念孫校本據選注改「招」爲「佁」，與廣雅疏證釋詁「眙」字下引此文改同。又改注「蹷機」作「蹷譏」，謂「佁之言待也，止也」。「佁蹷謂痿蹷不能行之病，出車入輦即佁蹷病之所由來，故謂之佁蹷之機。高注訓佁爲至，蹷機爲門内之位，皆失之。」

肥肉厚酒，務以自彊，命之曰爛腸之食。論語曰：「肉雖多，不使勝食

〔一〕「也」，原脱，據經義雜記補。
〔二〕「致」，原脱，據經義雜記補。

氣。」又曰：「不爲酒困。」老子曰：「五味實口，使口爽傷。」故謂之「爛腸之食」也。○畢沅曰：「『務以自彊』舊作『相彊』，孫據御覽八百四十五改，與前後句法正同。盧云：『案賈誼書傅職云「飲酒而醉，食肉而飽，飽而彊食」，正「自彊」之謂也。』」**靡曼皓齒，鄭、衛之音，務以自樂，命之曰伐性之斧。**靡曼，細理弱肌，美色也。皓齒，詩所謂「齒如瓠犀」者也。鄭國淫辟，男女私會於溱、洧之上，有詢訏之樂，勺藥之和。昔者，殷紂使樂師作朝歌北鄙靡靡之樂，以爲淫亂。武王伐紂，樂師抱其樂器自投濮水之中。暨衛靈公北朝于晉，宿于濮上，夜聞水中有琴瑟之音，乃使師涓以琴寫其音。靈公至晉國，晉平公作樂，公曰：「寡人得新聲，請以樂君。」遂使涓作之，平公大說。師曠止之曰：「此亡國之音也。紂之太師以此音自投於濮水，得此聲必於濮水之上。」地在衛，因曰「鄭、衛之音」。以其淫辟滅亡，故曰「伐性之斧」者也。○畢沅曰：「梁仲子案：意林所載作『伐命之斧』，注『細理弱肌』本多無『理弱』二字，今從朱本，與洪興祖補注楚辭招魂所引合。」**三患者，貴富之所致也，故古之人有不肯貴富者矣，由重生故也。**古人，謂堯時許由、方回、善綣，舜時雄陶，周時伯夷，漢時四皓，皆不肯富貴者。高位實疾顛，故曰「重生故也」。○畢沅曰：「注『方回』，舊本皆誤作『方因』，『善綣』或『善卷』之駁文，『雄陶』誤作『臯陶』。案國策齊顔斶曰『舜有七友』，陶潛四八目具載其名，以雄陶爲首，蓋本尸子，今從之。漢書古今人表作雒陶。『高位實疾顛』，周語文，今本依宋庠之説改作『僨』字。案注『顛，隕也』，正是隕墜之義，宋誤爲『殞』，故云『宜從僨』。若是『僨』，注當言『踣』乃合，誘注知分篇亦是『顛』字。」○梁玉繩曰：「路史後紀十二注云：『雄字作雒，隸轉失之。』」**非夸以名也，爲其實也，**夸，虚也。非以爲輕富貴求虚名也，以爲其可以全生保性之實也。○陳昌齊曰：「據注當作『非以夸名也』。」**則此論之不可不察也。**論此上數句貴賤禍福不可不察也。○維遹案：注「數」字原脱，據許本增。

三曰：倕至巧也，人不愛倕之指，而愛己之指，有之利故也。倕，堯之巧工也，雖巧無益於己，故不愛之也。己指雖不如倕指巧，猶自爲用，故言「有之利故也」。人不愛崑山之玉、江漢之珠，崑山之玉，燔以爐炭，三日三夜，色澤不變，玉之美者也。江、漢有夜光之明珠，珠之美者也。而愛己之一蒼璧小璣，有之利故也。蒼璧石多玉少也，珠之不圜者曰璣，皆喻不好也，而愛之者，有之爲己用，得其利故也。今吾生之爲我有，而利我亦大矣。吾生我有，有我身也，天下之利有我，如我之愛蒼璧與小璣，有之利故也，故曰「利我亦大矣」。論其貴賤，爵爲天子，不足以比焉。論其所貴所賤，人雖尊爲天子，不足以比己之所賤。論其輕重，富有天下，不可以易之。論其所輕所重，人雖富有天下之財，不肯以易己之所輕。○楊樹達曰：「此言雖天子之貴不足以比吾生之貴，雖有天下之重不可以易吾生之重也。高注未瞭。」○維遹案：注末句原作「不肯以己易之」，今據姜本補正。論其安危，一曙失之，終身不復得。貧賤所以安也，富貴所以危也。曙，明日也。言一日失其所以安，終身不能復得之也。○俞樾曰：「高注曰『曙，明日也』，然一明日失之，文義未安。説文無『曙』字，日部『睹，旦明也』，文選魏都賦注引作『曙』，蓋『曙』即『睹』之俗體耳。『一曙失之』者，一旦失之也。旦明謂之曙，故旦即謂之曙矣。」○孫先生曰：「注語有誤文。『曙』即『睹』之俗字，疑原文當作『曙，旦明也』，與説文同。『旦』壞爲『日』，又誤乙，故作『明日』。『一日』疑亦『一旦』之誤。」○維遹案：明刊百家類纂「曙」字下有注云「旦也」，蓋本高注。此三者，有道者之所慎也。道尚無爲，不尚此三者，故曰「有道者之所慎」。

有慎之而反害之者，不達乎性命之情也。守慎無爲，輕貴重身，當時行則行，時止則止，而反有害之者，故曰「不達乎性命之情者也」。不達乎性命之情，慎之何益？雖慎之猶見害，故曰「何益」。是師者之愛子也，不免乎枕之以糠；是聾者之養嬰兒也，方雷而窺之于堂，有殊弗知慎者。師，瞽師，目無見者也，故枕子以糠，糠易眯子目，非利之者也。聾者不聞雷之聲，不頓顙自拍解謝咎過，而反徐步窺兒於堂，故曰「有殊弗知慎者」也。殊猶甚也。○畢沅曰：「注『易眯』舊作『其盲眯』，訛。」○孫詒讓曰：「此謂方雷時，兒聞雷聲驚怖，而聾者不聞，方抱兒窺堂，使之益怖也。注説謬。」○陶鴻慶曰：「此言嬰兒畏雷，聾者不聞雷聲，而以嬰兒出窺，反使之驚，猶瞽師愛子，枕之以糠，反使之眯也。注非是。」又曰：「『有殊弗知慎者』，言此瞽師、聾者無殊於不知慎之人也。句末當有『乎』字，古書多省其文，而令讀者自得之。説詳俞氏古書疑義舉例。高注云『殊猶甚也』，亦非。」夫弗知慎者，是死生存亡可不可未始有別也。言不能別知也。○俞樾曰：「此當作『是死生存亡可不未始有別也』。可不即可否也。死生存亡可不，皆兩字相對，後人不知『不』爲『否』之叚字，故又加『可』字耳。序意篇曰『若此則是非可不可無所遁矣』，亦當作『是非可不』，其誤正與此同。」○維遹案：此文不誤。「可不可」爲周、秦恒語，圜道、離謂諸篇皆有。未始有別者，其所謂是未嘗是，其所謂非未嘗非，是其所謂非，非其所謂是，此之謂大惑。己之所是，衆人之所非也，故曰「未嘗是」。己之所非，衆人之所是也，故曰「未嘗非」。是己之所是，非己之所非，而以此求同於己者也，故謂之「大惑」。○陶鴻慶曰：「『非』、『是』二字當互易，元文本云『是其所謂是，非其所謂非』。

上文云『其所謂是者未嘗是』，是『是其所謂是』也。又云『其所謂非者未嘗非』，是『非其所謂非』也。今本互誤，則非其旨。高注云『是己之所是，非己之所非，而以此求同於己者也，故謂之大惑』，是其所見本不誤。」○楊樹達曰：「下二句『其所謂非』、『其所謂是』乃真非、真是，與上二句『其所謂是』、『其所謂非』不同。『是其所謂非』正承『其所謂是未嘗是』而言，『非其所謂是』正承『其所謂非未嘗非』而言。陶泥於貌同，不知心異，欲改本文，非也。高注『是己之所是』，『求同於己』云云，皆非本文所有之義，尤不足據以改本文也。」**若此人者，天之所禍也。**禍，咎也。**以此治身，必死必殃。以此治國，必殘必亡。**以其天之所禍也，不死不亡者未之有也，故曰「必」。**夫死殃殘亡非自至也，惑召之也。**召，致也。以惑致之也。**壽長至常亦然。**亦以仁義召之也。○陳昌齊曰：「『至常』二字疑爲『國安』之訛，緣『國』或作『或』，遂訛爲『至』，『安』與『常』形亦稍近也。後求人篇亦有『身定國安』語。」○俞樾曰：「『常』乃『當』字之誤。『壽長至』三字連讀。下文高注曰：『推行仁義，壽長自至。』」**故有道者不察所召，而察其召之者，**所召，仁與義也。推行仁義，壽長自至，故曰「不察所召」也。召之者，不行仁義，殘亡應行而至，故曰「察其召之」也。○陶鴻慶曰：「『所召』謂死亡與壽長，『召之者』謂己也。高注以所召指仁義言，召之者指不行仁義言，殊誤。」**則其至不可禁矣。**禹、湯辠己，其興也勃焉。桀、紂辠人，其亡也忽焉。皆己自召之，何可禁御！**此論不可不熟。**熟猶知也。

使烏獲疾引牛尾，尾絶力勯而牛不可行，逆也。烏獲，秦武王力士也，能舉千鈞。勯讀曰單。單，盡也。○梁玉繩曰：「注本史記秦本紀，然文子自然篇已言烏獲，豈古力士同名，如羿後之有羿歟？」○蔡雲曰：「趙邠卿〔一〕孟子注『古之有力人也』，不言秦武王力士，豈亦因文子疑之邪？抑複壁中不及憶秦本紀文邪？文子九卷，見漢志。柳子厚謂其多竊取他書，陳直齋亦謂自班固時已疑其依託，況又未必當時本書，似難爲據。常樅或轉襲説苑文，然元序已信文子在吕氏、淮南前矣。」○王念孫曰：「亶之爲勯，因上文『力』字而誤。説文、玉篇、廣韻皆無『勯』字。集韻『勯，力竭也』，即爲俗本吕覽所誤。」使五尺豎子引其棬，而牛恣所以之，順也。恣，從也。之，至也。○凌曙曰：「棬與桊同。説文：『桊，牛鼻上環。』廣韻：『牛枸也。』」○孫先生曰：「御覽七十七引無『以』字，疑此衍。」世之人主貴人，人主，謂王者諸侯也。貴人，謂公卿大夫也。無賢不肖，莫不欲長生久視，視，活也。而日逆其生，欲之何益？王者貴人所行淫侈縱欲暴虐，反戾天常，不順生道，日所施行無不到逆其生，雖欲長生，若烏獲多力，到引牛尾，尾絶不能行，故曰「欲之何益」也。○畢沅曰：「注『到』字從李本，古『倒』字。」凡生之長也，○畢沅曰：「『之』字舊本缺，孫據御覽七百二十增。」順之也，使生不順者欲也，欲，情欲也。故聖人必先適欲。適猶節也。

室大則多陰，臺高則多陽，多陰則蹷，蹷，逆寒疾也。多陽則痿，痿，躄不能行也。此陰陽不適之患也，患，害也。是故先王不處大室，爲蹷疾也。不爲高臺，爲痿疾也。味不衆珍，爲傷胃也。衣不燀熱，燀讀曰亶。亶，厚也。燀熱則理塞，理塞，脈理閉結也。○畢沅曰：「『塞』字舊本作『寒』，孫據御覽作

〔一〕「卿」，原脱，今補。

『塞』。下同。」○陶鴻慶曰：「『燀熱則理塞』句上當有『衣』字。上云『味不衆珍，衣不燀熱』，此文承之，與下文『味衆珍則胃充』文相對。」理塞則氣不達，達，通也。味衆珍則胃充，充，滿也。胃充則中大鞔，鞔讀曰懣。不勝食氣爲懣病也。肥肉厚酒，爛腸之食，此之謂也。中大鞔而氣不達，不達，壅閉也。以此長生可得乎？言不得也。○畢沅曰：「御覽作『以此求長生，其可得乎』。」昔先聖王之爲苑囿園池也，足以觀望勞形而已矣。畜禽獸所，大曰苑，小曰囿，詩云：「王在靈囿。」樹果曰園，詩曰：「園有樹桃。」有水曰池，可以遊觀娛志，故曰「足以勞形而已」。○李寶淦曰：「古人以勞形爲養生，故華佗語吴普〔一〕曰：『人體欲得勞動，但不當使極耳。動揺則穀氣得銷，血脈流通，病不能生，譬猶户樞終不朽也。』注未明。」其爲宮室臺榭也，足以辟燥溼而已矣。宮，廟也。室，寢也。爾雅曰：「宮謂之室，室謂之宮。」築〔二〕土方而高曰臺。有屋曰榭。燥謂陽炎，溼謂雨露，故曰足以備之而已。○舊校云：「『辟』一作『備』。」○孫先生曰：「據舊校與高注合，似正文本有『備』字。又考御覽七百二十引作『足以辟燥備溼而已矣』，與『足以觀望勞形而已矣』、『足以逸身煖骸而已矣』、『足以適味充虚而已矣』、『足以安性自娱而已矣』語例相合，疑今本正文及注竝有誤脱。」其爲輿馬衣裘也，足以逸身煖骸而已矣。逸，安也。其爲飲食酏醴也，足以適味充虚而已矣。酏讀如詩「虵虵碩言」之虵。周禮：「漿人掌王之六飲，水漿醴涼醫酏也。」

〔一〕「普」，原作「晋」，據後漢書改。

〔二〕「築」，原脱，據四部叢刊本補。

又酒正：「二曰醴齊。」醴者，以蘖與黍相體，不以麴也，濁而甜耳。○畢沅曰：「注『相體』舊作『相醴』，誤，今改正。」其爲聲色音樂也，足以安性自娛而已矣。聲，五音宮商角徵羽也。色，青黄赤白黑也。五者，聖王之所以養性也，○孫先生曰：「御覽七十七引『五』上有『此』字，與上文『此三者，有道者之所慎也』語例相同，疑亦當有『此』字。」非好儉而惡費也，節乎性也。節猶和也。和適其情性而已，不過制也。

重己

四曰：昔先聖王之治天下也必先公，公，正也。公則天下平矣，平，和也。平得於公。得猶出也。嘗試觀於上志，上志，古記也。有得天下者衆矣，其得之以公，○畢沅曰：「孫云：『御覽七十七作「有天下」，無「得」字，「得之」下有「必」字。』」○孫先生曰：「『得之』下當有『必』字，今本蓋誤脱。治要、書鈔三十七、類聚二十二、御覽四十九引竝有『必』字，當據補。」其失之必以偏。偏，私不正也。凡主之立也生於公，生，性也。○陶鴻慶曰：「慶雅釋詁：『生，出也。』言立君之本義，出於人心之公，所謂『天生烝民，作之君，作之師』也。高注非是。」故鴻範曰：「無偏無黨，王道蕩蕩。蕩蕩，平易也。詩云：「魯道有蕩。」無偏無頗，遵王之義。義，法也。○畢沅曰：「義古音俄，正與頗協，而唐孝明詔改從易泰卦九三之『無平不陂』，非是。觀此與宋世家猶作『頗』字，乃古書之未經竄改者。梁伯子云：『王逸注離騷「循繩墨而不頗」，引易作「不頗」，知易本不作「陂」也。「義」古作「誼」，案宜有何音，亦與頗協。』」無或作好，遵王之道。或，有也。好，私好，鬻公平於曲惠也。無或作惡，遵王之路。」惡，擅作威也。○維遹案：今本尚書洪範「或」字竝作「有」。惠棟謂：「古『有』字皆作『或』。鄭康成注論語亦云『或之言有也』。韓非子曰：『無或作利，從王之指。無或作惡，從王之路。』文雖異，然皆以或爲有。韓子、呂氏皆在未焚書之前，必有所據。王伯厚以爲述洪範而失之，未盡然也。」

天下非一人之天下也，天下之天下也。書曰：「皇天無親，惟德是輔。」故曰「天下之天下也」。陰陽之和，不長一類。甘露時雨，不私一物。私猶異也。萬民之主，不阿一人。阿亦私也。伯禽將行，請所以治魯，伯禽，周公子也，成王封之於魯。詩云：「建爾元子，俾侯于魯。」周公曰：「利而勿利也。」務在利民，勿自利也。○陶鴻慶曰：「下文云『天地大矣，生而弗子，成而弗有，萬物皆被其澤、得其利而莫知其所由始』，即此文『利而勿利』之義。高注解爲利民勿自利，未得其旨。」荆人有遺弓者而不肯索，遺，失也。曰：「荆人遺之，荆人得之，又何索焉？」孔子聞之曰：「去其荆而可矣。」言人得之而已，何必荆人也。老聃聞之曰：「去其人而可矣。」故老聃則至公矣。公，正也。言天下得之而已，何必人，故曰「至公」，無所私爲也。○吴先生檢齋曰：「注云『天下得之』，猶云天下之人得之也，與老子去『人』之説不相應。疑『天下』當爲『天地』，注義蓋逆探下文爲説。」天地大矣，生而弗子，成而弗有，天大地大，生育民人不以爲己子，成遂萬物不以爲己有也。萬物皆被其澤、得其利而莫知其所由始，由，從也。萬物皆蒙天地之澤而得其利，若堯時父老無繇役之勞，擊壤於里陌，自以爲當然，故曰莫知其所從始也。此三皇、五帝之德也。三皇、五帝德大，能法天地，民人被其澤而得其利，亦不知其所從始也。老子云：「聖人不仁，以百姓爲芻狗。」此之謂也。

管仲有病，桓公往問之曰：「仲父之病矣，病，困也。○畢沅曰：「孫云：『本書知接篇作「仲父之疾病矣」，列子力命篇倒作「病疾」。又莊子徐無鬼篇作「仲父之病病矣」。』」○維遹案：當重「病」字。御覽六百三十二引作「仲父之病冀矣」，冀字雖異，語例則同。盧重元本列子亦作「仲父之病病矣」。漬甚，國人弗諱，漬亦病也。按公羊傳曰：「大眚者何？大漬也。」國人弗諱，言死生不可諱也。○畢沅曰：「御覽六百三十二作『如漬甚』。注『大眚』公羊本作『大災』，見莊二十年傳。此『眚』字當是後人因後有『肆大眚』之文而誤改之。」○孫鏘鳴曰：「漬，浸也，謂病浸深也。」寡人將誰屬國？」屬，託也。管仲對曰：「昔者，臣盡力竭智猶未足以知之也，未足以知人也。今病在於朝夕之中，臣奚能言？」奚，何也。桓公曰：「此大事也，願仲父之教寡人也。」教猶告也。管仲敬諾，曰：「公誰欲相？」言欲用誰爲相。公曰：「鮑叔牙可乎？」管仲對曰：「不可。夷吾善鮑叔牙，夷吾，管仲名。善猶和也。○王念孫曰：「注『和』當爲『知』。」鮑叔牙之爲人也清廉潔直，視不己若者不比於人，比，方也。一聞人之過，終身不忘。念人之過，必亡人之功，不可爲霸者之相也。○畢沅曰：「注『亡』似當作『忘』。」勿已，則隰朋其可乎。隰朋之爲人也〔一〕上志而下求，志上世賢人而模之也。求猶問也。論語曰：「孔文子不恥下問，是以謂之文也。」○維遹案：管子戒篇作「上識而下問」，莊子徐無鬼篇作「上忘而下畔」，列子力命篇作「上忘而下不叛」。案：識、志古通。高釋求爲問，與管子相會。莊、列「忘」字

〔一〕「也」，原作「之」，據諸子集成本改。

疑爲「志」之形誤。「畔」、「叛」同借作「判」。説文：「辨，判也。」是判、辨義同。禮記王制鄭注：「辨謂考問。」據此，辨即辨問之意。列子誤叛爲背叛，妄增「不」字以足其義，失之遠矣。**醜不若黄帝而哀不已若者。**自醜其德不如黄帝。詩云：「高山仰止，景行行止。」鄉昔人也。哀不如己者，欲教育訓厲使與己齊也。○畢沅曰：「醜，恥也。『黄帝』劉本作『皇帝』，皇、黄古通用。」**其於國也，有不聞也。**不求聞其善也，志在利國而已矣。**其於物也，有不知也。**物，事也。非其職事，不求知之也。**其於人也，有不見也。**務在濟民，不求見之。孝經曰：「非家至而日〔一〕見之也。」此總説隰朋所行。**勿已乎，則隰朋可也。**」言可用也。**夫相，大官也。處大官者不欲小察，**察，苛也。**不欲小智，**小智則好知小事以自矜伐也。**故曰：「大匠不斲，**但視模範而已，不復自斲削也。○李賡芸曰：「斲在廣韻入聲四覺，竹角切。説文斲字從鬥，斲聲。」老子制惑章：「夫代司殺者，是謂代大匠斲。夫代大匠斲者，希有不傷手者〔二〕矣。斲與手韻，然則斲之本音當與〔三〕鬭同。竹角切者，其轉音〔四〕也。」○沈濤曰：「豆、鬭、寇皆韻，則斲字亦韻也。斲，古音如晝，讀竹救切。斲之轉爲晝，猶啄之轉爲咮也。」○孫先生曰：「御覽六百三十二引注上句作『但規模而已』，是也。蓋『規』以形近誤爲『視』，後人又加『範』字以足其義，非高氏之舊，當改正。」**大**

〔一〕「日」，原脱，據孝經補。
〔二〕「者」，原脱，據老子補。
〔三〕「與」，原作「爲」，據炳燭編改。
〔四〕「轉音」，原作「音轉」，據炳燭編乙。

庖不豆，但調和五味使神人享之而已，不復自列簠簋籩豆也。○俞樾曰：「高注云云，若然，則不簠、不簋、不籩無不可言，何獨言不豆乎？豆當讀爲剅。廣雅釋詁曰：『剅，裂也。』玉篇曰：『小裂也。』大庖不剅，言大庖但調和五味，不親爲宰割之事，與上句『大匠不斲』一律。古無『剅』字，故叚『豆』爲之。亦或叚用『脰』字，後漢書馬融傳『脰完羝』，王氏念孫讀脰爲剅是也。」大勇不鬬，大勇之人，折衝千里而能服遠，不復自鬬也。大兵不寇。」寇，害也。若武王之伐紂，掃除無道，釋箕子之囚，朝成湯之廟，撫殷之民，不寇害之也。桓公行公去私惡，於人之過無所念，無所私也，故曰「去私」也。用管子而爲五伯長；長，上也。○維遹案：李鳴春本「伯」作「霸」。下同。伯、霸雙聲，古字通用。行私阿所愛，用豎刀而蟲出於户。阿豎刀、易牙〔一〕之諛，不正適長。其死也，國亂民擾，五子爭立，無主喪，六十日乃殯，至使蟲流出户也。○畢沅曰：「刀本有貂音，後人始作『刁』字，今從古。」

人之少也愚，其長也智，故智而用私，不若愚而用公。用私以敗，用公則濟。日醉而飾服，飾讀曰勅。禮「喪不飲酒食肉」，而日醉於酒，欲整喪紀，猶無目欲視青黃，無耳欲聽宫商也。私利而立公，○陶鴻慶曰：「爾雅釋詁：『公，君也。』立與位同。言私利而在君位也，與上文『日醉而飾服』、下文『貪戾而求王』語意一律。」貪戾而求王，舜弗能爲。舜猶不能爲，况凡人乎！

貴公

〔一〕「易牙」，原脱，據諸子集成本補。

五曰：天無私覆也，地無私載也，日月無私燭也，四時無私行也，○畢沅曰：「舊校云：『行一作爲。』孫案：『御覽四百二十九正作爲。』」行其德而萬物得遂長焉。遂，成也。

黄帝言曰：「聲禁重，不欲虛名過其實也。○畢沅曰：「黄氏日抄云：『此禁聲色太過耳。注非〔一〕。』」色禁重，不欲好色至淫縱也。衣禁重，不欲衣服踰僭，若子臧好聚鷸冠也。○維遹案：重己篇云「衣不燀熱，燀熱則理塞，理塞則氣不達」即此文衣禁重之義。注非。香禁重，不欲奢侈芬香聞四遠也。味禁重，不欲厚味勝食氣傷性也。室禁重。」不欲宮室崇侈使土木勝也。○蘇時學曰：「『行其德而萬物得遂長焉』下，忽接『黄帝言曰：聲禁重，色禁重，衣禁重，香禁重，味禁重，室禁重』，此數語與前後文義並不相蒙，通篇亦無此意，蓋必重己篇內所引，而後人轉寫錯誤，溷入此篇者。」

堯有子十人，不與其子而授舜；孟子曰：「堯使九男二女事舜。」此曰十子，殆丹朱爲胤子，不在數中。舜有子九人，不與其子而授禹，至公也。國語曰：「舜有商均。」此曰「九子」，不知出於何書也。

晉平公問於祁黄羊曰：「南陽無令，其誰可而爲之？」南陽，晉山陽、河北之邑，今河内溫陽、樊州之屬皆是也。令，君也。而，能。爲，治。○畢沅曰：「注『州』舊本訛化『川』。案：州爲漢河内郡之縣，今改正。」○王念孫曰：「而、能古雖同義，此而字不可訓爲能。而猶以也，言誰可以爲之也。（誰可以爲之，猶言誰能爲之。若云誰

〔一〕「非」，黄氏日抄作「誤」。

可能爲之，則不辭矣。）古者而與以同義，故『可以』或曰『可而』。功名篇曰：『故當今之世，有仁人在焉，不可而不此務。有賢主，不可而不此事。賢不肖不可以不相分。』（而與以同義，故二字可以互用。）不屈篇曰：『惠子曰：「若王之言，則施不可而聽矣。」』用民篇曰：『處次官，執利勢，不可而不察於此。』墨子尚賢篇曰：『使天下之爲善者可而勸也，爲暴者可而沮也。』又曰：『上可而利天，中可而利鬼，下可而利人。』尚同篇曰：『上用之天子可以治天下矣，中用之諸侯可而治其國矣，下用之家君可而治其家矣。』皆其證也。餘見荀子『剄而獨鹿』下。」祁黄羊對曰：「解狐可。」黄羊，晉大夫祁奚之字。○梁玉繩曰：「即左氏祁奚請老一事。奚字黄羊惟見此，即誤以悼公爲平公，復誤以軍尉爲南陽令，與韓子外儲説左下言解狐薦其讎邢伯柳于簡主爲上黨守、韓詩外傳九言解狐薦荆伯柳于魏文侯爲西河守同一繆傳，高不糾其失，何也？」張雲璈説同。平公曰：「解狐非子之讎邪？」平公，晉悼公之子彪。○畢沅曰：「平公、黄羊不於始見，下注，何也？」對曰：「君問可，非問臣之讎也。」平公曰：「善。」遂用之。國人稱善焉。

居有間，間，頃也。平公又問祁黄羊曰：「國無尉，其誰可而爲之？」對曰：「午可。」傳曰：「祁奚請老，晉侯問嗣焉。稱解狐，其讎也，將立之而卒。又問〔一〕，對曰：『午也可。』」○畢沅曰：「左傳在魯襄三年，晉悼公之四年也。此云平公，誤。注引傳文雖略，亦足以正吕氏所記之謬。」平公曰：「午非子之子邪？」對曰：「君問可，非問臣之子也。」平公曰：「善。」又遂用之。國人稱善焉。孔子聞之曰：「善

〔一〕左傳「問」下有「焉」字。

哉！祁黃羊之論也，外舉不避讎，内舉不避子。」祁黃羊可謂公矣。

墨者有鉅子腹䵍居秦，鉅，姓。子，通〔一〕稱。腹䵍，字也。䵍讀曰車笔之笔。○畢沅曰：「鉅子猶鉅儒，鉅公之稱，『腹』乃其姓耳。莊子天下篇『以巨子爲聖人』，向、崔本作『鉅』，向云：『墨家號其道理成者爲鉅子，若儒家之碩儒。』『䵍』與檀弓下『孺子䵍』實同一字，彼釋文音吐孫反，此音車笔。淮南子精神訓『守其篅笔』，蓋竹簟席所爲。玉篇音徒本切，與今人所呼合。舊本作『笔』，蓋書家『屯』字往往作『乇』，而此又誤從『毛』也。」○梁玉繩曰：「御覽四百二十九引注『䵍讀大車哼哼之哼』。」其子殺人。秦惠王曰：「先生之年長矣，非有它子也，寡人已令吏弗誅矣，惠王，秦孝公子駟。先生之以此聽寡人也。」○陶鴻慶曰：「句首當有『欲』字。不屈篇魏惠王謂惠子亦有此語，正作『欲先生之以此聽寡人也』，此文當與彼同。」腹䵍對曰：「墨者之法曰：『殺人者死，傷人者刑。』此所以禁殺傷人也。夫禁殺傷人者，天下之大義也，王雖爲之賜，受賜也。○畢沅曰：「賜猶惠也。注似誤。」○陳昌齊曰：「『受賜也』三字當是正文，謂感王之意云爾。」○孫先生曰：「畢說固非，陳校尤誤。注『受賜也』本作『賜，愛也』，受即愛之形誤，又錯入于上者，墨子魯問篇『釣者之恭，非爲魚賜也；餌鼠以蟲，非愛之也』，上言賜，下言愛，是賜、愛誼近，故高云『賜，愛也』。御覽四百二十九引此句下有『賜愛』二字注，即高氏之原文。」而令吏弗誅，腹䵍不可不行墨者之法。」欲必行之，殺其子也。○維遹案：「墨者」原作「墨子」，陳昌齊

〔一〕「通」上太平御覽四百二十九引有「男子」二字。

云：「元刻劉節軒校本作墨者。」案：許本、姜本、張本、李本亦作「墨者」，今據改正。書鈔三十七、御覽四百二十九引同。不許惠王而遂殺之。子，人之所私也，私，愛也。忍所私以行大義，忍讀曰仁，行之忍也。○畢沅曰：「注『曰仁』李本作『仁行』，俱未詳。」○維遹案：王念孫校本改正文「忍」作「仁」，注「仁讀曰忍行之忍也」。鉅子可謂公矣。

庖人調和而弗敢食，故可以爲庖。若使庖人調和而食之，則不可以爲庖矣。王伯之君亦然，誅暴而不私，以封天下之賢者，故可以爲王伯。若使王伯之君誅暴而私之，則亦不可以爲王伯矣。傳曰：「作事威，克其愛，雖小必濟。」故曰「誅暴而弗私」也。假令有所私枉，則不可以爲王伯君矣。

去私

呂氏春秋集釋卷第二

榮成許維遹學

仲春紀第二　貴生　情欲　當染　功名

呂氏春秋訓解　高氏

一曰：仲春之月，日在奎，仲春，夏之二月。奎，西方宿，魯之分野也。是月，日躔此宿。昏弧中，旦建星中。弧星在輿鬼南，建星在斗上，是月昏旦時，皆中於南方。○茆泮林曰：「朱子謂：呂『弧作孤』。今本作『弧』。」其日甲乙，其帝太皞，其神句芒，其蟲鱗，其音角，律中夾鐘，夾鐘，陰律也。是月，萬物去陰，夾陽而生，故竹管音中夾鐘也。○畢沅曰：「盧云：『案注舊本作「去陽夾陰」，訛。淮南注作「去陰夾陽，聚地而生」。』今據改正。又初學記引高注云『是月，萬物去陰而生，故候管者中夾鐘』，可以互證。其不并引『竹管』之語者，以正月已用鄭注『管以銅爲之』，故不欲互異也。鐘、鍾得兩通。」其數八，其味酸，其臭羶，其祀户，祭先脾。始雨水，桃李華，自冬冰雪至此，土發而耕，故曰「始雨水」也，桃李之屬皆舒華也。○畢沅曰：「禮記月令作『桃始華』。」蒼庚鳴，鷹化爲鳩。蒼庚，爾雅曰「商庚、黎黄，楚雀」也。齊人謂之搏黍，秦人謂之黄離，幽、冀謂之黄鳥。詩云「黄鳥于飛，集于灌木」，是也。至是月而鳴。鷹化爲鳩，喙正直，不鷙擊也。鳩蓋布穀鳥。○畢沅曰：「爾雅『黎黄』作『鵹黄』，郭璞注『皇，黄鳥』下云：『俗呼黄離留。』淮南注作『秦人謂之黄流離』。此作『黄離』。三者皆可通，無煩補字。」○維遹案：蒼庚即今之黄鸝。此注及揚子方言、郭注爾雅皆誤爲黄鳥之名。詳毛詩傳疏葛覃篇。**天子居青陽太廟，**青陽，東向堂。太廟，中央室。**乘鸞輅，駕蒼龍，載青旂，衣青衣，服青玉，食麥與羊，其器疏以達。**說在孟春。

是月也，安萌牙，養幼少，存諸孤。順春陽，長養幼少，存恤孤寡。萌牙諸當生者不擾動，故曰安。○劉師培曰：「據高注所釋，則『養幼少』二語當在『安萌牙』前，今本乃後人據月令所更。」○維遹案：劉説是，淮南正作「養幼少，存孤獨，以通句萌」。又案：注「牙」下「諸」字，疑涉正文而衍。**擇元日，命人社。**元，善也。日，從甲至癸也。社祭后土，所以爲民祈穀也。嫌日有從否，重農事，故卜擇之。○孫先生曰：「月令、淮南『人』竝作『民』，此疑因唐諱而未經改正者。」**命有司，省囹圄，去桎梏，無肆掠，止獄訟。**有司，理官主獄者也。囹圄，法室。省之者，赦輕微也。在足曰桎。在手曰梏。肆，極。掠，笞也。言「無」者，須立秋也。止，禁。

是月也，玄鳥至，至之日，以太牢祀于高禖。玄鳥，燕也。春分而來，秋分而去。傳曰：「玄鳥氏，司啓者也。」周禮媒氏：「以仲春之月合男女，於時也，奔則不禁。」因祭其神於郊，謂之郊禖。郊音與高相近，故或言高禖。王者后妃以玄鳥至日祈繼嗣於高禖。三牲具曰太牢。○畢沅曰：「周禮本作『於是時也，奔者〔一〕不禁』。」**天子親**

〔一〕「者」，原作「走」，據諸子集成本改。

往，后妃率九嬪御，王者一后、三夫人、九嬪、二十七世婦，但后、夫人率九嬪祀高禖耳。御，見天子於高禖中也。乃禮天子所御，帶以弓韣，授以弓矢，于高禖之前。禮后妃之侍見於天子者於高禖祠之前。韣，弓韜也。授以弓矢，示服猛，得男象也。○桂馥曰：「『禮』，蔡氏月令章句作『醴』，云『飲以醴酒』，是也。」

是月也，日夜分，雷乃發聲，始電，分，等，晝夜鈞也。冬陰閉固，陽伏於下，是月陽升，雷始發聲。震氣爲雷，激氣爲電。蟄蟲咸動，開户始出。蟄伏之蟲始動蘇，開蟄之户始出生。○陳昌齊曰：「据注及淮南時則訓，『咸動』下當有『蘇』字。」王念孫、沈濤説同。先雷三日，奮鐸以令于兆民曰：「雷且發聲，鐸，木鈴也。金口木舌爲木鐸，金舌爲金鐸，所以振告兆民，使知將雷也。有不戒其容止者，生子不備，必有凶災。」有不戒慎容止者，以雷電合房室者，生子必有瘖躄通精狂癡之疾，故曰「不備必有凶災」。○畢沅曰：「『通精』未詳。」○嚴元照曰：「此與淮南時則注同，惟『躄』作『聾』。釋名釋疾病云『眸子明而不正曰通視』，蓋即通精之謂。後漢書梁冀傳『洞精矘眄』，章懷注：『洞猶通也。』」日夜分則同度量，鈞衡石，角斗桶，正權概。度，尺丈也。量，鬴鐘也。鈞，銓。衡石，稱也。石，百二十斤。角，平。斗桶，量器也。稱錘曰權。概，平斗斛者。令鈞等也。○畢沅曰：「月令『角斗甬』，桶與甬通用。史記商君傳『平斗桶』，鄭康成音勇，小司馬音統。淮南作『稱』，亦桶之訛。李善注文選陸佐公新刻漏銘引作『角升桶』，升字誤。」

是月也，耕者少舍，少舍，皆耕在野，少有在都邑者也。尚書曰「厥民析」，散布在野。傳曰「陰陽分布，震雷出滯，土地〔一〕不備墾，辟在司寇」之謂也。○俞正燮曰：「少於古語爲小，謂小小閒止耳。且少在都邑語亦不辭。月令『命農勉〔二〕作，毋休於都』，在孟夏之月。」**乃修闔扇，寢廟必備，**闔扇，門扇也。民所由出，故治之也。寢以安身，廟以事祖，故曰必無墮頓也。○畢沅曰：「『必』，月令作『畢』，古通用，注自從『必』字作解。」**無作大事，以妨農功。**大事，兵戈征伐也。○維遹案：注「兵戈」疑是「兵戎」，戈乃戎形之殘。音律篇云「無或作事，以害羣生」，注：「事，兵戎事也。」淮南注：「大事，戎旅征伐之事。」可互證。

是月也，無竭川澤，無漉陂池，無焚山林。皆爲盡類夭物。**天子乃獻羔開冰，先薦寢廟。**開冰室取冰，以治鑒，以祭廟。春薦韭卵。詩云：「二之日，鑿冰沖沖。三之日，納于凌陰。四之日，其早獻羔祭韭。」此之謂也。○畢沅曰：「注『治鑒』二字舊作『鑿』，訛，今據周禮改正。」**上丁，命樂正入舞舍采，**是月上旬丁日，命樂官正率卿大夫之子入學官習舞也。舍猶置也。初入學官，必禮先師，置采帛於前，以贄神也。周禮：「春入學舍采合舞，秋頒學合聲，以六樂之會正舞位。」此之謂也。○畢沅曰：「『入舞舍采』，月令作『習舞釋菜』。鄭注學記『菜謂芹藻之類〔三〕』，與此注異。注『入學官』，各本多作『學宮』，唯李本作『官』。案賈子保傅云『學者所學之官也』，此官蓋謂官寺，正月紀注中正作『學官』。」○梁玉繩曰：「贄帛，古禮也，似勝鄭注。此與周禮春官大胥作『採』，蓋菜、採古通，故月令、

〔一〕「地」，國語無。
〔二〕「勉」，原脱，據禮記補。
〔三〕「類」，禮記注作「屬」。

文王世子作『菜』。又天官『夏採』，釋文『或作菜』。隸釋帝堯碑以『眉八採』爲『八菜』也。鄭司農云：『或曰學者皆人君卿大夫之子，衣服採飾，舍採者，減損解釋盛服，以下其師。』説亦别。」○俞樾曰：「孟春已有『命樂正入學習舞』之文，故月令於仲春止言『命樂正習舞』，不言『入學』，從省也。此不云『習舞』而云『入舞』，文義不足，疑吕氏原文本作『入學習舞』，傳寫奪『學』、『習』二字耳。下云『中丁，又命樂正入學習樂』，『又』字承此而言，是則『學』、『習』二字固不可省也。」**天子乃率三公九卿諸侯親往視之。**常事曰視。○畢沅曰：「月令『諸侯』下有『大夫』。」**中丁，又命樂正入學習樂。**中旬丁日又入學官習樂。樂所以移風易俗、協和民人也。謂六代之樂雲門、咸池、大韶、大護、大夏、大武也。周禮曰：「以樂教和則民不乖。」此之謂也。○畢沅曰：「注『大護』汪本作『大護』，與『濩』竝通用。」

是月也，祀不用犧牲，用圭璧，更皮幣。是月尚生育，故不用犧牲。更，代也，以圭璧代犧牲也。皮幣，鹿皮玄纁束帛也。記曰：「幣帛皮圭，告於祖禰。」此之謂也。○俞樾曰：「『更皮幣』三字當自爲句。周官『女祝掌以時招梗禬禳之事』，注曰：『杜子春讀梗爲更，玄謂梗御未至也。』此文更字即『招梗禬禳』之梗，與杜讀合。正義引蔡氏云『此祀不用犧牲者，祈不用犧牲，謂祈禱小祀也』。然則祀謂祈禱，更謂梗御，其事相近。凡有祈禱之事，不用犧牲而用圭璧。若梗御之事，則止用皮幣而已，以其事尤輕也。當讀云『祀，不用犧牲，用圭璧。更，皮幣』，則得其義矣。」

仲春行秋令則其國大水，寒氣總至，寇戎來征；仲春，陽中也。陽氣長養而行秋金殺戮之令，故寒氣猥至，寇害之兵來伐其國也。**行冬令則陽氣不勝，麥乃不熟，民多相掠；**冬陰肅殺而行其令，陰氣乘陽，陽氣不勝，故麥不成熟，民飢窮，故相劫掠也。**行夏令則國乃大旱，煖氣早來，蟲螟爲害。**夏氣炎陽而行其令，故大旱。火氣熱，故旱熯也。極陽生陰，故蟲螟作害也。蟲食稼心謂之螟。

仲春紀

二曰：聖人深慮天下，莫貴於生。夫耳目鼻口，生之役也。役，事也。○畢沅曰：「有君之者故曰役，觀下文自明。」耳雖欲聲，目雖欲色，鼻雖欲芬香，口雖欲滋味，害於生則止。在四官者止，禁也。四官，耳目鼻口也。不欲，利於生者則弗爲。則不治此四官之欲。○陳昌齊曰：「『在四官者』四字當連下『不欲』二字爲句。『弗』字衍。此即前本生篇『利于性則取之，害于性則舍之』之意也。」俞樾說同。由此觀之，耳目鼻口不得擅行，必有所制。擅，專也。制，制於心也。譬之若官職不得擅爲，爲，作。必有所制。制於君也。此貴生之術也。

堯以天下讓於子州支父，子州支父，古賢人也。○畢沅曰：「舊作『子州友父』，訛。太平御覽八十引作『子州支父』，與莊子讓王篇、漢書古今人表皆合。」子州支父對曰：「以我爲天子猶可也。○孫先生曰：「御覽八十引『猶』下有『之』字，與莊子讓王篇合。」雖然，我適有幽憂之病，方將治之，未暇在天下也。」幽，隱也。詩云：「如有隱憂。」我心不悅，未暇在於治天下。○畢沅曰：「爾雅云：『在，察也。』」天下，重物也，重，大。物，事。而不以害其生，又況於它物乎！它猶異也。惟不以天下害其生者也，可以託天下。託，付。

越人三世殺其君，王子搜患之，王子搜，淮南子〔一〕云「越王翳」也。○畢沅曰：「案竹書紀年，翳之前，唯有不壽見殺。次朱句立，即翳之父也。翳爲子所弑，越人殺其子，立無余。又見弑，立無顓。是無顓之前方可云三世殺其君，王子搜似非翳也。」○梁玉繩曰：「史越世家索隱據樂資以搜爲翳子無顓，當是。」逃乎丹穴。淮南云「山穴」也。越國無君，求王子搜而不得，從之丹穴。王子搜不肯出，越人薰之以艾，乘之以王輿。王子搜援綏登車，仰天而呼曰：「君乎，獨不可以舍我乎！」舍，置也。王子搜非惡爲君也，惡爲君之患也。患，害。若王子搜者，可謂不以國傷其生矣，此固越人之所欲得而爲君也。欲得王子搜爲君也。

魯君聞顔闔得道之人也，使人以幣先焉。顔闔守閭，鹿布之衣，而自飯牛。○陳昌齊曰：「『鹿布』疑作『麤布』，形近而誤也。」○梁履繩曰：「『鹿布』疑『麄布』。」○洪頤煊曰：「鹿即麤字之省。莊子讓王篇作『苴布之衣』，苴即麤字。晏子春秋外篇：『晏子相景公，衣鹿裘以朝。公曰：「夫子之家，若此其貧也？是奚衣之惡也？」』鹿裘亦謂麤裘也。」俞樾説與陳同。魯君之使者至，顔闔自對之。使者曰：「此顔闔之家邪？」顔闔對曰：「此闔之家也。」使者致幣，顔闔對曰：「恐聽繆而遺使者罪，不若審之。」恐繆誤致幣得罪，故勸令審之。使者還反審之，復來求之，則不得已。顔闔踰坯而逃之，故不得。故若顔

〔一〕「子」，原作「記」，據諸子集成本改。

闔者，非惡富貴也，由重生惡之也。世之人主多以富貴驕得道之人，其不相知，驕，泰也。淮南記曰：「魚相忘乎江湖，人相忘乎道術。」言各得其志，故不相知之也。豈不悲哉！悲於富貴而驕人也。

故曰：道之真以持身，其緒餘以爲國家，以持身之餘緒以治國家。其土苴以治天下。土，瓦礫也。苴，草蒯也。土鼓蒯桴，伊耆氏之樂也。孝經曰「安上治民莫善於禮，移風易俗莫善於樂」，故可以治天下。苴音同鮓。○畢沅曰：「莊子釋文：『土，敕雅反，又音〔一〕如字。苴，側雅反。』觀此注意，土自作『如』字讀。」○王念孫曰：「注蒯當爲薊，草薊即草芥。『土鼓蒯桴』以下，疑後人所加。」○孫鏘鳴曰：「土苴，輕賤之物也。緒餘以治國家，土苴以治天下，言天下國家不如身之爲貴，而以治身之餘治之，二語意同。注謂『土鼓蒯桴』可以治天下，非。」由此觀之，帝王之功，聖人之餘事也，聖人治之，優有餘裕，故曰「餘事」。非所以完身養生之道也。堯、舜、禹、湯之治天下，黎黑瘦瘠，過家門而不入，故曰「非所以完身養生之道」，趨濟民而已。○畢沅曰：「趨與取同，如楊子『取爲我』、史記酷吏傳『取爲小治』之意相似。」○梁玉繩曰：「趨讀曰促，言急于濟民。」今世俗之君子，危身棄生以徇物，徇猶隨也。彼且奚以此之也？此，此物也。之，至也。彼且奚以此爲也？彼，謂今世俗人。云君子優之也，何以物爲也。○陶鴻慶曰：「高注云：『此，此物也。之，至也。』義殊未明。之當訓爲往。上句此字指身言，下句此字指物言。上文云『今世俗之君子，危身棄生以徇物』，此文承之，言彼何用此身往？又何用此物爲也？論語公冶

〔一〕「音」，原脱，據釋文補。

長篇『魯無君子者，斯焉取斯』，邢疏云：『斯子賤安得取斯君子之德行〔一〕而學行之。』莊子列禦寇篇『彼故使彼』，郭注云：『彼有彼性，故使習彼。』兩文同而各有所指，古文行文，原有此例。下文云：『凡聖人之動作也，必察其所以之與其所以爲。今有人於此，以隋侯之珠彈千仞之雀，世必笑之。是何也？所用重，所要輕也。』珠謂所以之，雀謂所以爲，明此文兩『此』字非專指物言也。」

凡聖人之動作也，必察其所以之之，至也。與其所以爲。爲，作也。今有人於此，以隨侯之珠彈千仞之雀，世必笑之。是何也？所用重，所要輕也。重，謂隨侯珠也。要，得也。輕，謂雀也。○維遹案：白帖七、又十四引「重」下竝有「而」字。莊子讓王篇同。夫生豈特隨侯珠之重也哉！子華子曰：「全生爲上，子華子，古體道人。無欲，故全其生。長生是行之上也。○汪中曰：「先己、誣徒、知度、明理諸篇並引子華子語。審爲篇載子華子與韓昭釐侯同時，据此，則孔子不及見之矣。或謂即程子，孔子遇之于道者，未知所據。」虧生次之，少虧其生，和光同塵，可以次全生者。死次之，守死不移其志，可以次虧生者。迫生爲下。」迫，促也。促欲得生，尸素寵禄，志不高潔，人之下也。故所謂尊生者，全生之謂。於身無所虧，於義無所損，故曰「全生」。所謂全生者，六欲皆得其宜也。六欲，生、死、耳、目、口、鼻也。所謂虧生者，六欲分得其宜也。分，半也。虧生則於其尊之者薄矣。其虧彌甚者也，其尊彌薄。彌，益。所謂死者，無有

〔一〕「之德行」，原脱，據論語注疏補。

所以知，復其未生也。死君親之難，義重於生，視死如歸，故曰「無有所以知，復其未生也」。〇陶鴻慶曰：「『以知』二字誤倒，『無有所知』爲句，『以』字屬下爲句，言死君親之難者但知爲義，其於六欲無有所知，以復其未生時之本性也。今本倒『以』字則不可通，蓋涉上文『所以之』、『所以爲』而誤耳。」又曰：「下文云『凡六欲者，皆知其所甚惡，而必不得免，不若無有所以知。無有所以知者，死之謂也』，兩『以』字亦衍文，即襲此文之誤。」所謂迫生者，六欲莫得其宜也，皆獲其所甚惡者，服是也，辱是也。服，行也。行不義，是故辱。〇陶鴻慶曰：「高注非。服當解爲屈服。管子任法篇『服約卑敬』，尹注云：『屈服隱約也。』是也。心劫制於情欲則屈服而不能自主。服與辱義相近，皆人之所甚惡也。」辱莫大於不義，故不義，迫生也，不能蹈義而死，迫於苟生。語曰：「水火吾見蹈死者矣，未見蹈仁而死者也。」而迫生非獨不義也，故曰迫生不若死。迫，促。急於苟生不仁義，不如蹈仁義死爲貴。奚以知其然也？耳聞所惡，不若無聞。目見所惡，不若無見。故雷則揜耳，電則揜目，此其比也。凡六欲者，皆知其所甚惡，而必不得免，不若無有所以知。無有所以知者，死之謂也，故迫生不若死。嗜肉者，非腐鼠之謂也。嗜酒者，非敗酒之謂也。尊生者，非迫生之謂也。

貴生

三曰：天生人而使有貪有欲。欲有情，情有節，節，適也。聖人修節以止欲，〇舊校云：「『止』一作『制』。」〇劉師培曰：「修爲循之譌。」故不過行其情也。不過其適。故耳之欲五聲，目之欲五色，口之欲五味，情也。此三者，貴賤愚智賢不肖欲之若一，三謂耳、目、口也。一猶等也。雖神農、黄帝其與桀、紂同。有天下同也。○畢沅曰：「此足上文『欲之若一』耳。」聖人之所以異者，得其情也。聖人得其不過節之情。由貴生動則得其情矣，不由貴生動則失其情矣。失其不過節之情。此二者，死生存亡之本也。聖人得其情，亂人失其情。得情生存，失情死亡，故曰生死存亡之本。

俗主虧情，故每動爲亡敗。俗主，凡君也。敗，滅亡也。○陳昌齊曰：「亡字蓋因注文而衍。」王念孫説同。耳不可贍，目不可厭，口不可滿，身盡府種，筋骨沈滯，血脈壅塞，九竅寥寥，曲失其宜，府，腹疾也。種，首疾也。極三關之欲，以病其身，故九竅皆寥寥然虚，曲過其適，以害其性也。○畢沅曰：「孫云：『案玉篇：「疛，除又切，心腹疾也。」引此作「身盡疛種」，然則府字誤也。後盡數篇亦同此誤。』盧云：『案盡數篇「鬱處頭則爲腫爲風，處腹則爲張爲府」，府當爲疛，玉篇之説可從。』此處注雖以復疾、首疾分解，而種之爲首疾亦當作腫。此云『身盡府種』，則舉全體言之，又何必分腹與首邪？案西山經云『竹山有艸，名曰黄雚，可以已疥，又可以已胕』，郭氏注云：『治胕腫也，音符。』此府種即胕腫，字假借耳。錢學源云：『素問五常政大論「少陽司天」有「寒熱胕腫」，「太陽司天」亦有「筋脈不利，甚則胕腫」之語。』」○維遹案：「府種」，御覽七百三十九引作「疛腫」。雖有彭祖，猶不能爲也。彭祖，殷之賢臣，治性清靜，不欲於物，蓋壽七百歲，論語所謂「述而不作，信而好古，竊比於我老彭」，是也。言雖彭祖之無欲，不能化治俗主，使之無欲，故曰「雖有彭祖，猶不能爲」。○梁玉繩曰：「執一、爲欲二篇注同。案彭祖乃彭姓之祖，生當高陽時，歷及唐、虞，老彭其後裔，是殷初人也。人表列彭祖二等，老彭三等，此仍莊子大宗師誤合爲一。詳余所著人表攷二。鄭康成解論語『老彭』爲老聃、彭祖，亦非。至孫履齋示兒編解『老彭』爲『老子之側』，謂『彭』當作『旁』，則失之鑿矣。」**其於物也，不可得之爲欲，**貴不可得之物，寶難得之貨，此之謂欲，故曰「爲欲」。**不可足之爲求，**規求無足，不知紀極，不可盈厭，此之爲求，故曰「爲求」。○楊樹達曰：「『不可得之爲欲，不可足之爲求』，乃『欲不可得，求不可足』之倒文。此與孟子『惟弈秋之爲聽』、荀子不苟篇『唯仁〔一〕之爲守，唯義之爲行』及禮論篇『生之爲見，利之爲見』句例相同，高注未得其義。」**大失生本，**老子曰「出生入死」，故曰「大失生本」。**民人怨謗，又樹大讎，**俗主求欲，民人皆怨而謗訕，如仇讎也。○陳昌齊曰：「据注，『又』當作『如』。」**意氣易動，蹻然不固，**蹻謂乘蹻之蹻，謂其流行速疾不堅固之貌，故其志氣易動也。○畢沅曰：「注疑是『讀乘蹻之蹻』。禹山行乘橋，亦作蹻，類篇云『以鐵如錐，施之履下』，音脚，亦音喬。」**矜勢好智，胸中欺詐，**矜大其寵勢，好尚其所行，自謂爲智，胸臆之中，欺詐不誠，所行暴虐，猶語民言恩惠也。○維遹案：注「勢」字原作「契」，陳昌齊云：「契當作勢。」案張本正作勢，今據改。誣徒篇注有「矜大其權勢」之語。**德義之緩，邪利之急，**緩猶後，急猶先。○維遹案：之猶是也。本書之作是解，類多若此。**身以困窮，雖後悔之，尚將奚及？**困猶危。奚，何也。**巧佞之近，端直之遠，**巧佞者親近之，正直者疏遠之。**國家大危，悔前之過，猶不可反。**反，見。○畢沅曰：「注疑是『反，復』。」○維遹案：注「見」字當作「易」，形近之誤。誣徒篇云「以簡則有相反」，注：「反，易。」是其證。張本作「反，還」，亦通。**聞言而驚，不得所由，**所行殘暴，聞將危敗滅亡之言而乃驚怖，行不仁不義之所致也，故曰「不得所由」。由，用也。**百病怒**

〔一〕「仁」，原作「行」，據荀子改。

起，亂難時至，以此君人，爲身大憂，此非恤民之道，故「身大憂」。耳不樂聲，目不樂色，口不甘味，與死無擇。聲色美味，死者所不得說，人不能樂甘之，故曰「與死無擇」。擇，別也。

古人得道者，生以壽長，體道無欲象天，天予之福，故必壽長，終其性命。○孫先生曰：「『人』疑『之』字草書之譌，下文云『故古之治身與天下者必法天地也』，文例正同。」聲色滋味，能久樂之，奚故？論早定也。體道者生而能行之，故曰「論早定」。論早定則知早嗇，嗇，愛。知早嗇則精不竭。愛精神，故不竭。秋早寒則冬必煗矣，春多雨則夏必旱矣，天地不能兩，而況於人類乎！人之與天地也同，同於不能兩也。萬物之形雖異，其情一體也，體，性也。情皆好生，故曰「一體」。故古之治身與天下者必法天地也。法，象也。

尊酌者衆則速盡，尊，酒也。酌揖之者多，故酒遬盡也。○畢沅曰：「揖與挹同。」○維遹案：許本、張本竝作挹。萬物之酌大貴之生者衆矣，萬物酌揖陰陽以生。陰陽諭君。大貴君者，愛君之德以生者衆也。○畢沅曰：「注『愛』疑是『受』。梁仲子云：『朱本作萬物酌君之德以生者衆也。』」○陶鴻慶曰：「案高注及朱本，則正文『之生』當爲『以生』，涉下文『故大貴之生常速盡』而誤。」○楊樹達曰：「此言酌尊者衆則尊速盡，酌大貴之生者衆則大貴之生速盡，文至明白易解。高注竟不得其義，朱本則據高説妄刪耳，陶乃據以校改本文，可謂大謬，改『之』爲『以』，尚可通乎！」故大貴之生常速盡。非徒萬物酌之也，酌取之也。又損其生以資天下之人，資猶給。而終

不自知，知猶覺也。**功雖成乎外而生虧乎內，**幽通記曰「張修襮而內逼」，故曰生虧〔一〕乎內。○畢沅曰：「班固幽通賦有此語。此與必己篇注皆作『幽通記』，當仍之。張謂張毅，事見莊子、淮南。『修襮』舊作『循襮』，今依後注，與班賦合。」**耳不可以聽，目不可以視，口不可以食，**○畢沅曰：「此下舊提行，今案中間文亦無缺，豈注有脫邪？」**胸中大擾，妄言想見，臨死之上，顛倒驚懼，不知所爲，用心如此，豈不悲哉！**悲情欲而不知所爲用心之人。○李寶淦曰：「王充論衡訂鬼篇：『凡人不病則不畏懼，故得病寢衽，畏懼鬼至，畏懼則存想，存想則目虛見。』此之謂『妄言想見，臨死之上，顛倒驚懼』也。」○維遹案：安死篇注：「上，前也。」

世人之事君者，皆以孫叔敖之遇荆莊王爲幸。孫叔敖，楚令尹，薳賈之子也。○畢沅曰：「近時毛檢討大可辨叔敖非楚公族，竝非蔿氏，乃期思之鄙人。盧云：『竊案左氏宣十二年傳，隨武子云「蔿敖爲宰，擇楚國之令典，軍行右轅」云云，而〔二〕「令尹南轅反旆」，又云「王告令尹改乘轅而北之」，是蔿敖即令尹孫叔敖，軍事皆主之。前一年「令尹蔿艾獵城沂」，比年之間，楚令尹不聞置兩人，知分篇雖有「孫叔敖三爲令尹而不喜，三去令尹而不憂」之語，乃是子文之事誤記耳，況在軍中必無輕易廢置之理，其爲一人，無可疑者。與其信諸子，不如信傳。』」**自有道者論之則不然，此荆國之幸。**言孫叔敖賢，能事君以道，致之於霸，荆國得之，幸也。○維遹案：「有道」下原脫「者」字，

〔一〕「生虧」，原作「虧生」，據正文乙。

〔二〕「而」，原作「下」，據諸子集成本改。

陳昌齊云「元刻劉節軒校本有者字」，案許本、姜本、張本、李本亦有者字，今據增。**荆莊王好周遊田獵，馳騁弋射，歡樂無遺，**遺，廢。**盡傅其境内之勞與諸侯之憂於孫叔敖。**事功曰勞。盡俾付孫叔敖，使憂之也。○畢沅曰：「傅與付通。舊作『傳』，誤，錢校改。」○維遹案：「傅」各本均作「傳」，惟宋邦乂本作「傅」，畢不知引，疏矣。**孫叔敖日夜不息，不得以便生爲故，**休息也。不得以便利生性故不休息也。○陶鴻慶曰：「故，事也。言不得以便生爲事。高注非是。節喪篇『不以便死爲故』，注云：『故，事。』斯爲得之。」**故使莊王功迹著乎竹帛，傳乎後世。**莊王之霸功傳於後世，乃孫叔敖之日夜不息以廣其君，君德之所以成也。○俞樾曰：「此下竟無一語，則文義未足，疑上文『功雖成乎外』至『豈不悲哉』五十三字當在此下，傳寫者誤移置於前耳。」

情欲

四曰：墨子見染素絲者而歎，墨子，名翟，魯人，作書七十一篇。○維遹案：注「一」字原作「二」，改從許本、張本、姜本，與漢志合。**曰：「染於蒼則蒼，染於黃則黃，所以入者變，其色亦變，五入而以爲五色矣，**一入一色。**故染不可不慎也。」**

非獨染絲然也，○畢沅曰：「『然』舊作『紗』，今據墨子所染篇改正。」○維遹案：百家類纂引亦作「然」。此篇與墨子相同處詳墨子閒詁，不煩轉引。**國亦有染。舜染於許由、伯陽，**舜，顓頊五世之孫，瞽瞍之子也，名重華。許由，陽城人，堯聘之不至。伯陽，蓋老子也，舜時師之者也。○梁玉繩曰：「舜之祖幕出顓頊，其世次無考。史記以舜爲顓頊七世孫，本于大戴禮，已不可信。此言五世，又不知何據。禮祭法疏引春秋命歷序云顓頊傳二十世（詩生民、左文十六疏引作九世），帝嚳傳十世（左疏作八世），安得舜與顓頊止七世、五世乎？老子名耳，字聃，非字伯陽也。伯陽父乃周幽王大夫，論三川竭，見國語。今本史記老子傳有『字伯陽』三字，乃後人竄入者，索隱辨之矣。此伯陽別是一人，爲舜七友之一，人表及陶潛四八目可證。高以伯陽爲老子，舜師之，重言篇又以老耽爲論三川竭之伯陽，孔子師之，豈不謬哉！」**禹染於皋陶、伯益，**禹，顓頊六世孫，鯀之子也，名文命。伯益，皋陶之子也。○畢沅曰：「皋陶子乃伯翳，非益也。益乃高陽之第三子，名隤敳者。路史有辨，甚明。」○梁玉繩曰：「漢律歷志謂，鯀，顓頊五世孫，故此云六世，然未確，不如吳越春秋無余外傳言『顓頊之後』爲得也。皋、益同族而異支，皋之父微不著，益之父但傳大業而已。自列女傳謂皋子佐禹，曹大家注以皋子爲伯益，鄭詩譜、潛夫論志氏姓及高注竝因之，殊難依據。而伯翳即伯益，不得爲兩人。隤敳乃高陽第二子，亦非伯益。路史妄引水經洛水注附會尤不足信。辨見余所著史記志疑十九。」沈赤然説略同。**湯染於伊尹、仲虺，**湯，契後十二世孫主癸之子也，名天乙。伊尹，湯相，詩云「實爲阿衡，實左右商王」；仲虺，居薛，爲湯之左相，皆賢德也。孟子曰：「王者師臣也。」○畢沅曰：「當出外書，或約與景丑語。」**武王染於太公望、周公旦。**武王，周文王之子，名發。太公望，河内汲人也，佐武王伐紂，成王封之於齊。周公旦，武王之弟也，輔成王，封之於魯。○畢沅曰：「梁伯子云：『齊、魯皆武王所封，此與長見篇注同誤。』」**此四王者所染當，故王天下，**所從染得其人，故曰當。**立爲天子，功名蔽天地，**蔽猶極也。**舉天下之仁義顯人必稱此四王者。**稱美其德以爲喻也。○陳昌齊曰：「『喻』當作『則』。」**夏桀染於干辛、歧踵戎，**桀，夏后皋之孫，癸之子也。干辛、歧踵戎，桀之邪臣。○畢沅曰：「『干辛』舊本作『羊辛』，知度篇亦同。案墨子及古今人表、抱朴子良規篇與此書慎大篇皆作『干辛』，説苑尊賢篇作『干莘』，今據改正。又『歧踵戎』，墨子及諸書多作『推哆』，亦作『推侈』。」○梁玉繩曰：「歧踵戎與推哆未必是一人。」**殷紂染於崇侯、惡來，**紂，帝乙之子，名辛。崇，國，侯爵，名虎。惡來，嬴姓，飛廉之子，紂之諛臣。○畢沅曰：「案書稱商王受，或云字受德，亦見書及逸周書。此云名辛，與史同。」○梁玉繩曰：「受、紂音近。『辛』，以甲乙爲名也。」**周厲王染於虢公長父、榮夷終，**厲王，周夷王之子，名胡。虢、榮，二卿士也。傳曰：「榮夷公好專利而不知大難。」○梁玉繩曰：「『終』疑『公』字之譌。或曰：『終，其名。』」○汪遠孫曰：「書序『王俾榮伯』，馬融注云：『榮伯，周同姓，畿内諸侯，爲卿大夫也。』是榮爲周同姓之國也。夷公名終，亦見墨子所染篇。」**幽王染於虢公鼓、祭公敦。**幽王，周厲王之孫，宣王之子，名官皇。虢公、祭公，二卿士也。傳曰：「虢石父，讒諂巧佞之人也，以此教王，其能久乎！」○畢沅曰：「墨子作『染於傅公夷、蔡公穀』。注『官皇』，諸書多作『宮涅』。梁伯子云：『當從劉恕外紀、子由古史作「宮涅」。史記集解徐廣曰：「一作生。」惟名涅，故又作「生」也。』」**此四王者所染不當，故國殘身死，爲天下僇，**不當者，不得其人。僇，辱也。**舉天下之不義辱人必稱此四王者。**稱其惡以爲戒也。**齊桓公染於管仲、鮑叔，**桓公，齊僖公之子，名小白。管、鮑其二卿也。**晉文公染於咎犯、郄偃，**文公，晉獻公之子，名重耳。咎犯、郄偃者，其二大夫。○畢沅曰：「郄乃郤之俗字。墨子作『高偃』，御覽六百二十作『郭偃』。」○梁玉繩曰：「『郤偃』無其人，『郤』乃『郭』之譌。高與郭，聲之轉，即卜偃也。」○朱亦棟曰：「『郤』乃『郭』之形譌。晉語：『文公問於郭偃曰：「始也吾以國爲易，今也難。」對曰：「君以爲易，其難也將至矣。君以爲難，其易也將至矣。」』」汪遠孫説同。**荆莊王染於孫叔敖、沈尹蒸，**莊王，楚穆王之子，名旅。孫、沈其二大夫。○維遹案：「蒸」當作「筮」。尊師篇云「楚莊師孫叔敖、沈尹巫」，高注彼「沈縣大夫」，察賢篇作「沈尹筮」。贊能篇作「沈尹莖」，「莖」亦爲「筮」誤，渚宫舊事引正作「筮」。**吴王闔廬染於伍員、文之儀，**闔廬，吴王夷昧之子，名光。伍、文其二大夫。○畢沅曰：「『文』舊本訛作『父』，今據尊師篇改正。墨子作『文義』。」**越王句踐染於范蠡、大夫種。**句踐，允常之子。范蠡，楚三户人也，字少伯。大夫種，姓文氏，字禽，楚之鄒人。○畢沅曰：「越絶云：『范蠡始居楚，生於宛橐或伍户之虚。』『伍户』疑即『三户』。它書引吴越春秋有云：『文種爲宛令，之三户之里見蠡。』案鄒是時尚未屬楚，尊師篇注又作『楚鄒人』，皆誤，當作楚之郢人。錢詹事曉徵云：『太平寰宇記江陵府人物云「文種，楚南郢人」，此必本於高氏注，北宋本猶未譌也。種本楚郢人，故得爲宛令。若鄒若鄞，皆非楚地矣。王伯厚引吕覽注以種爲鄞人，則南宋本已誤。然虞仲翔、朱育歷數會稽先賢，初不及種，乾道四明圖經、寶慶四明志叙人物亦無及種者，當依寰宇記改正。』」○梁玉繩曰：「文選陸機豪士賦序注引吴越春秋曰：『文種者，本〔一〕楚南郢人。』」**此五君者所染當，故霸諸侯，功名傳於後世。范吉射染於張柳朔、王生，**吉射，晉范獻子鞅之子昭子也。張柳朔、王生二人者，吉射家臣也。○畢沅曰：「墨子作『長柳朔、王胜』。」**中行寅染於黄籍秦、高彊，**寅，晉大夫中行穆子之子荀子也。黄籍秦、高彊其家臣。高彊，齊子尾之子，奔晉爲中行氏之臣。○畢沅曰：「墨子無『黄』字。」○梁玉繩曰：「『黄』字宜衍。

〔一〕「本」，原脱，據文選注補。

注中『荀子』當作『荀文子』，中行寅即荀寅，亦稱中行文子也。」俞樾説同。**吳王夫差染於王孫雄、太宰嚭，**夫差，吳王闔廬子也。雄與嚭二人其大夫也。嚭，晉伯宗之孫，楚州犂之子。○畢沅曰：「『王孫雄』，墨子作『王孫雒』，越絶、吳越春秋皆作『王孫駱』，説苑作『公孫雒』，國語舊本亦作『雒』。宋庠補音從史記定作『雄』，且爲之説曰：『漢改洛爲雒，疑洛字非吳人所名。』今案宋説誤也。『有駵有雒』，見於魯頌。春秋文八年經書『公子遂〔一〕會雒戎』，傳作『伊雒之戎』。宣三年傳『楚子伐陸渾之戎，遂〔二〕至於雒』。漢書宏農郡上雒，非後漢時始改也。今不若各從本書爲得。」○梁玉繩曰：「『雄』當作『雒』，今本譌『雄』，困學紀聞六引呂是『雒』也。駱、雒古通。」又曰：「左傳定四年『伯州犂之孫嚭』，越絶、吳越春秋、杜世族譜竝同。此與國語韋注謂嚭是州犂子，重言注亦同，未知孰是。」○維遹案：據左定四年傳、史記吳世家、伍子胥傳，嚭爲伯宗之子，州犂之孫。此注「孫」、「子」二字當互易。**智伯瑶〔三〕染於智國、張武，**智瑶，宣子申〔四〕之子襄子也。國、武二人其家臣。**中山尚染於魏義、椻長，**尚，魏公子牟之後，魏得中山以邑之也。義、長其二臣也。○畢沅曰：「『椻』，墨子作『偃』。」**宋康王染於唐鞅、田不禋。**唐、田，宋康王之二臣。○畢沅曰：「荀子解蔽篇楊倞注亦作『田不禋』。古今人表作『田不禮』，御覽亦同。墨子作『佃不禮』。」**此六君者所染不當，故國皆殘亡，身或死辱，宗廟不血食，絶其後類，君臣離散，民人流亡，舉天下之貪暴**

〔一〕〔二〕「遂」原作「逐」，據諸子集成本改。
〔三〕「瑶」，原脱，據諸子集成本補。
〔四〕「申」，原作「甲」，據四部叢刊本改。

可羞人必稱此六君者。○劉師培曰：「『可羞』疑當作『苛擾』，與墨子同。」凡爲君，非爲君而因榮也，非爲君而因安也，以爲行理也。○維遹案：任數篇注：「理，道也。」行理生於當染，故古之善爲君者，勞於論人論猶擇也。而佚於官事，得其經也。經，道。不能爲君者，傷形費神，愁心勞耳目，國愈危，身愈辱，不知要故也。愈，益也。益危辱者，不知所行之要約也。不知要故則所染不當，所從染不得其人也。○王念孫曰：「此『故』字疑因上文而衍。墨子作『不知要者，所染不當也』。」俞樾説同。所染不當，理奚由至？至猶得也。六君者是已。六君者，非不重其國、愛其身也，所染不當也。存亡故不獨是也，帝王亦然。爲帝王者亦當知所從染也。○俞樾曰：「上文舜、禹、湯、武皆帝王也，帝王之事已見上文，何以又出此四字？下文所言孔子、墨子皆非帝王，與此不相應，且既言『帝王亦然』，而下即繼之曰『非獨國有染也』兩句亦不相屬，義殊可疑。據墨子所染篇云『非獨國有染也，士亦有染』，疑此『帝』字爲衍文，『王』乃『士』字之誤。呂氏原文本云『士亦然，非獨國有染也』，蓋即用墨子之意而倒其文耳。下文言孔子、墨子事而總之曰『此二士者無爵位以顯人，無賞禄以利人，舉天下之顯榮者必稱此二士也』，『士』字正與此應。因『士』誤爲『王』，後人遂臆加『帝』字耳。」

非獨國有染也，孔子學於老聃、孟蘇、夔靖叔。三人皆體道者，亦染孔子。○梁玉繩曰：「孟、夔二人，他書未見。」魯惠公使宰讓請郊廟之禮於天子，惠公，魯孝公之子，隱公之父。桓王使史角往，惠公止之，止，留。○梁玉繩曰：「『桓』當作『平』。惠公卒于平王四十八年，與桓王不相接。竹書請禮在平王四十二年。」其後在於魯，墨子學焉。其後，史角之後也，亦染墨翟。○宋翔鳳曰：「漢書藝文志：『墨家者流，蓋出於清廟之守。』（隋經籍志亦作『清廟之守』。案『守』疑『官』字之誤。）魯請郊廟禮，而王使角往，則正是清廟之官。藝文志墨家有尹佚二篇，佚即史佚，角蓋佚之後。」此二士者無爵位以顯人，無賞禄以利人，二士，謂孔子、墨翟。舉天下之顯榮者必稱此二士也。稱，説也。皆死久矣，從屬彌衆，弟子彌豐，充滿天下，彌，益。豐，盛也。言二士之徒，顯榮者益盛散布，故曰「充滿天下」。○孫詒讓曰：「『從』當作『徒』，形近而誤。有度篇云『孔、墨之弟子徒屬充滿天下』，墨子非儒篇云『其徒屬弟子皆效孔某』，皆弟子與徒屬竝舉之證。」王公大人從而顯之，有愛子弟者隨而學焉，無時乏絶。子貢、子夏、曾子學於孔子，田子方學於子貢，段干木學於子夏，吴起學於曾子。禽滑鬞學於墨子，許犯學於禽滑鬞，○畢沅曰：「梁仲子云：『疑當作「禽滑釐」。列子湯問篇、莊子天下篇、説苑反質篇皆作「釐」字。此書尊師篇作「禽滑黎」，列子楊朱篇作「禽骨釐」，人表作「禽屈釐」，列子殷敬順本亦同。』」田繫學於許犯。孔、墨之後學顯榮於天下者衆矣，不可勝數，皆所染者得當也。

當染

五曰：由其道，功名之不可得逃，淮南記曰「人甘非正爲蹠也，蹠而焉往」，故曰「不可得逃」。○畢沅曰：「繆稱訓曰：『人之甘甘，非正爲蹠也，而蹠焉往。』彼注云：『臣之死君，子之死父，非以求蹠蹠〔一〕也。』『而蹠焉往』，『言蹠乃往至也』。彼後又注云：『蹠，願也。』」猶表之與影，若呼之與響。影，晷也。行則晷隨之，呼則響應之，推此言之，故功名何可得逃也。善釣者，出魚乎十仞之下，餌香也。七尺曰仞。下猶底也。善弋者，下鳥乎百仞之上，弓良也。弋，繳射之也。詩云：「弋鳧與鴈。」下猶隕也。善爲君者，蠻夷反舌殊俗異習皆服之，德厚也。東方曰夷，南方曰蠻，其在四表皆爲夷也。戎、狄言語與中國相反，因謂反舌。一説南方有反舌國，舌本在前，末倒向喉，故曰「反舌」。○畢沅曰：「注『舌本』舊脱『舌』字，孫據李善注文選陸佐公石闕銘補。」○梁玉繩曰：「反舌即鴃舌。注中二説恐非。爲欲注祇載前説。」水泉深則魚鼈歸之，樹木盛則飛鳥歸之，○維遹案：「樹木」原作「樹本」，陳昌齊云：「元刻劉節軒校本『樹本』作『樹木』，據逸周書大聚解云『泉深而魚鼈歸之，草木茂而鳥獸歸之』，則木字是。」案各本皆作「木」，御覽九百五十二引同，此爲畢本刻誤，今據正。庶草茂則禽獸歸之，人主賢則豪桀歸之。才過百人曰豪，千人曰桀。故聖王不務歸之者，而務其所以歸。務人使歸之，末也；而務其所行可歸，本也，故曰「務其所以歸」也。○維遹案：注「人使」治要引作「使人」，是也。

彊令之笑不樂，彊令之哭不悲，無其中心，故不樂不悲。○孫先生曰：「意林、御覽三百九十一引正文二『不』字上竝有『則』字。注『無其中心』，意林作『不由中心』，於義爲長。御覽引正文『不悲』下有『不由中心也』五字，蓋

〔一〕「蹠蹠」，原作「蹠」，據淮南鴻烈解補。

注語之錯入正文者。」彊令之爲道也，可以成小而不可以成大。虛稱可以僞制〔一〕，顯實難以詐成。虛小實大也，故曰「不可以成大」也。缶醯黃，蜹聚之，有酸，黃，美也。黃故能致酸，酸故能致蜹。○俞樾曰：「此當作『缶醯黃有酸，蜹聚之』。有讀爲又，言黃而又酸，故蜹聚之也。高注云云，可知『有酸』二字本在『蜹聚』之上矣，當據以訂正。」○吳先生曰：「齊民要術有作黃衣黃蒸法，作酢則有下黃衣法，此黃即所謂黃衣也。醯有黃則蜹聚，以有酸故，文義易了，俞校似不可從。」徒水則必不可。水無酸，故不可以致蜹也。以貍致鼠，以冰致蠅，雖工不能。不能致也。以茹魚去蠅，蠅愈至，茹讀茹船漏之茹字。茹，臭也。愈，益也。○畢沅曰：「易既濟六四『繻有衣袽』，子夏易作『茹』。又通作『帤』，韻會引黃庭經云：『人間紛紛臭如帤。』」不可禁，禁，止也。○畢沅曰：「孫云：『李善注文選左太沖魏都賦引「以茹魚驅蠅，蠅愈至而不可禁」。』」○維遹案：楚辭離騷篇洪興祖補注引與選注同，蓋唐、宋人所見呂覽與今本不同。以致之之道去之也。致之者茹也，去之不可也。桀、紂以去之之道致之也，去之，殘暴也。以致暴之道致治，不治也。罰雖重，刑雖嚴，何益！淮南記曰：「急轡利錣〔二〕，非千里之御也。」嚴刑峻法，非百王之治也，故曰「何益」。

大寒既至，民煖是利。大熱在上，民清是走。○維遹案：有度篇注：「清，寒。」清又與清通，詳

〔一〕「僞制」，四部叢刊本作「爲致」，審應作「僞致」。

〔二〕「利錣」，淮南鴻烈作「數策」。

宋翔鳳過庭録。是故民無常處，見利之聚，無之去。處，居也。去，移也。○王念孫曰：「治要『無』下有『利』字。之猶是也。」欲爲天子，民之所走，不可不察。察猶知也。今之世，至寒矣，至熱矣，而民無走者，取則行鈞也。鈞，等也。等於亂暴也。欲爲天子，所以示民，不可不異也。若殷紂暴亂，武王以仁義伐之，故曰「不可不異」。行不異，亂雖信今，民猶無走。傳曰：「以化平化謂之治。」以亂止亂，何治之有？故行不異亂，雖欲信利民，無肯歸走也。○陳昌齊曰：「『今』疑作『令』。」○俞樾曰：「高注曰『行不異亂，雖欲信利民，無肯歸走也』，然正文本無『利』字，且既行不異亂矣，又何信利民之有？高注非也。『信』疑『倍』字之誤。上云『今之世，至寒矣，至熱矣，而民無走者，取則行鈞也』，此云『行不異亂，雖倍今，民猶無走』，言雖寒熱加倍於今之世，民猶無可走也。倍、信形似而誤。知士篇『視若是者倍反』，戰國策作『若是者信反』，即其例。」○楊樹達曰：「俞説是也。此當以『行不異』爲句，『行不異』承上句『不可不異』而言。『亂雖倍今』當爲一句。高誘以下皆失其讀。」○維遹案：「今」字李本、黄本作「令」，與陳説合，然終以楊説爲允。民無走，則王者廢矣，夫民以王者爲命，王者以民爲本。本無所走，命無所制而不廢者，未之有也。暴君幸矣，民絶望矣。無明天子，故暴亂諸侯〔一〕以爲幸也。民無所於救命，故絶望。故當今之世，有仁人在焉，不可而不此務；務其仁義。有賢主，不可而不此事。事其仁義。賢不肖不可以不相分，分猶異也。○畢沅曰：「舊本『異』作『與』，訛，今以上文正之。」○陶鴻慶曰：「作

〔一〕「侯」，原作「諸」，據諸子集成本改。

『與』者是也。正文『不相分』，『不』字誤衍。元文本云『賢不肖不可以相分』，分如分人以財之分，言賢自賢，不肖自不肖，賢不肖之名不可以相分界。高所見本『不』字尚未衍，故注云『分猶與也』。下文『若命之不可易，若美惡之不可移』云云，皆申説此義，而篇末總結之云『名固不可以相分』，是其明證。畢氏不據下文以訂正文之誤，反依正文之誤以改注，失之矣。」**若命之不可易，**命短不可爲使長也。**若美惡之不可移。**堯、舜爲美，桀、紂爲惡，故曰不可移也。**桀、紂貴爲天子，富有天下，能盡害天下之民，而不能得賢名之。**殘義損善曰桀。賤仁多累曰紂。賢主於行，何可虚得。○畢沅曰：「獨斷：『殘人多壘曰桀。殘義損善曰紂。』史記集解作『賊人多殺曰桀』。李石續博物志又作『殘民多疊曰桀』。」**關龍逄、王子比干能以要領之死爭其上之過，**關龍逄，桀忠臣也。王子比干，紂諸父也。爭，諫也。桀、紂皆殺之，故曰「能以要領之死爭其上之過」也。○畢沅曰：「『關龍逄』，如字。李本作『逢』，非。」**而不能與之賢名。**不能致桀、紂使享賢名。若后稷好稼，不能使禾自生。**名固不可以相分，必由其理。**爲善得善名，爲惡得惡名，故曰「必由其理」。

功名〔一〕

〔一〕四部叢刊本「名」下有注「一作由道」。

呂氏春秋集釋卷第三

榮成許維遹學

呂氏春秋訓解　高氏

季春紀第三　盡數　先己　論人　圜道

一曰：季春之月，日在胃，季春，夏之三月。胃，西方宿，趙之分野。是月，日躔此宿。○畢沅曰：「淮南天文訓：『胃，魏之分野〔一〕。』」昏七星中，旦牽牛中。七星，南方宿，周之分野。牽牛，北方宿，越之分野。是月昏旦時，皆中於南方也。其日甲乙，其帝太皞，其神句芒，其蟲鱗，其音角，律中姑洗，姑洗，陽律也。姑，故。洗，新。是月陽氣發生，去故就新，竹管音中姑洗也。○畢沅曰：「注『發』舊本作『養』，譌。初學記引作『是月陽氣發，故去故就新』，今定作『發』字。其『生』字似不誤，仍之。」○劉先生叔雅曰：「淮南子天文篇、時則篇高彼注並作『陽氣養生』，與此注合，未可依類書引文遽改作『發』字。畢校未審，不可從也。」其數八，其味酸，其臭羶，其祀戶，祭先脾。桐始華，田鼠化爲鴽，桐，梧桐也，是月生葉，故曰始華。田鼠，鼸鼠也。鴽，鴾，青州謂之鴾母，周

〔一〕「胃，魏之分野」，淮南子注作「昂、畢，一名大梁，趙之分野」。

雒謂之鴽，幽州謂之鵪也。○畢沅曰：「此注多訛脱。夏小正傳云：『田鼠者，嗛鼠也。』爾雅作『鼸』，蓋頰裹藏食之鼠也。注脱『鼸』字，今補。又『鵪』舊訛作『鵲』，『鴾母』訛作『鶨鶨』。案小正傳云：『鴽，鴾也。』爾雅『鴽，鴾母』，郭注云：『鶕也。青州呼鴾母。』列子釋文引夏小正『田鼠化爲鴽』作『鵪』，鵪與鴾、鶕竝同，『鵲』以形近而訛，故定爲『鵪』字。『鴾』亦以形近訛『鶨』，今據郭注改正。鴾母讀爲牟無，説文云：『鴾，牟母也。』」○維遹案：淮南注：「田鼠，鼢鼸鼠也。」劉貴陽説經殘稿謂鼸鼠與鼢鼠有别，高注淮南是。又案：注「生」下「葉」字當作「華」，形近而譌。淮南注正作「華」。**虹始見，萍始生。**虹，螮蝀也，兖州謂之虹，詩曰「螮蝀在東，莫之敢指」，是也。萍，水藻，是月始生。○畢沅曰：「注『虹』舊訛『訌』，謝校改。『萍』，月令作『蓱』，鄭注：『蓱，萍也。』今月令亦作『萍』，誤。」○維遹案：王念孫校本注「萍水藻」改作「萍水薸」。攷王氏校淮南墬形篇亦言今本呂覽注「薸」誤作「藻」。案「萍」一作「蓱」，爾雅釋草注云：「水中浮蓱，江東謂之薸。」王氏蓋本此。**天子居青陽右个，**右个，南頭室也。**乘鸞輅，駕蒼龍，載青旂，衣青衣，服青玉，食麥與羊，其器疏以達。**説在孟春。

是月也，天子乃薦鞠衣于先帝。周禮司服章曰：「王祀昊天上帝則服大裘而冕，祀五帝亦如之。」又内司服章王后之六服有菊衣，衣黄如菊花，故謂之菊衣。春王東方，色皆尚青，此云「薦菊衣」，誘未達也。○畢沅曰：「内司服鄭注云：『鞠衣，黄桑服也，色如麴塵，象桑葉始生。』蓋后妃服以躬桑者。」**命舟牧覆舟，五覆五反，乃告舟備具于天子焉，**舟牧，主舟官也。是月天子將乘舟始漁，恐有穿漏，反覆視之，五覆五反，慎之至也。○陳昌齊曰：「淮南時則訓無『焉』字，蓋因下文『天子焉始乘舟』而衍也。」○王念孫曰：「『焉』字本在『始乘舟』之上，後之校月令者不知『焉』訓爲『於』，遂移『焉』字於上句之末，校呂氏春秋者又依誤本月令於上句末增入『焉』字，唯下句『焉』字未删，則以高注訓『焉』爲『於』故也。淮南作『告具於天子』，無『焉』字。月令之文亦無以『焉』字絶句者。」**天子焉始乘舟。薦鮪于寢廟，乃爲麥祈實。**焉猶於此。自冬至此，於是始乘舟。薦，進也。鮪魚似鱣而小，詩曰：「鱣鮪潑潑。」進此魚於寢廟，禱祈宗祖，求麥實也。前曰廟，後曰寢，詩云「寢廟奕奕」，言相連也。○畢沅曰：「注『潑潑』，詩作『發發』。魯頌『路寢孔碩，新廟奕奕』，此引作『寢廟奕奕』，蔡邕獨斷所引亦同。『相連』舊作『後連』，據獨斷改。周禮隸僕注『奕奕』作『繹繹』，云『相連貌也』。」○維遹案：注「鮪魚似鱣而小」，「鱣」字原作「鯉」，與引詩不相應，今改從張本。陸璣〔一〕毛詩疏謂「鮪魚形似鱣」。爾雅釋魚郭注「鮪，鱣屬也，狀似鱣而小」，郝疏云：「鱣乃無鱗，今鱣止作灰色，其肉黄，通名黄魚，亦呼鱘鱑魚，鱘、鱣聲相轉也。」依此，則鮪小於鱣而不似鯉明矣。淮南注作「鮪魚似鯉而大」，蓋校者知鮪大於鯉，故改「小」爲「大」，但不知「鯉」爲「鱣」誤，亦當據此訂正。攷鱣、鯉混爲一物，始於舍人注爾雅及詩碩人篇毛傳，許氏説文從之。自高注淮南、呂覽，陸疏毛詩，郭注爾雅，乃分鱣、鯉爲二。今本呂覽作「鯉」者，亦或後人據毛傳、説文而妄改之。

是月也，生氣方盛，陽氣發泄，生者畢出，○畢沅曰：「舊校云『生』一作『牙』，案『牙』字是。月令作『句』。」**萌者盡達，不可以内。**發泄猶布散也。象陽達物，亦當散出貨賄，不可賦斂以内之。○王念孫曰：「内即納字。」**天子布德行惠，命有司發倉窌，賜貧窮，振乏絶，**方者曰倉。穿地曰窌。無財曰貧。鰥寡孤獨曰

〔一〕「璣」，原作「機」，據毛詩注疏改。

窮。行而無資曰乏。居而無食曰絶。振，救也。○畢沅曰：「月令『窌』作『廩』。」**開府庫，出幣帛，周天下，勉諸侯，**府庫，幣帛之藏也。周，賜。勉，進。**聘名士，禮賢者。**聘問之也。有名德之士、大賢之人，聘而禮之，將與興化致理者也。○畢沅曰：「注首『聘問之也』四字舊本缺，孫據李善注文選棗道彦雜詩增入。」○維遹案：注「名德」原作「明德」，今改從許本、姜本、張本，與淮南注合。

是月也，命司空曰：「時雨將降，下水上騰，循行國邑，周視原野，司空，主土官也。是月下水上騰，恐有浸漬，害傷五稼，故使循行遍視之。廣平曰原。郊外曰野。**修利隄防，導達溝瀆，開通道路，無有障塞；**障，壅。塞，絶也。**田獵罼〔一〕弋，罝罘羅網，餧獸之藥，無出九門。」**罼，掩網也。弋，繳射飛鳥也，詩云：「弋鳧與鴈。」罝，兔網也，詩云：「肅肅兔罝。」羅，鳥網也，詩云：「鴛鴦于飛，罼之羅之。」罘，射鹿罟也。網，其總名也。天子城門十二，東方三門，王氣所在處，尚生育，明餧獸之藥所不得出也。嫌餘三方九門得出，故特戒之，如言「無」也。○畢沅曰：「『罼弋』，月令作『畢翳』，注云：『翳或作弋。』『九門』舊本作『國門』，云『一作九』，今案注作『九』爲是。注『如言無也』，李本『如』作『加』，謝云：『如，而也。李本不可從。』」○茆泮林曰：「月令鄭注云：『今月令無「罘」，「翳」爲「弋」。』是呂無『罘』字。今有者，當是後人依禮月令增入。高注『罘射鹿罟也』五字，又是後人見俗本有『罘』字，據他書增入耳，不則高注『罘』不當在『羅』字之下。」○維遹案：注「飛」字下原脱「鳥」字，據許本增。説文「弋」

〔一〕「罼」，原作「畢」，據諸子集成本改。注同。

作「雄」，云「繳射飛鳥也」，與高注正合。

是月也，命野虞無伐桑柘，野虞，主材官。桑與柘皆可以養蠶，故命其官使禁民不得斫伐。**鳴鳩拂其羽，戴任降于桑，**鳴鳩，班鳩也，是月拂擊其羽，直刺上飛數十丈乃復者是也。戴任，戴勝，鴟也，爾雅曰「鶝鳩」，部生於桑。是月其子彊飛，從桑空〔一〕中來下，故曰「戴任降於桑」也。○畢沅曰：「『戴任』，月令作『戴勝』，淮南作『戴鵀』，注不當訓鴟，但舊本月令正義引爾雅亦作『鴟鳩』，此作『鶝鳩』，究屬『鵖鵶』二字之誤。『部生於桑』云云，不知所出。」○郝懿行曰：「高注『鴟』當作『鳲』，『鶝鳩』當作『鵖鵶』，俱形聲之誤也。證以淮南時則篇『戴任』作『戴鵀』，注亦云『戴勝鳥』，引詩『尸鳩在桑』，可知呂覽注誤。戴鵀即今之䳭䳭轂，小於鵓鳩，黃白斑交頭上，毛冠如戴華勝，戴勝之名以此。常以三月中鳴，鳴自呼也。」又曰：「『部』蓋借爲抱雞之抱。」**具栚曲篆筐，**栚讀曰朕。栚，持也，三輔謂之栚，關東謂之持。曲，薄也，青、徐謂之曲。員底曰篆，方底曰筐，皆受桑器也。是月立夏，蠶生，故敕具也。○畢沅曰：「月令作『具曲植籧筐』，淮南作『具樸曲筥〔二〕筐』，此書舊本作『具挾曲蒙筐』，挾與樸皆栚之訛文也。說文云：『栚，槌之横者也。』槌即植也。方言：『槌，宋、魏、陳、楚、江、淮之間謂之植，自關而西謂之槌，齊謂之样。其橫，關西曰㮳，宋、魏、陳、楚、江、淮之間謂之㮇，齊部謂之持。』今據此并注皆改正。栚從朕省，方言不省，作㮳。注『栚，持也』舊本脱，今從淮南注補，則下文方有所承。持，丁革反，舊本作『關東謂之得』，訛。『曲』，說文作『苗』，云『蠶薄也』，廣雅又從竹作『笛』。

〔一〕「桑空」，原作「空桑」，據諸子集成本乙。

〔二〕「筥」，原作「莒」，據四部叢刊本改。

段云『「蒙」乃「篆」字之誤，即記之「籩」也，亦即「筥」也』，今依改正。案郭璞注方言云：『篆，古筥字。』」**后妃齋戒，親東鄉躬桑。**王者一后三夫人。妃即夫人，與后參職，配王兼衆事。王者親耕，故后妃親桑也，以爲天下先，勸衆民也。**禁婦女無觀，**觀，遊。**省婦使，勸蠶事，**省其他使，勸其趨蠶事。**蠶事既登，**登，成也。**分繭稱絲效功，**效，致也。絲多爲上功。**以共郊廟之服，無有敢墮。**郊祭天，廟祭祖。周禮内宰章「仲春，詔后率内外命婦蠶于北郊，以爲祭服」，此之謂也。○畢沅曰：「『墮』，月令作『惰』，同。」○維遹案：注「内宰」原作「内子」，今據周禮改正。

是月也，命工師令百工審五庫之量，○維遹案：月令孔疏云：「五庫者，熊氏云：『各以類相從，金鐵爲一庫，皮革筋爲一庫，角齒爲一庫，羽箭幹爲一庫，脂膠丹漆爲一庫。』」義或然。**金鐵、皮革筋、角齒、羽箭幹、脂膠丹漆無或不良。**良，善。○桂馥曰：「幹借字，正作稈。長笛賦作『箭稾』，是也。周禮夏官有稾人掌弓弩之事。考工記『矢人爲矢，以其笴厚爲之羽深』，鄭注：『笴讀爲稾，謂矢幹。』」**百工咸理，監工日號，無悖於時，**監工，工官之長。悖，逆也。時可用作器，無逆之也。不作爲逆也。**無或作爲淫巧，以蕩上心。**淫巧，非常詭怪。若宋人以玉爲楮葉，三年而成，亂之楮葉之中不可別知之類也，故曰「以蕩上心」。蕩，動也。○畢沅曰：「注舊本『詭』上衍『説』字，今删。」○茆泮林曰：「朱子謂吕『爲』作『僞』。案月令鄭注云：『今月令無「于時」，「作爲」爲「詐僞」。』朱子所見本『爲』作『僞』，當近古，今同禮月令。」

是月之末，擇吉日，大合樂。樂以和民，故擇於是月下旬吉日，大合六樂，八音克諧，簫韶九成。周禮大司〔一〕樂章「以樂舞教國子，舞雲門、大卷、大咸、大韶、大夏、大護、大武，大合樂以和邦國，以諧萬民，以安賓客，以悦遠人」，此之謂也。**天子乃率三公九卿諸侯大夫親往視之。**視其樂也。

是月也，乃合纍牛騰馬游牝于牧，纍讀如詩「葛纍」之纍。纍牛，父牛也；騰馬，父馬也，皆將羣游從牝於牧之野風合之。○畢沅曰：「『纍』，月令作『累』，淮南作『騾』。淮南注：『讀葛藟之藟。』」○王引之曰：「累牛騰馬皆牡也，與遊牝正相對，『乃合累牛騰馬遊牝于牧』十字當作一句讀，謂合牛馬之牡者牝者於牧耳，皆在牧不在厩也。騰馬即騰駒，仲夏言『遊牝別羣，則執騰駒』，尤見騰馬與累牛皆指牡言之。謂之遊牝者，以時方通淫，聽其遊行，因以名焉。而高誘曰『游從牝於所牧之地風合之』，則與『游牝別羣』之文不合，疏矣。」**犧牲駒犢舉書其數。**舉其犢駒在犧牲者，皆簿領書其頭數也。○孫詒讓曰：「注『在』當爲『任』之誤。」**國人儺，九門磔禳，以畢春氣。**儺讀論語「鄉人儺」同。命國人儺，索宮中區隅幽闇之處，擊鼓大呼，驅逐不祥，如今之正歲逐除是也。九門，三方九門也。嫌非王氣所在，故磔犬羊以禳，木氣盡之，故曰「以畢春氣」也。○畢沅曰：「『國人儺』，月令作『命國難』，淮南作『令國儺』。『儺』疑本作『難』，故注讀從論語之『儺』，『同』字疑後人所增。『區隅』亦作『漚隅』，又一作『歐隅』。」○陳昌齊曰：「据注，『國』字上當有『命』字，月令作『命國難』。」○徐鼒曰：「説文難、儺皆無逐疫之訓。『魖，見鬼驚詞』。高云『擊鼓大呼』，有驚詞意，則玉篇以魖爲驚敺疫癘之鬼者，正説文之義。是魖爲本字，難、儺皆假借字矣。」○維遹案：畢校語原作「月令作命國儺，淮南作令國難，此疑倒誤」，覆案二書，適得其反，今改正。「此疑倒誤」四字，爲校畢稿者旁記之文，而混入其内，今删。

〔一〕「司」上原衍「胥」，據周禮删。

行之是令而甘雨至三旬。行之是令，行是之令也。十日曰旬。○畢沅曰：「月令無此句，淮南有，下同。」○劉師培曰：「注『行是之令也』，當作『行是月之令也』，今挩『月』字。淮南時則訓作『行是月令』，高説本之。」**季春行冬令則寒氣時發，草木皆肅，國有大恐。**行冬寒殺氣之令，故寒氣早發，草木肅棘，木不曲直也。氣不和，故國大惶恐也。○畢沅曰：「注『行冬』下舊本有『令』字，衍，今刪。」○陳昌齊曰：「王石臞云：『淮南注「草木上疎曰肅」，棘當爲疎。』按肅疎猶蕭疎也。」**行夏令則民多疾疫，時雨不降，山陵不收。**行夏炎陽之令，火干木，故民疾疫，雨澤不降，故山陵所殖不收入。**行秋令則天多沈陰，**○段玉裁曰：「沈即霃之叚借也，沈行而霃廢矣。」**淫雨早降，**○錢坫曰：「淫叚爲霪。」**兵革竝起。**秋，金氣用事，水之母也，而行其令，故多沈陰爲淫雨也。金爲兵器，故竝起。○維遹案：注「秋金氣用事」，又「金爲兵器」，「金」字原皆作「陰」。孫先生云：「注『陰氣用事』，又『陰爲兵器』，『陰』字竝當從淮南注作『金』。金生水，故云水之母。金爲製兵之具，故云金爲兵器。季秋紀注云『秋，金氣，水之母也』，月令鄭注『陰氣用事』，日本山井鼎考文引古本『陰』作『金』，『仲春行秋令，寇戎來征』，鄭注『金氣動也』，竝其證。蓋金、侌形近致譌，又轉寫爲陰耳。」案：孫先生説是。注一鸞本正作「金」，今據改正。

季春紀

二曰：天生陰陽寒暑燥溼，四時之化，萬物之變，莫不爲利，莫不爲害。順者利時，逆者害時。**聖人察陰陽之宜，辨萬物之利以便生，故精神安乎形，而年壽得長焉。**精神內守，無所貪欲，故形性安，形性安則壽命長也。長也者，非短而續之也，畢其數也。畢，盡也。平其無欲之情，不夭隕，故盡其長久之數。畢數之務，在乎去害。何謂去害？大甘、大酸、大苦、大辛、大鹹，五者充形則生害矣。大喜、大怒、大憂、大恐、大哀，五者接神則生害矣。大寒、大熱、大燥、大溼、大風、大霖、大霧，七者動精則生害矣。諸言大者，皆過制也。故凡養生，莫若知本，知本則疾無由至矣。傳曰：「人受天地之中以生，所謂命也。」孟子曰：「人性無不善，本其善性，閉塞利欲，疾無由至矣。」

精氣之集也，必有入也。集於羽鳥與爲飛揚，○舊校云：「一作『翔』。」集於走獸與爲流行，集於珠玉與爲精朗，○陳昌齊曰：「『精朗』，据下文當作『精良』。」集於樹木與爲茂長，集於聖人與爲敻明。集，皆成也。敻，大也，遠也。敻讀如詩云「于嗟敻兮」。○畢沅曰：「此韓詩。」精氣之來也，因輕而揚之，因走而行之，因美而良之，因長而養之，○畢沅曰：「舊校云『養』一作『善』。」案此段用韻，『善』字非也。」○丁聲樹曰：「作『善』者是也，蓋本作『因善而長之』，揚、行、良、長、明皆複上文諸句之末字爲韻，因『善』與『長』互倒，後人以其非韻，乃改『善』爲『養』，遂與上文辭例不一律矣。」因智而明之。因，依也。明，智也。

流水不腐，腐，臭敗也。户樞不螻，○畢沅曰：「意林作『不蠹』。」○梁履繩曰：「内則『馬黑脊而般臂漏』，注：『漏當〔一〕爲螻，如螻蛄臭也。』此蓋言户樞不至朽腐如螻蛄之氣耳。後漢書華佗傳『譬如户樞終不朽』，本此。」○

〔一〕「當」，原作「讀」，據禮記注疏改。

沈濤曰：「『螻』，意林引『蠹』是也。此句與上『流水不腐』爲韻。此篇上文『因輕而揚之』數語，下文『鬱處頭則爲腫爲風』數語，皆用韻，則此腐、蠹亦韻也。後漢書華佗傳『譬如户樞終不朽』即此意。螻字乃傳寫之誤。」**動也。形氣亦然，形不動則精不流，精不流則氣鬱。鬱處頭則爲腫爲風，**腫與風皆首疾。**處耳則爲挶爲聾，**皆耳疾也。**處目則爲䁾爲盲，**䁾，眵也；盲，無見，皆目疾也。○畢沅曰：「孫云：『李善注文選宋玉風賦引「䁾」作「蔑」。「高誘曰蔑眵」。』此注舊本皆作『䁾肝䁾』，誤，今從彼注改正。善又云：『蔑與䁾古字通，亡結切。眵，亡支切。』」○吴先生曰：「眵字不得以亡支爲切，今選注作『充支切』是也。孫引非。」**處鼻則爲鼽爲窒，**鼽，齆鼻。窒，不通。**處腹則爲張爲疛，**疛，跳動。皆腹疾。○畢沅曰：「『疛』，舊本作『府』，誤也。説文：『疛，小腹疾。』此云『跳動』者，詩小雅小弁云『惄焉如擣』，釋文云：『本或作痔，韓詩作疛，除又反，義同。』此所訓正合。」○維遹案：左成十年傳「晉侯將食，張，如厠」，杜注：「張，脹滿也。」**處足則爲痿爲蹷。**痿，不能行。蹷，逆疾也。○維遹案：重己篇注「痿，躄不能行。蹷，逆寒疾」，此注疑脱躄、寒二字。

輕水所多秃與癭人，秃，無髮。癭，咽疾。○畢沅曰：「所即處。下放此。」○楊樹達曰：「説文七篇下疒部：『癭，頸瘤也。』易林一坤之大過云『瘤癭秃疥，爲身瘡害』，亦以秃癭連言。」**重水所多尰與躄人，**尰足曰尰。躄，不能行也。**甘水所多好與美人，**美亦好也。**辛水所多疽與痤人，**疽、痤皆惡瘡也。**苦水所多尪與傴人。**尪，突胸仰向疾也。傴，傴脊疾也。

凡食無彊厚味，無以烈味烈猶酷也。**重酒，**重酒厚也。**是以謂之疾首。**疾首，頭痛疾也。○畢沅曰：「疾首猶言致疾之端，注非是。」○陶鴻慶曰：「『彊厚味』，『味』字涉下句而衍。『食無彊厚』爲句。厚與酒、首爲韻也。」又曰：「『是以謂之疾首』，當作『是之謂疾首』。下文云『凡食之道，無飢無飽，是之謂五藏之葆』，此文亦當一律。『以』字即涉上句而衍。」○孫先生曰：「陶説是也。高注『烈味』云『烈猶酷也』，正承『彊』字言之。又注『重酒』云『重酒（疑亦當作猶。）厚也』，正承『彊厚』之『厚』言之。蓋『食無彊厚』總言之也，『烈味重酒』分言之也。若『彊厚』下著一『味』字，不相應矣。書鈔一百四十三引此文亦無味字。」**食能以時，身必無災。**時，節也。不過差，故身無災疾也。**凡食之道，無飢無飽，是之謂五藏之葆。**葆，安也。○維遹案：説文：「葆，艸盛貌。」此借爲寶。易繫辭「聖人之大寶曰位」，孟喜本「寶」作「保」，是其例。書鈔一百四十二引此文亦作「寶」。**口必甘味，和精端容，將之以神氣。**端，正。將，養。○陶鴻慶曰：「高注云：『將，養也。』然食所以養形，不以養神，即謂養其神氣，亦不得云『養之以神氣』也。『神』疑『神』字之誤。神即沖字之異文，孫卿子非十二子篇『沖澹』作『神禫』是也。文子上德篇云：『萬物負陰而抱陽，沖氣以爲和。』『將之以沖氣』者，養之以和氣也。下文『百節虞歡，咸進受氣』，即指此言。」**百節虞歡，**○維遹案：虞、娱古今字。書鈔引「虞」作「娱」。**咸進受氣。飲必小咽，端直無戾。**

今世上卜筮禱祠，○孫鏘鳴曰：「上，尚也。」**故疾病愈來。譬之若射者，射而不中，反修于招，何益於中？**于招，埻藝也。患射不能中，不知循彀精藝，而反修其標的，故曰「何益於中」也。○畢沅曰：「舊校云『修』一作『循』。『招』一作『的』。注『埻』舊誤作『埻』。」梁仲子云：「『本生篇注云：「招，埻的也。」外傳越語韋注云：「藝，射的也。」』『于招』蓋連文。」○陳昌齊曰：「『注于字當是因正文而誤，非『于招』連文。」○維遹案：陳説是。本生篇注「招，埻的也」，别類篇注「招，埻藝也」，竝非「于招」連文。又案：説文「𡑞，射臬也，从土，𦎫聲，讀若準」，隸變作「埻」。周官司裘注「侯者，以虎熊豹麋之皮飾其側，又方制之以爲𦎫，謂之鵠，著于侯中」，釋文「𦎫，本亦作準」，故淮南原道篇注：「質的，射者之準埶也。」「執」爲「埶」之壞字，埶與臬通。康誥「汝陳時臬」，多方「爾罔不克臬」，説文：「臬，射準的也。」此「藝」即左文六年傳「陳之藝極」，杜亦注「藝，準也」。蓋埻與準，藝與臬、埶，皆爲聲近通假字耳。**夫以湯止沸，沸愈不止，去其火則止矣。故巫醫毒藥，逐除治之，故古之人賤之也，爲其末也。**古之人治正性、保天命者也。不然，則邪氣乘之以疾病，使巫醫毒藥除逐治之，故謂賤之也。若止沸以湯，不去其火，故曰爲其末也。

盡數

三曰：湯問於伊尹曰：「欲取天下，若何？」湯爲諸侯時也。○維遹案：漢志道家伊尹五十一篇，注：「湯相。」又小説家伊尹説二十七篇。注：「其語淺薄，似依託也。」隋、唐志均不著録，佚已久。馬國翰玉函山房輯佚書有輯本一卷。**伊尹對曰：「欲取天下，天下不可取。可取，身將先取。」**言不可取天下，身將先爲天下所取也。○陶鴻慶曰：「高注云云，則正文『可取』二字爲贅複矣。此言天下不可取，如曰可取，必先取身，故曰『可取，身將先取』。廣雅釋詁：『取，爲也。』爲亦訓治，取身猶言治身，指下文『嗇其大寶』，用新棄陳而言。下文云『凡事之本，必先治身』，畢引舊校云『治』一作『取』，然則一本作『取』者，正承『身將先取』而言，可知高注之非矣。」○維遹案：御覽七百二十引作「天下不可取，身將先取」，「可取」二字不重。

凡事之本，必先治身，嗇其大寶。嗇，愛也。大寶，身也。○舊校云：「『治』一作『取』。」**用其新，棄其陳，腠理遂通，**用藥物之新，棄去其陳以療疾，則腠理肌脈遂通利不閉也。○畢沅曰：「趙云：『注非也。此即莊子所云「吐故納新」也。』梁仲子云：『淮南泰族訓「呼而出故，吸而入新」亦相似。』」精氣日新，邪氣盡去，及其天年，○畢沅曰：「孫云：『御覽七百二十「及」作「反」。』」○俞樾曰：「『及』字無義，呂氏原文當作『終其天年』。『終』古文止作『夂』，故誤爲『及』耳。孫氏星衍云『御覽作「反」』，則又『及』之誤字。」此之謂真人。真德之人。

昔者，先聖王成其身而天下成，王道成也。治其身而天下治。詹何曰「未聞身治而國亂，身亂而國治者」，此之謂也。故善響者不於響於聲，聲善則響善也。善影者不於影於形，形正則影正。爲天下者不於天下於身。身正則天下治。詩曰：「淑人君子，其儀不忒。其儀不忒，正是四國。」忒，差也。言正諸身也。故反其道而身善矣；體道無欲故身善。行義則人善矣；行仁義於所宜，則人善之矣。樂備君道而百官已治矣，樂服行君人無爲之道，則百官承使化職事也。○畢沅曰：「注當云『則百官承化，職事已治也』，舊本有脱誤。」○王念孫曰：「據注，備讀爲服。」萬民已利矣。君無爲則萬民安利。三者之成也在於無爲。無爲之道曰勝天，天無爲而化。君能無爲而治，民以爲勝於天。○王念孫曰：「勝猶任也，故下文曰『勝天順性』。」○楊樹達曰：「王說是也。古勝、任音近，故『戴勝』亦作『戴任』。」義曰利身，能行仁義，則可以利其身。君曰勿身。爲君之道，務在利民，勿自利身，故曰「勿身」。勿身督聽，督，正也。正聽，不傾聽也。○畢沅曰：「舊本作『傾不聽也』，訛，今乙正。」利身平靜，行仁義，故能平靜也。勝天順性。無爲而不欲，故能順性也。順性則聰明壽長，順法天性則聰明也。虞書云「天聰明，自我民聰明」，此之謂也。法天無爲，故壽長久也。平靜則業進樂鄉，行仁義則民業進而樂鄉其化。督聽則姦塞不皇。正聽萬法，賞罰分明，故姦軌塞斷於不皇。皇，暇也。○俞樾曰：「皇讀爲惶。謂姦邪閉塞，不至惶惑也。蜀志呂凱傳曰『遠人惶惑』，是惶與惑同義。字亦作遑，後漢光武紀曰『遑惑不知所之』。遑與皇古通用，故此又作『皇』也。高注曰『姦軌塞斷於不皇。皇，暇也』，殊不成義。」**故上失其道則邊侵於敵，**君無道則敵國侵削其邊，俘其民也。論語曰「上失其道，民散久矣」，此之謂也。**內失其行，名聲墮於外。**內失撫民之行則鄰國賤之，故曰名聲墮於外也。若晉惠公背外內之賂，殺李克之黨，內無忠臣之輔，外無諸侯之助，與秦穆公戰而敗亡。○畢沅曰：「趙云：『內失其行，不能反道以善身，故名聲墮於外也。「李克」，內、外傳作「里克」，古李、里通用。』」**是故百仞之松，本傷於下而末槁於上。**本，根也。君亦國之本。**商、周之國，謀失於胸，**商、周二王之季也。胸猶內。**令困於彼。**彼亦外也。**故心得而聽得，**得猶知也。**聽得而事得，事得而功名得。**事事必得之則功成名立，故功名得也。**五帝先道而後德，**五帝，黃帝、高陽、高辛、堯、舜。先猶尚也。**故德莫盛焉。**德之大者無出於五帝。**三王先教而後殺，**三王，夏、商、周也。**故事莫功焉。**成王事之功，無過於三王。○畢沅曰：「孫云：『御覽七十七作「三王先德而後事，故功莫大焉」。』」○俞樾曰：「高注未得功字之義。國語齊語『辨其功苦』，韋注曰：『功，牢也。』管子小匡篇『辨其功苦』，尹注曰：『功謂堅美。』荀子王制篇『辨功苦』，楊注曰：『功謂器之精好者。』是古以堅美精好者爲功。本書誣徒篇曰『從師苦而欲學之功也』，亦以功苦對文。此功字義與彼同。『事莫功焉』，猶曰『事莫善焉』，正與上下文『德莫盛焉』、『兵莫彊焉』同義。御覽引作『功莫大焉』，後人不知古義而妄改耳。」○孫先生曰：「『三王先教而後殺，故事莫功焉』，當作『三王先德而後事，故事莫功焉』。御覽引作『故功莫大焉』者，不識功字之誼而妄改也。（俞氏解功字最是。）『五帝先道而後德』，『三王先德而後事』，『五伯先事而後兵』，誼正一貫。『德莫盛焉』正承先道後德言之，『事莫功焉』正承先德後事言之，『兵莫彊焉』正承先事後兵言之。若改作先教後殺，則文誼隔絶不相應矣。類聚十一引正作『三王先德而後事，故事莫功焉』。」五伯先事而後兵，五伯，昆吾、大彭、豕韋、齊桓、晉文。故兵莫彊焉。兵之彊者，無彊於五伯者也。當今之世，巧謀竝行，詐術遞用，遞，代。攻戰不休，亡國辱主愈衆。愈，益。衆，多。所事者末也。事，治。

夏后伯啓與有扈戰於甘澤而不勝，有扈，夏同姓諸侯。傳曰：「啓伐有扈。」書曰：「大戰於甘，乃召六卿。王曰：『六事之人，予誓告汝，有扈氏威侮五行，怠棄三正，天用勦絶其命。今予惟龔行天之罰。』」此之謂也。○畢沅曰：「『夏后伯啓』，舊本作『夏后相』。孫云：『如果爲相，注不應但據啓事爲證。考御覽八十二帝啓事中引此作「夏后伯啓」，乃知今本誤也。然困學紀聞亦引作「夏后相」，則南宋時本已誤矣。』盧云：『案「伯」古多作「柏」，後人疑爲「相」，因并誤删「啓」字。』」六卿請復之，請復戰也。夏后伯啓曰：「不可。吾地不淺，淺，褊。吾民不寡，戰而不勝，是吾德薄而教不善也。」於是乎處不重席，食不貳味，琴瑟不張，張，施。鍾鼓不修，修，設。子女不飭，不文飭也。○畢沅曰：「飭與飾通。御覽二百七十九作『飾』。」親親長長，長長，敬長。尊賢使能，期年而有扈氏服。服，從。故欲勝人者必先自勝，欲論人者必先自論，傳曰「惟無瑕者可以戮人」，亦由無闕者可以論人。身有闕而論人，是爲自論也。○畢沅曰：「趙云：『「必先自論」與上「自勝」、下「自知」一例，注竝非。』」欲知人者必先自知。知人則哲，惟帝其難之，故當先自知而後求知人也。詩曰：「執轡如組。」組讀組織之組。夫組織之匠成文於手，猶良御執轡於手，而調馬足以致萬里也。○畢沅曰：「注『足以』，舊本作『口以』，訛。」○維遹案：注「馬口」不誤。淮南主術篇云：「聖主之治也，其猶造父之御，齊輯之于轡銜之際，而緩急之于脣吻之和。」高注殆約此文，彼云「脣吻」，此云「馬口」，其義一也。畢改失之。**孔子曰：「審此言也可以爲天下。」**審，實也。爲，治也。○維遹案：注「實」字當爲「察」，形近致誤。**子貢曰：「何其躁也？」孔子曰：「非謂其躁也，謂其爲之於此而成文於彼也。」聖人組修其身而成文於天下矣，故子華子曰：「丘陵成而穴者安矣，**穴而處之。**大水深淵成而魚鼈安矣，**沈而居之。○劉師培曰：「『大水深淵成』當作『水淵深』，『大』、『成』均爲衍字。」○維遹案：劉説是。功名篇云「水泉深則魚鼈歸之」，逸周書大聚解云「泉深而魚鼈歸之」，辭例正同。**松柏成而塗之人已蔭矣。」**成，茂。○吴先生曰：「『松柏成』，成當讀如盛，故注云『成，茂』也。古成、盛字多通。」**孔子見魯哀公，**哀公，定公宋之子蔣也。**哀公曰：「有語寡人曰：『爲國家者，爲之堂上而已矣。』**夫人皆治堂以行禮，治國亦當以禮，故曰「爲之堂上而已矣」。○畢沅曰：「説苑政理篇、家語賢君篇俱作衛靈公問。」**寡人以爲迂言也。」**迂，遠。**孔子曰：「此非迂言也。丘聞之，得之於身者得之人，失之於身者失之人。**論語曰「君子求諸己」，故曰「得之身者得諸人，失之身者則失之人也」。○維遹案：注下「者」字據許本增。**不出於門户而天下治者，其唯知反於己身者乎！」**反者大也。○維遹案：注「大」字疑爲「本」字之壞。勿躬篇注「反，本也」，是其證。

先己

四曰：主道約，君守近。近者守之於身也。太上反諸己，其次求諸人。其索之彌遠者其推之彌疏，索，求也。彌，益也。○維遹案：注「求」下「也」字原作「之」，譌，今改從許本。畢沅云「注『求』下舊衍『之』字」，蓋偶失照耳。其求之彌彊者失之彌遠。

何謂反諸己也？適耳目，節嗜欲，釋智謀，去巧故，釋亦去也。巧故，僞詐也。而游意乎無窮之次，次，舍。事心乎自然之塗，事，治也。自然，無爲。塗，道也。○俞樾曰：「高注曰『事，治也』，於義未得。禮記郊特牲篇『信事人也』，鄭注曰：『事猶〔一〕立也。』釋名釋言語曰：『事，傳也。傳，立也，青、徐人言立曰傳。』然則『事心乎自然之塗』，猶曰『立心乎自然之塗』也。」若此則無以害其天矣。天，身。無以害其天則知精，精，明微。知精則知神，知神之謂得一。一，道也。凡彼萬形，得一後成。天道生萬物，萬物得一乃後成也。故知一則應物變化，闊大淵深，不可測也。測，盡極也。○維遹案：王念孫校本重「知」字，是。「故知知一」下文凡三見，知一猶云得一。審應篇注「知猶得」。德行昭美，比於日月，不可息也。息，滅也。豪士時之，○陳昌齊曰：「据文義『時』當作『附』。」○孫詒讓曰：「陳校非也。此『之』疑『止』之誤。（詩小雅車舝篇『高山仰止』，釋文云：『止本作之。』）時止猶言以時至也。（毛詩大雅抑傳云：『止，至也。』）」○維遹案：明刊呂覽纂「之」作「至」，與孫說近。然重己篇、重生篇竝注「之，至也」，雖不改字亦通。遠方來賓，不可塞也。塞，遏也。

〔一〕「猶」，原作「獨」，據禮記注疏改。

意氣宣通，無所束縛，不可收也。收，守。○畢沅曰：「『收』疑當作『牧』，與韻叶。牧亦訓守。」○洪頤煊曰：「『收』當是『默』字之譌，言意氣宣通，無所束縛，不可以默守也。默字與上下文測、息、得、服、極、惑、革、匿韻合。」○維遹案：「收」當作「牧」，形似之譌。牧古讀若墨，説見唐韻正。若作收則失其韻矣。畢説是。**故知知一則復歸於樸，**樸，本也。**嗜欲易足，取養節薄，不可得也。**不可得使多欲，厚自養也。一曰：「若此人者不可得。」○吴先生曰：「不可得猶云不可有，意謂無欲之人，天子不能臣，諸侯不能友，無慕於世，則世人不得而有之也。如此乃與下文『不可量』、『不可服』一貫。高注似失之。」**離世自樂，中情潔白，不可量也。**離世，不羣。量，行也。○畢沅曰：「『量』字亦疑誤。」○陳昌齊曰：「『量』字非韻，當爲『墨』字之訛。左傳『貪以敗官爲墨』，注云『汙暗不潔白』，於義正合。注『行』字亦『汙』字之誤耳。」**威不能懼，嚴不能恐，不可服也。**不可無威，得威力服。○畢沅曰：「注『不可』二字疑衍，蓋言無威而使威力皆服也。」○李寶洤曰：「即威武不可服、威〔一〕武不能屈之義。注非。」**故知知一則可動作當務，與時周旋，不可極也。**極，窮。○陳昌齊曰：「『動作』上不得有『可』字。」**舉錯以數，取與遵理，不可惑也。**惑，眩。**言無遺者，集肌膚，不可革也。**遺，失也。孝經曰「言滿天下無口過」，此之謂也。革，更也。○畢沅曰：「正文有脱字。」○維遹案：「集」下疑脱「於」字。上文皆四字爲句，此不應異。論威篇云「捷於肌膚」，管子白心篇云「知於肌膚」，辭例竝同。**讒人困窮，賢者遂興，不可匿也。**匿猶伏也。○畢沅

〔一〕「威」上原衍「即」，據漢唐類稿删。

曰：「注『伏』舊訛『任』，今改正。」故知知一則若天地然，則何事之不勝，勝猶任也。何物之不應！應，當也。譬之若御者，反諸己則車輕馬利，致遠復食而不倦。倦，罷。○畢沅曰：「『復食』二字未詳。」○梁玉繩曰：「復食者，行遠而後食，不以中途飢疲索食也。俗謂馬劣者爲奔槽。」○陳昌齊曰：「『復食』二字疑爲『履險』二字之訛，蓋『履』與『復』形近，『食』與『險』亦稍近也。」○維遹案：陳説似是。荀子哀公篇：「歷險致遠，馬力盡矣。」韓詩外傳卷二：「歷險致遠，馬力殫矣。」歷、履古字通用。昔上世之亡主，以罪爲在〔一〕人，故日殺僇而不止，以至於亡而不悟。亡主，若桀、紂者也。以罪爲在他人，故多殺僇，是滅亡之道也，而不自覺知也。三代之興王，以罪爲在己，故日功而不衰，以至於王。三代，禹、湯、文王也。日行其人民之功不衰倦，以至於王有天下也。○陶鴻慶曰：「功讀爲攻。釋名釋言語：『功，攻也，攻治之乃成也。』即此功字之義。此與上文『昔上世之亡主，以罪爲在人，故日殺僇而不止，以至於亡而不悟』相對成義，猶言攻其惡，無攻人之惡也。高注云『日行其人民之功不衰倦』，斯曲説矣。」

何謂求諸人？人同類而智殊，殊，異。○王念孫曰：「『智』下疑脱『愚』字。」陶鴻慶説同。賢不肖異，皆巧言辯辭以自防禦，防禦仇也。○畢沅曰：「注疑有誤。」○劉師培曰：「蓋正文之『禦』係衍文。高以『禦仇』釋『防』。」此不肖主之所以亂也。亂，惑。○畢沅曰：「『主』，舊作『王』，案下有『賢主』，則此當作『不肖主』明矣，今改正。」凡論人，通則觀其所禮，通，達也。孟子曰「達則兼善天下」，故觀其所賓禮。貴則觀其所

〔一〕四部叢刊本「在」下有注「一作存」。

進，進，薦也。堯薦舜，舜薦禹。傳曰「善進善，不善蔑由至矣；不善進不善，善亦蔑由至矣」，故曰「觀其所進」也。○梁玉繩曰：「『傳』見晉語六，韓獻子之言也。」**富則觀其所養，聽則觀其所行**，養則養賢也，行則行仁也，故觀之也。○畢沅曰：「聽謂聽言也。」**止則觀其所好，習則觀其所言**，好則好義，言則言道。○維遹案：治要引「止」作「近」。**窮則觀其所不受，賤則觀其所不爲**，不受非其類也。不爲諂諛。○畢沅曰：「不受非分之財。不爲非義之事。」**喜之以驗其守**，守，清守也。○劉師培曰：「治要引注作『守，情守也』，乃改『情』爲『清』，此因後人據形近之字妄改也。」**樂之以驗其僻**，僻，邪。**怒之以驗其節**，節，性。**懼之以驗其特**，特，獨也。雖獨不恐。○李寶洤曰：「『特』疑當作『持』。人當懼甚，或失其持守。注恐非。」**哀之以驗其人**，人人可哀，不忍之也。○俞樾曰：「人當讀爲仁，言哀之以驗其仁愛之心也。高氏不知『人』爲『仁』之叚字，乃曰『人人可哀，不忍之也』，斯曲說矣。」○劉師培曰：「治要引『人』作『仁』，引注作『仁人見可哀者則不忍之也』。後儒妄改正文『其仁』作『其人』，由是注文『仁人』二字亦易爲『人人』耳。」**苦之以驗其志**，鑽堅攻難，不成不止，故曰「以驗其志」也。**八觀六驗，此賢主之所以論人也。**論猶論量也。**論人者又必以六戚四隱。**六戚，六親也。四隱，相隱而揚長蔽短也。○畢沅曰：「注『短』字舊闕，今案文義補。」○維遹案：畢補「短」字是。許本、姜本竝有「短」字，治要引同。**何謂六戚？父、母、兄、弟、妻、子。何謂四隱？交友、故舊、邑里、門郭。**○孫詒讓曰：「『郭』當作『郎』，郎、廊古今字。漢書東方朔傳『累郎屋』，顏注云：『郎，堂下周屋。』（司馬相如傳云『高廊四注』，顏注云：『堂下四周屋也。』）韓非子十過篇云『有玄鶴二八，道南方來，集於郎門之垝』，論衡異虛篇述此事作『廊門之危』，紀妖篇又作『郭門之上危』。（郎譌爲郭，與此正同。）韓非子内儲説下篇云『齊中大夫有夷射者，御飲於王，醉甚而出，依於郎門』。（戰國策衛策云：『客見魏王趨出，至廊門而反。』姚宏校本作『郭門』，誤與此同。）郎門蓋即寢門，門内外有周屋，與塾相連屬，故以爲名。因之侍御近臣執事於門内外者謂之郎中。韓子説疑篇云：『使郎中日聞道於郎門之外。』又八經篇云：『郎中約其左右。』此門郎即謂左右近習之臣。若作郭則在國門之外，相去疏遠，不當與交友、故舊、邑里竝舉矣。」○孫先生曰：「孫校是也。治要引正作『廊』。」**内則用六戚四隱，外則用八觀六驗，人之情僞貪鄙美惡無所失矣，**言盡知之。**譬之若逃雨，汙無之而非是，**皆是雨也。○維遹案：淮南齊俗篇襲此文作「譬猶逃雨也，無之而不濡」。濡、汙古通。**此先〔一〕聖王之所以知人也。**

論人

五曰：天道圜，地道方，聖王法之，所以立上下。上，君。下，臣。**何以説天道之圜也？精氣一上一下，圜周復雜，無所稽留，故曰天道圜。**雜猶匝。無所稽留，運不止也。○畢沅曰：「御覽二及十五俱作『圜通周復無雜』，此出後人所附益，不可信也。」○王念孫曰：「文選元皇后哀策文注引此正作『圜周復雜』。」**何以説地道之方也？萬物殊類殊形，皆有分職，不能相爲，故曰地道方。**不能相爲，不能

〔一〕「先」，原脱，據諸子集成本補。

相兼。主執圜，臣處方，方圜不易，其國乃昌。

日夜一周，圜道也。圜，天道也。○孫鏘鳴曰：「『日』字當重。此言日，下言月星。」月躔二十八宿，軫與角屬，圜道也。躔，舍也。軫，南方鶉尾。角，東方蒼龍。行度所經也。○畢沅曰：「趙云：『二十八宿始角終軫，軫角相接。注不分曉。』」精行四時，一上一下各與遇，圜道也。精，日月之光明也。○孫鏘鳴曰：「精疑謂星。說文『萬物之精，上爲列星』，故星以精言。」○楊樹達曰：「孫說是也。說文七篇上云：『晶，精光也，从三日。』又曐字从晶，省作星。實則晶乃星之初字，象形字也。曐則加聲符生字耳。此稱星爲精，正與說文晶訓『精光』、『萬物之精，上爲列星』說合。」物動則萌，萌而生，生而長，長而大，大而成，成乃衰，衰乃殺，殺乃藏，圜道也。藏，潛也。雲氣西行，云云然，云，運也。周旋運布，膚寸而合，西行則雨也。○畢沅曰：「注『云，運也』，舊本作『遊也』，誤，今改正。」○孫鏘鳴曰：「『雲氣西行』與下文『水泉東流』相對成文，不當有『云云然』三字，疑是注文。當云『雲云云然運』。釋名：『雲猶云云，衆盛意也。又言運也。』是也。」冬夏不輟，輟，止也。水泉東流，日夜不休，休，息也。上不竭，下不滿，水從上流而東，不竭盡也。下至海，受而不滿溢也。○維遹案：馬總意林注云「『滿』當作『漏』」，是也。以漏與上文流、休爲韻，若作「滿」則失其韻矣。小爲大，重爲輕，圜道也。小者泉之源也，流不止也，集於海，是爲大也。水湮而重，升作爲雲，是爲輕也。黃帝曰：「帝無常處也。」無常處，言無爲而化，乃有處也。○陳昌齊曰：「據注『常處』下疑有『乃有處』三字。」有處者乃無處也。有處，有爲也。有爲則不能化，乃無處爲也。○孫先生曰：「注『乃無處爲也』當作『乃無處也』，『爲』字涉上而衍。」**以言不刑蹇，圜道也。**刑，法也。言無刑法，故蹇難也。天道正刑不法，故曰「圜道也」。○俞樾曰：「刑蹇二字連文，『刑蹇』與『形倨』同。莊子山木篇曰『君無形倨』，注曰：『形倨，躓礙之謂。』然則不刑蹇者，不躓礙也。蓋引黄帝之言而釋之曰：『帝無常處者，以言不躓礙也，是圜道也。』應同篇引商箴而釋之曰『以言禍福人或召之也』，慎大篇引周書而釋之曰『以言慎事也』，文法竝與此同。高注非是。」○維遹案：俞說是。管子水地篇云「凝蹇而爲人」，尹注：「蹇，停也。」停與躓礙義正相應。

人之竅九，一有所居則八虚，居讀曰居處之居。居猶壅閉也。**八虚甚久則身斃。**虚，病。斃，死。**故唯而聽，唯止。**聽則唯止矣。**聽而視，聽止。**視則聽止矣。**以言說一，**一，道本。○陳昌齊曰：「『說一』二字疑衍。『以言』二字連下讀。」○維遹案：陳說非是。說與鋭通。史記魯仲連鄒陽傳「以資說士」，索隱引劉氏云「讀說士爲鋭士」，是其例。左哀十一年傳「子羽鋭敏」，杜注：「鋭，精也。」文子上德篇「瞽無目而耳不可以蔽，精於聽也」。然則「以言說一」猶云專精於一官，注乃逆探下文爲說。**一不欲留，留運爲敗，**留，滯。**圜道也。一也齊至貴，**道無匹敵，故曰「至貴」也。○畢沅曰：「孫云：『李善注文選江文通擬孫廷尉詩引作「一也者，至貴也」。』」○孫先生曰：「選注引是。『齊』即『者』字之誤，齊、者草書形近。高注專釋『一』字，正文無『齊』字，明矣。」**莫知其原，莫知其端，莫知其始，莫知其終，而萬物以爲宗。**道無形，其原始終極莫能知之。道生萬物，以爲宗本。**聖王法之，以令其性，以定其正，**○舊校云：「『令』一作『全』。『正』一作『生』。」**以出號令。令出於主口，官職受而行之，**官職，職官之長。○畢沅曰：「注似當作『官職，百官之職』。」**日夜不休，宣通下究，**宣，徧布也。灊於民心，遂於四方，灊，洽。遂，達。○畢沅曰：「注舊本作『遂，遠』，訛，今改正。」○維遹案：許本、姜本正作「遂，達」。還周復歸，至於主所，圜道也。令圜，則可不可、善不善無所壅矣。不可者能令之可，不善者能令之善，化使然也。皆通之，故曰「無所壅」。無所壅者，主道通也。言納忠受諫，臣情上達，無所壅蔽，是爲君之道通也。故令者，人主之所以爲命也，賢不肖安危之所定也。君者法天，天無私，故所以爲命也。賦命各得其中，安與危無怨憾，故曰「定也」。○畢沅曰：「正文『安』下舊本衍『之』字，今删。」人之有形體四枝，○維遹案：姜本「枝」作「肢」，古字通用。其能使之也，爲其感而必知也。感者，痛恙也。手足必知其處所，故使之也。感而不知，則形體四枝不使矣。不能相使，則形體疾也。人臣亦然，號令不感，則不得而使矣。不可得而使，則國亂。有之而不使，不若無有。不若無臣。主也者，使非有者也，湯使桀臣，武王使紂臣，皆非其有也。舜、禹、湯、武皆然。

先王之立高官也，必使之方，方，正。○李寶洤曰：「立官必使之方，承篇首而言，即主執圜，臣處方也。」○維遹案：書鈔四十九引無「高」字。方則分定，分定則下不相隱。隱，私也。君臣上下無私邪相壅蔽之。堯、舜，賢主也，皆以賢者爲後，不肯與其子孫，猶若立官必使之方。以賢者爲後，謂禪位也。堯傳舜，舜傳禹，故曰「不肯與其子孫」也。方，正，不私邪之謂也。○俞樾曰：「如高氏意，則謂堯、舜傳賢而不傳子，猶立官之不私邪耳，大失呂氏之旨矣。本篇名曰『圜道』，其大旨以爲主執圜而臣處方，故上文曰『先王之立高官也，必使之方』。此文『立官必使之方』，即承上文而言。『猶若』者，猶然也。誣徒篇曰『雖不肖者猶若勸之』，蕩兵篇曰『中主猶若不能有其民』，凡言『猶若』，竝與猶然同義。此言堯、舜不以天下傳之子孫，而其立官也猶然必使之方。下文曰『今世之人主皆欲世勿失矣，而與其子孫，立官不能使之方，以私欲亂之也。何哉？其所欲者之遠，而所知者之近也』，此正見其與堯、舜相反。堯、舜不爲子孫計，而立官猶必使方，今世人主無不爲子孫計，而立官反不使方，故爲所欲遠而所知近也。」又曰：「高氏訓方爲正，亦未合。方與圜對，下文曰『百官各處其職，治其事』，所謂方也，『正』字之義未足以盡之。」

今世之人主皆欲世勿失矣，父死子繼曰世。而與其子孫，立官不能使之方，以私欲亂之也。何哉？其所欲者之遠，而所知者之近也。自傳子孫，冀世世不失，是其所欲者之遠也。子孫不肖，驕淫暴虐，必見改置，不得長久，是其所知者之近也。今五音之無不應也，其分審也。各守其聲，集以成和，故曰「其分審」。宮、徵、商、羽、角各處其處，音皆調均，不可以相違，此所以無不受也。受亦應也。○畢沅曰：「舊本脱『無』字，則義相反，今依上文補之。注『也』字舊作『之』，亦改正。」賢主之立官有似於此，百官各處其職、治其事以待主，主無不安矣。○孫鏘鳴曰：「『以待主』，『以』下疑有『此』字，與下文『以此治國』、『以此備患』文正一例。」以此治國，國無不利矣。以此備患，患無由至矣。○畢沅曰：「『患』字本亦有不疊者，今從許本、汪本。」

圜道

吕氏春秋集釋卷第四

榮成許維遹學

呂氏春秋訓解　高氏

孟夏紀第四　勸學　尊師　誣徒　用衆

一曰：孟夏之月，日在畢，孟夏，夏之四月也。畢，西方宿，秦之分野。是月，日躔此宿也。○畢沅曰：「淮南天文訓『畢，魏之分野』，與此注不同。」○維遹案：注「秦」字，王念孫校本據有始覽注改作「趙」字。昏翼中，旦婺女中。翼，南方宿，楚之分野。婺女，北方宿，越之分野。是月昏旦時，皆中於南方。○畢沅曰：「注『婺女北方宿』舊作『南方』，訛。淮南作『須女吳』，此與季冬紀注皆云越，不同。」○茆泮林曰：「朱子謂『吕作旦須女中』。今本作『婺女』。」其日丙丁，其帝炎帝，丙丁，火日也。炎帝，少典之子，姓姜氏，以火德王天下，是爲炎帝，號曰神農，死託祀於南方，爲火德之帝。其神祝融，祝融，顓頊氏後，老童之子吳回也，爲高辛氏火正，死爲火官之神。其蟲羽，其音徵，盛陽用事，鱗散而羽，故曰「其蟲羽」。羽蟲，鳳爲之長。徵，火也，位在南方。律中仲吕，其數七，仲吕，陰律也。陽散在外，陰實在中，所以旅陽成功也，故曰「仲吕」。五行數五，火第二，故曰「七」。○畢沅曰：「舊本『在中』作『其中』，『旅陽』作『類陽』，『成功』二字脱在下，作『其數成功五』，梁仲子據初學記所引改正。『五行數五』，亦據前後文改。」**其性禮，其事視，**○畢沅曰：「月令無此二句，此書前後亦無此例，當爲衍文。」○茆泮林曰：「朱子不云呂有此語，唯唐明皇御刊定月令有之，疑即原本呂氏，此則經後人删改未盡者耳。抑或呂本傳鈔時，因唐月令竄入，不得但依禮月令校正，謂爲衍文。」○俞樾曰：「既前後皆無此文，何由而衍？蓋五行分配五常五事，自古有此説，竊疑呂氏原文每紀皆有之，後人據月令删去，而孟夏紀尚存此二語，則删之未盡者耳，正可藉以考見呂氏之舊，未可反以爲衍也。」**其味苦，其臭焦，**火味苦，火臭焦。**其祀竈，祭先肺。**吴回，回祿之神，託於竈。是月火王，故祀之也。肺，金也。祭禮之先進肺，用其勝也。一曰：「肺，火，自用其藏。」○畢沅曰：「注『吴回』舊作『吴國』，訛，今改正。」○維遹案：注「神」下脱一「死」字。「祭禮之先進肺」當作「祭祀之肉先進肺」，淮南注可證。孟冬紀注云「祭祀之肉先進腎」，其比亦同。**螻蟈鳴，丘蚓出，**螻蟈，蝦蟆也。是月陰氣動於下，故陰類鳴，丘蚓從土中出。○畢沅曰：「注『丘蚓』下舊本有『蝦蟆』二字，乃衍文，今删。」**王菩生，苦菜秀。**「菩」或作「瓜」，瓠瓞也，是月乃生。爾雅云：「不榮而實曰秀，榮而不實曰英。」苦菜當言英者也。○畢沅曰：「『王菩』舊本并注皆訛作『王善』。案月令『王瓜生』，注云：『今月令云「王萯生」。』此書必本作『菩』，古菩、萯通用，郭璞注穆天子傳『茅萯』云『萯，今菩字，音倍』，集韻音蓓，與萯通。此書劉本疑『王善』誤，徑依月令作『王瓜生』，并改注云『王瓜即今栝樓也』，大違闕疑之義。」**天子居明堂左个，**明堂，南鄉堂。左个，東頭室。**乘朱輅，駕赤騮，**順火德也。騂馬黑尾曰騮。○維遹案：注「德」當作「色」，説見下。「尾」爲「髦」之壞文，當云「騂馬黑髦曰騮」。爾雅釋畜郭注「騮，赤色黑鬣」，玉篇作「赤馬黑鬣」，廣雅云「鬣，髦也」，是髦與鬣義同。淮南云「乘赤騮」，下缺注，御覽八百四十一引淮南注云「騮，赤馬黑髮也」，「髮」亦當爲「髦」譌，竝其證。**載赤旂，衣赤衣，服赤玉，**皆赤，順火也。○維遹案：注「火」下疑奪「色」字，淮南注有色字。本書孟春紀注「順木色也」，孟冬紀注「玄，黑，順水色」，竝其證。食菽與雞，其器高以觕。菽，豆也。觕，大也。器高大以象火性。○維遹案：「觕」當作「⿰爿角」，形近而誤也。史記夏本紀「擾而毅」，集解引徐廣音義云：「『擾』一作『柔』。」「犪」，各本譌作「⿰爿夒」，正與此同。説文「⿰爿角，長皃，从角，爿聲，讀粗⿰爿角」，故高氏引申爲大。説文無「觕」字。玉篇「觕，咼欲切，牴人也」，義與此異。

是月也，以立夏。春分後四十六日立夏。立夏多在是月。先立夏三日，太史謁之天子曰：「某日立夏，盛德在火。」太史，説在孟春。以盛德在火，火王南方也。天子乃齋。説在孟春。立夏之日，天子親率三公九卿大夫以迎夏於南郊。南郊，七里之郊。還，乃行賞封侯慶賜，無不欣説。還，從南郊還也。封侯，命以茅土。傳曰「賞以春夏，刑以秋冬」，此之謂也。無不欣説，咸賴其所賜。○茆泮林曰：「禮月令作『還反，行賞封諸侯』。朱子謂『呂無「行」及「諸」字，「反」作「乃」』。今本無『諸』字，有『行』字。」乃命樂師習合禮樂。禮所以經國家，定社稷，利人民；樂所以移風易俗，蕩人之邪，存人之正性，故命樂師使習合〔一〕之。命太尉贊傑儁，遂賢良，舉長大，命，使。贊，白也。千人爲俊。萬人爲傑。遂，達也。有賢良長大之人，皆當白達舉用之，故齊桓公命「於子之鄉，有孝於父母，聰慧質仁秀出於衆者，則以告。有不以告，謂之蔽賢」，而皋之，此之謂也。○畢沅曰：「注『白達』舊訛作『自達』，又『於子之鄉』作『於天子之鄉』，『聰慧質仁』作『聰慧質直仁』，齊語無『天』字、『直』字，

〔一〕「習合」，原作「合習」，據諸子集成本乙。

今皆删正。」○臧庸曰：「『大尉』當作『大封』。淮南子時則訓依漢制改『大封』爲『大尉』，漢傳禮記從之，俗本吕覽又同，月令作『尉』，朱子儀禮集傳集注云『吕「尉」作「封」』，今據此改正。案管子五行篇云『黄帝得大封而辯於西方，故使爲司馬』，此後世因名司馬爲大封也。考漢書百官公卿表『大尉，秦官，金印紫綬，掌武事。武帝建元二年省，元狩四年初置大司馬，以冠將軍之號』，是大尉即漢之司馬。淮南改吕覽以從漢制，不作司馬而作大尉者，以漢初官制因秦未革，至元狩四年改制，而淮南王以謀反誅在元狩元年，已不及見矣。」○維遹案：注「千人」上疑奪「材過」二字。孟秋紀云「簡練桀儁」，注「材過萬人曰桀〔一〕，千人曰儁」，淮南注雖脱下句，亦有「才過」二字，竝其證矣。**行爵出禄，必當其位。**當，直也。

是月也，繼長增高，無有壞隳，象陽長養物也。○畢沅曰：「『隳』月令作『墮』，釋文云：『又作「隳」。』」**無起土功，無發大衆，無伐大樹。**所以順陽氣。

是月也，天子始絺。絺，細葛也。論語曰「當暑袗絺綌」，此之謂也。**命野虞出行田原，勞農勸民，無或失時。**勞，勉。勸，教。使民不失其時。○畢沅曰：「月令『勞農』上有『爲天子』三字。」**命司徒循行縣鄙，**縣，畿内之縣。縣，二千五百家也。鄙，五百家也。司徒主民，故使循行。**命農勉作，無伏于都。**伏，藏。都，國。○畢沅曰：「月令『伏』作『休』。」

〔一〕「桀」，原作「傑」，據孟秋紀注改。

是月也，驅獸無害五穀，無大田獵，爲夭物也。農乃升麥。升，獻。○畢沅曰：「月令作『農乃登麥』。升猶登也。舊本作『收』，今據注定作『升』。」天子乃以彘嘗麥，先薦寢廟。麥始熟，故言嘗。彘，水畜，夏所宜食也。先寢廟，孝之至。

是月也，聚蓄百藥，糜草死，是月陽氣極，藥草成，故聚積之也。糜草，薺、亭歷之類。○畢沅曰：「『糜』月令作『靡』。」麥秋至。斷薄刑，決小辠，出輕繫。是月陽氣盛於上，及五月陰氣伏於下，故「斷薄刑，決小辠」，順殺氣也。輕繫，不及於刑者解出之。○茆泮林曰：「朱子謂『呂無「羣小罪，出輕繫」句』。」案高注當有，疑朱子所見本脱去。蠶事既畢，后妃獻繭，乃收繭税，以桑爲均，均，平也。桑多税多，桑少税少。○茆泮林曰：「禮月令作『蠶事畢』，朱子謂呂無此三字。今本反增一字。」貴賤少長如一，以給郊廟之祭服。

是月也，天子飲酎，用禮樂。酎，春醖也。是月天子乃與羣臣飲酒作樂。詩云：「爲此春酒，以介眉壽。」

行之是令而甘雨至三旬。行之是令，行此之令也。旬，十日也。十日一雨，三旬三雨也。孟夏行秋令則苦雨數來，五穀不滋，四鄙入保。孟夏盛陽而行金氣殺戮之令，水生於金，故苦雨殺穀不滋茂也。四境之民畏寇賊來，入城郭以自保守也。行冬令則草木早枯，後乃大水，敗其城郭。行冬寒固閉之令，故草木早枯，大水壞其城郭，姦時逆行之徵也。行春令則蟲蝗爲敗，暴風來格，秀草不實。是月當〔一〕繼長增高，助

〔一〕「當」，原脱，據諸子集成本補。

陽長養，而行春啓蟄之令，故有蟲蝗之敗。春木氣多風，故暴疾之風應氣而至，使當秀之草不長茂。

孟夏紀

二曰：先王之教，莫榮於孝，莫顯於忠。忠孝，人君人親之所甚欲也。顯榮，人子人臣之所甚願也。然而人君人親不得其所欲，人子人臣不得其所願，此生於不知理義，不知理義，在君父則不仁不慈，在臣子則不忠不孝。不忠不孝故君父不得其所欲也，不仁不慈故臣子不得其所願也。不知理義生於不學。生猶出。○維遹案：「理義」原作「義理」，畢沅云：「『義理』亦當同上文作『理義』。」案許本正作「理義」，治要引同，今據乙轉。

學者師達而有材，吾未知其不爲聖人。學者師道通達其義而有材秀，言聖人之言，行聖人之行，是則聖人矣，故曰「吾未知其不爲聖人」也。○陶鴻慶曰：「『師達』即誣徒篇所謂『達師』，言師之通達者也。高注云『學者師道通達其義』，非本篇之旨。」聖人之所在則天下理焉〔一〕，理，治。在右則右重，在左則左重，重，尊也。德大行可順移也。是故古之聖王未有不尊師者也。尊師則不論其貴賤貧富矣，言道重人輕。若此則名號顯矣，德行彰矣，故師之教也，不爭輕重尊卑貧富，論語曰「人能弘道，非道弘人」，故曰「不

〔一〕「焉」，原作「矣」，據諸子集成本改。

爭輕重尊卑」。○陳昌齊曰：「注缺『貧富』二字，當据正文增。」而爭於道。其人苟可，其事無不可，易繫辭曰「苟非其人，道不虛行」，故曰「其人苟可，其事無不可」。所求盡得，所欲盡成，此生於得聖人，聖人生於疾學。疾，趨也。○劉先生曰：「疾當訓力，疾學猶力學也。荀子書中疾皆訓力，呂氏春秋作者多荀子弟子，故用字多與荀子同。尊師篇『疾諷誦』，注『疾，力』，是其誼矣。」不疾學而能爲魁士名人者，未之嘗有也。魁大之士。名德之人。○俞樾曰：「名亦大也。禮記禮器篇『因名山升中於天』，鄭注曰：『名猶大也。』國語魯語『取名魚』，韋注曰：『名魚，大魚也。』然則名人猶大人也，正與魁士一律。安死篇曰『又視名丘大墓葬之厚者』，此言『魁士名人』，猶彼言『名丘大墓』矣。高氏注戰國策秦策『賂之一名都』曰：『名，大也。』然則名之爲大，高氏固有此訓矣。乃此注以爲『名德之人』，殊失其誼。」○吴先生曰：「俞説非也。季春紀『名士』，注云『名德之士』，二注正相應。彼以名爲大者，蓋大則有名，故以名爲大。此乃展轉訓釋之一例，義各有當，無取互易也。」

疾學在於尊師，師尊則言信矣，道論矣。信，從也。言從則其道見講論矣。○王念孫曰：「下注云『論，明也』，較此注爲長。」故往教者不化，召師者不化，易曰「匪我求童蒙，童蒙來求我」，故往教之師不見化從也。童蒙當求師而反召師，亦不宜化師之道也。○畢沅曰：「梁仲子云：『案周易釋文「童蒙求我」一本作「來求我」。此注所引，從或本也。』又『而反召師』舊本『師』訛『也』，今改正。」自卑者不聽，言往教之師不見聽也。卑師者不聽。謂召師而學，亦不聽師言也。師操不化、不聽之術而以彊教之，欲道之行、身之尊也，不亦遠乎。言愈遠於尊也。學者處不化、不聽之勢而以自行，○維遹案：「行」下疑當有「之」字，方與上文「而以彊教之」句法一律。欲名之顯、身之安也，是懷腐而欲香也，是入水而惡濡也。腐爛必臭，懷而欲其香；入水必濡，而惡之，皆不可得也。

凡説者，兑之也，非説之也。○舊校云：「一作『本』。」○淩曙曰：「易序卦：『巽者入也，入而後説之，故受之以兑。』釋名：『兑，物得備足，皆喜悦也。』文心雕龍：『説者悦也。兑爲口舌，故言咨悦懌。』據此，知爲師者必先得學者之歡心，而後其説乃可行也，故易象曰：『麗澤兑，君子以朋友講習。』」今世之説者，多弗能兑，而反説之。夫弗能兑而反説，是拯溺而硾之以石也，硾，沈也，能没殺人，何拯之有？○畢沅曰：「舊校『拯』一作『承』。案拯、承通。」是救病而飲之以堇也，救，治也。堇，毒藥也，能毒殺人，何治之有？使世益亂，不肖主重惑者從此生矣。故爲師之務，在於勝理，在於行義，行尊道貴德之義。理勝義立則位尊矣，王者不臣師，是位尊也。○畢沅曰：「孫云：『以上下文參校，「義」立當作「義行」。』」王公大人弗敢驕也，不敢驕侮輕慢師道。上至於天子朝之而不慙。天子朝師，尊有德，故不慙。凡遇合也，合不可必，師道與天子，遭時見尊，不可必常也。遺理釋義以要不可必，要，求也。而欲人之尊之也，不亦難乎！爲師如是，不見尊之道也，故曰「不亦難乎」。故師必勝理行義然後尊。

曾子曰：「君子行於道路，其有父者可知也，其有師者可知也。夫無父而無師者，餘若夫何哉！」此言事師之猶事父也。曾點使曾參，過期而不至，曾點，曾參父也。詩云「期逝不至，而多爲恤」，此之謂也。人皆見曾點曰：「無乃畏邪？」畏猶死也。○劉師培曰：「蓋『死』上捝『畏』字，當云『畏猶畏死也』。」曾點曰：「彼雖畏，我存，夫安敢畏？」孔子畏於匡，顏淵後，孔子曰：「吾以汝爲死矣。」顏淵曰：「子在，回何敢死？」顏回之於孔子也，猶曾參之事父也。古之賢者與其尊師若此，故師盡智竭道以教。尊師猶尊父，則師不爲之愛道也，故曰「盡智竭道以教」也。

勸學○一曰「觀師」。

三曰：神農師悉諸，黄帝師大撓，悉，姓；諸，名也。大撓作甲子。○畢沅曰：「漢書古今人表亦作悉諸。新序雜事五引呂子作悉老，大撓作大真。人表作大填。」○李慈銘曰：「新序作悉老。予謂者、諸字通，此因『者』誤爲『老』耳。」帝顓頊師伯夷父，帝嚳師伯招，帝堯師子州支父，○畢沅曰：「舊本無『支』字，校云『一作友』，則於文無所麗。孫據御覽四百四所引補『支』字，與莊子、漢書人表、皇甫謐高士傳皆合。貴生篇作『子州友父』，嵇〔一〕康高士傳亦同，見御覽五百九，此即舊校者所據本也。」○維遹案：治要引亦作「子州支父」。帝舜師許由，禹師大成贄，○畢沅曰：「新序作『執』。」○維遹案：治要引作「摯」。湯師小臣，小臣謂伊尹。○李慈銘曰：「注『小臣謂伊尹』，新序引呂子同。予謂以伊尹謂小臣，已甚不辭，而呂氏此處所舉十聖六賢之師皆人名，何伊尹獨以小臣稱？疑『小』當是『卞』字之誤，『卞臣』即卞隨耳，臣有隨義，音亦通轉。湯師卞隨，正與上文堯師子州支父、舜師許由

〔一〕「嵇」，原作「稽」，據諸子集成本改。

一例。墨子尚賢下篇有『湯有小臣』語，然其中篇曰『伊摯，有莘氏女之私臣』，下篇又曰『伊尹爲莘氏女師僕』，皆以伊尹與舜及傅説並言。此處湯有小臣，則與禹有皋陶、武〔一〕王有太顛、閎夭、南宫括、散宜生並言，則小臣亦是誤字，未必指伊尹也。楚辭天問『成湯東巡，有莘爰極，何乞彼小臣，而吉妃是得』，王逸注：『小臣謂伊尹。』，此言伊尹本爲有莘之小臣耳。高誘蓋因此而附會。」○維遹案：古書多稱伊尹爲「小臣」，齊侯鎛鐘云：「伊小臣者，伊尹也。」雖離俗篇有湯伐桀，「因卞隨而謀」之語，李説終難定耳。**文王、武王師吕望、周公旦，齊桓公師管夷吾，**○畢沅曰：「新序有隰朋。」**晉文公師咎犯、隨會，**咎犯，狐偃也。隨會，范武子。○畢沅曰：「隨會在文公後，此與説苑尊賢篇『晉文侯行地登隧，隨會不扶』，皆記者之誤也。梁伯子云：『列子説符又以隨會與趙文子竝時，亦非。』」**秦穆公師百里奚、公孫枝，**百里奚，故虞臣也。公孫枝，大夫子桑也。**楚莊王師孫叔敖、沈尹巫，**沈縣大夫。○畢沅曰：「舊本『尹』作『申』，譌。其名多不同，當染篇作『沈尹蒸』，察傳篇作『沈尹筮』，贊能篇作『沈尹莖』，此又作『巫』，新序作『竺』，渚宫舊事作『華』，文皆相近。」○維遹案：治要引作「沈尹筮」，與察傳篇同。至渚宫舊事作「沈尹華」，攷之去宥篇乃楚威王臣，當是二人，不得誤竝爲一也。**吴王闔閭師伍子胥、文之儀，**文，氏。之儀，名。**越王句踐師范蠡、大夫種。**范蠡，字少伯，楚人也。大夫種，姓文，字禽，楚郢人。○畢沅曰：「注『郢』舊本譌作『鄞』，今改正。説見當染篇。」**此十聖人、六賢者，未有不尊師者也。**○維遹案：治要引「聖」下無「人」字。**今尊不至於**

〔一〕「武」，原作「文」，據墨子改。

帝，智不至於聖，而欲無尊師，奚由至哉？至於道。○陶鴻慶曰：「『奚由至』即承上『至於帝』、『至於聖』而言，下云『此五帝之所以絶，三代之所以滅』即申説此義，言五帝、三王所以不可復見於今也。高注云『至於道』，下注云『五帝、三代之後，不復重道尊師，所以絶滅』，皆失之。」此五帝之所以絶，三代之所以滅。言五帝、三代之後，不復重道尊師，故所以絶滅。

且天生人也，而使其耳可以聞，不學，其聞不若聾；聾，無所聞也。使其目可以見，不學，其見不若盲；盲，無所見也。○畢沅曰：「梁仲子云：『意林作「耳有所聞，不學而不如聾；目有所見，不學而不如盲」，馬氏蓋以意節之耳。』」使其口可以言，不學，其言不若爽；爽，病。無所別也。○畢沅曰：「新序『爽』作『暗』。孫云：『御覽三百六十六作「其言曲以爽」。』」使其心可以知，不學，其知不若狂。闇行妄發之謂狂。○畢沅曰：「孫云：『御覽作「其知暗以狂」。』」故凡學，非能益也，○畢沅曰：「御覽『能益』上有『爲』字，新序『能益』下有『之』字。」達天性也。能全天之所生而勿敗之，是謂善學。敗，毁也。子張，魯之鄙家也；鄙，小。○梁玉繩曰：「子張，陳人，而以爲魯者，張氏顓孫，通志氏族略三謂出陳公子顓孫，左傳莊二十二年顓孫奔魯，張蓋其後。」顔涿聚，梁父之大盜也，學於孔子。段干木，晉國之大駔也，駔，廥人也。○畢沅曰：「注『廥』疑與『儈』通。」學於子夏。子夏，孔子弟子卜商之字。高何、縣子石，○畢沅曰：「墨子書弟子有高石子，不見此二人。」○孫詒讓曰：「墨子耕柱篇有縣子碩，碩、石字通，即此人也。畢殊失攷。」齊國之暴者也，指於鄉曲，其暴虐爲鄉曲人所斥也。學於子墨子。墨翟。索盧參，東方之鉅狡也，鉅，大。狡，猾。○梁玉繩曰：「通志氏族略五，索盧複姓。」又曰：「𤏞書獨行傳有索盧放，章懷注『索盧，複姓也』。」蔡雲説同。**學於禽滑黎。**禽滑黎，墨子弟子。○畢沅曰：「此注末有『一作籥滑』四字，當出舊校者之辭，但『滑』字各書或作『骨』，或作『屈』，『黎』字或作『氂』，或作『犛』，至『禽』字各書俱同，未見有作『籥』者。墨子耕柱篇有駱滑氂好勇，聞鄉有勇士必殺之，墨子謂『非好勇，是惡勇』，則非墨子弟子也。」**此六人者，刑戮死辱之人也，今非徒免於刑戮死辱也，由此爲天下名士顯人，以終其壽，**壽，年也。**王公大人從而禮之，此得之於學也。**學以致之，無鬼神也，故曰「得之」。

凡學，必務進業，心則無營；營，惑。**疾諷誦，**疾，力。**謹司聞；**司，候。○畢沅曰：「『司』，古『伺』字。」○孫詒讓曰：「『司聞』義不可通，『聞』當爲『閒』。國語吴語云『以司吾閒』，韋注云：『閒，隙也。』謹司閒，謂司候師閒隙而問業也。（大戴禮記曾子立事云：『問而不決，承閒觀色而復之。』）」**觀驩愉，問書意；**視師歡悦，以問書意。**順耳目，不逆志；**不自干逆力學之志。**退思慮，求所謂；**求所思慮，是而行之。○李寶洤曰：「退而思慮，求師所言之道，所謂『退而省其私，亦足以發』也。」**時辨説，以論道；**辨别道之義理。**不苟辨，必中法；**不苟口辨，反是爲非，言中法制。**得之無矜，失之無慙，**矜，自伐。無慙恡也。**必反其本。**本，謂本性也。

生則謹養，謹養之道，養心爲貴；貴，尚也。○畢沅曰：「所謂養志是也。」○維遹案：養心之術，見荀子修身篇，畢説不可從。**死則敬祭，敬祭之術，時節爲務，**四時之節。○舊校云：「『時』一作『祟』。」**此所以尊師也。治唐圃，疾灌寖，務種樹；**唐，隄，以壅水。圃，農圃也。樹，稼也。○王念孫曰：「唐即場之假借。唐圃，場圃也。周禮：『場人掌國之場圃，而樹之果蓏。』」**織葩屨，**○畢沅曰：「『葩』疑『萉』字之誤。説文：『萉，枲實也。』或作『𪎭』。蓋葩屨即後人所謂麻鞵耳。案晏子問下篇有『治唐園，考菲履』之語，葩音與菲亦相近，益明爲葩字無疑。」結罝網，捆蒲葦，之田野，力耕耘，事五穀，事，治也。如山林，入川澤，如，往也。川澤有水，故言入也。取魚鼈，求鳥獸，此所以尊師也。視輿馬，慎駕御，○舊校云：「『慎』一作『順』。」適衣服，務輕煖，臨飲食，必蠲絜，蠲讀曰圭也。○舊校云：「『絜』字一作『祭』。」○梁履繩曰：「周禮秋官蜡氏注：『蠲讀吉圭惟饎之圭。』士虞禮注引詩曰『吉圭爲饎』，疏云毛詩『潔蠲爲饎』。鄭從三家詩，故不同。釋文：『蠲，古玄反，舊音圭。』」善調和，務甘肥，必恭敬，和顔色，審辭令，疾趨翔，○畢沅曰：「翔與蹌同。」必嚴肅，此所以尊師也。

君子之學也，説義必稱師以論道，論，明。聽從必盡力以光明。聽從師所行。聽從不盡力命之曰背，説義不稱師命之曰叛，背，戾也。叛，换也。言學者聽從不盡其力，猶民背國；説義不稱其師，猶臣叛君。○畢沅曰：「注以换訓叛，换，易也。詩卷阿『伴奂』，徐邈音『畔换』，箋云：『自縱弛之意。』學者以己臆見易師之説，即是自放縱叛其師也。」背叛之人，賢主弗内之於朝，賢，明。君子不與交友。不與背叛之人爲交友。故教也者，義之大者也；學也者，知之盛者也。義之大者莫大於利人，利人莫大於教。以仁義利之，教然後知，故曰「莫大於教」也〔一〕。知之盛者莫大於成身，成身莫大於學。成身遂爲君子，以致

〔一〕「也」，原脱，據諸子集成本補。

之，故曰「莫大於學」。○陳昌齊曰：「注『君子』下當有『學』字。」身成，則爲人子弗使而孝矣，爲人臣弗令而忠矣，爲人君弗彊而平矣，有大勢可以爲天下正矣。「天下正」者，正天下也。○王念孫曰：「『正，長也。』君守篇『可以爲天下正』，高注『正，主也』，較此注爲長。」故子貢問孔子曰：「後世將何以稱夫子？」孔子曰：「吾何足以稱哉！勿已者，則好學而不厭，好教而不倦，其惟此邪？」天子入太學祭先聖，則齒嘗爲師者弗臣，所以見敬學與尊師也。太學，明堂也。○維遹案：正文「太學」原作「太廟」，陳昌齊云：「據注當作『太學』。」案陳説是。許本、姜本、張本、李本竝作「太學」，今據改。

尊師

四曰：達師之教也，達，通也。使弟子安焉，樂焉，休焉，游焉，肅焉，嚴焉。此六者得於學，則邪辟之道塞矣，塞，斷也。理義之術勝矣。術，道也。勝猶行也。此六者不得於學，則君不能令於臣，父不能令於子，師不能令於徒。○畢沅曰：「舊云：『此篇一名詆役。凡篇中徒字皆作役。徒與役謂弟子也。』案：此段疑非高氏之文。」○維遹案：「得」下「於」字疑因上文而誤衍。下文云「人之情，不能親其所怨，不能譽其所惡」，文例正與此同。人之情，不能樂其所不安，不能得於其所不樂。爲之而樂矣，奚待賢者，雖不肖者猶若勸之。爲之而苦矣，奚待不肖者，雖賢者猶不能久。久，長也。反諸人情，則得所以勸學矣。子華子曰：「王者樂其所以王，子華子，古之體道人。樂其所以王故得王，湯、武是也。亡者亦樂其所以亡，樂其所以亡故得亡，桀、紂是也。故烹獸不足以盡獸，嗜其脯則幾矣。」幾，近也。然則王者有嗜乎理義也，嗜猶樂。樂行理義。亡者亦有嗜乎暴慢也，所嗜不同，故其禍福亦不同。嗜理義則獲福，嗜暴慢則獲禍，故曰「禍福亦不同」。

不能教者，志氣不和，取舍數變，固無恒心，若晏陰喜怒無處，晏陰，喻殘害也。處，常也。○陶鴻慶曰：「説文：『晏，天清也。』文選揚雄羽獵賦：『天清日晏。』晏陰猶言晴陰，故與喜怒並言。高注非是。」言談日易，以恣自行。失之在己，不肯自非，謂若桀、紂罪人。愎過自用，不可證移。愎，戾。證，諫。○俞樾曰：「高注訓證爲諫，則其字當作『証』。説文言部：『証，諫也。』戰國策齊策『士尉以証靖郭君』，高注曰：『証，諫也。』本書知士篇亦誤作『證』，是其例矣。畢氏校本於知士篇已改作『証』，而此文猶未訂正，偶未照耳。」○維遹案：俞説是。王念孫校本亦改「證」爲「証」。注同。見權親勢及有富厚者，不論其材，不察其行，敺而教之，阿而諂之，若恐弗及。見權勢及富厚者，故不論其材行，阿意諂之，恐不見及。○陳昌齊曰：「『親』字據注當是衍文。」○王引之曰：「『權親勢』當作『親權勢』。『親權勢』、『有富厚』，相對爲文。」俞樾説與陳同。弟子居處修潔，身狀出倫，倫，匹。聞識疏達，就學敏疾，本業幾終者，則從而抑之，幾，近也。難而懸之，妬而惡之。弟子去則冀終，弟子欲去則冀終其業，且由豫也。居則不安，居，近也。苦其惡不安也。○吴先生曰：「注『居，近也』，『近』當爲『止』，止與去對文。慎人篇『手足胼胝不居』，注『居，止』，是其證。」歸則愧於父母兄弟，愧，慙。出則慙於知友邑里。此學者之所悲也，悲，悼。此師徒相與異心也。人之情，惡異於己者，此師徒相與造怨尤也。造，作。〇俞樾曰：「按兩句傳寫互易。『此師徒相與造怨尤也』與上文『此師徒相與異心也』文義相屬，『人之情，惡異於己者』與下文『人之情，不能親其所怨，不能譽其所惡』文義相屬，當乙正。」人之情，不能親其所怨，不能譽其所惡，學業之敗也，道術之廢也，從此生矣。廢，失。善教者則不然，視徒如己。徒，謂弟子也。反己以教，則得教之情也。情，理。〇畢沅曰：「朱本『也』作『矣』。」所加於人，必可行於己，所施於人者，人樂也，故曰「必可行於己」。若此則師徒同體。體，行也。人之情，愛同於己者，譽同於己者，助同於己者，學業之章明也，道術之大行也，從此生矣。

不能學者，從師苦而欲學之功也，苦讀如鹽會之鹽。苦，不精至也。功，名也。欲得爲名。〇畢沅曰：「注『鹽』舊作『監』，訛。此以鹽惡訓苦，但『會』字未詳，亦恐有訛。精至即精緻。其云『功，名也』，誤。功與苦相反，與下文淺、深一例。齊語云『工辨其功苦』，注云：『堅曰功，脆曰苦。』」從師淺而欲學之深也。欲人謂之學深也。草木雞狗牛馬不可譙詬遇之，譙詬遇之則亦譙詬報人，譙詬猶禍惡也。〇畢沅曰：「『譙詬』疑即賈誼疏之『奊詬』，謂遇之不如其分也。彼顏注云『無志分』，此注云『禍惡』，亦各以意解耳。舊校云：『譙一作護。』更難通。」〇王紹蘭曰：「畢氏據賈誼疏正『譙』爲『奊』，是矣，而未盡也。其解賈疏爲『遇之不如其分』，與師古『無志分』之説同爲望文生義耳。説文矢部：『奊，頭衺骫奊態也。从矢，圭聲。』（胡結切。）骨部：『骫，骨耑骫奊也。从骨，丸聲。』（於詭切。）韵會四紙引骫篆作骩，『骨耑骩奊也。从骨、九』。疑从九者爲是。九亦聲。）奊骫、骫奊皆雙聲，其義爲衺曲不正，非『遇不如分』及『無志分』之謂，且於詬字文義亦不相貫，而吕書又無由誤『奊』爲『譙』也。蓋字本作『謑』，長沙省文作

「臾」。言部：「謑，恥也。」（胡禮切。）謑，謑或从臾。詬，謑詬，恥也。是謑爲謑之或字，謑詬連文亦雙聲，其義爲恥，故賈誼曰：「頑頓亡恥，臾詬亡節。」（賈子階級篇借苟爲詬。）臾詬承恥爲義，此即許義所本，足以互相證明。至不韋書則但言謑詬之大意，草木無知之物，人無緣謑詬恥之，彼亦何能謑詬恥人？所謂草木謑詬遇之，亦謑詬報人者，猶莊子所謂「昔予爲禾，耕而鹵莽之，則其實亦鹵莽而報予；芸而滅裂之，其實亦滅裂而報予」。（則陽篇。）是其義也。雞狗牛馬微有知之物，人亦無緣謑詬恥之，彼又何能謑詬恥人？所謂雞狗牛馬謑詬遇之，亦謑詬報人者，猶晏子所謂「牛馬不可窮，窮不可服」。（內篇雜下。）是其義也。高注以謑詬猶禍惡者，蓋謂五行傳屮木之妖、雞狗牛馬之旤歟？「譙」，説文作「訣」，舊校云「一作護」，訣與護形竝近謑而致譌，校注謂「護更難通」，似未照臾本从言作謑矣。」**又況乎達師與道術之言乎！**達，通也。**故不能學者，遇師則不中，用心則不專，**不中，不正也。不專，不壹也。○俞樾曰：「中讀爲忠。古字中、忠通用。漢張遷碑『中謇於朝』，魏橫海將軍呂君碑『君以中勇』，竝叚中爲忠，是其證也。『遇師則不中』，言其事師不以忠誠也。高注以『不中』爲『不正』，非是。」○吳先生曰：「高注非，俞説亦非。不中之中當讀爲得。（見周禮注。）不中猶云不相得。下文用心不專、好之不深、問事前後相悖皆足與不中之義互相發明。如讀中爲忠，則是不欲學，非不能學也，既妄改字，於義又遠，殊失之矣。」**好之則不深，就業則不疾，**不心好之，故不能深，就業不疾速也。**辯論則不審，**不能明是非。**教人則不精。**教，效也。效人別是非不能精核。**於師慍，**慍，怒也。不能別是非，故怨於師。○王念孫曰：「『於師慍』當作『慍於師』。注『怒』爲『怨』字之誤。」○陶鴻慶曰：「『慍』字當在『於師』上。『慍於師』與下文『懷於俗，羈神於世』句法一律，高注云云，正順文解之。」**懷於俗，**懷，安也。**羈神於世，**羈，牽也。神，御也。世，時也。○畢沅曰：「蓋謂其精神縈擾於世務而不能脱然也。注訓神爲御，未詳。」○陳昌齊曰：「『神』疑作『絏』，蓋『紲』或作『絏』，因訛『絏』爲『神』。左傳『臣負羈紲』是也。劉熙釋車云『紲，制也，牽制之也』，於注訓御之義亦合。」**矜勢好尤，故湛於巧智，**矜大其權勢，好爲尤過之事，湛没於巧詐之智。**昏於小利，惑於嗜欲，**昏，迷。惑，悖也。**問事則前後相悖，**悖，亂。**以章則有異心，**心猶義也。○維遹案：舊校云「『章』一作『軍』」，非。文心雕龍章句篇謂「積句而成章」，「章總一義」，與注相會。**以簡則有相反，**反，易。○舊校云：「『簡』一作『文』。」**離則不能合，合則弗能離，**離，别。**事至則不能受，**受猶成也。**此不能學者之患也。**患，害也。

詆徒○一作〔一〕「詆役」。

五曰：善學者，若齊王之食雞也，必食其跖數千而後足，跖，雞足踵。喻學者取道衆多然後優也。跖讀如捃摭之摭。○畢沅曰：「淮南説山訓『數千』作『數十』。注『取道』舊本作『之道』，亦從彼注改。」○維遹案：御覽六百七引「數千」亦作「數十」，與淮南同。**雖不足，猶若有跖。**食雞跖衆而後足也。若有博學多藝如食雞跖，道乃深也。○畢沅曰：「正文難曉。注重釋上文，於此句殊不比附。竊疑正文『不』字乃衍文，謂雖足而猶若有跖未盡食者。此則學如不及，唯恐有聞爲足，以形容好學者貪多務得之意耳。」○李寶淦曰：「言齊王食雞，以跖爲美。善學者亦

〔一〕「作」，原作「曰」，據諸子集成本改。

當如其愛雞跖，必數千乃足，即不足數千，猶必有跖之可取。此以跖喻學之精者。注未明，畢本校注亦非。」物固莫不有長，莫不有短，人亦然。亦有長短。故善學者，假人之長以補其短。故假人者，遂有天下。無醜不能，無惡不知。故孔子入太廟，每事問，是不醜不能，不惡不知。醜不能，惡不知，病矣。病，困。不醜不能，不惡不知，尚矣。尚，上也。雖桀、紂猶有可畏可取者，而況於賢者乎！桀作瓦，紂作胡粉，今人業之，尚可取之一隅。故學士曰：「辯議不可不爲。」不可爲者，不可施也。○陳昌齊曰：「『不可不爲』，據注及前後文義皆當作『不可爲』。」○陶鴻慶曰：「據高注云云，是正文『不可不爲』上當有『不可爲』三字，而寫者脱之。『辯議不可爲，不可不爲』，皆起下文也。下文云『辯議而苟可爲，是教也，教大議也』，此言『辯議不可爲』也。又云『辯議而不可爲，是被褐而出，衣錦而入』，此言『辯議不可不爲』也。人各有長，材不偏廢，凡以明用衆之旨耳。如今本則義不完，又與注文不相值矣。」○維遹案：陶説是。辯議而苟可爲，是教也，教大議也。○陳昌齊曰：「二『教』字皆當作『敎』。」○劉師培曰：「上『教』字下挩『大辯』二字。」○維遹案：劉説是。辯議而不可爲，是被褐而出，衣錦而入。被褐在外，衣錦盛内，故不可。

戎人生乎戎，長乎戎，而戎言不知其所受之。楚人生乎楚，長乎楚，而楚言不知其所受之。今使楚人長乎戎，戎人長乎楚，則楚人戎言，戎人楚言矣。孟子曰：「有楚大夫，欲其子之齊言也，使一齊人傅之，衆楚人咻之，雖日撻而求其齊也，不可得矣。引而置之莊嶽之間數年，雖日撻而求其楚，亦不可得矣。」此之謂也。由是觀之，吾未知亡國之主不可以爲賢主也，欲以楚人戎言、戎人楚言化移之。○劉師培曰：「意林引『以爲』作『化成』。」其所生長者不可耳，故所生長不可不察也。

天下無粹白之狐，而有粹白之裘，粹，純。取之衆白也。夫取於衆，此三皇、五帝之所以大立功名也。三皇，伏羲、神農、女媧也。五帝，黄帝、帝嚳、顓頊、帝堯、帝舜也。○畢沅曰：「注女媧當在神農前。」○梁玉繩曰：「三皇、五帝之名，先儒所稱不一，然三皇列女媧，五帝無少昊，俱未安。」凡君之所以立，出乎衆也。立已定而舍其衆，是得其末而失其本。得其末而失其本，不聞安居。不聞得末失本能有安定之居也。故以衆勇無畏乎孟賁矣，孟賁，古大勇士。以衆力無畏乎烏獲矣，烏獲，有力人，能舉千鈞。○畢沅曰：「注『千鈞』舊本誤作『千金』，今據前重己篇注改正。」○維遹案：許本、姜本、張本不誤。以衆視無畏乎離婁矣，離婁，黄帝時明目人，能見針末於百步之外。○梁玉繩曰：「離婁能見針末於百步之外，語見淮南原道。」以衆知無畏乎堯、舜矣。堯、舜，聖帝也。言百發之中必有羿、逢蒙之功，衆知之中必有與聖人同，故曰「無畏於堯、舜」也。○畢沅曰：「注『功』疑當作『巧』。」○維遹案：注「百發之中必有羿、逢蒙之功」，語見淮南説林篇。淮南「功」作「巧」。夫以衆者，此君人之大寶也。淮南記曰「萬人之衆無廢功，千人之衆無絶良」，故人君以衆爲大寶也。田駢謂齊王曰：「孟賁庶乎患術，而邊境弗患；齊之邊境不以孟賁爲患者，衆也。○維遹案：史記孟子荀卿傳謂「田駢齊人，學黄、老道德之術，有所論焉」。漢志道家田子二十五篇，隋、唐志皆不著録，佚已久。馬國翰有輯本一卷。楚、魏之王，辭言不説，不以言辭爲説。而境内已修備矣，兵士已修用矣，得之衆也。」

用衆○一作「善學」。

呂氏春秋集釋卷第五

榮成許維遹學

仲夏紀第五　大樂　侈樂　適音　古樂

呂氏春秋訓解　高氏

一曰：仲夏之月，日在東井，仲夏，夏之五月。東井，南方宿，秦之分野。是月，日躔此宿。昏亢中，旦危中。亢，東方宿，衛之分野。危，北方宿，齊之分野。是月昏旦時，皆中於南方也。○畢沅曰：「淮南天文訓亢爲鄭之分野。」其日丙丁，其帝炎帝，其神祝融，其蟲羽，其音徵，律中蕤賓，蕤賓，陽律也。是月，陰氣萎蕤在下，象主人；陽氣在上，象賓客。竹管音中蕤賓也。其數七，其味苦，其臭焦，其祀竈，祭先肺。小暑至，螳蜋生，小暑，夏至後六月節也，螳蜋於是生。螳蜋一曰天馬，一曰齕疣，兖州謂之拒斧也。○畢沅曰：「注『齕疣』，月令正義鄭荅王瓚問作『食肬』。俗本作『食朧』，誤。淮南注作『齒肬』，當是脱其半耳。初學記引此注正作『齕疣』，又云『兖、豫謂之巨斧』。」鶪始鳴，反舌無聲。鶪，伯勞也。是月，陰作於下，陽發於上，伯勞夏至後應陰而殺蛇，磔之於棘而鳴於上。傳曰：「伯趙氏，司至者也。」反舌，伯舌也，能辨反其舌，變易其聲，效百鳥之鳴，故謂之百舌。承上微陰，伯趙起於下，後應陰，故無聲。○畢沅曰：「注『陽發於上』初學記作『陽散於上』，又『磔之』句作『乃磔之棘上而始鳴也』。案辨反即偏反，古辨、偏通。」○維遹案：爾雅釋鳥：「鵙，伯勞也。」郭注：「似鶷鶡而大。」郝疏：「鶷鶡即反舌鳥，今伯勞，純黑色，似鴝鵒而大，其飛縱，其鳴鵙鵙，喜食蟲，故高誘有殺蛇之説，今未見也。」**天子居明堂太廟，**明堂，南向堂也。太廟，中央室也。**乘朱輅，駕赤騮，載赤旂，衣朱衣，服赤玉，食菽與雞，其器高以觕，養壯狡。**壯狡，多力之士。養之，慎陽施也。蓋所謂旱則資舟，夏則資皮，備之也。○畢沅曰：「『壯狡』月令作『壯佼』，此書聽言篇作『壯狡』，禁塞篇作『壯佼』，二字通。鄭詩狡童傳云『昭公有壯狡之志』，亦作『狡』字。」○梁玉繩曰：「注『蓋所謂』二語出越語。」

是月也，命樂師修鞀鞞鼓，均琴瑟管簫，師，樂官之長也。鞀鞞，所以節樂也，故修之。琴瑟管簫，所以宣音也，故均平之。管，六孔，似篪。簫，今之歌竹簫也。○畢沅曰：「注『管六孔似篪』舊本作『一孔似籧』，訛，今據廣雅改正。」○茆泮林曰：「朱子謂『呂無「是月也」及「鼓」字』。案高注無『鼓』字，今同禮月令。」○維遹案：注首脱一「樂」字。孟春紀「命樂正」注：「樂正，樂官之長也。」其比正同。高注十二紀多有此例。**執干戚戈羽，**干，楯。戚，斧。戈，戟，長六尺六寸。羽以爲翿，舞者執之以指麾也。春夏干戚，秋冬羽籥。**調竽笙壎篪，**竽，笙之大者，古皆以瓠爲之。竽，三十六簧。笙，十七簧。壎，以土爲之，大如鴈子，其上爲六孔。篪，以竹，大二寸，長尺二寸，七孔，一孔上伏，横吹之。聲音上和，故言調。詩云：「伯氏吹壎，仲氏吹篪。」此之謂也。○畢沅曰：「『壎篪』月令作『笆簧』。注『竽笙之大者』舊脱『者』字，今補。郭璞注爾雅『大笙』云『十九簧』，小笙『十三簧』。廣雅但云笙『十三管』。今此云『十七簧』，恐字誤。」○桂馥曰：「宋書樂志：『宮管在左旁十九簧至十三簧曰笙。』然則高所云十七，在十九、十三之間。笙，正月之音，陽聲也，故三、七、九皆奇數。」○維遹案：注「篪以竹」當作「篪以竹爲之」，今本脱「爲之」二字，則文義不足。

飭鍾磬柷敔。鍾，金。磬，石。柷如漆桶，中有木椎，左右擊以節樂。敔，木虎，脊上有鉏鋙，以杖擽之以止樂。樂以和成，故飭整之也。**命有司爲民祈祀山川百原，大雩帝，用盛樂。**名山大川，泉源所出非一，故言百。能興雨者皆祈祀之。雩，旱祭也。帝，五帝也。爲民祈雨，重之，故用盛樂，六代之樂也。○王念孫曰：「注『盛樂』下當據淮南注更增『盛樂』二字。」**乃命百縣雩祭祀百辟卿士有益於民者，以祈穀實，**百縣，畿内之百縣大夫也。祀前世百君卿士功施於民者。雩祭之，求福助成穀實。○畢沅曰：「『祭』字衍，月令無。注首〔一〕『百縣』舊作『百辟』，訛，今改正。」**農乃登黍。**登，進。稙黍熟，先進之。

是月也，天子以雛嘗黍，雛，春鷚也。不言嘗雛，而言嘗黍，重穀也。○茆泮林曰：「禮月令作『乃以雛嘗黍』。朱子謂『吕雛作雞』。今本作雛。」**羞以含桃，先薦寢廟。**羞，進。含桃，鸎桃。鸎鳥所含食，故言含桃。是月而熟，故進之。先致寢廟，孝而且敬。○梁玉繩曰：「含桃無鸎含之説，字亦不作鸎。鄭注：『櫻桃也。』釋文：『含又作函。』初學記引高注云『含桃，櫻桃，爲鳥所含，故曰含桃』，亦與今本異。宋張淏雲谷雜記引此注作『嬰桃』。」○凌曙曰：「爾雅『楔，荆桃』，注：『今櫻桃。』説文果名櫻桃皆作『櫻』，與高誘不同。王維敕賜櫻桃詩『非關御苑鳥銜〔二〕殘』，本高注。」**令民無刈藍以染，**爲藍青未成也。**無燒炭，**爲草木未成，不欲夭物。○畢沅曰：「月令作『毋燒灰』。」

〔一〕「首」，原脱，據諸子集成本補。
〔二〕「銜」，原作「含」，據全唐詩改。

無暴布。是月炎氣盛猛，暴布則脆傷之。**門閭無閉，關市無索。**門，城門。閭，里門也。民順陽氣，布散在外，人當出入，故不閉也。關，要塞也。市，人聚也。無索，不征稅。**挺重囚，益其食。**挺，緩也。**游牝別其羣，則縶騰駒，班馬正。**是月牝馬懷妊已定，故放之則別其羣，不欲駒蹄踰趯其胎育，故縶之也。班，告也。馬正，掌馬之官。周禮：「五尺曰駒。」○畢沅曰：「『馬正』月令作『馬政』。注『踰』疑當作『踊』。」○王念孫曰：「鄭注：『馬政謂養馬之政教。』引周官廋人職曰：『掌十有二閑之政教。』鄭説是也。高不知『正』爲『政』之借字，故訓爲掌〔一〕馬之官。若字本作政，則亦當訓爲政教矣。」

是月也，日長至，夏至之日，晝漏水上刻六十五，夜漏水上刻三十五，故曰長至。○畢沅曰：「舊本作『長日至』，黄氏日抄已言其誤，今依月令移正。」**陰陽爭，死生分。**是月陰氣始起於下，盛陽蓋覆其上，故曰爭也。品物滋生，薺、麥、亭歷、棘刺之屬死，故曰「死生分」。分，別也。○畢沅曰：「注『覆』字舊本脱在『起於』下，今移正。」**君子齋戒，處必揜，身欲靜無躁，止聲色，無或進，**揜，深也。聲，五音。色，五色。止節之，無有進御也。○畢沅曰：「月令無『欲靜』二字。鄭注云：『今月令「毋躁」爲「欲靜」。』然則此又出『無躁』二字，非本文也。揜亦與弇同，注皆訓爲深。蓋夏避暑氣，冬避寒氣，皆以居處言也。今人多讀『處必揜身』爲句，攷月令正義引正文已如此，但其所釋亦是以居處言，竝不謂身之不當褻露，故疑正義『處必掩』下之『身』字亦後人所加也。」**薄滋味，無致和，**薄猶損也。

〔一〕「掌」，原作「養」，據高注改。

和，齊和也。**退嗜慾，定心氣，百官靜，事無刑，以定晏陰之所成。**退，止也。事無刑，當精詳而後行也。晏，安。陰，微陰。○畢沅曰：「月令『退』作『止』〔一〕。」○王念孫校月令曰：「自『君子齋戒』至『以定晏陰之所成』，皆養身之事。百官，猶百體也。刑，當從今月令讀爲徑。徑，疾也，速也。淮南時則篇作『徑』。今本呂氏春秋作『刑』，後人以月令改之也，與高注不合。高注曰『事無徑，當精詳而後行也』，此承上節『退耆欲，定心氣』爲義，言非特節其耆欲，定其心氣也，推而至於百體莫不安靜，又推而至於作事審慎精詳，毋或徑疾，以陰陽方爭，不宜妄動也。晏者，陽也。晏陰猶陽陰也。小爾雅曰：『晏，陽也。』呂氏春秋誣徒篇曰：『心若晏陰，喜怒無處。』韓子外儲説曰：『雨霽日出，視之晏陰之間。』太玄踦贊曰：『凍登赤天，晏入黃泉。』范望注：『凍，至寒也。晏，至熱也。』是晏與陰相對爲文。此承上『陰陽爭』爲義，言陰陽方爭，未知所定，故君子安靜無爲，以定陽與陰之所成也。又徑與靜、成爲韻。呂氏春秋、淮南子竝注曰『晏陰，微陰也』，望文生義，其説亦非。」徐鼒説同。**鹿角解，蟬始鳴，**夏至，鹿角解墮，蟬鼓翼始鳴。**半夏生，木堇榮。**半夏，藥草。木堇，朝榮暮落，是月榮華，可用作蒸，雜家謂之朝生，一名蕣，詩云「顏如蕣華」是也。○孫詒讓曰：「注『雜家』當作『雒家』，謂雒陽也。淮南子説林訓注云『鉦者提馬，雒家謂之投翮』，與此正同。」○維遹案：淮南時則篇注正作「雒家」。（據景宋本、劉本。）吴先生云：「『雒家』是也。『雒家』者，方士之名。高注修務篇亦稱『雒家』，注氾論篇又言『胡家』，『胡家』亦方士之稱，與『雒家』同比。」

是月也，無用火南方。火王南方，爲揚火氣。**可以居高明，可以遠眺望，可以登山陵，可以**

〔一〕「止」，月令作「節」。

處臺榭。明，顯也。積土四方而高曰臺，臺加木爲榭，皆所以順陽宣明之。○畢沅曰：「觀此，則鄭注『處必掩』爲隱翳，高注爲『深』，皆與此相反，故仲夏言掩身，理可通也。」

仲夏行冬令則雹霰傷穀，道路不通，暴兵來至。冬寒冰凍，故雹霰傷〔一〕害五穀也。冬陰閉藏，多雹霰，道路陷壞，不通利也。暴害之兵横來至。○畢沅曰：「月令『霰』作『凍』。」行春令則五穀晚熟，百螣時起，其國乃饑。行春木王生育之令，故五穀晚熟也。百螣，動股之屬也，時起爲害，故五穀不時，國饑也。螣讀近殆，兖州人謂蝗爲螣。○維遹案：注「國饑」原作「國飢」，今改從許本、姜本。淮南注同。行秋令則草木零落，果實早成，民殃於疫。有覈曰果，無覈曰蓏。仲夏行秋成熟之令，故草木零落，果實早成熟。非其時氣，故民疾疫。

仲夏紀

二曰：音樂之所由來者遠矣，遠，久。生於度量，本於太一。太一出兩儀，兩儀出陰陽。兩儀，天地也。出，生也。陰陽變化，一上一下，合而成章。章猶形也。渾渾沌沌，離則復合，合則復離，渾讀如衮冕之衮。沌讀近屯。離，散。合，會。是謂天常。天之常道。天地車輪，輪，轉。○畢沅曰：

〔一〕「傷」，原脱，據諸子集成本補。

「李善注文選木玄虛海賦引作『天地如車輪』。御覽一、又五百六十六皆無『如』字。」**終則復始，極則復反，莫不咸當。**極，窮。咸，皆。當，合。**日月星辰，或疾或徐。日月不同，以盡其行。**不同，度有長短也。以盡其行度也。起牽牛至周于牽牛，故曰「以盡其行」。○畢沅曰：「御覽五百六十六作『宿日不同』。」**四時代興，或暑或寒，或短或長，或柔或剛。**冬寒，夏暑。冬至短，夏至長。春柔而秋剛。**萬物所出，造於太一，化於陰陽。**造，始也。太一，道也。陰陽，化成萬物者也。○畢沅曰：「舊校云：『「造」一作「本」。』案御覽『造』、『本』二字皆有。」**萌芽始震，凝㵳以形。**震，動也。謂動足以成形也。○畢沅曰：「御覽作『萌芽始厥，凝寒以刑』，注：『厥，動也。』案字書本無『㵳』字，此誤。刑與形通。」○維遹案：此文當從御覽作「凝寒以刑」。以、已同。刑，殺也。與上句「萌芽始震」義正相對。音律篇云「草木盛滿，陰將始刑」，注：「刑，殺也。」文選劉公幹贈從弟詩「豈不羅凝寒」，「凝寒」本此。今作「㵳」者，涉「凝」字旁而誤加水耳。**形體有處，莫不有聲。聲出於和，和出於適。和適，先王定樂，由此而生。**由和生也。○畢沅曰：「正文『和適』二字疑衍。注『由和』下似當有『適』字。」○孫先生曰：「御覽五百六十六引此文正無『適和』二字。」

天下太平，萬物安寧，○畢沅曰：「『物』御覽作『民』。」**皆化其上，**化猶隨也。○維遹案：「上」字當作「正」，形近之誤也。正與平、寧、成爲韻。（君守篇亦以平、正、寧爲韻。）若作「上」，則失其韻矣。**樂乃可成。成樂有具，必節嗜慾。**節，止。**嗜慾不辟，**辟，開。○俞樾曰：「辟讀爲僻，謂不邪僻也。高訓爲『開』，非是。」**樂乃**

可務。務，成。務樂有術，必由平出。平出於公，公，正。公出於道，故惟得道之人，其可與言樂乎！言，説。亡國戮民，非無樂也，其樂不樂。不和於雅，故不樂也。○畢沅曰：「舊本作『不樂其樂』。孫云：『御覽五百六十九作「其樂不樂」。』案下篇及明理篇俱作『其樂不樂』，今移正。」○維遹案：畢改是。治要引與御覽同。溺者非不笑也，傳曰：「溺人必笑。」雖笑不歡。罪人非不歌也，當死强歌，雖歌不樂。○畢沅曰：「注『强歌』二字舊本作『者』，今從御覽補正。」○維遹案：治要引注與舊本同，畢改非是。狂者非不武也，狂悖之人，雖武不足畏。○劉師培曰：「治要引『武』作『舞』，注云：『雖舞不能中節。』後人妄改爲『不武』，由是删易注文，更爲『武者不足畏』。」亂世之樂，有似於此。君臣失位，父子失處，夫婦失宜，民人呻吟，其以爲樂也，若之何哉？以民人呻吟歎戚，不可爲樂也，故曰「若之何哉」。

凡樂，天地之和，陰陽之調也。始生人者天也，人無事焉。天使人有欲，人弗得不求。

欲，貪也。人情欲，故弗得不有求也。○陳昌齊曰：「注『有』字錯入下句，當云『人情有欲，故弗得不求也』。」天使人有惡，人弗得不辟。惡，憎。辟，遠也。故曰弗得不辟，人情有所憎惡，辟遠之也。欲與惡所受於天也，受之於天。人不得與焉，不得爲天之爲也。○畢沅曰：「注『不得爲』下舊衍一『焉』字，今删。」○維遹案：「與」原作「興」。王念孫云：「『興』疑『與』之譌。」陶鴻慶説同，末云：「『人不得與焉』與上文『人無事焉』義同。與，爲也。」案許本、姜本正作「與」，今據改正。不可變，不可易。天所爲，故不可變易。世之學者有非樂者矣，安由出哉？非猶譏。出猶生。○畢沅曰：「墨子書有非樂篇。」

大樂，君臣父子長少之所歡欣而說也。○俞樾曰：「『大』疑『夫』字之誤。」歡欣生於平，平，和。平生於道。道也者，視之不見，聽之不聞，不可爲狀。言道無形，不可爲狀。有知不見之見、不聞之聞、無狀之狀者，則幾於知之矣。幾，近也。有人能是，近於知道也。道也者，至精也，精，微。不可爲形，不可爲名，彊爲之謂之太一。○畢沅曰：「『彊爲之』下疑脱一『名』字。」○維遹案：當有「名」字。老子云：「强爲之名曰大。」語例正同。故一也者制令，兩也者從聽。從聽，聽從。○維遹案：從讀若縱。「從聽」與「制令」相反成誼，高讀如字，失其旨矣。先聖擇兩法一，擇，棄也。法，用也。○松皋圓曰：「擇、釋古字通用。」○俞樾曰：「『擇』乃『釋』字之誤。長見篇『視釋天下若釋躧』，注亦訓『釋』爲『棄』，是其證。」○維遹案：松説是。是以知萬物之情。故能以一聽政者，樂君臣，和遠近，説黔首，秦謂民爲黔首。合宗親。能以一治其身者，免於災，災，害。終其壽，全其天。天，身。能以一治其國者，姦邪去，賢者至，成大化。○王念孫曰：「當作『賢者至，大化成』。親、天、成、人爲韻。」能以一治天下者，寒暑適，風雨時，適，和也。時，不差忒。爲聖人。故知一則明，明兩則狂。○畢沅曰：「疑當疊『知一』二字。」○陶鴻慶曰：「畢校非也。『爲聖人』三字爲句，屬上爲義，言若此則可以爲聖人也。勸學篇云：『師達而有材，吾未知其不爲聖人。』意正相類。與上文『能以一治其國，姦邪去，賢者至，成大化』相對成文。」

大樂

三曰：人莫不以其生生，而不知其所以生。以，用。人莫不以其知知，而不知其所以知。知其所以知之謂知道，不知其所以知之謂棄寶，棄寶者必離其咎。寶，重也。咎，殃也。世之人主多以珠玉戈劍爲寶，愈多而民愈怨，國人愈危，身愈危累，老子曰：「多藏厚亡。」故曰「愈危累」。○陳昌齊曰：「『愈多』句首當疊『寶』字。『國人愈危』句衍『人』字。『身愈危累』句衍『危』字，注『愈危累』蓋統釋二句耳。前當染篇『國愈危，身愈辱』亦統釋之曰『愈危辱』。」俞樾、陶鴻慶説同。則失寶之情矣。情，實也。亂世之樂與此同，同於危、累。爲木革之聲則若雷，爲金石之聲則若霆，爲絲竹歌舞之聲則若譟。譟，叫。○維遹案：注「叫」張本作「鬧」。以此駭心氣、動耳目、摇蕩生則可矣，生，性。以此爲樂則不樂。不樂，不和。故樂愈侈而民愈鬱，侈，淫。鬱，怨。國愈亂，主愈卑，則亦失樂之情矣。

凡古聖王之所爲貴樂者，爲其樂也。夏桀、殷紂作爲侈樂，大鼓鐘磬管簫之音，以鉅爲美，鉅，大。以衆爲觀，俶詭殊瑰，耳所未嘗聞，目所未嘗見，俶，始也。始作詭異瑰奇之樂，故耳未嘗聞，目未嘗見。○畢沅曰：「俶詭亦作諔詭。莊子德充符釋文云：『諔，尺叔反。李云：「諔詭，奇異也。」』又見天下篇。此注訓俶爲始，非也。」務以相過，不用度量。不用樂之法則，故曰務相過。○維遹案：治要引注「法則」作「法制」。宋之衰也作爲千鍾，鍾律之名。○畢沅曰：「『千鍾』御覽五百六十六作『十秩』。」齊之衰也作爲大吕，大吕，陰律，十二月也。○畢沅曰：「此注非也。貴直論『無使齊之大吕陳之廷』，注云：『齊之鍾律也。』案史記索隱云：『大吕，齊鍾名。』王厚齊云：『此即樂毅書所云「大吕陳於元英」者。』」楚之衰也作爲巫音，男曰覡，女曰巫。○畢沅曰：「舊本注無『男曰覡』三字，今從初學記十五所引補。梁仲子云：『尚書「是謂巫風」，不特屬之女也。周禮春官神仕疏云：「男子陽，有兩稱，名巫名覡。女子陰，不變，直名巫，無覡。」所謂散文則通也。』」侈則侈矣，自有道者觀之則失樂之情。失樂之情，其樂不樂。非正樂，故曰「不樂」也。○俞樾曰：「此注未得古義。古無一字兩讀之説，禮樂之樂，哀樂之樂，其讀同耳。其樂不樂者，言其所爲音樂不足喜樂也。上文曰『以此爲樂則不樂』，又曰『凡古聖王之所爲貴樂者，爲其樂也』，上樂字竝禮樂字，下樂字竝哀樂字。高氏以『非正樂』釋『不樂』，非其旨矣。」樂不樂者，其民必怨，其生必傷。怨，悲。傷，痛。○劉師培曰：「『其生必傷』，治要引『生』作『主』，主與民對詞。」○維遹案：治要引注「傷痛」作「傷病」。其生之與樂也，若冰之於炎日，反以自兵。兵，災也。○畢沅曰：「『生』舊本訛作『王』，從御覽改正。『炎日』御覽作『炭』，注『兵災也』或作『兵災兵也』，非。」此生乎不知樂之情，而以侈爲務故也。

樂之有情，譬之若肌膚形體之有情性也，有情性則必有性養矣。○陳昌齊曰：「『性養』，『性』字當作『生』字。」○陶鴻慶曰：「『性養』，『性』字讀爲『生』。」寒温勞逸饑飽，此六者非適也。適，中適也。凡養也者，瞻非適而以之適者也。能以久處其適，則生長矣。長，久。生也者，其身固靜，感而後知，或使之也。遂而不返，返，還。制乎嗜欲，爲嗜欲所制。制乎嗜欲無窮則必失其天矣。天，身。○王念孫曰：「『無窮』二字疑因下文而衍。」○俞樾曰：「下『制乎』二字衍文也。『嗜欲無窮』四字爲句。涉上句而衍『制乎』二字，則文不成義。」○陶鴻慶曰：「『無窮』二字涉下文『且夫嗜欲無窮』而衍。上文云『遂而不返，制乎嗜欲』，故此文申之云『制乎嗜欲則必失其天矣』。下文云『且夫嗜欲無窮則必有貪鄙悖亂之心、淫佚姦詐之事矣』。言始於受制，終則至於無窮，而其爲害又不獨失其天而已也。俞氏以『制乎』二字爲衍，失之。」○維遹案：王、陶説是。且夫嗜欲無窮則必有貪鄙悖亂之心、淫佚姦詐之事矣，○畢沅曰：「『悖亂』舊作『浮亂』，訛，今改正。此與樂記文相似。」故彊者劫弱，衆者暴寡，勇者凌怯，壯者傲幼，從此生矣。從欲生也。

侈樂

四曰：耳之情欲聲，欲聞音聲。心不樂，五音在前弗聽。心不樂，聲音雖在前，耳不聽之。目之情欲色，欲視五色。心弗樂，五色在前弗視。心不欲視之也。鼻之情欲芬香，欲芬香之韜藉也。○畢沅曰：「注『韜藉』疑是『醞藉』。」心弗樂，芬香在前弗嗅。不嗅味也。○維遹案：治要引「嗅」作「臭」。口之情欲滋味，欲美味也。心弗樂，五味在前弗食。○維遹案：治要引「食」作「味」。欲之者，耳目鼻口也。樂之弗樂者，心也。○陶鴻慶曰：「『樂之弗樂』當作『樂與弗樂』，上『樂』字亦哀樂之樂，非禮樂之樂，與下『樂』字無異義也。『與』字草書與『之』相似，又涉上『欲之』而誤。」○維遹案：「之」字不誤，之猶與也，説見經傳釋詞。心必和平然後樂，心必樂然後耳目鼻口有以欲之，故樂之務在於和心，和心在於行適。適，中適也。○陶鴻慶曰：「『故樂之務』當作『故適樂之務』，下云『夫樂有適』，『心亦有適』，語意與此相承。下文又云『故適心之務在於勝理。夫音亦有適』，與此文同一例。」

夫樂有適，心亦有適。○畢沅曰：「舊本『夫樂』下衍『之』字，又『亦』字作『非』，孫竝從御覽五百六十九删正。」○維遹案：治要引與御覽同。人之情，欲壽而惡夭，欲安而惡危，欲榮而惡辱，欲逸而惡勞。四欲得，四惡除，則心適矣。四欲之得也在於勝理，勝理以治身則生全以，生全則壽長矣；○陳昌齊曰：「『生全』上『以』字，據上下文義例皆不應有，當删。」○王念孫曰：「勝猶任也。『生全』上『以』字治要作『矣』，下文『勝理以治國則法立』下亦有『矣』字。」俞樾説與陳同。○維遹案：王説是。勝理以治國則法立，法立則天下服矣，○王念孫曰：「治要此句下有注云『服於理也』。」故適心之務在於勝理。

夫音亦有適。太鉅則志蕩，○畢沅曰：「孫云：『「太鉅」御覽作「大鉅」。已下凡太字竝作大。』」以蕩聽鉅則耳不容，不容則橫塞，橫塞則振；振，動。○畢沅曰：「舊本作『橫塞則振動』，無注，今從御覽改正。」○王念孫曰：「橫猶充也。」太小則志嫌，以嫌聽小嫌聽譬自嫌之嫌。○畢沅曰：「注有誤字。似本爲嫌字作音，而後人妄改之。」○洪頤煊曰：「嫌與慊同。禮記坊記『貴不慊於用』，鄭注：『慊或爲嫌。』孟子公孫丑『吾何慊乎哉』，趙岐注：『慊，少也。』以小聽小，故耳不充，與上『太鉅則志蕩，以蕩〔一〕聽鉅則耳不容』文義相對。」○俞樾曰：「高注原文當作『嫌讀如自謙之謙』。禮記大學篇『此之謂自謙』，鄭注曰：『謙讀爲慊。』高意此嫌字與自謙之謙同，亦當讀爲慊，故云然也。孟子公孫丑篇趙注曰：『慊，少也。』大學篇正義曰：『慊，不滿之貌。』太小則志慊，於義正合。」則耳

〔一〕「以蕩」，原脱，據正文補。

不充，不充則不詹，詹，足也。詹讀如澹然無爲之澹。○畢沅曰：「御覽作『詹音澹也』，疑是。蓋澹古贍字，注既訓詹爲足，則自讀從澹足之澹。漢書食貨志『猶未足以澹其欲也』，師古曰：『澹，古贍字。贍，給也。』當讀時艷切。若依此注，則如字，讀徒濫切矣，恐亦是後人妄改也。」不詹則窕；窕，不滿密也。太清則志危，以危聽清則耳谿極，谿，虛。極，病也。不聞和聲之故也。○俞樾曰：「高注殊不成義。『谿』疑『谻』字之誤，其左旁『谷』字與『豀』字左旁『谷』字相似，因而致誤也。文選上林賦曰『與其窮極倦谻』，郭注曰：『窮極倦谻，疲憊者也。』是谻極義同，竝有病義。」谿極則不鑒，不鑒則竭；鑒，察也。太清無和，耳不能察，則竭病也。○畢沅曰：「『鑒』御覽竝作『監』。注末『也』字，舊本訛作『之』。」太濁則志下，以下聽濁則耳不收，不收，越散。不收則不摶，不摶則怒，不摶，入不專一也，故惑怒也。○畢沅曰：「『摶』舊本皆誤作『特』，孫從御覽改正。案『摶』與『專』同。注『入』字亦從御覽補。」故太鉅、太小、太清、太濁皆非適也。不鉅、不小、不清、不濁，得四者之中乃爲適。此四者皆言其太，故曰「非適」。○畢沅曰：「舊本『太小』在『太清』下，從御覽乙正。」

何謂適？衷，音之適也。何謂衷？大不出鈞，重不過石，小大輕重之衷也。三十斤爲鈞，百二十斤爲石。○陶鴻慶曰：「此指十二鐘言。『大不出鈞』，『大』當爲『小』字之誤。言小以包輕，言重以包大，互文以見義也。」黃鐘之宫，音之本也，本始於黃鐘，十一月律。清濁之衷也。衷也者適也，以適聽適則和矣。樂無太，平和者是也。○陳昌齊曰：「『平』字疑衍。『太』即上文太鉅、太小、太清、太濁之太也。『和』字緊承上句『適則和矣』之和。」故治世之音安以樂，其政平也；民聞其樂，安之日喜。亂世之音怨以怒，其政乖也；亡國之音悲以哀，其政險也。險猶危。凡音樂通乎政而移風平俗者也，風猶化。○王念孫曰：「『移風平俗』治要作『風乎俗』，是也。」俗定而音樂化之矣。故有道之世，觀其音而知其俗矣，○王念孫曰：「此句下治要引有『觀其俗而知其政矣』八字，今本誤脱，當據補。」○維遹案：王説是。淮南主術篇「聽其音則知其俗，觀其俗則知其化」，語本此。本書音初篇「是故聞其聲而知其風，察其風而知其志，觀其志而知其德」，文例亦同。觀其政而知其主矣。故先王必託於音樂以論其教，論，明。清廟之瑟，朱弦而疏越，一唱而三歎，有進乎音者矣，文王之廟，肅然清靜，貴其樂和，故曰「有進乎音」。○畢沅曰：「禮記樂記作『有遺音者矣』，下亦作『遺味』，鄭注：『遺，餘也。』今此俱作『進』，文不同。」○李賡芸曰：「似比遺音、遺味之誼爲長。莊子養生主篇『進乎技矣』，句法正同。」○維遹案：注「進」下原脱「乎」字，據許本增。大饗之禮，上玄尊而俎生魚，大饗，饗上帝於明堂也。玄尊，明水也；俎生魚，皆上質貴本。○畢沅曰：「注『明水』舊本作『酒水』，訛，今改正。」大羹不和，有進乎味者也。大羹，肉湆而未之和，貴本古得禮也，故曰「有進乎味」。故先王之制禮樂也，○維遹案：治要引無「禮」字。非特以歡耳目、極口腹之欲也，特，但也。○畢沅曰：「舊本於『將』字下注『特也』二字，誤。案『將』字當屬下文，據樂記當作『將以』，今竝補正。」○維遹案：畢補正與治要引合，惟治要引注作「特，止也」。君守篇注「特，但」，畢補本之。將以教民平好惡、行理義也。平，正也。行猶通也。

適音〔一〕

〔一〕目録「音」下有「一作和樂」。

五曰：樂所由來者尚也，尚，曩。○王念孫曰：「尚之爲言曏也，故注訓『尚，曩』。」**必不可廢。有節有侈，有正有淫矣。**節，適也。侈，大也。正，雅也。淫，亂也。**賢者以昌，不肖者以亡。**昌，盛也。亡，滅也。

昔古朱襄氏之治天下也，朱襄氏，古天子，炎帝之別號。○梁玉繩曰：「朱襄在炎帝前。易繫辭疏、初學記九竝引帝王世紀言朱襄等十五氏襲包犧之號，御覽七十八載遁甲開山圖同。蓋世紀所本，亦不定是天子，疑皆太昊氏之臣也，安得以爲炎帝別號乎？」**多風而陽氣畜積，萬物散解，果實不成，**解，落也。有核曰果。**故士達作爲五弦瑟，以來陰氣，以定羣生。**士達，朱襄氏之臣。○畢沅曰：「『來』舊本作『採』，譌，今從御覽五百七十六改正。日抄同。」○孫先生曰：「書鈔一百九、御覽五百七十六、又九百六十四引『五弦』下竝有『之』字，疑今本脱。」

昔葛天氏之樂，三人操牛尾投足以歌八闋：葛天氏，古帝名。投足猶蹀足。闋，終。○畢沅曰：「張揖曰：『葛天氏，三皇時君號也。』見文選上林賦注。『操』舊作『摻』，俗字，今從初學記九、御覽五百六十六、陳祥道禮書改正。」**一曰載民，二曰玄鳥，**○王念孫曰：「史記司馬相如傳索隱引『玄鳥』作『玄身』，身與民韻。」**三曰遂草木，四曰奮五穀，五曰敬天常，六曰建帝功，七曰依地德，八曰總禽獸之極。**上皆樂之八篇名也。○畢沅曰：「舊本『建帝功』作『達帝功』。案文選上林賦注張揖引作『徹帝功』，李善謂『以建爲徹』，誤，則當作『建』也。又舊本作『總萬物之極』，校云：『一作禽獸之極。』今案初學記十五、史記司馬相如傳索隱及選注皆作『總禽獸之極』，今據改正。」○王念孫曰：「上林賦注張揖曰：『葛天氏八曲，六曰徹帝功。』李善曰：『呂氏春秋六曰達帝功，今注以達爲徹，誤。』念孫謂：『徹者通也，通亦達也。釋名曰：「達，徹也。」昭二年左傳「徹命于執事」，周語「其何事不徹」，韋、杜注竝云：「徹，達也。」徹與達義同，而聲亦相近，故張揖引此「達」作「徹」。李善駁之，誤也。至今本文選注「達」作「建」，乃傳寫之誤。「建」與「徹」聲義皆不相近，若本是「建」字，張揖無緣改「建」爲「徹」。考初學記樂部上、太平御覽樂部四引此竝作「達帝功」，則作「達」者是也。（史記司馬相如傳索隱引作「建帝功」，亦後人據誤本文選改之。）今據誤本文選以改本書，失之矣。』」

昔陶唐氏之始，陰多滯伏而湛積，陶唐氏，堯之號。○畢沅曰：「孫云：『「陶唐」乃「陰康」之誤。顏師古注漢書司馬相如傳云：「古今人表有葛天氏、陰康氏。」誘不觀古今人表，妄改呂氏本文。』案李善注文選竟沿其誤，唯章懷注後漢書馬融傳引作「陰康」。」**水道壅塞，不行其原，**故有洪水之災。○畢沅曰：「舊校云：『一作「陽道壅塞，不行其次」。』孫云：『李善注文選傳武仲舞賦、張景陽七命俱引作「陽道壅塞」。』」○王念孫曰：「作『陽道』者是也。『陽道壅塞』與『陰多滯伏』正相對。後人以高注云『故有洪水之災』，遂改『陽道』爲『水道』，不知高注自謂『陽道壅塞，故有洪水之災』，非正文內本有水字也。『原』當爲『序』字之誤也。（莊子則陽篇『隨序之相理』，釋文『序或作原』。）陽道壅塞，故行不由序。別本作『不行其次』，次亦序也。漢書司馬相如傳注引此正作『陽道壅塞，不行其序』。」○松皋圓曰：「注『故有洪水之災』六字，疑是正文。」**民氣鬱閼而滯著，**閼讀曰遏止之遏。**筋骨瑟縮不達，**○畢沅曰：「七命注作『筋骨攣縮』。」**故作爲舞以宣導之。**宣，通。

昔黃帝令伶倫作爲律。伶倫，黃帝臣。○畢沅曰：「說苑修文篇作『泠倫』，古今人表作『泠淪』。」**伶倫**

自大夏之西，大夏，西方之山。**乃之阮隃之陰，**阮隃，山名。山北曰陰。○畢沅曰：「『阮隃』漢書律志作『昆侖』。説苑修文篇、風俗通音聲篇、左氏成九年正義皆作『崑崙』，世説言語篇引吕亦同。」○王念孫曰：「『崑崙』或作『⿰阝昆陯』，因譌爲『阮隃』。」○俞樾曰：「『阮隃』本作『阮陯』。阮讀若昆，説文繫傳自部『阮，代郡五阮關也，從自，元聲，讀若昆』，是其證也。阮字讀與昆同，故即可借爲昆。陯者，侖之借字。阮陯即昆侖也。因『陯』誤作『隃』，而讀者又不知阮與昆古音相近，故莫得其旨。」○維遹案：畢、王説是。御覽五百六十五引亦作「崑崙」。晉書律曆志同。至宋書律志、路史黄帝紀始誤爲「阮隃」。又案：畢校引世説原作德行篇，誤，今改正。**取竹於嶰谿之谷，以生空竅厚鈞者，斷兩節間，**竹生谿谷者，取其厚鈞，斷兩節間以爲律管。○畢沅曰：「漢志作『取竹之解谷，生其竅厚均者』。説苑、風俗通亦同。世説注『厚』上增『薄』字，贅。」○王念孫曰：「畢説非。太平御覽樂部三引此作『以生竅厚薄均者』，説苑脩文篇正作『厚薄』。」○孫先生曰：「『取竹於嶰谿之谷』本作『取竹之谿谷』，之猶於也，取竹之谿谷者，即取竹於谿谷也。注『以爲律管』下本有舊校語『谿或作嶰』四字，而今本脱之。蓋因一本作『谿』，一本作『嶰』，校者不審，誤合爲一，又不解『之』字之誼，故改爲『取竹於嶰谿之谷』。正文既誤，不得不删『谿或作嶰』四字以就之，甚矣其妄也。『嶰谷』本有二説：漢書律曆志作『解谷』，注：『孟康曰：「解，脱也。谷，竹溝也。取竹之脱無溝節者也。一説昆侖之北谷名也。」晉灼曰：「谷名是也。」』爾雅釋山『小山別，大山鮮』，文選吴都賦及長笛賦注引『鮮』竝作『嶰』，郭注『不相連』。玉篇山部『嶰』字注：『山不相連也。』左太沖吴都賦『嶰谷弗能連』，劉淵林注：『嶰谷，崑崙北谷也。』是『嶰谷』之説與孟康異耳。此作『谿谷』者，谿、嶰聲近。若作『嶰谿之谷』則不可解矣。説苑修文篇、風俗通音聲篇竝作『取竹於嶰谷』。是古書説此事者，未有以嶰谿連用者也。且高注『竹生谿谷者』云云，但言『谿』而不言『嶰』，是正文本無『嶰』字，明矣。淺人雖去『谿或作嶰』四字，終難掩其迹也。世説言語篇注、類聚五、又八十九、御覽九百六十三竝引作『取竹之嶰谷』，書鈔一百十二引作『取竹於嶰谷』，（嶰即谿字之誤。）御覽十六引作『取竹於谿谷』，又九百六十二引作『取竹谿之谷』，又引注末有『谿或作嶰』四字，事類賦二十四引作『取竹谿谷』，引注亦有『溪（當作谿。）或作嶰』四字，各自不同。『谿』作『嶰』者，據別本也。『之』作『於』者，引書者所改。無『之』字竝無『於』字者，蓋節引也。御覽九百六十二所引最塙，惟『之谿谷』倒作『谿之谷』耳。所引雖間有參差，然未有『嶰』『谿』連用，而『之』『於』二字亦不竝見於句中，則呂氏原文不作『取竹於嶰谿之谷』益顯明矣。」**其長三寸九分，而吹之以爲黄鐘之宫，**斷竹長三寸九分，吹之，音中黄鐘之宫。○畢沅曰：「『其長三寸九分』漢志無，説苑及御覽五百六十五作『其長九寸』。」錢詹事云：『三寸九分不必改作九寸。安溪李文貞謂「黄鐘長八寸一分，應鐘長四寸二分，此三寸九分即二律相較之數」，是也。案此三寸九分備有十二律，非謂黄鐘止長三寸九分。下云以爲黄鐘之長者，即長於應鐘之數，蓋應鐘十月律，秦歲首所中也，增長三寸九分而得黄鐘，方是十一月律。呂紀本用秦法，追攷上古，知安溪之説不謬。』」○陳澧曰：「律呂之度見於古書者，以呂氏春秋爲最古。其云三寸九分爲黄鐘之宫，自來無知其説者。惟律呂正義云：『閒嘗截竹爲管，詳審其音，黄鐘之半律不與黄鐘合，而合黄鐘者爲太蔟之半律。呂氏春秋以三寸九分之管爲聲中黄鐘之宫，非半太蔟合黄鐘之義耶？』正義後編云：『半太蔟長四寸，其音比黄鐘微低。再短一分，則恰與黄鐘合。』謹案：三寸九分爲黄鐘之宫，至是而昭然若發蒙矣。蓋絲聲倍半相應，竹聲倍半不相應，必半之而又稍短乃相應，即京房所謂竹聲不可以度調也。月令『中央土，律中黄鐘之宫』，鄭注云：『黄鐘之宫最長也。』孔疏云：『蔡氏及熊氏以爲黄鐘之宫謂少宫也，半黄鐘九寸之數，管長四寸五分。』（新唐書禮樂志之説與此同。）月令亦出於吕氏，其所謂黄鍾之宫即三寸九分之管，鄭注以爲最長，固失之矣。蔡氏、熊氏知其爲黄鍾少宫，而云管長四寸五分，則又不知竹聲倍半不相應也。京房所謂竹聲不可以度調，實樂律最要之關鍵，蔡伯喈且不知，況後儒乎！李安溪古樂經傳引武進惲遜菴説，以三寸九分爲黄鍾、應鍾之較，江慎修律吕闡微、戴東原考工記圖以三寸九分爲四寸五分之譌，皆非也。惟胡氏彦昇樂律表微知三寸九分與九寸之聲相應耳。」**吹曰舍少。次制十二筒，**六律、六吕各有管，故曰十二筒。舍，成舍矣。○畢沅曰：「説苑無『吹』字。舊本『曰』作『日』，説苑作『曰』。又『舍』作『含』。今『曰』字已據改正，其舍字亦訛。注『舍成舍矣』四字亦不可曉，因有此注，『舍』字姑仍之。考晉志及御覽五百六十五竝作『含少』。明宏治中莆人李文利主『含少』之説，謂黄鍾實止三寸九分，其説與古背，不可用。御覽竟改作『長九寸』，又近人謂當作『四寸五分』，皆非是。『筒』，説苑、風俗通、御覽俱作『管』，李善注文選邱希範侍宴詩作『筩』，與『筒』實一字，善又别引作『籥』，誤也。」**以之阮隃之下，聽鳳皇之鳴，以别十二律。其雄鳴爲六，雌鳴亦六，以比黄鍾之宫適合。**合，和諧。○畢沅曰：「『比』舊本誤作『此』，李善注馬季長長笛賦引作『比』，漢書、説苑皆同。」**黄鍾之宫皆可以生之，故曰「黄鍾之宫，律吕之本」。**法鳳之雌雄，故律有陰陽。上下相生，故曰「黄鍾之宫皆可以生之」。○孫先生曰：「『律吕之本』原文當作『律之本也』。古人言律者，分言則律謂六律，吕謂六吕，混言則簡稱爲律也。陽六爲律，陰六爲吕。陽以包陰，故上文但言十二律也。此乃統言之，故又云律之本也。（適音篇云：『黄鐘之宫，音之本也。』）後人不達，以爲黄鐘下生林鐘，上生太蔟等等，故加『吕』字，斯爲謬矣。漢書律曆志作『是謂律本』，説苑修文篇作『律之本也』，晉書律曆志云『吕不韋春秋言黄鐘之宫，律之本也』，類聚五、又八十九、御覽

十六、又九百六十三引竝作『律之本也』，當據正。」**黃帝又命伶倫與榮將**○畢沅曰：「舊校云：『一作「援」。』今案：御覽作『營援』。路史作『榮猨』，注引隋志及國朝會要皆作『榮猨』。」**鑄十二鐘，以和五音，以施英韶，以仲春之月乙卯之日日在奎始奏之，命之曰咸池。**奏十二鐘樂，名之爲咸池。

帝顓頊生自若水，實處空桑，處居空桑。○維遹案：淮南本經篇注：「空桑，地名，在魯也。」餘詳本味篇。**乃登爲帝。惟天之合，正風乃行，**惟天之合，德與天合。風，化也。○畢沅曰：「趙云：『言八方之風各得其正也。』」○維遹案：風者，聲也。正風即正聲。淮南原道篇「結激楚之遺風」，高注：「風，聲也。」是其證。此注釋爲化，失其旨矣。**其音若熙熙凄凄鏘鏘。帝顓頊好其音，乃令飛龍作效八風之音，**八風，八卦之風。○維遹案：書鈔一百五、楚辭遠遊篇洪興祖補注引「作」下竝有「樂」字，當據補。又案：八風之名見有始覽。蓋古之製樂，放效八方風聲而爲之音。淮南本經篇云「雷霆之聲，（霆原作震，依王念孫校改正。）可以鼓鐘寫也」，高注：「寫猶放斆也。」據此，鼓鐘可以放效雷霆之聲，則八風爲八方之風聲明矣。高氏釋爲八卦之風，漢儒之舊説也。**命之曰承雲，以祭上帝。**上帝，昊天上帝。**乃令鱓先爲樂倡，**倡，始也。○畢沅曰：「『乃令』初學記作『乃命』。樂倡，樂人也，似不當訓爲始。」○馬叙倫曰：「説文『鱓，鱓魚也，皮可爲鼓』，段玉裁本删『皮可爲鼓』四字，謂『由古以鼉皮冒鼓，鼉、鱓皆從單聲，古書如呂覽皆借鱓爲鼉』。案此『鱓』字即『鼉』之借字也，以鱓腹皮爲鼓，即以鼉爲鼓。禮學記『鼓無當於五聲，五聲弗得不和』，五經要義『鼓所以檢樂，爲羣音之長』，蓋古作樂，始於奏鼓，故曰『乃令鱓先爲樂倡』也。然則畢校謂倡爲樂人，誤矣。」**鱓乃偃寢，**○畢沅曰：「『寢』舊本訛『浸』。」**以其尾鼓其腹，**鼓，擊。○維遹案：「鼓」當作「鼔」，説文：「鼔，擊鼓也，讀若屬。」下文「乃以麋輅置缶而鼓之」亦當作「鼔」。高訓爲「擊」，是其所見本不誤。**其音英英。**英英，和盛之貌。○畢沅曰：「舊本『英英』不重，誤，與上文皆依初學記、御覽改正。」○馬敘倫曰：「英英當讀爲彭彭，英從央聲，古音與彭同屬陽類，故得通假。」

帝嚳命咸黑作爲聲，歌九招、六列、六英；○畢沅曰：「舊校云『聲』一作『唐』。案御覽、路史俱作『唐』。」又曰：「『九招六列六英』六字衍，説見下。」○維遹案：畢説非是。此文本作「帝嚳命咸黑作爲聲，歌九招、六列、六英」。文心雕龍頌讚篇云「昔帝嚳之世，咸黑爲頌，以歌九招」，（據唐寫本。）周禮大司樂賈疏引樂緯云「帝嚳之樂曰六英」，語皆本此。舊校及御覽、路史「聲」作「唐」，因習見「唐歌」而妄改之。畢本從歌字絶句，則下文無所麗，故云衍六字。而劉勰以歌字屬下句，知其所據本不誤，竝與下文「湯命伊尹作爲大護，歌晨露」句法相同。細繹下文「帝舜乃令質修九招、六列、六英」，是帝嚳之樂至舜之時更增改修治而用之；下文湯命伊尹「修九招、六列、六英」，（「六英」二字舊脱，據御覽補。）是帝舜之樂至湯之時更增改修治而用之，仍其舊名，不忘本也，則「九招六列六英」非衍文明矣。**有倕作爲鼙鼓鐘磬吹苓管壎篪鞀椎鍾，**○畢沅曰：「『有倕』御覽倒作『倕有』，『有』當讀爲『又』。」○王引之曰：「『苓』當爲『笭』，即『笙』字也。古從生聲之字或從令聲，笙之爲笭，猶旌之爲旍也。（玉篇云：『旍同旌，見禮記。』爾雅釋天釋文云：『旌本又作旍。』月令『載旌旐』，呂氏春秋季秋篇『旌』作『旍』。）隸書從竹之字多變從艹，故笭譌作苓。或曰『籥』字之譌，竹誤爲艹，又誤脱下半耳。」○俞樾曰：「『吹』字衍文也。下文云『或鼓鼙，擊鐘磬，吹苓，展管篪』，即承此文而言。此言『鼙鼓』不言鼓鼙鼓，言『鐘磬』不言擊鐘磬，則『苓』上不得有『吹』字明矣。蓋即涉下文而衍。」帝嚳乃令人抃，兩手相擊曰抃。○陶鴻慶曰：「『帝嚳』二字疑衍。自『乃令人抃』以下皆倕之事，下文始云『帝嚳大喜，乃以康帝德』，明此不當有。」或鼓鼙，擊鐘磬，吹苓，展管篪；因令鳳鳥、天翟舞之。○維遹案：書鈔引「鳥」作「凰」。帝嚳大喜，乃以康帝德。康，安。

帝堯立，乃命質〔一〕爲樂。質乃效山林谿谷之音以歌，「質」當爲「夔」。○畢沅曰：「路史以質與夔非一人。『質』亦作『㚕』。」○洪頤煊曰：「劉寬碑『復使五官中郎將何夔持節，魏上尊號，奏太僕臣夔』，『夔』與質古文『𧵍』形相似，因譌。」○維遹案：類聚四十三引「以歌」作「以作歌」，疑有「作」字是。今本「作」字誤竄在下文「作以爲十五弦之瑟」句首。乃以麋輅置缶而鼓之，鼓，擊。○孫詒讓曰：「『置缶』難通。『置』疑當爲『冒』，形近而誤。周禮籥章『掌土鼓豳籥』，注：『杜子春云：「土鼓，以瓦爲匡，以革爲兩面，可擊也。」』說文革部云：『輅，生革，可以爲縷束也。』此以麋輅冒缶以爲鼓，即以瓦爲匡，以革爲面也。禮記明堂位云：『土鼓，蕢桴，葦籥，伊耆氏之樂。』郊特牲釋文引或說謂伊耆氏即堯。此云帝堯『命質爲樂』，則麋輅冒缶或即伊耆土鼓之制與？（『置』或當作『冥』，即『幎』之省，與『置』作『寘』形近。墨子備穴篇云：『令陶者爲罌，固幎之以薄輅革。』冒幎義亦同。）」乃拊石擊石，以象上帝玉磬之音，以致舞百獸。瞽叟乃拌五弦之瑟，拌，分。作以爲十五弦之瑟，命之曰大章，○梁玉繩

〔一〕四部叢刊本「質」下有注「一作詔」。

曰：「瞽叟有功于堯樂，不得概以頑目之矣。」○維遹案：「作」字衍，因上文誤脱，錯置於此。「以爲十五弦之瑟」與下文「以爲二十三弦之瑟」句法正同。以祭上帝。

舜立，命延○畢沅曰：「『命』舊本作『仰』，誤，據路史改正。」乃拌瞽叟之所爲瑟，益之八弦，以爲二十三弦之瑟。帝舜乃令質修九招、六列、六英，以明帝德。招、列、英皆樂名也。帝，謂舜。○畢沅曰：「招、列、英至此始見，故誘於此下注，則上乃衍文明矣。」○維遹案：畢説非是。高注有不注於前而注於後者，見去私篇、音初篇。亦有前已注後復注之者，此不足爲據。

禹立，勤勞天下，日夜不懈，勤，憂。通大川，羣壅塞，鑿龍門，降通漻水以導河，羣壅塞，故鑿龍門也。降，大。漻，流。疏三江五湖，注之東海，以利黔首。於是命皋陶作爲夏籥九成，以昭其功。九成，九變。昭，明。

殷湯即位，夏爲無道，暴虐萬民，侵削諸侯，不用軌度，天下患之。湯於是率六州以討桀罪，○畢沅曰：「舊校云『討』一作『誅』。案御覽作『以誅桀之罪』。」○王念孫曰：「商頌那疏引『討』作『討』，『桀』下有『之』字。」功名大成，黔首安寧。湯乃命伊尹作爲大護，歌晨露，修九招、六列，以見其善。大護、晨露、九招、六列皆樂名。善，美。○孫先生曰：「『六列』下脱『六英』二字。上文云『帝嚳命咸黑作爲聲，歌九招、六列、六英』，又云『帝舜乃令質修九招、六列、六英，以明帝德』，竝有『六英』二字。注文『列』下疑亦脱此二字，蓋因正文既脱，後人復删注文以就之，竝非其舊矣。御覽五百六十六引正有『六英』二字。」

周文王處岐，諸侯去殷三淫而翼文王。文王，古公亶父之孫，王季歷之子也。古公避獯鬻之難，邑于岐，謂岐山之陽有周地，及受命，因爲天下號也。淫，過。翼，佐。三淫，謂剖比干之心，斷材士之股，刳孕婦之胎者，故諸侯去之而佐文王也。○畢沅曰：「古文泰誓有『斮朝涉之脛』語，究不知何出。春秋繁露王道篇云：『斮朝涉之足，視其拇。』水經注九淇水下云：『老人晨將渡水，而沈吟難濟。紂問其故，左右曰：「老者髓不實，故晨寒也。」紂乃於此斮脛而視髓。』是相傳有此事也。今此云『斷材士之股』，先識覽注亦同。淮南俶真訓亦有此語。」○俞樾曰：「高氏解三淫爲『剖比干之心、斷材士之股、刳孕婦之胎』。先識覽『殺三不辜』注同。然竊謂『殺三不辜』或如高氏之説，若此云三淫，恐注義尚有未安。且如注義，則三淫即殺三不辜，使易其文曰『諸侯去殷殺三不辜而翼文王』，其可通乎？『三淫』之文，殆必有誤。呂氏原文疑當作『諸侯去殷王受而翼文王』，『王』與『三』形似易誤，『受』誤作『𡈼』，因又誤爲『淫』耳。」散宜生曰：「殷可伐也。」文王弗許。散宜生，文王四臣之一也。論語曰：「文王爲西伯，三分天下有其二，以服事殷。」故弗許。周公旦乃作詩曰：「文王在上，於昭于天，周雖舊邦，其命維新。」以繩文王之德。○畢沅曰：「繩，譽也。見左氏莊十四年傳。正義云：『字書「繩」作「譝」。』」

武王即位，以六師伐殷。六師未至，以鋭兵克之於牧野。未至殷都，而勝紂於牧野。歸，乃薦俘馘于京太室，乃命周公爲作大武。大武，周樂。○畢沅曰：「『爲作』御覽倒。」○孫先生曰：「御覽五百六十六引作『作爲』，最是。今本『爲作』，誤倒也。『作爲』乃古人常語，上文『作爲』二字連文數見，可證。」

成王立，殷民反，反，叛。王命周公踐伐之。踐，往。○畢沅曰：「尚書大傳云：『周公攝政三年，踐奄。踐之者，籍之也。籍之，謂殺其身，執其家，豬其宮。」」商人服象，爲虐于東夷。象，獸名也。周公遂以師逐之，至于江南，乃爲三象，以嘉其德。

故樂之所由來者尚矣，非獨爲一世之所造也。三象，周公所作樂名。嘉，美也。尚，久也。自黄帝以來，功成作樂，故曰「非獨爲一世之所造也」。○宋翔鳳曰：「漢書司馬相如傳上林賦『韶、濩、武、象之樂』，注：『張揖曰：「象，周公樂也。南人服象，爲虐於夷，成王命周公以兵追之，至於海南，迺爲三象樂也。」』文選上林賦注同。其説當本古樂篇。所謂南人，如論語『南人有言』，謂南蠻之人也。秦象郡在南，蓋取此。則此文『商人』當作『南人』，『江南』當作『海南』。詩『以雅以南』，毛傳『南夷之樂曰南』，左傳『舞象、箾〔一〕、南、籥』，並指此三象也。」

古樂

〔一〕「箾」，原脱，據過庭録補。

呂氏春秋集釋卷第六

榮成許維遹學

季夏紀第六　音律　音初　制樂　明理

呂氏春秋訓解　高氏

一曰：季夏之月，日在柳，季夏，夏之六月也。柳，南方宿，周之分野。是月，日躔此宿。昏心中，旦奎中。心，東方宿，宋之分野。奎，西方宿，魯之分野。是月昏旦時，皆中於南方。其日丙丁，其帝炎帝，其神祝融，其蟲羽，其音徵，律中林鐘，林，衆。鐘，聚。陰律也。陽氣衰，陰氣起，萬物衆聚而成，竹管之音應林鐘也。其數七，其味苦，其臭焦，其祀竈，祭先肺。涼風始至，蟋蟀居宇，夏至後四十六日立秋節，故曰「涼風始至」。蟋蟀，蜻蛚，爾雅謂之蛬〔一〕，陰氣應，故居宇，鳴以促織。○畢沅曰：「月令『涼風』作『温風』，『居宇』作『居壁』。」○阮惟和曰：「史記律書：『涼風居西南維，主地，地者沈奪萬物氣也，六月也。』淮南天文訓『景風至四十五日涼風至』，高注：『坤卦之風也。』然則六月之有涼風，證以古書，鑿鑿有據。月令季夏之温風，即西南坤維之涼風也，別言之

〔一〕「蛬」，原作「蛩」，據爾雅改。

則曰温風，總言之則曰涼風，月令之異於呂覽、淮南以此。自周書時訓解係温風至於小暑節，禮家遂以温風爲南風，宜温而非涼矣。不知曆家推十二候始於北魏，而魏書律曆志載正光曆及甲子元曆並以温風至係於大暑節，即隋志載劉焯之曆亦與魏志同，是隋以前皆不從逸周書也。」**鷹乃學習，腐草化爲乂。**秋節將至，故鷹順殺氣自習肄，爲將搏鷙也。乂，馬蚿也。乂讀如蹊徑之蹊，幽州謂之秦渠，一曰螢火也。○畢沅曰：「月令作『腐草爲螢』。此書舊本作『腐草化爲螢乂』，衍『螢』字。淮南無。觀注當與淮南同。蓋昔人讀此書，偶旁記異同之文，而因以誤入也。説文引明堂月令曰：『腐艸爲蠲。』蠲即乂也。化亦衍字。」**天子居明堂右个，**明堂，向南堂。右个，西頭室。**乘朱輅，駕赤騮，載赤旂，衣朱衣，服赤玉，食菽與雞，其器高以觕。**

是月也，令漁師伐蛟取鼉，升龜取黿。漁師，掌魚官也。漁讀若相語之語。蛟、鼉、黿皆魚屬。鼉皮可作鼓，詩曰：「鼉鼓辭辭。」黿可爲羹，傳曰：「楚人獻黿於鄭靈公，靈公不與公子宋黿羹，公子怒，染指於鼎，嘗之而出。」是也。皆不害人，易得，故言「取」也。蛟有鱗甲，能害人，難得，故言「伐」也。龜，神，可以羣吉凶，入宗廟，尊之也，故曰「升」也。○畢沅曰：「漁，高讀牛倨切。季冬云『音論語之語』，亦同。月令『登龜』，此作『升』，義同。」○茆泮林曰：「禮月令作『命漁師伐蛟取鼉，登龜取黿』，朱子謂『呂「命」作「令」，無「登龜」字』。案：今本『登龜』作『升龜』，有此二字，正文及高注疑後人竝依淮南竄改。更案：月令鄭注云『今月令「漁師」作「榜人」』，文選子虛賦注亦云『月令曰「命榜人」』，當是呂氏古本。朱子所見本，疑已依禮月令改。」**乃命虞人入材葦。**虞人，掌山澤之官。材葦供國用也。○畢沅曰：「『虞人』月令作『澤人』。」

是月也，令四監大夫合百縣之秩芻，以養犧牲。周制，天子畿內方千里，分爲百縣，縣有四郡，郡有鄙，故春秋傳曰：「上大夫受縣，下大夫受郡。」周時縣大郡小，至秦始皇兼天下，初置三十六郡以監縣耳。此云「百縣」，説周制畿內之縣也。四監，監四郡大夫也。秩，常也。常所當芻，故聚之以養犧牲。○畢沅曰：「月令作『大合』，無『夫』字。」**令民無不咸出其力，**咸，皆也。出其力以聚芻而用之。**以供皇天上帝、名山大川、四方之神，以祀宗廟社稷之靈，爲民祈福。**祈，求也。○畢沅曰：「月令『爲民』上有『以』字。」

是月也，命婦官染採，黼黻文章必以法故，無或差忒；黑黃蒼赤莫不質良，婦人善別五色，故命其官使染採也。白與黑謂之黼，黑與青謂之黻，青與赤謂之文，赤與白謂之章。修其法章，不有差忒，故黑黃蒼赤之色皆美善。○畢沅曰：「月令『忒』作『貸』。舊校云：『差一作還。』注『修其法章』，疑是『法制』。」**勿敢僞詐。**勿，無也。○畢沅曰：「月令作『毋敢詐僞』。」**以給郊廟祭祀之服，**郊祀天，廟祀祖。**以爲旗章，以別貴賤等級之度。**熊虎爲旗。章，服也。貴有長尊，賤有等威，故曰度。○畢沅曰：「『等威』舊誤作『等卑』，今依左氏宣十二年傳文改正。」○維遹案：注「章，服也」，於義未安。恃君覽注「章，明識也」，較此注爲長。月令鄭注「旗章，旟旗及章識也」，孔疏：「章識者，則周禮事、名、號，故司常云『官府象其事，州里象其名，家象其號』。」

是月也，樹木方盛，乃命虞人入山行木，無或斬伐。虞人，掌山林之官。行，察也。視山木，禁民不得斬伐。○畢沅曰：「『無或』月令作『無有』，或亦訓有也。」**不可以興土功，不可以合諸侯，不可以起兵動衆。無舉大事以搖蕩於氣，**土功，築臺穿池。合諸侯，造盟會也。舉動兵衆，思啓封疆也。大事，征伐也。於時不時，故曰「搖蕩於氣」。○畢沅曰：「月令作『以搖養氣』。注『思啓封疆』，用左氏成八年傳文，舊本作『息封疆』，誤，今改正。」**無發令而干時，以妨神農之事。**無發干時之令，畜聚人功，以妨害神農耘耨之事。○畢沅曰：「『干時』月令作『待』，無『干』字。」**水潦盛昌，**○茆泮林曰：「朱子謂『吕無昌字』，今同禮月令。」**命神農，將巡功，舉大事則有天殃。**昔炎帝神農能殖嘉穀，神而化之，號爲神農，後世因名其官爲神農。巡行堰畝修治之功。於此時或舉大事，妨害農事，禁戒之云：「有天殃之罰。」○畢沅曰：「月令『神農』上無『命』字，『巡』作『持』。」○梁玉繩曰：「古無以神農名官者，鄭注以爲土神是也。」

是月也，土潤溽暑，大雨時行，燒薙行水，利以殺草，如以熱湯，可以糞田疇，可以美土疆。夏至後三十日大暑節，火王也。潤溽而漯重，又有時雨，燒薙行水灌之，如以熱湯，可以成糞田疇，美土疆。疆，界畔。○俞樾曰：「『暑』字衍文也。高注曰『夏至後三十日大暑節，火王也。潤溽而漯重，又有時雨』，然則『潤溽』下無『暑』字明矣。後人因注有『大暑』字，遂於正文羼入『暑』字，并禮記月令而亦誤矣。月令鄭注曰『潤溽謂塗溼也』，是古本禮記無『暑』字。」○孫先生曰：「注『潤溽而漯重』當作『潤溽而溼重』，『漯』乃『濕』字。説文濕字注『濕水出東郡東武陽入海』，又溼字注『幽溼也』，是二字字義迥別，後人以形聲竝近，混用莫辨。隸書『濕』字又省作『漯』。（即改日爲田，又省一糸。）此本作『溼』，傳寫作『濕』，又改作『漯』耳。淮南注不誤。」

行之是令，是月甘雨三至，三旬二日。行之是令，行是之令也。十日爲旬。二日者，陰晦朔日也。月十日一雨，又二十日一雨，一月中得二日耳，故曰「三旬二日」。○陶鴻慶曰：「高注『陰』爲『除』字之誤。又『二十日一雨』，謂十日一雨者二次，非謂隔二十日始一雨也。玩注意，蓋謂三旬中除去晦朔二日，則一月祇得二旬有八日，至第三旬之雨當在下月，是一月之中祇得雨二日也。然是月三旬，必除去晦朔不計，未詳何義。高氏蓋見正文既云『甘雨三至』，又云『三旬二日』，故爲此説以求通歟？竊疑『三至』之『三』爲衍文，正文但言是月之雨僅二日耳。蓋是月水盛土潤，禾稼將成，神農方有巡功之事，大雨之行，不利於數，故三旬二日而已足也。」**季夏行春令則穀實解落，國多風欬，人乃遷徙。**春，木王。木性墮落，陽發多雨而行其令，故穀實散落，民病風欬上氣也。民遷徙移家，春陽布散也。○畢沅曰：「『解落』月令作『鮮落』。」○孫先生曰：「『人』字當從月令、淮南作『民』，此因唐諱而未經改正者。」**行秋令則丘隰水潦，禾稼不熟，乃多女災。**丘，高。隰，下也。言高下有水潦，象金氣也，故殺禾稼，使不成熟也。金干火，故多女災，生子不育也。○王念孫曰：「注『女災』當據淮南時則訓注更增『女災』二字。」**行冬令則寒氣不時，鷹隼早鷙，四鄙入保。**冬陰閉固而行其令，故寒風不節也。鷹隼早鷙，象冬氣殺戮。四界之民畏寇賊之來，故入城郭自保守也。○畢沅曰：「『寒氣』月令作『風寒』。」○維遹案：據注云云，此亦當作「風寒」。淮南作「風寒」，注與此同，足證高所見本不誤。

中央土，其日戊己，戊己，土日，土王中央也。**其帝黄帝，其神后土，**黄帝，少典之子，以土德王天下，號軒轅氏，死，託祀爲中央之帝。后土，官。共工氏子句龍能平九土，死，託祀爲后土之神。○維遹案：注「后土，官」，當作「后土，土官」。今本脱一土字，月令鄭注可證。**其蟲倮，其音宮，**陽發散越而屬倮蟲。倮蟲，麒麟爲之長。宮，土也，位在中央，爲之音主。○茆泮林曰：「朱子謂『吕「倮」作「螺」』。今同禮月令。」○維遹案：此注錯亂，當云「陽發散越而爲倮蟲。倮蟲之屬，麒麟爲之長。宫，土也，位在中央」。因「爲之」二字錯移於「中央」下，後人遂妄增「音主」二字以成其義。孟春紀注、孟夏紀注、孟秋紀注竝其例證。**律中黄鐘之宫，其數五，**黄鐘，陽律也，竹管音中黄鐘之宫也。其數五，五行之數，土第五也。**其味甘，其臭香，**土味甘，土臭香。**其祀中霤，祭先心。**土王中央，故祀中霤。霤，室中之祭，祭后土也。祭祀之肉先進心。心，火也，用所勝也。一曰「心，土，自用其藏也」。**天子居太廟太室，**南向中央室曰太廟，又處其中央，故曰太室。**乘大輅，駕黄騂，載黄旂，衣黄衣，服黄玉，**土色黄，故尚黄色。**食稷與牛，**稷、牛皆屬土。**其器圜以揜。**揜，象土含養萬物。○畢沅曰：「月令作『圜以閎』。舊校云：『一作揜以閎』。」○茆泮林曰：「朱子謂『呂「圜」作「高」，「閎」作「揜」』。今本『圜』仍作『圜』，唯『閎』作『揜』。」○維遹案：「器」原作「氣」，改從許本、姜本、張本、李本、黄本，與月令及孟春各紀均合。

季夏紀

二曰：黄鐘生林鐘，黄鐘，十一月律。林鐘，六月律。**林鐘生太蔟，**太蔟，正月律。**太蔟生南呂，**南呂，八月律。**南呂生姑洗，**姑洗，三月律。**姑洗生應鐘，**應鐘，十月律。**應鐘生蕤賓，**蕤賓，五月律。**蕤賓生大呂，**大呂，十二月律。**大呂生夷則，**夷則，七月律。**夷則生夾鐘，**夾鐘，二月律。**夾鐘生無射，**無射，九月律。**無射生仲呂。**仲呂，四月律。○畢沅曰：「説苑修文篇云：『黄鐘生林鐘，林鐘生大呂，大呂生夷則，夷則生太蔟，太蔟生南呂，南呂生夾鐘，夾鐘生無射，無射生姑洗，姑洗生應鐘，應鐘生蕤賓。』無『蕤賓生大呂』句。御覽五百六十五引呂氏亦與説苑同，皆非隔八相生之義。晉書律志引呂氏則皆與今本合，知不可信御覽以改此文。」**三分所生，益之一分以上生。三分所生，去其一分以下生。黄鐘、大呂、太蔟、夾鐘、姑洗、仲呂、蕤賓爲上，林鐘、夷則、南呂、無射、應鐘爲下。**律呂相生，上者上生，下者下生。○畢沅曰：「蕤賓不當爲上，當在林鐘之首。考周禮大司樂、大師兩章注，蕤賓皆重上生，即朱子鐘律篇亦竝不誤，而近人反據誤本謂蕤賓亦下生，謬之甚者。晉志俗本亦誤作蕤賓下生，宋志則不誤，可以正之。此注當作『上者下生，下者上生』，如此方所謂律呂相生。今本疑亦傳寫之誤。」○許宗彦曰：「十二律上生下生，班孟堅志與呂不韋書、淮南子及鄭注周禮不同。班志自黄鐘始，一下生，一上生，依次至中呂，故黄鐘、太蔟、姑洗、蕤賓、夷則、無射六律皆下生，林鐘、南呂、應鐘、大呂、夾鐘、中呂六律皆上生。高誘呂注所謂『上者上生』，言黄鐘等七律由上生而得，如蕤賓上生乃爲大呂，故云上也。『下者下生』，言林鐘等五律由下生而得，如黄鐘下生乃爲林鐘，故云下也。鄭注太師職云：『黄鐘下生林鐘之初六，林鐘又上生太蔟之九二，太蔟又下生南呂之六二，南呂又上生姑洗之九三，姑洗又下生應鐘之六三，應鐘又上生蕤賓之九四，蕤賓又上生大呂之六四，大呂又下生夷則之九五，夷則又上生夾鐘之六五，夾鐘又下生無射之上九，無射又上生中呂之上六。下生者三分去一，上生者三分益一。五下六上乃一終矣。』（竝從月令疏所引。）孔仲達云：『五下者，謂林鐘、夷則、南呂、無射、應鐘皆被子午已東之管，三分減一而下生之。（即高注「下者下生」。）六上者，謂大呂、太蔟、夾鐘、姑洗、中呂、蕤賓皆被子午已西之管，三分益一而上生之。（即高注「上者上生」。）子午皆屬上生，應云「七上」，而云「六上」者，以黄鐘爲諸物之首，物莫之先，似若無所禀生，故不數黄鐘也。』據此則鄭注即本呂子，惟兼數黄鐘爲七上五下耳。淮南天文訓數十二律上下生與鄭同。後漢志及范望注太玄竝重蕤賓上生。宋書律志與淮南合。惟晉書志謂後代之音律多宗呂覽，而又言算術無重上生之法，以淮南爲非。梁武帝鐘律緯則謂京、馬、鄭、蔡至蕤賓竝從上生大呂，而班志仍以次下生，班義爲乖。是則鄭注之合於呂覽、淮南而不合於班志明甚。今明北監本、汲古閣本、永懷堂本、周禮太師注自蕤賓至中呂上下生，皆互易其字，蓋校者誤以漢志改之，而不知其本不合也。浦聲之十三經注疏正誤反據太師注以改月令疏，舛矣。畢尚書所校呂子，但知蕤賓之上生大呂，而不知蕤賓本律爲應鐘所上生，如其所數，則除黃鐘外，五上六下，與鄭注政相反。」

大聖至理之世，天地之氣，合而生風，日至則月鐘其風，以生十二律。○畢沅曰：「御覽『月鐘』作『日行』，蓋亦依説苑之文以改呂氏。」仲冬日短至冬至日，日極短，故曰「日短至」。則生黃鐘，季冬生大呂，孟春生太蔟，仲春生夾鐘，季春生姑洗，孟夏生仲呂，仲夏日長至夏至日，日極長，故曰「日長至」。則生蕤賓，季夏生林鐘，孟秋生夷則，仲秋生南呂，季秋生無射，孟冬生應鐘。天地之風氣正，則十二律定矣。

黃鐘之月，土事無作，慎無發蓋，以固天閉地，陽氣且泄。黃鐘，十一月也。且，將也。○畢沅曰：「月令作『以固而閉』，又『且泄』作『沮泄』。」大呂之月，數將幾終，大呂，十二月。幾，近。終，盡。歲且更起，而農民無有所使。使，役。○畢沅曰：「禮記〔一〕月令『而農民』上有『專』字。」太蔟之月，陽氣始生，

〔一〕「禮記」，原脱，據諸子集成本補。

太蔟，正月。冬至後四十六日立春，故曰「陽氣始生」。○王念孫曰：「治要『始生』作『始至』。」**草木繁動，**動，生。○陳昌齊曰：「此是韻語，疑『動』爲『滋』訛。」○王念孫曰：「『繁動』當作『繁滋』，滋與時爲韻。治要亦作『動』。」**令農發土，無或失時。**發土而耕。○畢沅曰：「此月去芒種尚遠，而必亟於發土者，蓋所謂『勿震勿渝，脈其滿眚，穀乃不殖』，故數勞之地，苗乃易於滋長也。」**夾鐘之月，寬裕和平，行德去刑，**夾鐘，二月也。行仁德，去刑戮也。**無或作事，以害羣生。**事，兵戎事也，故曰「以害羣生」。**姑洗之月，達道通路，溝瀆修利，**姑洗，三月也。時雨將降，故修利溝瀆。○維遹案：「達道通路」治要引作「達通道路」。**申之此令，嘉氣趣至。**順其陽德，故嘉喜之氣至。○維遹案：注「喜」當作「善」，形近之誤也。**仲吕之月，無聚大衆，巡勸農事，**仲吕，四月。大衆，謂軍旅工役也。順陽長養，無役大衆，妨廢農功，故戒之曰「無」也。必循行農事勸率之。○維遹案：治要引注「軍旅」下有「興功築道」四字。**草木方長，無攜民心。**民當務農，長養穀木，徭役聚則心攜離，逆上命也，故戒之曰「無」也。○陳昌齊曰：「此是韻語，疑『心』爲『志』訛。」○王念孫曰：「『民心』當作『民志』，志與事韻。治要引亦作『民心』。」**蕤賓之月，陽氣在上，安壯養俠，**蕤賓，五月。壯，盛。俠，少也。皆安養之，助陽也。○畢沅曰：「『在上』舊本作『在土』。案是月陰始生於下，則當云『陽氣在上』，今改正。月令是月『養壯佼』，此『養俠』亦當是『養佼』之誤。」○王念孫曰：「佼與槁爲韻。治要作『養孩』，亦非。」○牟庭曰：「『俠』即『佼』之形誤。家語入官注云『佼猶好也』，荀子成相篇注『佼亦好也』，故高注訓佼爲少，言少好也。」○維遹案：張本正作「陽氣在上」，治要引同。**本朝不靜，草木早槁。**靜，安。朝政不寧，故草木變動墮落早枯也。○維遹案：「早」字許本作「旱」，注同。**林鐘之月，**

草木盛滿，陰將始刑，林鐘，六月。刑，殺也。夏至後四十六日立秋。秋則行刑戮，故曰陰氣將始殺也。○畢沅曰：「『盛滿』疑本是『盛盈』，與下文皆兩句爲韻。」○王念孫曰：「『始刑』當爲『始殺』，殺與氣爲韻。注『刑，殺也』，當爲『殺，刑也』。治要作『陰氣將刑』。」無發大事，以將陽氣。發，起。將猶養。○王念孫曰：「『將』乃『搖』之誤。上文亦云『以搖蕩於氣』。」○俞樾曰：「詩樛木篇『福履將之』，箋云：『將，扶助也。』以將陽氣者，以扶助陽氣也。說文手部：『㨟，扶也。』將與㨟通。」夷則之月，修法飭刑，選士厲兵，夷則，七月也。飭讀如敕。飭正刑法，所以行法也。簡選武士，厲利其兵。詰誅不義，以懷遠方。懷，柔也。詩云「柔遠能邇，以定我王」也。南呂之月，蟄蟲入穴，南呂，八月也。蟄讀如詩文王之什。○畢沅曰：「舊本『文王』下有一『什』字，非。孟春紀注可證。」趣農收聚，仲秋大雨，故收聚。○維遹案：注「雨」字當作「内」，古納字。仲秋紀注「仲秋大内，穀當入也」可證。無敢懈怠，以多爲務。務猶事也。無射之月，疾斷有罪，當法勿赦，無射，九月。有罪當斷，故勿赦。○王念孫曰：「治要引注『故』作『殺』。」無留獄訟，以亟以故。亟，疾。故，事。○俞樾曰：「下『以』字乃『爲』字之誤。『無留獄訟，以亟爲故』，猶上文曰『無敢懈怠，以多爲務』也，兩文正一律。」應鐘之月，陰陽不通，閉而爲冬，應鐘，十月。陽伏在下，陰閉於上，故不通。修別喪紀，○維遹案：舊校云「別」一作「辨」，治要引同。別、辨古通。審民所終。審，慎。終，卒。修別喪服親疏輕重之紀，故曰「審民所終」也。○維遹案：治要引注「輕重」下有「服制」二字。

音律

三曰：夏后氏孔甲田于東陽萯山，孔甲，禹後十四世皋之父，發之祖，桀之宗。田，獵也。○畢沅曰：「注『宗』，曾也，謂曾祖。」○維遹案：竹書紀年云：「夏帝孔甲三年，畋于萯山。」即其事也。天大風晦盲，盲，瞑也。孔甲迷惑，入于民室。主人方乳，乳，産。或曰：「后來，是良日也，○畢沅曰：「『是』舊本作『見』。孫云：『御覽三百六十一及七百六十三「見」俱作「是」。』今據改。」之子是必大吉。」之，其。或曰：「不勝也，之子是必有殃。」后乃取其子以歸，曰：「以爲余子，誰敢殃之！」子長成人，幕動坼橑，斧斫斬其足，○畢沅曰：「『斫斬』疑衍『斬』字。御覽作『破』。」○孫先生曰：「論衡書虚篇作『析橑斧斬其足』，劉子新論命相篇作『析薪斧斬其足』，此文『斫斬』定衍一字。作『破』者，疑涉『破斧之歌』而誤。」遂爲守門者。以其無足，遂爲守門之官，向謂之子有殃也。孔甲曰：「嗚呼！有疾，命矣夫！」乃作爲破斧之歌，實始爲東音。爲東陽之音。○維遹案：「始」下奪一「作」字，「作爲」連文爲本書常語。下云「實始作爲南音」，「實始作爲西音」，尤爲明證。

禹行功，○畢沅曰：「孫云：『李善注文選張平子南都賦、劉逵注左太沖吴都賦竝引作「禹行水」。御覽一百三十五同。』」○鹽田曰：「高麗活板文選南都賦注引作『禹行竊見塗山之女』。」○維遹案：作「竊」字是。「竊」俗書作「窃」，因譌爲「功」，後人不解其義，遂附會禹治水事而改作「水」字。又案：孫校以吴都賦爲李善注，誤，今增「劉逵注」三字。下同。見塗山之女，○畢沅曰：「梁仲子云：『水經注淮水及江水引此竝作「嵞山」。』案宋柳僉本元作『塗山』。」禹未之遇而巡省南土。遇，禮也。禹未之禮而巡狩南行也。省南方之土。塗山氏之女乃令其妾

候禹于塗山之陽，塗山在九江，近當塗也。山南曰陽也。○畢沅曰：「『候』舊本作『待』，今從初學記十改。劉逵注吴都賦引作『往候』。注『九江』舊作『九迴』，誤，今據漢書地理志改正。」**女乃作歌，歌曰：「候人兮猗。」**○畢沅曰：「選注無『兮』字。」○俞樾曰：「無『兮』字是也。猗即兮字，不當竝用。」○維遹案：南都賦注引作「候人猗兮」，當從之。**實始作爲南音。**南方國風之音。

周公及召公取風焉，以爲周南、召南。取塗山氏女南音以爲樂歌也。**周昭王親將征荆，**周昭王，康王之子，穆王之父。荆，楚也。秦莊王諱「楚」，避之曰「荆」。○畢沅曰：「左氏僖四年傳正義引『荆』下有『蠻』字。」**辛餘靡長且多力，爲王右。**右，兵車之右也。**還反涉漢，梁敗，**○畢沅曰：「左傳正義云：『舊説皆言漢濱之人以膠膠船，故得水而壞，昭王溺焉。』不知本出何書。此言『梁敗』，又互異也。」○俞樾曰：「此言『梁敗』者，天子造舟爲梁，舟敗即梁敗也。畢校疑其互異，非是。」○維遹案：初學記七引竹書紀年云：「周昭王十六年伐楚荆，涉漢。十九年喪師於漢。」史記周本紀云：「昭王南巡狩不返，卒於江上。」正義引帝王世紀云：「昭王德衰，南征，濟于漢。船人惡之，以膠船進王。王御船，至中流，膠液船解，王及祭公俱没于水中而崩。其右辛游靡長臂且多力，游振得王。周人諱之。」左傳正義舊説蓋本此。**王及蔡公**○梁玉繩曰：「『蔡』當作『祭』。」○維遹案：左僖四年傳孔疏引作「祭公」，竹書紀年同。郝懿行云：「蔡公即祭公，聲相近。」**抎於漢中。**抎，墜，音曰顛隕之隕。○畢沅曰：「注『曰』字衍。」○維遹案：抎與隕通。孔疏及御覽八十五引「抎」竝作「隕」。左成二年傳「隕子辱矣」，説文引「隕」作「抎」，是其例。**辛餘靡振王北濟，又反振蔡公。**振，救也。傳曰：「齊桓公伐楚，讓之曰『爾貢苞茆不入，王祭不供，無以縮酒，寡人是徵。昭王南征，没而不復，寡人是問。』對曰：『貢之不入，寡君之罪，敢不共乎？昭王之不復，君其問諸水濱。』」由此言之，昭王爲没於漢，辛餘靡焉得振王北濟哉？○畢沅曰：「孫云：『振者，振其尸也。注非。』」○馬叙倫曰：「振借爲拯。説文：『拯，上舉也。』出豬爲拯，拯與振義異。高讀如字，故舉左傳以難呂，失之。孫氏亦不明振之爲拯也。」○維遹案：注引左僖〔一〕四年傳文，但今本左傳「南征」下無「没」字。惠棟云「唐石經作『昭王南征，没而不復』。（案碑「没」字後增，或據古本益之。）高誘呂覽注引此傳與石經同」。**周公乃侯之于西翟，實爲長公。**西翟，西方也。以辛餘靡有振王之功，故賞之爲長公。○畢沅曰：「注『功』舊本作『力』，非是，今改正。」**殷整甲徙宅西河，**○舊校云「河」一作「阿」。**猶思故處，**處，居也。**實始作爲西音，**○畢沅曰：「竹書紀年『河亶甲名整，元年自囂遷于相』，即其事也。」○徐文靖曰：「據竹書，河亶甲無宅西河作西音之事，惟夏后胤甲元年居西河，四年作西音，呂氏誤記殷整甲也。文心雕龍云：『夏甲歎于東陽，東音以發。殷整思于西河，西音以興。』是又因不韋誤矣。」○維遹案：徐説未確。相即西河，整甲即河亶甲，今本竹書「以作西音」四字因「甲」字相涉誤竄在帝廑四年之下，郝懿行竹書紀年校正論之詳矣。**長公繼是音以處西山，**西音，周之音。**秦繆公取風焉，實始作爲秦音。**取西音以爲秦國之樂音。

有娀氏有二佚女，○梁玉繩曰：「簡狄聖母，柰何以淫佚蠛之？詩生民疏引王肅謂姜嫄寡居生子，同爲乖妄。」○蔡雲曰：「佚女猶言處子，不當作淫佚解。吴縣陸萊仲云：『見有娀之佚女見楚騷，注：「佚，美也。」又作美字

〔一〕「僖」，原作「閔」，據左傳改。

解。』」**爲之九成之臺**，成猶重。○畢沅曰：「孫云：『王逸注離騷引「有娀氏有美女，爲之高臺而飲食之」，李善注文選魯靈光殿賦、齊故安陸昭王碑文兩引此文「爲」下皆無「之」字。』」○孫先生曰：「類聚六十二又九十九、御覽一百七十七又七百六十又九百二十二引『爲』下竝無『之』字，疑衍。」**飲食必以鼓。**鼓，樂。**帝令燕往視之，**○舊校云「視」一作「劾」。**鳴若謚隘。**○畢沅曰：「孫云：『安陸昭王碑文注引作「隘隘」。』」○維遹案：作「隘隘」是。玉燭寶典引作「夜鳴若嗌嗌」，嗌、隘聲同，皆象燕鳴也。**二女愛而爭搏之，覆以玉筐，少選，發而視之，**少選，須臾。○畢沅曰：「梁仲子云：『一切經音義十三引呂氏作「小選」，古少、小通用。』案今呂氏本皆作『少選』，此與蕩兵、執一諸篇皆然，無作『小』者，當亦由後人改之矣。」○王念孫曰：「何超晉書音義引亦作『少選』。引高注『須臾』下有『之頃也』三字。」○牟庭曰：「漢書蕭望之傳『有金選之品』，應劭注曰『選音刷』，師古曰『字本作鋝』。書大傳甫刑篇曰『一鐉六兩』，史記平準書曰『白選直三千』，漢書食貨志作『白撰』。史記周本紀『其罰百率』，徐廣曰：『率音韈。』然則選、鋝、鐉、撰、率皆同音。梅頤古文呂刑作『鍰』，『鍰』即『鋝』之形誤也。考工記鄭司農注曰：『鋝，量名也，讀爲刷。』據鄭、應、徐廣所識，可識『選』之古音矣。今俗語謂須臾之頃曰『一霎』，本當云『選』耳，今人不能正讀，既不識『選』字，乃借用『霎』，甚失古意。」**燕遺二卵，北飛，遂不反。**帝，天也。天令燕降卵於有娀氏女，吞之生契。詩云：「天命玄鳥，降而生商。」又曰：「有娀方將，立子生商。」此之謂也。○畢沅曰：「列女傳一引詩『有娀方將，立子生商』，亦無『帝』字。舊本作『有娀氏女方將，帝立子生商』，因上文誤衍三字，今删去。」**二女作歌一終，曰：「燕燕往飛。」實始作爲北音。**北國之音。

凡音者，産乎人心者也。感於心則蕩乎音，蕩，動。音成於外而化乎内，内化生内心。○陳昌齊曰：「注句首衍『内』字。」是故聞其聲而知其風，風，俗。察其風而知其志，○舊校云：「一作『意』，下同。」觀其志而知其德。盛衰、賢不肖、君子小人皆形於樂，不可隱匿，故曰樂之爲觀也深矣。土弊則草木不長，弊，惡。水煩則魚鼈不大，擾，渾。○畢沅曰：「據此注則正文本作『水擾』，後人以樂記之文改之。」世濁則禮煩而樂淫。煩，亂。淫，邪。鄭、衞之聲，桑間之音，説見孟春紀。此亂國之所好，衰德之所説。説，樂。流辟誂越慆濫之音出，出，生也。○畢沅曰：「誂與佻同。」則滔蕩之氣、邪慢之心感矣，感則百姦衆辟從此産矣。故君子反道以修德，修，治也。正德以出樂，和樂以成順。樂以和爲成順。樂和而民鄉方矣。鄉，仰。方，道。

音初

四曰：欲觀至樂，必於至治。至樂，至和之樂。至治，至德之治。○孫鏘鳴曰：「此篇歷引成湯、文王、宋景公之事，與樂制初不相涉，疑必明理篇文而錯簡在此。『欲觀至樂』五句蓋即下篇之首，『觀至樂必於至治』與下篇『亂世之主烏聞至樂』首尾文正相應，其爲一篇無疑。此二篇，除前篇『欲觀至樂』五句外，文當互易，而篇名則仍宜制樂在前，明理在後也。」其治厚者其樂治厚，其治薄者其樂治薄，○畢沅曰：「孫云：『李善注文選潘安仁笙賦引此，「其樂厚」、「其樂薄」無兩「治」字。』」亂世則慢以樂矣。

今室閉户牖，動天地，一室也。〇孫鏘鳴曰：「此句疑有脱誤。」故成湯之時，有穀生於庭，昏而生，比旦而大拱。書敘云：「伊陟相太戊，亳有桑穀祥，共生于朝。」太戊，太甲之孫，太康之子也，號爲中宗。滿兩手曰拱。湯生仲丁，仲丁生太甲，太甲生太康，太康生太戊，凡五君矣，此云湯之時，不亦謬乎？由此觀之，曝咸陽市門，無敢增損一字者，明畏不韋之埶耳。故揚子雲恨不及其時，車載其金而歸也。〇畢沅曰：「『而大拱』舊本訛作『其大拱』，梁仲子據御覽八十三改，與韓詩外傳正同。梁伯子云：『昏生旦拱，與史記言「一暮大拱」，竝理所難信。書大傳、漢書五行志、説苑敬慎篇、論衡異虚篇竝作「七日大拱」，韓詩外傳三作「三日」，當以「七日」爲是。僞孔傳及家語五儀篇亦作「七日」。』」其吏請卜其故，灼龜曰卜。〇畢沅曰：「御覽『吏』作『史』。」湯退卜者曰：「吾聞祥者福之先者也，見祥而爲不善，則福不至；妖者禍之先者也，見妖而爲善，則禍不至。」爲善則福應之，故禍無從至也。〇畢沅曰：「外傳三以此爲伊尹之言。」於是早朝晏退，問疾弔喪，務鎮撫百姓，三日而穀亡。亡，滅。〇畢沅曰：「舊本『亡』訛『止』，今據御覽改。外傳亦作『亡』。」故禍兮福之所倚，福兮禍之所伏，聖人所獨見，衆人焉知其極。極猶終。

周文王立國八年，〇畢沅曰：「外傳三『立』作『莅』。」歲六月，文王寢疾五日而地動，東西南北不出國郊。邑外曰郊。〇孫先生曰：「下文『周郊』，俞氏據韓詩外傳訂爲『國郊』。治要及御覽八十四引『國郊』竝作『周郊』，似不必同於外傳也。」百吏皆請曰：「臣聞地之動，爲人主也。〇維遹案：治要、御覽引「動」下竝有「也」字。今王寢疾五日而地動，四面不出周郊，〇俞樾曰：「上文曰『東西南北不出國郊』，則此『周郊』亦『國郊』之誤。韓詩外傳正作『四面不出國郊』。」羣臣皆恐，曰『請移之』。」○畢沅曰：「孫疑『曰』字衍，外傳無。」○孫先生曰：「御覽八十四引無『曰』字。孫校近是。」文王曰：「若何其移之也？」對曰：「興事動衆，以增國城，其可以移之乎！」文王曰：「不可。夫天之見妖也，以罰有罪也。我必有罪，故天以此罰我也。今故興事動衆，以增國城，○松皋圓曰：「故者，特爲之也。」是重吾罪也。不可。」重猶益也。移咎徵於它人，是益吾罪，故曰「不可」。○維遹案：注下「益」字原作「重」，改從張本、姜本。治要引同。文王曰：○畢沅曰：「語畢而更起也。外傳作『以之』，連上『不可』爲文。」○陳昌齊曰：「竊謂語畢更起，固是立文之例，然上文云『若何其移之』，此下云『請改行重善以移之』，則在此處尚未得爲語畢也。『文王曰』三字蓋因上文而衍。」○維遹案：陳説是。治要引無此三字。「昌也請改行重善以移之，其可以免乎！」於是謹其禮秩皮革以交諸侯，飭其辭令飭讀如敕，飭正其辭令也。幣帛以禮豪士，幣，圭璧。帛，玄纁也。材倍百人曰豪也。頒其爵列等級田疇以賞羣臣，○舊校云：「賞一作賓。」無幾何，疾乃止。止，除也。文王即位八年而地動，已動之後四十三年，凡文王立國五十一年而終，○維遹案：尚書無逸篇謂文王享國五十年，蓋舉其成數也。此文王之所以止殃翦妖也。翦，除。

宋景公之時，熒惑在心。景公，元公佐之子欒。熒惑，五星之一，火之精也。心，東方宿，宋之分野。公懼，召子韋而問焉，曰：「熒惑在心，何也？」子韋，宋之太史，能占宿度者，故問之。子韋曰：「熒惑者，天罰也；心者，宋之分野也，禍當於君。雖然，可移於宰相。」公曰：「宰相所與治國家也，而移死焉，不祥。」祥，吉。○畢沅曰：「注『吉』疑本是『善』字。」○維遹案：謹聽篇注正作「祥，善也」。子韋曰：「可移於民。」公曰：「民死，寡人將誰爲君乎？寧獨死。」傳曰「后非衆無以守邑」，故曰「將誰爲君乎」。○畢沅曰：「『衆非元后何戴，后非衆罔與守邦』，此晚出古文尚書大禹謨文也，漢時未有此，故誘皆以爲傳。」子韋曰：「可移於歲。」公曰：「歲害則民饑，穀不熟爲饑也。民饑必死。○孫先生曰：「此文本作『歲饑民餓必死』，與新序雜事篇同。高注明云『穀不熟爲饑』，非飢餓之飢矣。淮南道應篇作『歲饑民必死矣』，論衡變虛篇作『民饑必死』。（饑乃飢餓之飢。）此因『餓』誤爲『饑』，後人遂改作『歲害則民饑，民饑必死』，而不知與高注及他書説此事者俱不合也。治要引此文作『歲饑民必餓死』，誤倒。類聚一引作『歲飢民餓必死』，事類賦二引作『歲饑人餓必死』，後漢書郎顗傳注節引此文亦作『歲饑人餓』。」爲人君而殺其民以自活也，其誰以我爲君乎？傳曰「衆非元后何戴」，故曰「其誰以我爲君」。○孫先生曰：「淮南、論衡『而』下竝有『欲』字，新序作『爲人君欲殺其民以自活，其誰以我爲君乎』，疑今本『而』〔一〕下脱『欲』字。」是寡人之命固盡已，子無復言矣。」子韋還走，北面載拜曰：「臣敢賀君。天之處高而聽卑，君有至德之言三，天必三賞君。今昔熒惑其徙三舍，○畢沅曰：「『今昔』本多作『今夕』，今依李本作『今昔』。昔訓夜。」○孫先生曰：「治要引『其』作『必』，是也。此涉上文『其誰以我爲君乎』而誤。淮南、新序、論衡竝作『今夕星必徙三舍』。」君延年二十一歲。」公曰：「子

〔一〕「而」，原作「爲」，據呂氏春秋舉正改。

何以知之？」對曰：「有三善言，必有三賞，熒惑必三徙舍，〇畢沅曰：「『必三徙舍』舊作『有三徙舍』，訛，今據淮南道應訓及新序四改正。」舍行七星，星，宿也。星一徙當七年，三七二十一，臣故曰君延年二十一歲矣。以德復星也。徙三舍，固其理也。死生有命，不可益矣，而延二十一歲，誘無聞也。〇俞樾曰：「下『星』字衍文也。舍行七星，故一徙當七年，其中間不當有星字。」〇孫先生曰：「俞説非也。『星一徙當七年』，本作『星當一年』，『徙』字『七』字涉上下文而衍，又將『一』字錯入于上，故不可通耳。後漢書郎顗傳注、類聚一引竝作『星當一年』，新序、論衡同。一星當一年，七星則七年矣。一徙舍行七星，則七年也，三徙舍則二十一年矣，故云三七二十一也。」〇維遹案：「當」下「七」字許本、張本、姜本、李本竝作「一」。星一徙當一年，義亦通。臣請伏於陛下以伺候之，〇王念孫曰：「淮南、新序、論衡皆無『候』字，蓋高注誤入正文也。」〇李寶洤曰：「後世『陛下』之稱始見於此及韓非存韓篇、李斯逐客書。」熒惑不徙，臣請死。」公曰：「可。」是昔熒惑果徙三舍。〇維遹案：「昔」字原作「夕」，今亦改從李本。治要引同。

制樂

五曰：五帝三王之於樂盡之矣。盡，極。亂國之主未嘗知樂者，是常主也。非賢主也。夫有天賞得爲主，而未嘗得主之實，未嘗得爲賢主之實。此之謂大悲。此之爲大悲哀之人。是正坐於夕室也，夕室，以喻悲人也，言其室邪夕不正，徒正其坐也。〇畢沅曰：「梁仲子云：『晏子春秋六曰：景公新成柏寢之室，使師開鼓琴。師開左撫宮，右彈商，曰「室夕」云云。公曰：「先君太公以營丘之封立城，曷爲夕？」晏子對曰：「古之立國者，南望南斗，北戴樞星，彼安有朝夕哉！然而以今之夕者，周之建國，國之西方，以尊周也。」』」其所謂正，乃不正矣。悲人所爲，如坐夕室，自以爲正，乃不正之謂也。

凡生非一氣之化也，長非一物之任也，成非一形之功也。故衆正之所積，其福無不及也；及，至也。衆邪之所積，其禍無不逮也。其風雨則不適，適，時也。其甘雨則不降，其霜雪則不時，不當霜雪而霜雪，故曰「不時」。寒暑則不當，不當寒而寒，不當暑而暑。○俞樾曰：「『寒暑』上當有『其』字，方與上三句一律。」陰陽失次，○舊校云：「一作『易次』。」四時易節，謂不得其所。○舊校云「節」一作「位」。人民淫爍不固，淫邪銷爍不一也。不固，不執正道。○俞樾曰：「下文云『禽獸胎消不殖，草木庳小不滋，五穀萎敗不成』，則此句是言男女不能生育。季夏紀『禾稼不育，乃多女災』，是也。高注曰『不固，不執正道』，失之。」禽獸胎消不殖，銷爍不成，不得長殖也。草木庳小不滋，滋亦長。○畢沅曰：「庳與卑同。舊本作『痺』，訛，今改正。」五穀萎敗不成，成，熟也。其以爲樂也，若之何哉？言不可以爲樂，故曰「若之何哉」。

故至亂之化，君臣相賊，君不君，臣不臣，故相賊。長少相殺，父子相忍，弟兄相誣，知交相倒，倒，逆。○馬敘倫曰：「史記韓世家『不如出兵以到之』，索隱：『到〔一〕，欺也。』此相倒亦謂相欺，與相誣義同。」夫

〔一〕「到」，原作「倒」，據史記索隱改。

妻相冒，日以相危，失人之紀，冒，嫉。危，疑。相嫉則相猜疑，故失人道之綱紀。○畢沅曰：「『日以相危，失人之紀』，乃統承上文，不專以夫妻言，注非。」心若禽獸，長邪苟利，○舊校云：「一作『苟且』。」不知義理。亂政之化也，心如禽獸，焉知義理。其雲狀有若犬、若馬、若白鵠、若衆車；雲氣形狀如物之形也。有其狀若人，蒼衣赤首，不動，其名曰天衡；衡物之氣。○畢沅曰：「御覽八百七十七作『天衝』。」○孫先生曰：「『衡』字正文及注竝當作『衝』。晉書天文志引河圖云：『歲星之精，流爲天棓、天槍、天猾、天衝、國皇、及登。（及疑當作反。）蒼彗。』隋書天文志云：『歲星〔一〕之精，流爲天衝，狀如人，蒼衣赤首，不動，主滅位。』又曰：『衝星出，臣謀主，武卒發。』又曰：『天衝抱極泣帝前，血濁霧下天下寃。』竝其證。」有其狀若懸旍而赤，其名曰雲旍；雲氣之象旍旗者。○畢沅曰：「『懸旍』舊本作『懸釜』，訛。案御覽作『懸旌』，旌與旍同，今定爲『旍』字。」有其狀若衆馬以鬬，其名曰滑馬；五行傳爲馬妖也。有其狀若衆植華以長，○舊校云：「『華』一作『藿』。」○孫先生曰：「開元占經妖星占引『華』作『萑』，竝不可通。『華』當作『藿』，字之誤也。『植藿』即爾雅釋草之『菹灌』。史記天官書：『蚩尤之旗，類彗而後曲象旗。』植藿，菌也。菌上如蓋，下有曲梗，與旗形相似，故比蚩尤之旗也。蓋『藿』與『萑』、『藿』形近，又轉誤爲『華』，不可解矣。隋書天文志云『熒惑之精，流爲蚩尤旗，亂國之王，衆邪並積，有雲若植藿竹長，（當作

〔一〕「星」，原脱，據隋書補。

「以長」，言形如植藋〔一〕稍長耳。）黃上白下，名曰蚩尤旗』，即本呂氏，尤其切證。」黃上白下，其名蚩尤之旗。○畢沅曰：「舊本作『蚩尤之旍』，又作『蚩尤之旍旗』，皆訛。今據史記天官書、漢書天文志改正。集解及師古注竝引晉灼曰：『呂氏春秋云其色黃上白下。』」其日有鬬蝕，有倍僪，有暈珥，鬬蝕，兩日共鬬而相食。倍僪、暈珥，皆日旁之危氣也。在兩旁反出爲倍。在上反出爲僪。在上內向爲冠。兩旁內向爲珥。暈讀爲君國子民之君。氣圍繞日周匝，有似軍營相圍守，故曰暈也。○畢沅曰：「『倍僪』亦作『背鐍』，又作『背譎』，漢志作『背穴』。」有不光，有不及景，○舊校云：「『及』一作『反』。」有衆日竝出，有晝盲，盲，冥也。有霄見。霄，夜。見，明。○畢沅曰：「霄當是宵之借。」其月有薄蝕，薄，迫也。日月激會相掩，名爲薄蝕。○畢沅曰：「『其月』舊本作『其日』，誤，今改正。」有暉珥，有偏盲，有四月竝出，有二月竝見，竝猶俱也。有小月承大月，有大月承小月，○維遹案：開元占經月占引春秋運斗樞云：「小月承大月，羣姦在宮，當此之時，主若贅旒。大月承小月，近臣起，讒人横，陪臣執命，三公望風。」李淳風乙巳占月占篇云：「東方小月承大月，小國毀，大國伐之，爲主凶。在西方小月承大月，小邑勝；大月承小月，大邑勝。」有月蝕星，有出而無光。其星有熒惑，熒惑，火精。有彗星，有天棓，有天欃，有天竹，有天英，有天干，干，楯也。有賊星，有鬬星，有賓星。其氣有上不屬天，下不屬地，屬猶至。有豐上殺下，有若水之波，有若山之楫，楫，林木也。○俞樾曰：「楫之爲林木，古訓無徵。

〔一〕「藋」，原作「在」，據上引隋書改。

『楫』疑『橎』字之誤。説文木部：『橎，木葉搖白也。』徐鍇曰：『謂木遇風而翻見葉背，背多白，故曰搖白也。』氣之形狀，若風之翻動木葉，故曰『有若山之橎』。上文云『有若水之波』，亦以水之播動者爲喻，義正一律。」春則黄，夏則黑，秋則蒼，冬則赤。其妖孽有生如帶，有鬼投其陴，陴，脚也，音楊子愛骭一毛之骭。○畢沅曰：「陴字音義皆可疑，或是骨幹之幹，則是脊膂也，與骭音正同，但不當訓爲脚耳。」○俞樾曰：「陴不訓脚，亦不音骭，音訓均有可疑。以下文『有螟集其國』例之，則陴字仍當從城上女牆之本義。説文𨸏部：『陴，城上女牆俾倪也。』『投其陴』、『集其國』文正一律，高讀殆非。」有菟生雉，雉亦生鴳，鴳，一名冠爵，於五行傳羽蟲之孽。有螟集其國，其音匈匈，食心爲螟。音聲飛匈匈，驚動衆人，集其國都也。國有游虵西東，於五行傳爲虵妖也。西東，示民流遷，國不安寧也。馬牛乃言，言，語。皆妖也。犬彘乃連，連，合。皆妖也。○畢沅曰：「漢孝景三〔一〕年有此。」○吴先生曰：「連，合也，謂犬彘交也。歙俗語謂狗交爲狗打連，呼連去聲。」有狼入於國，國，都也。河圖曰：「野鳥入，主人亡也。」○梁玉繩曰：「司馬彪續五行志：『漢靈帝建寧中，羣狼入晉陽南城門嚙人，乃苛暴之應。』注未合。」○洪頤煊曰：「『國』當作『邦』，邦、降合韻，此避漢諱所改。」有人自天降，降，下。人，妖也。市有舞鴟，國有行飛，○舊校云：「一作『彘』。」○維遹案：「行飛」二字疑有譌誤，待考。馬有生角，於五行傳爲馬禍。雄雞五足，羽蟲之孽。有豕生而彌，彌，蹄不甲也。於五行傳爲青黑之祥也。○舊校云：「『豕』一作『豸』。」○畢沅曰：「注舊本『青

〔一〕「三」，原作「二」，據漢書五行志改。

黑』上有『墨』字，衍。」○吴先生曰：「彌讀爲蔄胡之蔄。蔄胡亦作曼沍、漫胡。連言爲蔄胡，單言爲彌，彌、蔄一聲之轉也。豕生蹄甲不分明，與鴨鵝之蹼相似，故謂之彌。孟冬紀『其蟲介』，注『介，甲也，象冬閉固皮漫胡也』，與此注義相成。」**雞卵多蝦，**○畢沅曰：「説文：『蝦，卵不孚也。徒玩切。』舊本作『假』，訛，今改正。淮南原道訓、法言先知篇俱有『蝦』字。」**有社遷處，**遷，移。○畢沅曰：「史記六國表秦惠文君二年，宋太邱社亡。」**有豕生狗。**於五行傳爲豕禍。**國有此物，其主不知驚惶亟革，上帝降禍，凶災必亟。**亂惑之主，見妖孽之怪，不知驚惶疾自革更，共御厥罰，故上帝降之禍，凶災必至。○畢沅曰：「『共御』舊本作『共衛』，訛，今從書大傳改正。」**其**〔一〕**殘亡死喪，殄絶無類，流散循饑無日矣。**循，大也。穀不熟曰饑。無復有期日也。**此皆亂國之所生也，不能勝數，盡荆、越之竹猶不能書。**楚、越，竹所出也，尚不能勝書者，妖多也。**故子華子曰：「夫亂世之民，長短頡許百疾。**疾，病也。長短者，無節度也。頡猶大。許，逆也。百疾，變詐也。既無節度，大逆爲變詐之疾也。○畢沅曰：「莊子徐無鬼篇『頡滑有實』，向秀注：『頡滑，錯亂也。』此『頡許』疑與『頡滑』義同。注『頡猶大』舊本作『許猶大』，訛。又『逆』作『迎』，亦訛。今竝改正。」○孫先生曰：「『長短頡許百疾』文義費解，注亦不順，疑有脱誤，竝非其舊。子華子神氣篇襲此文，『百疾』下有『俱作』二字，於義爲長。」**民多疾癘，**○孫先生曰：「子華子『疾癘』作『疫癘』。」**道多褓繈，盲禿傴尪，萬怪皆生。」**褓，小兒被也。繈，褸格繩也。言民褓負其子走道，跛而散去。盲，無

〔一〕四部叢刊本「其」下有注「一作有」。

見。禿，無髮。傴，僂俯者也。尪，短仰者也。怪物妄生非一類，故言「萬怪」者也。○畢沅曰：「注『繈褸格繩也』，舊本『格』作『袷』，又作『拾』，下又衍一『上』字，皆訛。案褸格即縷絡，方言『絡謂之格』，義得通也。後直諫篇注作『縷格』。段若膺云：『織縷爲絡，其繩謂之繈。』梁仲子云：『論語「襁負」疏引博物志云：「織縷爲之。」』又漢書宣帝紀注李奇曰：『繈絡也。』」

明理

故亂世之主烏聞至樂？烏，安也。○舊校云：「『烏』一作『焉』。」不聞至樂，其樂不樂。亂國之樂怨以悲，不聞至德之樂，故曰「其樂不樂」也。

吕氏春秋集釋卷第七

榮成許維遹學

孟秋紀第七　蕩兵　振亂　禁塞　懷寵

吕氏春秋訓解　高氏

一曰：孟秋之月，○畢沅曰：「舊此下有『長日至四旬六日』七字，又注云『夏至後，日尚長，至四十六日立秋，晝夜等，故曰長日至四旬六日』二十五字，於文不類，且後文自有注，不應預出，立秋時亦不得云晝夜等。謝以辭義俱淺陋，定爲俗師所加。今從月令删去。」**日在翼，**孟秋，夏之七月。翼，南方宿，楚之分野。是月日躔此宿。**昏斗中，旦畢中。**斗，北方宿，吴之分野。畢，西方宿，趙之分野。是月昏旦時，皆中於南方。○畢沅曰：「正文舊衍『則立秋』三字，月令無，今併删去。又注『畢，趙之分野』舊『趙』訛作『越』，案淮南天文訓則屬魏。」○維遹案：許本、姜本正作趙之分野。**其日庚辛，其帝少皞，**庚辛，金日也。少皞，帝嚳之子摯兄也，以金德王天下，號爲金天氏，死配金，爲西方金德之帝。○梁玉繩曰：「少昊，摯祖，自軒轅爲青陽之胄。注誤。」○劉師培曰：「『帝嚳之子摯兄也』，當作『黄帝之子摯也』。淮南時則訓注云：『黄帝之子青陽也，名摯。』此其徵。今本係淺人臆改。」○維遹案：梁、劉説是。漢書律曆志有明文。**其神蓐收，**少皞氏裔子曰該，皆有金德，死託祀爲金神。○畢沅曰：「注『皆』字疑當作『實』。」**其蟲毛，**

其音商，金氣寒，裸者衣毛。毛蟲之屬，而虎爲之長。商，金也，其位在西方。○畢沅曰：「注『裸者衣毛』舊本脱『毛』字，今從淮南注補。」**律中夷則，其數九，**夷則，陽律也，竹管音與夷則和，太陽氣衰，太陰氣發，萬物肅然，應法成性，故曰「律中夷則」。其數九，五行數五，金第四，故曰九。○畢沅曰：「梁仲子云：『初學記引注「氣衰」作「力衰」，「肅然」作「彫傷」。』」**其味辛，其臭腥，**五行，金味辛，金臭腥。**其祀門，祭先肝。**孟秋始内，由門入，故祀門也。肝，木也，祭祀之肉用其勝，故先進肝。又曰：「肝，金也，自用其藏也。」**涼風至，白露降，**涼風，坤卦之風，爲損。降，下。○維遹案：注「損」當作「塤」，淮南天文注可證。**寒蟬鳴，鷹乃祭鳥。始用刑戮。**寒蟬得寒氣鼓翼而鳴，時候應也。是月鷹摯殺鳥於大澤之中，四面陳之，世謂之祭鳥。於是時乃始行戮，刑罰順秋氣。○畢沅曰：「『始用』月令、淮南皆作『用始』，此誤倒也。高注淮南云『用是時乃始行戮』，語尤明。」**天子居總章左个，**總章，西向堂也。西方總成萬物，章明之也，故曰總章。左个，南頭室也。**乘戎路，駕白駱，**戎路，白路也。白馬黑鬣曰駱。**載白旂，衣白衣，服白玉，**白，順金也。○維遹案：注「金」下疑奪「色」字，淮南注正作「白順金色也」。孟春紀注「所衣服佩玉皆青者，順木〔一〕色也」，孟冬紀注「玄黑，順水色」，其比竝同。**食麻與犬，其器廉以深。**犬，金畜也。廉，利也，象金斷割。深，象陰閉藏。

是月也，以立秋。先立秋三日，大史謁之天子，夏至後四十六日立秋，多在是月。謁，告也。**曰：**

〔一〕「木」，原作「火」，據孟春紀注改。

「某日立秋，盛德在金。」天子乃齋。盛德在金，金主西方也。齋，自禋潔。立秋之日，天子親率三公九卿諸侯大夫以迎秋於西郊。九里之郊。還，乃賞軍率武人於朝。金氣用事，治兵討暴，非率不整，非武不齊，故賞軍將與武人於朝，與衆共之。天子乃命將帥選士厲兵，簡練桀儁，材過萬人曰桀，千人曰儁。○畢沅曰：「舊本『選』誤『還』，又脱『士』字，今從汪本據月令補正。淮南作『選卒』。」專任有功，以征不義。征，正也。詰誅暴慢，以明好惡，巡彼遠方。巡，行也。遠方，天下也。○畢沅曰：「『巡』月令、淮南作『順』。」○惠棟曰：「『巡』當作『循』，聲之誤也。儀禮注云『古文循作順』，故月令作『順』。高誘淮南注云：『順，循也。』鄭氏云：『順猶服也。』是讀爲馴。」

是月也，命有司修法制，禁令。繕囹圄，具桎梏，禁止姦，囹圄，法室。桎梏謂械，在足曰桎，在手曰梏，所以禁止人之姦邪。○茆泮林曰：「朱子謂：『吕繕作謹。』今本作繕。」慎罪邪，務搏執。命理瞻傷察創，視折審斷，慎，戒。有姦罪者搏執之也。理，獄官也。使視傷創毁折者可斷之，故曰「審斷」。羣獄訟必正平，戮有罪，嚴斷刑。爭罪曰獄。爭財曰訟。羣之者必得其正平，不直者戮而刑之。○畢沅曰：「『正平』月令作『端平』，此反不爲始皇諱。」天地始肅，不可以贏。肅，殺。素氣始行，不可以驕贏。犯令必誅，故曰「不可以贏」。○畢沅曰：「注『犯令必誅』以下乃後人所妄加。高氏本以贏與盈同。夏曰長贏，今當秋收斂之候，不可以驕盈也。淮南注『贏，盛也』，義亦相似。月令鄭注云『解也』，以肅爲嚴急，故不可以舒緩，與驕盈意亦未嘗不相近也。」

是月也，農乃升穀。天子嘗新，先薦寢廟。升，進也。先致寢廟，孝經曰：「四時祭祀，不忘親也。」

命百官始收斂；收斂，孟秋始內。完隄防，謹壅塞，以備水潦；是月月麗于畢，俾雨滂沱，故預完隄防，備水潦。修宮室，坿牆垣，補城郭。坿讀如符。坿猶培也。○畢沅曰：「月令『坿』作『坏』。」

是月也，無以封侯、立大官，封侯，裂土封之邑也。大官，謂上公九命之官。無割土地、行重幣、出大使。無割土地，以地賜人。重幣，金帛之幣。大使，使命也。方金氣之收藏，皆所不宜行也。○維遹案：注「以地賜人」，「地」字誤衍。「大使，使命也」，當據淮南注作「大使，命卿使也」。

行之是令而涼風至三旬。孟秋行冬令則陰氣大勝，介蟲敗穀，戎兵乃來。冬，水王，而行其令，故陰氣大勝也。介蟲，龜屬。冬，玄武，故介甲之蟲敗其穀也。金水相并，則戎兵來侵爲害。行春令則其國乃旱，陽氣復還，五穀不實。春陽亢燥，而行其令，故枯旱也。是月涼風用事，而行春煖之令，而穀更生，故害而不成實也。○畢沅曰：「『復還』本或作『後還』，誤，今從汪本，與月令、淮南皆合。」行夏令則多火災，寒熱不節，民多瘧疾。夏，火王，而行其令，故多火災。金氣火氣寒熱相干不節，使民病瘧疾，寒熱所生。○畢沅曰：「月令作『則國多火災』，淮南作『冬多火災』。」○茆泮林曰：「禮月令鄭注云：『今月令「瘧疾」爲「疾疫」。』今同禮月令。」

孟秋紀

二曰：古聖王有義兵而無有偃兵。偃，止。兵之所自來者上矣，自，從。上，古。○維遹案：舊校云：「『上』一作『久』。」御覽二十二引「上」作「尚」。治要引注作「自，從也。上，久也」，與張本合。與始有民俱。

俱，皆。凡兵也者威也，威也者力也。民之有威力，性也。性者所受於天也，非人之所能爲也，武者不能革，革，更。而工者不能移。移，易。兵所自來者久矣，黄、炎故用水火矣，黄，黄帝。炎，炎帝也。炎帝爲火災，黄帝滅之也。○畢沅曰：「御覽二百七十一『故』作『固』，下文皆作『固』。」案故、固古亦通用。」○梁玉繩曰：「注二語見文子上義、淮南兵略。路史後紀四注謂炎帝指蚩尤。」共工氏固次作難矣，共工之治九州，有異高辛氏爭爲帝而亡，故曰「次作難」也。○畢沅曰：「御覽『次』作『欲』。」○孫先生曰：「注不可通，疑『有』字衍，『異』乃『與』字之譌。御覽二百七十一引作『與高辛氏爭爲帝而亡之也』。」五帝固相與爭矣。遞興〔一〕廢，勝者用事。○維遹案：御覽七十一引「興」下有「遞」字，當據補。史記律書云「遞興遞廢，勝者用事」，蓋本此。亢倉子兵道篇作「一興一廢」，辭例亦同。人曰○畢沅曰：「舊本作『又曰』，今從御覽改。」「蚩尤作兵」，蚩尤非作兵也，利其械矣。蚩尤，少皡氏之末九黎之君名也，始作亂，伐無罪，殺無辜，善用兵，爲之無道，非始造之也，故曰非作兵也。○畢沅曰：「御覽『矣』作『也』。」○梁玉繩曰：「蚩尤乃炎帝之裔，與九黎無涉，此仍馬融臆解書呂刑。僞孔傳同。」未有蚩尤之時，民固剥林木以戰矣，勝者爲長。長，率。長則猶不足治之，故立君。立，置也。○孫先生曰：「御覽引作『長猶不足以治之，故立君』，與下文『君又不足以治之，故立天子』文例正同。」君又不足以治之，故立天子。天子之立也出於君，君之立也出於長，長之立也出於爭。戰勝而爲長，

〔一〕四部叢刊本「興」下有注「一作與」。

故曰「出於爭」。**爭鬬之所自來者久矣，不可禁，不可止，**天生五材，民竝用之，廢一不可，誰能去兵？兵之來久矣，聖人以治，亂人以亡，廢興存亡，昏明之術也，故曰「不可禁，不可止」。○畢沅曰：「注本子罕語，見襄廿七年左傳。」**故古之賢王有義兵而無有偃兵。**○維遹案：御覽二百七十一引「賢王」作「聖王」，與全篇皆合。

家無怒笞〔一〕**則豎子嬰兒之有過也立見，**家無嚴親怒笞之威，則小子好爭上下，過立著見也。**國無刑罰則百姓之悟相侵也立見，**無刑罰可畏，臣下故有相侵凌奪掠之罪。○畢沅曰：「悟與忤、啎竝通用。史記韓非傳『大忠無所拂悟』，索隱云：『不拂啎於君。』正義云：『拂悟當爲咈忤，古字假借耳。』今本史記作『拂辭』，誤也。朱本於此書又删去『悟』字，輕改古書，最不可訓。」○王念孫曰：「『悟』字衍文，朱删之，是也。畢曲爲之説，非也。治要無『悟』字。」○陶鴻慶曰：「高不爲『悟』字作注，則『悟』爲誤字可知。據注云云，疑元文本云『國無刑罰，則百姓之相侵奪也立見』。正文以『侵奪』連文，故注以侵凌奪掠釋之。禁塞篇云『使吳夫差、智伯瑶侵奪至於此者，幸也』，懷寵篇云『義理之道彰，則暴虐姦詐侵奪之術息也』，皆以『侵奪』連文可證。『悟』字蓋即『相』字之誤而衍者。」○維遹案：王説是。李本、凌本亦無「悟」字。**天下無誅伐則諸侯之相暴也立見，**無誅伐可畏，故相暴，大兼小也。**故怒笞不可偃於家，刑罰不可偃於國，誅伐不可偃於天下，有巧有拙而已矣。**巧者以治，拙者以亂。**故古之聖王有義兵而無有偃兵。**

〔一〕四部叢刊本「笞」下有注「一作忿」。

夫有以饐死者，欲禁天下之食，悖。悖，惑。○維遹案：治要引「悖」下有「矣」字。下同。惟引「饐」作「食」，非是。有以乘舟死者，欲禁天下之船，悖。○維遹案：御覽二百七十一引「船」作「舟」。有以用兵喪其國者，欲偃天下之兵，悖。夫兵不可偃也，○維遹案：「夫」爲「矣」字之壞，屬上句。「兵」下疑脱「之」字。此申明兵不可偃之意，非承上起下之語。治要引「夫」作「矣」，「兵」下有「之」字。書鈔一百十三引同。譬之若水火然，水以療湯，火以熟食，兵以除亂，夫何偃也？故曰「若水火然」。○畢沅曰：「注『熟食』舊本『熟』多作『熱』，訛，唯朱本作『熟』，此可從。」○劉師培曰：「治要引注作『水以療渴，（今各本訛爲湯。）火以熟食，不可乏也。兵以除亂，亦不可偃』。『亦』字承上言，後人删『不可乏也』四字，則『亦』字無所承，因改爲『夫何偃也』。」善用之則爲福，不能用之則爲禍。傳曰「能者養之以求福，不能者敗之以取禍」，此之謂。○畢沅曰：「左氏成十三年傳劉子言『能者養以之福，不能者敗以取禍』，漢書律志、五行志、漢酸棗令劉熊碑皆作『養以之福』，孔疏、顏注莫不同。今本則作『養之以福』，此注頗與今本同。凡注家引書，誠不必盡符本文，然此頗有後人妄改痕迹。緣高氏本作『養以之福』，讀者不解，因改爲『求福』，而以『之』字移於上，又於次句亦增一『之』字以成對文。末句『此之謂也』删去『也』字，則必刻成之後，就板增兩字，而末句只有一字之空，故并『也』字去之，始整齊耳。元和陳芳林云：『改「之福」爲「求福」，則非定命矣。』斯言允哉。」若用藥者然，○維遹案：治要引作「善用藥者亦然」。得良藥則活人，得惡藥則殺人，義兵之爲天下良藥也亦大矣。義兵除天下之兇殘，解百姓之倒懸而生育之，故方之於良藥。

且兵之所自來者遠矣，未嘗少選不用，貴賤長少賢者不肖相與同，有巨有微而已矣。

少選，須臾也。賢不肖者用兵，皆欲得勝，是其同也。巨，觕略。微，要妙，覩未萌之萌也。○陶鴻慶曰：「『賢者不肖』，『者』字當在『不肖』下。此以『貴賤長少賢不肖者相與同』十一字爲句，言此六者之人所同也。高注云『賢不肖者用兵，皆欲得勝，是其同也』，是其所見本不誤。注『賢不肖者』上亦當有『貴賤長少』四字，而今本脱之。」又曰：「此所謂兵，以志慮言，不以兵械言，故察其微者至於在心而未發亦謂之兵，所以未嘗少選不用也，注亦未晰。」**察兵之微，在心而未發，兵也；疾視，兵也；作色，兵也；傲言，兵也；援推，**○畢沅曰：「援推，義當與推挽同，或援之使來，或推之使去，有分别，見即兵象矣。舊校云『一作「挂刺」』，所未能詳也。」**兵也；連反，**○畢沅曰：「『連反』當出易蹇爻辭。連，與人也。反，自守也。有同有異而兵興矣。舊校云『連』一作『速』，疑誤。」○洪頤煊曰：「莊子天下篇『而連犿無傷也』，釋文：『犿本亦作抃，皆宛轉貌。一云相從之貌，謂與物相從不違，故無傷。』連反即連犿也，宛轉相從而即伏之，故曰『連反，兵也』。漢書地理志河南滎陽下水，水經注作汳水，卞、反古字通用。」○孫鏘鳴曰：「『反』疑『抃』之誤。連抃，拊手也，蓋謂手相搏也。古『汴』字或作『汳』，『飯』字或作『飰』，則『抃』亦或可作『扳』，轉寫遂誤爲『反』耳。」○馬叙倫曰：「連反即連蹇，亦即連犿，亦即蹁躚，亦即天蹇也，古相通假。上『援推，兵也』以手言，此以足言耳。洪頤煊説，義與余異。」**兵也；侈鬭，**○畢沅曰：「猶鬭侈也，謂以豪侈相爭勝也。」○王念孫曰：「『侈』疑『倗』之譌。」○孫鏘鳴曰：「侈鬭即羣鬭，侈猶恣也，非爭豪侈而鬭也。此皆兵之由微而巨者，微巨即小大之謂。注以巨爲觕略，微爲要妙，亦誤。」○維遹案：説文「倗，輔也」，段玉裁云：「蓋朋黨字正作倗，而朋其假借字。」据此，倗鬭與孫説羣鬭義略近。**兵也；三軍攻戰，兵也。此八者皆兵也，微巨之爭也。今世之以偃兵疾説者，終身用兵**

而不自知，悖，故説雖彊，談雖辨，文學雖博，猶不見聽。雖以辨文博學力説偃兵，不自知博者，不聽從也。○畢沅曰：「注『博者』字訛，或『博』是『悖』字，下亦當有一『人』字。」故古之聖王有義兵而無有偃兵。兵誠義，以誅暴君而振苦民，○舊校云：「一作『弱民』。」民之説也，○王念孫曰：「治要引『説』下有『之』字，當據補。」若孝子之見慈親也，若饑者之見美食也，民之號呼而走之，走，歸。若彊弩之射於深谿也，若積大水而失其壅隄也。中主猶若不能有其民，而況於暴君乎！中主，非賢君。

蕩兵○一作「用兵」。

三曰：當今之世，濁甚矣。濁，亂也。君肆害不可禁衛，故亂甚。○畢沅曰：「注『禁衛』疑亦是『禁禦』。」黔首之苦，不可以加矣。民人之苦毒，不可復增加。天子既絶，賢者廢伏，絶，若三代之末祚數盡也。賢者不見用，故廢伏。○畢沅曰：「趙云：『天子既絶，謂周已亡，而秦未稱帝之時也。』」世主恣行，與民相離，黔首無所告愬。世主，亂主也。亂政亟行，與民相違，黔首懷怨，無所控告。世有賢主秀士，宜察此論也，則其兵爲義矣，賢主，治主也。秀士，治士也。宜察恣行之主與民相離怨而捨之也，必舉兵誅之。誅其君，弔其民，故曰其兵爲之義也。○畢沅曰：「注『爲之義』疑『之』字衍，或『爲』字當作『謂』。」○維遹案：宜猶如也。天下之民且死者也而生，且，將也。治主之兵救其民，故曰將生也。○畢沅曰：「『且，將也』舊本作『行也』，訛，今改正。」且辱者也而榮，榮，光明也。且苦者也而逸。民見弔恤安逸。世主恣行，則中人將逃其君，去其親，又況於不肖者乎？遭恣行之君，中凡之人將逃而去之，不能顧其親戚也，又況下愚不肖之人能保守其君而不逃去其親者也？故義兵至則世主不能有其民矣，人親不能禁其子矣。世主暴亂，若桀、紂者也，民去之而歸湯、武，故不能得其有也，其親不能禁止其子。

凡爲天下之民長也，慮莫如長有道而息無道，賞有義而罰不義。今之世，學者多非乎攻伐。非攻伐而取救守，○陶鴻慶曰：「『而』當爲『則』，涉上下文句例而誤也。」○維遹案：「而」字非誤，而猶則也，説見經傳釋詞。取救守則鄉之所謂長有道而息無道、賞有義而罰不義之術不行矣。天下之長民，○陶鴻慶曰：「『長民』當爲『民長』，上文『凡爲天下之民長也』是其證。」其利害在○畢沅曰：「舊校云：『一本下有「此」字。』朱本從之。今案：『在察此論也』連下讀爲是，觀下文可見。」察此論也。攻伐之與救守一實也，攻伐欲陷人，救守欲完人，其實一也。○俞樾曰：「高注云云，然『其實一也』謂之『一實』，義似未安。一實當作一貫，知化篇曰『雖知之與勿知一貫也』，過理篇曰『亡國之主一貫』，是呂氏書多用『一貫』字。此文『實』字當亦『貫』字之誤耳。」○孫先生曰：「正文不誤，高注是也。一實猶實一也，古人常語。且過理篇注云：『一，道也。貫，同也。』此文注云：『其實一也。』是彼作『貫』，此作『實』，不得據彼以改此，明矣。知化篇『一貫』可疑爲『一實』之誤，不得疑此文『一實』爲『一貫』之誤。過理篇後于知化篇，高於過理始説『一貫』之義，殆可知矣。『一實』之語，王充論衡幸偶篇云『癰疽之發，亦一實也』，初稟篇云『夫斬大蛇，誅秦殺項，同一實也』，本性篇云『稟性受命，同一實也』，紀妖篇云『辭之與文，一實也』，感虚篇、訂鬼篇亦有『一實』之語，竝其切證。俞校未審。」而取舍人異，攻伐欲破人，救守欲全人，故曰「取舍人異」。○陶鴻慶曰：「此言攻伐之本旨在於救人，而救守之終竟必至於用兵而殺人，故曰『一實也』。論者於攻伐與救守，或取或舍，人各不同，故曰『取舍人異』。高於上句注云『攻伐欲陷人，救守欲完人，其實一也』，及此句注云云，均失其旨。且二注語意不殊，或經後人竄改，非高氏原文也。」○孫鏘鳴曰：「或取攻伐而非救守，或取救守而非攻伐，人各異說，故下云『無所定論』。注未明。」以辨說去之，終無所定論。固不知，悖也。知而欺心，誣也。論說事情，固不知之，是爲悖。實知之而自欺其心，是爲誣。誣悖之士，雖辨無用矣。辨無所能施，故謂之「無用」。○畢沅曰：「趙云：『言說雖若可聽，而斷不可用也。下文申言其故。』」是非其所取而取其所非也，是利之而反害之也，安之而反危之也。民以爲安而安之以禮義也，危之乃危亡之道也，故曰安之反危也。○畢沅曰：「言非攻伐欲以安利之，而不知其適相反。」爲天下之長患、致黔首之大害者，若說爲深。說若是者，爲天下之患，爲黔首之害深而大也。○陶鴻慶曰：「若說者，此說也。高注『說若是者』云云，解『若』爲『如』，則正文爲不辭矣。下文『若論爲大』，注誤同。」夫以利天下之民爲心者，不可以不熟察此論也。論猶別也。○畢沅曰：「別即辯，古通用。」

夫攻伐之事，未有不攻無道而罰不義也。攻無道而伐不義，則福莫大焉，黔首利莫厚焉。厚，重也。禁之者，禁，止也。是息有道而伐有義也，○陳昌齊曰：「『不義也』上『罰』字，『有義也』上『伐』字，据上下文義，當互易之。」是窮湯、武之事而遂桀、紂之過也。遂猶長也。凡人之所以惡爲無道不義者，爲其罰也；惡猶畏。所以蘄有道行有義者，爲其賞也。蘄讀曰祈。或作「勤」。○王念孫曰：「『蘄』下當有『爲』字。『行』下『有』字當據下文删。」**今無道不義存，存者賞之也；**雖存幸耳，賞之非也。**而有道行義窮，窮者罰之也。**雖窮不幸耳，罰之非也。○畢沅曰：「注皆不得本意。此所云賞罰，豈真賞之罰之也哉？使無道者安全，即不啻賞之。使有道者不得伸天討，即不啻罰之矣。」○陶鴻慶曰：「『而有道行義窮』六字當在『今無道不義存』句下。當云『今無道不義存，而有道行義窮，存者賞之也，窮者罰之也』。玩上下文理，可知此文之誤。高注於此文上二句注云『雖存幸耳，賞之非也』，下二句注云『雖窮不幸耳，罰之非也』，高意讀正文也字爲邪，故注云然，正由依誤本作注，生此誤解耳。」**賞不善而罰善，欲民之治也，不亦難乎！**治，整也。**故亂天下害黔首者，若論爲大。**論若是者，賞所當罰者，罰所當賞者，是以亂天下而害黔首最爲大也。○畢沅曰：「此篇之論，其謂天下攻伐人者之皆義兵乎？苟非義兵，則能救守者，正春秋之所深嘉而樂予也，而此非之，是與聖賢之意相違矣。下篇雖稍持平，然亦偏主攻伐意多。」

振亂

四曰：夫救守之心未有不守無道而救不義也。守無道而救不義則禍莫大焉，莫，無也。無有大之者。○陶鴻慶曰：「『救守之心』當爲『救守之事』。上篇云『夫攻伐之事，未有不攻無道而罰不義也』，此文亦當同。若作『心』則義難通矣。蓋由後人見下有『事心任精』之文而妄改耳。」○維遹案：陶説是。惟「未有不守無道」，「不」字爲發聲之詞，不守即守也。尚書西伯戡黎篇「我生不有命在天」，不有命在天者，即有命在天也。王充論衡佚文篇

「漢氏浩爛，不有殊卓之聲」，不有殊卓之聲者，即有殊卓之聲也。此云「未有不守無道而救不義也」，即未有守無道而救不義也，方與下文「守無道而救不義則禍莫大焉」語意相合。爲天下之民害莫深焉。深，重也。無有重之者。

凡救守者，太上以説，説，説言也。○畢沅曰：「注當是『説以言也』，次『説』字訛。」○吳先生曰：「『説言也』義自通，畢校非。」其次以兵。以兵威之。以説則承從多羣，○孫鏘鳴曰：「舊校云『從』一作『徒』。安死篇『聚羣多之徒』。此『承』或『聚』字之誤，『多羣』二字亦誤倒。」○維遹案：孫説近是。惟謂「多羣」二字誤倒，非。此文當作「聚徒成羣」。管子法禁篇云「聚徒威羣」，洪頤煊云「威羣當作成羣」，是也。此文「成羣」，疑先譌爲「威羣」，後「威」字爛脱，又譌爲「多」字。日夜思之，事心任精，起則誦之，卧則夢之，自今單脣乾肺，費神傷魂，單，盡。乾，晞。費，損。神，人之神也。魂，人之陽精也。陽精爲魂，陰精爲魄。○畢沅曰：「『自今』疑本是『自令』。」○俞樾曰：「『自今』乃『自令』之誤，畢校已及之矣。『單』字高注訓盡，然脣無可盡之理，殆非也。單當讀爲燀，省不從火耳。後漢泗水王歙傳注：『燀，灼也。』然則燀脣者，灼脣也，與乾字同義。順民篇『焦脣乾肺』，此言燀，猶彼言焦。」上稱三皇五帝之業以愉其意，愉，悦。下稱五伯名士之謀以信其事。信，明也。其説救守之事。早朝晏罷，以告制兵者，制者，主也。謂敵之主兵者。行説語衆，以明其道。道畢説單而不行，畢、單皆盡。不行，不見從。則必反之兵矣。説不見從，故反之以兵威之。反之於兵則必鬬爭，之情必且殺人，○畢沅曰：「『鬬爭』二字當疊。」是殺無罪之民以興無道與不義者也。無道與不義者存，是長天下之害，爲天下之害者得滋長。而止天下之利，晉獻公曰：「物不兩施。」害長故利止者也。雖欲幸而

勝，禍且始長。晉獻公伐麗戎，史蘇曰：「勝而不吉。」故曰禍乃始長也。○維遹案：王念孫校本改「且」爲「乃」，云：「古書多以『乃始』連文，仲秋紀『雷乃始收』，淮南俶真訓『儒墨乃始列道而議，分徒而訟』。」

先王之法曰：「爲善者賞，爲不善者罰。」古之道也，不可易。易猶違。**今不別其義與不義，而疾取救守，不義莫大焉，**○俞樾曰：「疾取救守，義不可通，疑『疾』下奪『攻伐』二字，當云『今不別其義與不義，而疾攻伐，取救守，不義莫大焉』。下文屢以攻伐、救守對言，此可爲證。疾攻伐者，言深惡此攻伐之事也。安死篇曰：『今多不先定其是非，而先疾鬬爭，此惑之大者也。』『疾攻伐』與『疾鬬爭』同誼。呂氏之意，主乎攻伐而不取救守，故以疾攻伐取救守爲不義。振亂篇曰：『今之世，學者多非乎攻伐。非攻伐而取救守，取救守則鄉之所謂長有道而息無道、賞有義而罰不義之術不行矣。』文義與此相似。此云『疾攻伐，取救守』，猶彼云『非攻伐而取救守』也。下文云『故大亂天下者，在於不論其義，而疾取救守』，誤與此同。高注訓疾爲爭，其義迂曲矣。」○吳先生曰：「俞氏說義近，而改字則非也。呂氏之意，以爲今世學者多非攻伐而取救守，適足以賞不義。此文『疾取救守』，疾，亟也。疾取救守者，謂俗人不問當救當守與否，而唯以救守爲是而亟取之，適足爲無道者張目耳。下文云『大亂天下者，在於不論其義而疾取救守』，文義並同，尤足相證。秦以攻伐得天下，而惡夫合縱以抗秦者，故其說如此。俞氏讀疾爲疾之已甚之疾，失其恉矣。」**害天下之民者莫甚焉。故取攻伐者不可，非**於義可攻可伐，故不可非也。**攻伐不可，取**於義不可攻不可伐，故不可取，惟義所在。**救守不可，非**於義當救當守，故不可非。**救守不可，取**於義當守當救，不可取而有之也。**惟義兵爲可。**○畢沅曰：「此『救守不可取』五字乃衍文，注亦無異前說，皆當删去。」○陳昌齊曰：「據文義當以四『不可』截句，二『非』字連下讀。『非救守不可』下衍『取』字，與下文三『可』二『不可』一氣貫注。高氏誤讀，因而誤注也。」○俞樾曰：「『故取攻伐者不可非』，『取』、『者』二字衍文也。此文本云『故攻伐不可非，攻伐不可取，救守不可非，救守不可取』，言攻伐與救守皆有是有非也。第一句衍『取』字『者』字，則與下三句不一律，而義亦不可通矣。」○陶鴻慶曰：「俞氏以首句『取』字『者』字皆爲誤衍，雖於義可通，而其辭複沓，殆非吕氏之舊。以上諸篇皆以非攻伐、取救守對言，此文第一句『取』字非衍，因相承誤讀，輒於第四句之末增『取』字以相配耳。今爲正其讀云：『故取攻伐不可，非攻伐不可；取守救不可，非守救不可，惟義兵爲可。』下文又申之云：『兵苟義，攻伐亦可，救守亦可。兵不義，攻伐不可，救守不可。』上下文語勢相承，是其明證。自後人亂其句讀，於第四句之末增『取』字，又於第一句之中增『者』字，則於文爲贅，畢氏遂疑第四句爲衍句矣。」○維遹案：陳、陶説是。**兵苟義，攻伐亦可，**以有道攻伐無道，故司馬法曰：「以戰去戰，雖戰可也。」此之謂也。**救守亦可。**謂諸侯思啓封疆，以無道攻有道，雖救之可也。極困設守亦可也。**兵不義，攻伐不可，**若以桀、紂之兵攻伐湯、武，曷當可乎？**救守不可。**桀、紂堅守而往救之，亦不可也。**使夏桀、殷紂無道至於此者，幸也。使吳夫差、智伯瑶侵奪至於此者，幸也。**夫差，吳王闔閭之子。智伯，智宣子之子襄子也。**使晉厲、陳靈、宋康不善至於此者，幸也。**晉厲公，景公之子州蒲也。陳靈公，共公之子平國也。宋康王，在春秋後，當戰國時，僭稱王也。○畢沅曰：「厲公實名州滿，史記作壽曼，聲同耳。」○梁玉繩曰：「厲公之名，春秋經、傳作州蒲，高氏依之。釋文于左傳成十年云『本或作州滿』，孔疏引應劭諱議曰『周穆王名滿，而有晉侯州滿』。史通五行志雜駁篇以『蒲』爲誤，謂出王邵讀書志。蓋滿、蒲二字書傳中多以形似相亂，如左傳盧蒲嫳，後愼行篇作盧滿嫳之類，而史記作壽曼，即州滿也，州、壽古通，滿、曼音近。」若令桀、紂知必國亡身死，殄無後類，吾未知其厲爲無道之至於此也；吳王夫差、智伯瑶知必國爲丘墟，身爲刑戮，吾未知其爲不善無道侵奪之至於此也；夫差、智伯爲無道，侵奪無厭，夫差爲越王句踐所滅，智伯爲襄子所殺於晉陽之下也。○陳昌齊曰：「『厲』字據文不當有，蓋因上下文而衍。」○俞樾曰：「此文凡言『吾未知』者三，惟末句不誤，第一句、第二句皆有衍字。蓋此文皆承上文而言，上文曰『使夏桀、殷紂無道至於此者，幸也』，『使吳夫差、智伯瑶侵奪至於此者，幸也』，『使晉厲、陳靈、宋康不善至於此者，幸也』，據此，則第一句當云『吾未知其爲無道之至於此也』，第二句當云『吾未知其爲侵奪之至於此也』，今第一句衍『厲』字，第二句衍『不善無道』四字，則與上文不相應矣。」

晉厲知必死於匠麗氏，匠麗氏，晉大夫家也。厲公無道，欒書、中行偃殺之於匠麗氏也。陳靈知必死於夏徵舒，夏徵舒，陳大夫御叔之子，夏姬所生也。靈公通於夏姬，與孔寧、儀行父飲酒於夏氏。徵舒過之，公謂行父曰：「徵舒似汝。」對曰：「亦似君。」徵舒病之。公出，自其厩射而殺之，故曰「死於夏徵舒」。宋康知必死於溫，吾未知其爲不善之至於此也。溫，魏邑也。宋康王名偃，宋元公佐六世之孫，辟兵之子也。立十一年，自爲王。東敗齊取五城，南敗楚取三百里，西敗魏軍於溫，與齊、楚、魏爲敵國。以韋囊盛血，懸而射之，號曰射天。諸侯患之，咸曰宋復爲紂，不可不誅。即位四十七年，齊湣王與楚、魏伐宋，遂滅之，而三分其地，故曰死於溫。○畢沅曰：「『宋康』，荀子王霸篇作『宋獻』，楊倞云：『國滅之後，其臣子各私爲謚，故不同。』案此注依宋世家爲説。『四十七年』，年表偃立止四十三年。梁伯子云：『宋實無取齊、楚地及敗魏軍之事。』詳所著史記刊誤中。」○梁玉繩曰：「宋康爲元公八世孫，非六世，而其滅在六十一年，非四十七與四十三也。刊誤今改名志疑。」此七君者，大爲無道不義，所殘殺無罪之民者不可爲萬數，萬人一數之，言多不可勝數。○畢沅曰：「『大爲無道』，舊本『爲』誤作『而』，今改正。」○維遹案：畢改是。姜本「而」正作「爲」。壯佼老幼胎贕之死者○畢沅曰：「贕與殰同。」○王念孫曰：「贕讀爲駒犢。」大實平原。廣堙深谿大谷，赴巨水，積灰填溝洫險阻，犯流矢，蹈白刃，加之以凍餓饑寒之患，以至於今之世，爲之愈甚，故暴骸骨無量數，言多。爲京丘若山陵。戰鬭殺人，合土築之，以爲京觀，故謂之京丘，若山陵高大也。○維遹案：注「陵」字原作「林」，改從姜本、黄本，與正文合。世有興主仁士，深意念此，亦可以痛心矣，亦可以悲哀矣。哀亦痛也。

察此其所自生，生於有道者之廢，而無道者之恣行。恣，放也。夫無道者之恣行，幸矣。無道者恣其情欲而見信用，不得誅滅，是乃幸也。故世之患不在救守，而在於不肖者之幸也。○畢沅曰：「正文似訛，當云『故世之患在於救守，而爲不肖者之幸也』，如此方與上下文順。」救守之説出，則不肖者益幸也，○王念孫曰：「『也』當作『矣』，與下句文同一例。今作『也』者，因與上文『不肖者之幸也』相涉而誤。」賢者益疑矣。疑怪其何以益幸也。○王念孫曰：「高説非也。疑者，恐也。言不肖者益幸，而賢者益恐也。古者謂恐曰疑。雜記曰『五十不致毁，六十不毁，七十飲酒食肉，皆爲疑死』，鄭注曰：『疑猶恐也。』大戴禮曾子立事篇曰：『君子見善恐不得與焉，見不善恐其及己也，是故君子疑以終身。』管子小問篇曰：『駮食虎豹，故虎疑焉。』荀子宥坐篇『其赴百仞之谷不懼』，大戴禮勸學篇『懼』作『疑』。皆其證也。上文云『守無道而救不義則禍莫大焉，爲天下之民害莫深焉』，故此言『救守之説出，則不肖者益幸，而賢者益恐』。」故大亂天下者，在於不論其義，而疾取救守。疾猶爭。

禁塞

五曰：凡君子之説也非苟辨也，士之議也非苟語也，必中理然後説，理，義。必當義然後議。議，言。故説義而王公大人益好理矣，士民黔首益行義矣。一命爲士民。士民之説爲士者也。○陳昌齊曰：「『説義』字據上文當爲『説議』。」○陶鴻慶曰：「『説義』當爲『説議』。上文云『必中理然後説，必當義然後議』，此即承上而言。不侵篇『説義聽行』亦借『義』爲『議』。」○吴先生曰：「注當作『一命爲士。士民，民之説爲士者也』。意謂士民爲民之秀者，黔首則衆氓。注文『民』字誤衍於上，故義不可通。」義理之道彰，則暴虐姦詐侵奪之術息也。彰，明。息，滅。

暴虐姦詐之與義理反也，○維遹案：「姦詐」下當有「侵奪」二字，此承上句而言，似不宜省。其執不俱勝，不兩立。故兵入於敵之境，境，壤。○維遹案：「兵」上疑奪一「義」字，下文皆申説義兵之事，此不宜獨指凡兵而言。據下注云云，足證高所見本不誤。亢倉子兵道篇襲此文，正作「義兵」。則民知所庇矣，庇，依廕也。黔首知不死矣。知義兵救民之命，不殺害。至於國邑之郊，不虐五穀，不掘墳墓，不伐樹木，不燒積聚，不焚室屋，不取六畜。得民虜奉而題歸之，奉，送也。○陳昌齊曰：「『題歸』二字不可解，疑『題』字衍。蓋『歸』隸或作『𨓦』，因誤爲『題』而又多出『題』字耳。」孫鏘鳴説同。○維遹案：陳、孫説是。亢倉子作「得人虜屋而歸之」，亦無「題」字。**以彰好惡。**好其顯民，惡其惡君也。傳曰：「其君是惡，其民何罪？」此之謂也。**信與民期，以奪敵資。**以信與民期，不違之也。資，用也。敵以暴虐用其民，故以信義奪其民也。**若此而猶有憂恨冒疾遂過不聽者，雖行武焉亦可矣。**○王引之曰：「『憂恨』與『遂過不聽』義不相屬，『憂』當爲『复』，复與愎同。（古無『愎』字，故借『复』爲之。或通作『復』，韓子十過篇『夫知伯之爲人也，好利而鷔愎』，趙策『愎』作『復』是也。又通作『覆』，管子五輔篇『下愈覆鷔而不聽從』是也。又通作『蝮』，史記酷吏傳贊『京兆無忌、馮翊殷周蝮鷙』是也。）隸書『复』字或作『棊』，『憂』字或作『夏』，二形相似而誤。（書堯典正義『夏侯等書「心腹腎腸」曰「憂賢陽」』，史記秦始皇紀刻碣石門辭『文復無罪』，徐廣曰：『復一作憂。』蓋腹、復竝通作复，因誤爲憂也。）恨與很同。（爾雅『鬩，恨也』，孫炎本『恨』作『很』。又荀子見下。）莊子漁父篇曰：『見過不更，聞諫愈甚，謂之很。』說文曰：『很，不聽從也。』宣十二年左傳注曰：『愎，很也。』故曰『愎很冒疾，遂過不聽』。逸周書謚法篇曰『愎很遂過曰刺』，荀子成相篇曰『恨復遂過不肯悔』，（恨復與很愎同，今本復譌作後，辯見荀子。）義竝與此同。」○維遹案：王說是。亢倉子正作「愎狠」。王氏不引，蓋以此書爲唐人依託，似未足據，然藉此足證唐人所見呂覽尚不誤。

先發聲出號，號，令。**曰：「兵之來也，以救民之死。**死，命。**子之在上無道，据傲**子，謂所伐國之君。○畢沅曰：「据當與倨通。朱本即作『倨』。」**荒怠，貪戾虐衆，恣睢自用也，**○陳昌齊曰：「『自用也』三字當是注文。」○維遹案：陳因高讀之誤，遂疑「自用也」三字爲注文，失之。**辟遠聖制，謷醜先王，排訾舊典，上不順天，**順，承。**下不惠民，**惠，愛。**徵斂無期，求索無厭，**期，度。厭，足。○畢沅曰：「注舊作『其度厭之』，訛，今改正。」○維遹案：許本正作「期度」。罪殺不辜，慶賞不當。若此者，天之所誅也，人之所讎也，不當爲君。今兵之來也，將以誅不當爲君者也，以除民之讎而順天之道也。○舊校云：「『天』一作『民』。」民有逆天之道、衛人之讎者，身死家戮不赦。衛猶護助也。救無道之君，則身死家戮不赦貸也。○畢沅曰：「孫云：『「不赦」舊本誤作「不救」。注「赦貸」舊本誤作「救貳」。』今竝從孫説改正。」有能以家聽者禄之以家，以一家禄之。以里聽者禄之以里，里，閭也。周禮：「五家爲比，五比爲閭。」閭，二十五家。以鄉聽者禄之以鄉，周禮：「二千五百家爲州，五州爲鄉。」鄉，萬二千五百家。以邑聽者禄之以邑，周禮：「八家爲井，四井爲邑。」三十二家也。此上鄉邑皆不從周禮。○維遹案：注上「邑」字宜重，當云「四井爲邑。邑，三十二家」也。由上二注可知矣。以國聽者禄之以國。國，都也。周禮：「二千五百家爲縣，四縣爲都。」然則國都萬家也。故克其國不及其民，克，勝。及，罪。獨誅所誅而已矣。所誅，君也。舉其秀士○畢沅曰：「舊校云一作『儁』。案非是。」而封侯之，秀士，儁士。選其賢良而尊顯之，授以上位。求其孤寡而振恤之，無子曰孤。無夫曰寡。振，贍。矜，恤。見其長老而敬禮之。尊高年。皆益其禄，加其級。禄，食。級，等。○梁玉繩曰：「後世百官加級始見此。」○陶鴻慶曰：「『皆益其禄，加其級』當在『而尊顯之』下，益禄加級，禮賢之事也。下云分金散粟，惠民之事也。如今本則錯出不倫。」論其罪人而救出之。論猶理。○畢沅曰：「『救』亦當作『赦』。」分府庫之金，散倉廩之粟，金，鐵也。可以爲田器，皆布散以與人民。以鎮撫其衆，不私其財。問其叢社大祠，民之所不欲廢者而復興之，興之，舉其祀。曲加其祀禮。是以賢者榮其名，而長老説其禮，民懷其德。懷，安也。

今有人於此，能生死一人，生，活也。○王念孫曰：「疑當作『能生一死人』。」則天下必爭事之矣。○諸子類語引『生一人』作『生死人』。」○事此一人。義兵之生一人亦多矣，○畢沅曰：「『一』字衍。」○鹽田曰：「陶鴻慶曰：「『一』當作『死』。上文云『今有人於此，能生死一人，則天下必爭事之矣』，此即承上而言，作『一人』者，涉上文而誤。畢校以『一』爲衍字，非。」人孰不説？故義兵至，則鄰國之民歸之若流水，民歸之若流水，不可壅禦也。誅國之民望之若父母，行地滋遠，得民滋衆，所誅國之民晞望義兵之至，若望其父母。滋，益。衆，多也。孟子曰：「百姓簞食壺漿以迎王師，奚爲後予。」此之謂也。兵不接刃而民服若化。接，交。若被其化也。○畢沅曰：「『若化』，本多作『其化』，今從宋邦乂本。」○劉師培曰：「治要引注『若，順』。後人昧順有若訓，以若爲如，遂易爲『若被其化』。」

懷寵

呂氏春秋集釋卷第八

榮成許維遹學

呂氏春秋訓解　高氏

仲秋紀第八　論威　簡選　決勝　愛士

一曰：仲秋之月，日在角，仲秋，夏之八月。角，東方宿，韓、鄭之分野。是月，日躔此宿。昏牽牛中，旦觜巂中。牽牛，北方宿，越之分野。觜巂，西方宿，魏之分野。是月昏旦時，皆中於南方。○畢沅曰：「淮南天文訓觜巂屬趙。」其日庚辛，其帝少皞，其神蓐收，其蟲毛，其音商，說在孟秋。律中南呂，南呂，陰律。是月陽氣内藏，陰旅於陽，任其成功，竹管音中南呂。○王念孫曰：「注『任其成功』當據淮南時則訓注、天文訓注改作『任成其功』。」其數九，其味辛，其臭腥，其祀門，祭先肝。涼風生，說在孟秋。○畢沅曰：「月令作『盲風至』，鄭注：『盲風，疾風也。』孫云：『孟秋已云涼風至，此何以又云涼風生，應從記。』」候鴈來，玄鳥歸，羣鳥養羞。是月候時之鴈從北漠中來，南過周雒，之彭蠡。玄鳥，燕也，春分而來，秋分而去，歸蟄所也。傳曰：「玄鳥氏，司分者也。」寒氣將至，羣鳥養進其毛羽御寒也，故曰「羣鳥養羞」。○畢沅曰：「注『北漠』各本作『北漢』，訛，今從汪本，與淮南注合。鄭注月令云：『羞謂所食也。』此注又別。」○吴先生曰：「此注訓羞爲進，養進毛羽，蓋以堯典『鳥獸毛毨』爲說。又毨之爲言選也，選、羞聲同。」天子居總章太廟，總章，西向堂。太廟，中央室也。乘戎路，駕白駱，載白旂，衣白衣，服白玉，食麻與犬，其器廉以深。說在孟秋。

是月也，養衰老，授几杖，行麋粥飲食。陰氣發，老年衰，故共養之。授其几杖，賦行飲食麋粥之禮。今之八月，比户賜高年鳩杖粉粢是也。周禮大羅氏掌獻鳩杖以養老，又伊耆氏掌共老人之杖。○畢沅曰：「麋與糜同，本亦作『糜』。周禮羅氏掌獻鳩以養國老，禮記郊特牲有大羅氏，此參用彼文，衍『杖』字，缺『國』字。周禮伊耆氏『共王之齒杖』，鄭注：『王之所以賜老者之杖。』」乃命司服具飭衣裳，文繡有常，制有小大，度有短長，衣服有量，必循其故，冠帶有常。司服，主衣服之官。將飭正衣服，故命之也。上曰衣，下曰裳。青與赤五色備謂之繡。周禮：「司服掌王之吉服。祀昊天上帝則大裘而冕，祀五帝亦如之。享先王則衮冕，享先公饗射則鷩冕，祀四望山川則毳冕，祭社稷五祀則絺冕，羣小祀則玄冕，凡兵事韋弁服，視朝則皮弁服。」皮者鹿皮冠，服者素積也，故曰小大短長，「冠帶有常」也。○畢沅曰：「舊注多脱誤，今攷禮注補正。」○吳先生曰：「注『青與赤』當作『青與赤謂之文』，畢校既以禮注補正，何其疏忽？」命有司申嚴百刑，斬殺必當，有司，理官。刑非一，故言百。軍刑斬，獄刑殺，皆重其事，故曰「必當」。無或枉橈，枉橈不當，反受其殃。淩弱爲枉，違彊爲橈。反，還。殃，咎。

是月也，乃命宰祝巡行犧牲，視全具，案芻豢，宰，於周禮爲充人，掌養祭祀之犧牲。繫于牢，芻之三月也。祝，太祝。以騂牷事神，祈福祥也。巡行犧牲，視其全具者，恐其毀傷。案其芻豢之薄厚。牛羊曰芻。犬豕曰豢。瞻肥瘠，察物色，物，毛也。必比類量小大、視長短皆中度。五者備當，上帝其享。天子乃儺，

禦佐疾，以通秋氣。儺，逐疫除不祥也。語曰：「鄉人儺，朝服立於阼階。」禦，止也。佐疾謂瘵也，儺以止之也。以通達秋氣，使不壅閉。○畢沅曰：「月令無『禦佐疾』三字。」○維遹案：佐疾殆謂疫癘，注「瘵」字誤。**以犬嘗麻，先祭寢廟。**犬，金畜也。麻始熟，故嘗之。

是月也，可以築城郭，建都邑，國有先君宗廟曰都，無曰邑。**穿竇窌，修囷倉。**穿水通竇，不欲地泥溼也。穿窌所以盛穀也。修治囷倉，仲秋大內，穀當入也。圓曰囷，方曰倉。**乃命有司趣民收斂，務蓄菜，多積聚。**有司，於周禮爲場人。場，協入也。蓄菜，乾苴之屬也。詩云「亦有旨蓄，以御冬」也。**乃勸種麥，無或失時，行罪無疑。**罪，罰也。○畢沅曰：「『無或』當從淮南作『若或』。如從月令作『無或失時』，則下『其有失時』句亦不可去。」○茆泮林曰：「朱子所見本『無或失時』下有『其或失時』四字。」

是月也，日夜分，雷乃始收聲。蟄蟲俯户。是月秋分。分，等也，晝漏五十刻，夜漏五十刻，故曰「日夜分」也。雷乃始收藏，其聲不震也。將蟄之蟲，俯近其所蟄之户。○畢沅曰：「月令作『雷始收聲』，此『乃始』二字當衍其一。『俯户』月令作『坏户』。」○王念孫曰：「『聲』字當刪，注内舉正文無『聲』字，此字乃妄人所加。淮南時則訓及初學記引月令，類聚、書鈔引周書時訓，竝作『雷乃始收』，是也。自唐御修月令始改作『雷乃始收聲』，而今本月令、今本周書時訓遂竝作『雷始收聲』。」○茆泮林曰：「朱子謂呂『雷』下有『乃』字。『收』下無『聲』字。」**殺氣浸盛，陽氣日衰，水始涸。**殺氣，陰氣。涸，竭。**日夜分則一度量，**一，同也。度，尺丈。量，釜鍾也。**平權衡，正鈞石，齊斗甬。**權秤衡也。三十斤爲鈞。百二十斤爲石。斗甬皆量器也。○畢沅曰：「『斗甬』舊本作『升角』，訛，今從月令改正。」○茆泮林曰：「禮月令作『角斗甬』。朱子謂呂『角』作『齊』，『斗』作『升』。案『角』當『甬』字之譌，『升』字與朱子所見本正合。文選陸佐公新刻漏銘注，袁本引呂氏春秋『仲春角升桶』，引高誘注亦作『升桶』；尤本引作『斗』，引注仍作『升』。今呂本作『斗桶』，注亦作『斗』，唯仲秋紀舊本有『升角』之文，升、斗形近易譌。朱子所見本是『升』非『斗』。校選注者不得據今本呂氏春秋以爲選本皆譌。校呂紀者亦不得率依禮月令改也。」○維遹案：仲春紀注：「稱錘曰權。衡，稱。」此注「權秤衡」疑有脫文。

是月也，易關市，來商旅，入貨賄，以便民事。易關市，不征稅也，故商旅來。市賤鬻貴曰商。旅者，行商也。貨賄，財賂也。以所有易所無，民得其求，故曰「以便民事」。○陳昌齊曰：「淮南作『理關市』，注『通』。」**四方來雜，遠鄉皆至，**雜，會也。關市不征，故遠鄉皆至。○畢沅曰：「『雜』月令作『集』。」**則財物不匱，上無乏用，百事乃遂。**上無乏用，所求得也。事非一，故言百事。遂，成也。**凡舉事無逆天數，**天數，天道。○畢沅曰：「『舉事』月令作『舉大事』，『天數』作『大數〔一〕』。」**必順其時，**其時，天時。**乃因其類。**因順其事類，不干逆。○畢沅曰：「『乃因』月令作『慎因』。」

行之是令，白露降三旬。行之是令，行是之令也，故白露降三旬，成萬物也。**仲秋行春令則秋雨不降，草木生榮，國乃有大恐。**天陽亢燥，而行温仁之令，故雨不降。尚生育，故草木榮華，李梅之屬冬實也。金

〔一〕「數」，原作「事」，據禮記改。

木相干，有兵象，故曰「民有大惶恐」也。○松皋圓曰：「注『天陽』當作『春陽』，見七月紀。」○維遹案：松説是。注末句「民」字，據正文當作「國」。黄本作「國」，淮南注同。行夏令則其國旱，蟄蟲不藏，五穀復生。夏氣盛陽，故炎旱，使蟄伏之蟲不潛藏，五穀復萌生也。於洪範五行爲恒燠之徵。○畢沅曰：「『其國旱』必本是『其國乃旱』，上節必本是『國有大恐』，後人以月令參校，遂記一『乃』字於『有大恐』之上，寫時因誤入，後來校者本欲去上『乃』字，而反誤去此節之『乃』字，一臏一脱，其所以致誤之由，尚可推求而得也。」○維遹案：淮南正作「國有大恐。行夏令則其國乃旱」，畢不知引，疏矣。行冬令則風災數起，收雷先行，草木早死。冬寒嚴猛，故風災數發。收藏之雷先動，行未當行，故曰先也。

仲秋紀

二曰：義也者，萬事之紀也，君臣上下親疏之所由起也，上，長。下，幼。治亂安危過勝之所在也。得紀則治而安，失紀則亂而危也。過猶服也。勝，有所勝也。○維遹案：注「服」字原作「取」，陶鴻慶云：「『取』乃『敗』字之誤，過勝猶言敗勝。」案張本作「服」，今據正。服、敗義相近。過勝之，勿求於他，必反於己。人情欲生而惡死，欲，貪也。○陶鴻慶曰：「『過勝』之下亦當有『所在』二字。」○維遹案：治要引無「過勝之」三字，非是。亢倉子兵道篇作「勝負之羣，勿徵於他」。又案：「必反於己」治要引作「必反人情」，亢倉子同。例以吕文，義勝。欲榮而惡辱。死生榮辱之道一，則三軍之士可使一心矣。一於紀。凡軍欲其衆也，衆，多也。以多擊寡，雖拙者猶以克勝，故欲其衆。心欲其一也，三軍一心則令可使無敵矣。令能無敵者，其兵之於天下也亦無敵矣。古之至兵，民之重令也，至兵，至德君之兵也。令無不化，故謂之至重也。○畢沅曰：「注『至重』似不當有『至』字。」○俞樾曰：「『古』乃『謂』字之誤，涉下文『故古之至兵』句而誤也。『謂之至兵』四字爲句，乃結上之詞，當連上文讀之，曰『凡軍欲其衆也，心欲其一也，三軍一心則令可使無敵矣。令能無敵者，其兵之於天下也亦無敵矣，謂之至兵』。高氏本於此下出注曰『至兵，至德君之兵也。令無不化，故謂之至兵也』。今誤移注文於『民之重令也』下，乃改注文『至兵』爲『至重』，而文義俱乖矣。『民之重令也』本與下文『重乎天下，貴乎天子』一氣相屬，今誤斷之，則文不成義，非高氏之舊，當訂正。」重乎天下，貴乎天子。其藏於民心，捷於肌膚也，深痛執固，捷，養也。○畢沅曰：「注疑未是。『捷』或當爲『浹』。」○洪頤煊曰：「『捷』，古字通作『接』。爾雅釋詁『接，捷也』，郭璞注：『捷，謂相接續也。』荀子解蔽篇『雖億萬已不足以浹萬物之變』，楊倞注：『浹或爲接。』其義亦通。」○吴先生曰：「畢校非也。捷、接聲近義通。内則『接以太牢』，接讀爲捷，捷，勝也，謂食其母使補虚强氣也。又淮南精神篇『食足以接氣補虚』，接氣皆於養義爲近。高注讀捷爲接，故以養釋之，畢疑爲『浹』，失之遠矣。」不可摇蕩，蕩，動也。物莫之能動，動，移也。若此則敵胡足勝矣。如此者勝敵不足以爲武，故言胡足勝矣，小之也。故曰其令彊者其敵弱，其令信者其敵詘。令彊者，不可犯也；令信者，賞不僭，刑不濫也，故能使其敵弱而屈服也。○陶鴻慶曰：「信讀爲伸。令伸者，謂令行於三軍也。彊弱、伸詘，文皆相對。高注讀信爲本字，非。」先勝之於此，則必勝之於彼矣。此，近，謂廟堂。彼，遠，謂原野。

凡兵，天下之凶器也；勇，天下之凶德也。兵者戰鬬有負敗，勇者淩傲有死亡，故皆謂之凶。舉凶器，行凶德，猶不得已也。已，止也。舉凶器必殺，殺所以生之也。殺無道所以生有道也。司馬法曰：「有故殺人，雖殺人可也。」行凶德必威，威所以懾之也。威，畏也。懾，懼也。以威畏敵人，使之畏懼己也。敵懾民生，此義兵之所以隆也。隆，盛也。故古之至兵，才民未合，合，交。○畢沅曰：「孫云：『「才民」御覽二百七十一、又三百三十九俱作「士民」。』」而威已諭矣，諭猶行。敵已服矣，服，降。豈必用枹鼓干戈哉！鼓以進士。干，楯也。戈，戟也。故善諭威者，於其未發也，於其未通也，窅窅乎冥冥，莫知其情，窅音窈。○畢沅曰：「『窅窅乎冥冥』，疑『窅』字不當疊。」○維遹案：文選劉孝標辨命論注引作「窅乎冥，莫知其情」，疑損「窅」、「冥」二字。淮南兵略篇「窈窈冥冥，孰知其情」，語本此。畢説殆不可從。此之謂至威之誠。誠，實也。○維遹案：御覽七百二十一引「誠」下有「也」字。

凡兵欲急疾捷先。欲急疾捷先之道，在於知緩徐遲後而急疾捷先之分也。○畢沅曰：「孫云：『「而」字御覽作「緩徐遲後」四字。』」○維遹案：而猶與也，言欲急疾捷先之道，在於知緩徐遲後與急疾捷先之分也。御覽不可從。急疾捷先，此所以決義兵之勝也，而不可久處。知其不可久處，則知所兔起鳧舉死殙之地矣。起，走。舉，飛也。兔走鳧趨，喻急疾也。殙音悶，謂絶氣之悶。○畢沅曰：「注『謂』字非衍即誤。」○維遹案：王念孫校本注「音悶」二字删，改「謂」爲「讀」。雖有江河之險則淩之，淩，越也。雖有大山之塞則陷之，陷，壞也。并氣專精，○畢沅曰：「盧云：『案御覽二百七十一作「摶精」。摶與專同。前卷五適音篇「不收則不摶，不摶則怒」，注云「不摶，不專一也」，則知吕氏書多用「摶」字，御覽所見，尚仍是古本，後人不知，乃徑改爲「專」字。余嘗考易、左傳、管子、史記而知摶之即專，文繁不録。』」○維遹案：「并」爲「屏」之初文，論語鄉黨篇云「屏氣似不息者」，説文：「屏，蔽也。」心無有慮，無有由豫之慮。目無有視，耳無有聞，一諸武而已矣。冉叔誓必死於田侯而齊國皆懼，冉叔，儀工。田侯，齊君也。○畢沅曰：「事無攷，注亦不明。」○陳昌齊曰：「『儀工』當爲『義士』之訛。」豫讓必死於襄子而趙氏皆恐，豫讓，晉畢陽之孫，因族以爲氏。讓欲報讎殺趙襄子，故趙氏恐也。成荆致死於韓主而周人皆畏，畏其義。○梁玉繩曰：「成荆，古之勇士，見戰國韓策及淮南齊俗，漢景十三王傳作『成慶』，古字通用。」又況乎萬乘之國而有所誠必乎，則何敵之有矣！言無有敵敵者。刃未接而欲已得矣。已得欲殺也。○維遹案：謂已得其所願。注專以殺言之，非是。敵人之悼懼憚恐，單蕩精神盡矣，咸若狂魄，咸，皆。魄飛蕩若狂人。形性相離，離，違也。行不知所之，走不知所往，雖有險阻要塞銛兵利械，心無敢據，意無敢處，此夏桀之所以死於南巢也。今以木擊木則拌，拌，析也。以水投水則散，以冰投冰則沈，以塗投塗則陷，此疾徐先後之勢也。

夫兵有大要，知謀物之不謀之不禁也。○畢沅曰：「句疑。」○維遹案：「謀」下「之」字當釋爲與。此猶言兵之大要，全在知謀敵之所不謀與所不禁禦。孫子始計篇云：「攻其無備，出其不意。」是也。則得之矣，專諸是也，專諸，吴之勇人，爲闔廬刺吴王僚也。獨手舉劍至而已矣，吴王壹成。專諸一舉而成闔廬爲王，故曰「吴王一成」。成，謂專諸能成吴王也。又況乎義兵，多者數萬，少者數千，密其躅路，開敵之塗，則士豈特與專諸議哉！○王念孫曰：「議猶擬也。」

論威○畢沅曰：「『論』疑本是『諭』字。」

三曰：世有言曰：「驅市人而戰之，可以勝人之厚禄教卒；厚禄，大將也。教卒，習戰也。老弱罷民，可以勝人之精士練材；練材，拳勇有力之材。離散係系，○畢沅曰：「疑『系』爲『纍』字之誤。」○孫先生曰：「畢校是。御覽二百九十七引正作『纍』。」可以勝人之行陳整齊；行陳，五列也。整齊，周旋進退也。○畢沅曰：「注『五列』即『伍列』也。」○維遹案：姜本、張本正作「伍列」。鋤櫌白梃，可以勝人之長銚利兵。」櫌，椎。梃，杖也。長銚，長矛也。銚讀曰葦苕之苕。此不通乎兵者之論。通，達也。

今有利劍於此，以刺則不中，以擊則不及，與惡劍無擇，擇，别。爲是鬭因用惡劍則不可。言不可用也。簡選精良，兵械銛利，發之則不時，縱之則不當，與惡卒無擇，惡卒，怯卒。○王念孫曰：「則猶而也。」爲是戰因用惡卒則不可。王子慶忌、陳年猶欲劍之利也。慶忌，吴王僚之子也。陳年，齊人。皆勇捷有力也。○畢沅曰：「梁仲子云：『陳年即吴越春秋之陳音，善射者，楚人也。』古年、音聲相近。」○吴先生曰：「年、音聲韻絶殊，梁説似非。」○維遹案：御覽二百七十九引「年」作「午」，越絶書亦作「音」。簡選精良，兵械銛利，令能將將之，能將，上將。古者有以王者、有以霸者矣，湯、武、齊桓、晉文、吴闔廬是矣。湯，殷主癸之子天乙也。武，周文王之子發也。齊桓，僖公之子小白也。晉文，獻公之子重耳也。

吴闔廬，夷昧之子光也。

殷湯良車七十乘，必死六千人，○畢沅曰：「孫云：『御覽三百二十五「必死」下有「士」字。』」以戊子戰於郕，遂禽推移、大犧，桀多力，能推移大犧，因以爲號，而禽克之。○畢沅曰：「『移』上舊本缺『推』字，據御覽補。注『推』下缺『移』字，亦補之。」梁仲子云：「淮南主術訓『桀之力能推移大犧』，此注所本也。據墨子明鬼下篇『禽推哆、大戲』，則皆人名。此『推移』即『推哆』也。所染篇云『夏桀染於干辛、推哆』，此下又云『推哆、大戲主別兕虎，指畫殺人』，此『大犧』即『大戲』也。誘不參攷，而以『大犧』爲桀號，誤甚。」盧云：「案下文云『桀奔走』，則何嘗成禽哉！湯之待桀有禮，見於他書者多矣，從未有言禽桀者。」○梁玉繩曰：「路史後紀十四注曰：『吕覽、周書「戊子戰桀于郕」。』案傳桀與昆吾同以乙卯日亡。昭公十八年二月乙卯毛得殺毛伯，萇弘曰『是昆吾稔之日也』，則非戊子。」又曰：「晏子春秋諫上曰：『夏之衰也，有推侈、大戲；殷之衰也，有費仲、惡來。』則爲桀臣之名無疑。高注仍誤于淮南爾。路史注以軍旗解之，亦非。」沈赤然、喬松年、徐時棟竝云推移、大犧皆人名，亦引墨子、晏子春秋爲證。登自鳴條，乃入巢門，遂有夏。殷湯遂有夏之天下。桀既奔走，於是行大仁慈，以恤黔首，反桀之事，桀爲殘賊，湯爲仁惠，故曰「反桀之事」。遂其賢良，順民所喜，遠近歸之，故王天下。殷之王，古之帝也。○畢沅曰：「『故王』之王，於況反。注讀如字，誤。」

武王虎賁三千人，簡車三百乘，以要甲子之事於牧野而紂爲禽。要，成也。甲子之日，獲紂於牧野。顯賢者之位，進殷之遺老，而問民之所欲，行賞及禽獸，行罰不辟天子，謂殺紂也。親殷如周，視人如己，天下美其德，萬民説其義，故立爲天子。武王爲天所子。○畢沅曰：「語極明白，而注故迂曲。」

齊桓公良車三百乘，教卒萬人，以爲兵首，首，始也。○陶鴻慶曰：「兵首，謂軍之前鋒也。下文敘晉文公鋭卒千人，先以接敵，吴闔廬選多力利趾以爲前陳，皆此類。高注云『首，始也』，義未晰。」橫行海内，天下莫之能禁，禁，止也。○孫先生曰：「書鈔一百十八引『禁』作『禦』，于義爲長。仲秋紀高注亦訓禦爲止。」南至石梁，石梁，在彭城也。西至酆郭，酆郭，在長安西南。○陳昌齊曰：「『郭』當作『鄗』。」王念孫説同。北至令支。令支，在遼西。中山亡邢，狄人滅衛，中山，狄國也，一名鮮虞，在今盧奴西。中山伐邢而亡之。邢國今在趙襄國也。狄殺衛懿公於熒澤，故曰滅也。○畢沅曰：「梁仲子云：『齊桓因狄伐邢，遂遷之，狄未嘗亡邢也。邢爲衛滅，見左傳僖廿五年。中山爲白狄別種，伐邢者爲赤狄。誘不之駁，何也？』」桓公更立邢于夷儀，更立衛于楚丘。

晉文公造五兩之士五乘，兩，技也。五技之人。兵車五乘，七十五人也。○畢沅曰：「以技訓兩，未知何出。『五乘』下當疊一『乘』字。」○松皋圓曰：「注『七』字衍文。兵車一乘，甲士三人，五乘合十五人。畢校誤。」○俞樾曰：「疑吕氏原文作『五能之士』，古『能』字或叚『而』爲之。不屈篇曰『施而治農夫者也』，注曰：『而，能也。』是本書叚『而』爲『能』之證。而、兩形似，因誤爲『兩』矣。」○吴先生曰：「類篇倆字注云『伎倆也』，『伐倆功也』〔一〕，未詳。伎倆

〔一〕「伐倆功也」爲集韻「倆」字注。

之語，恐本於此。俞説亦難定耳。」鋭卒千人，先以接敵，在車曰士，步曰卒。諸侯莫之能難。反鄭之埤，東衛之畝，反，覆。覆鄭城埤而取之。使衛耕者皆東畝，以遂晉兵也。尊天子於衡雍。文公率諸侯朝天子於衡雍。衡雍踐土，今之河陽。

吴闔廬選多力者五百人，利趾者三千人，以爲前陳，趾，足也。陳，列也。與荆戰，五戰五勝，遂有郢。郢，楚都。東征至于庳廬，國名也。○梁玉繩曰：「叔弟匠誨云：『高氏士奇春秋地名攷略云：「庳廬疑即晉之被廬也。」』此注爲國名，疑非。」○洪亮吉曰：「按地理志琅邪郡捭即春秋時向國。」西伐至於巴、蜀，北迫齊、晉，令行中國。中國，諸華。

故凡兵勢險阻欲其便也，兵甲器械欲其利也，選練角材欲其精也，角猶量也。精猶鋭利。統率士民欲其教也。教，習也。此四者，義兵之助也，時變之應也，不可爲而不足專恃，專，獨也。○陳昌齊曰：「据前後文義『爲』字乃『無』字之譌，用民篇亦云『威不可無有，而不足專恃』。」○陶鴻慶曰：「『不可爲』當作『不可不爲』，故下云『此勝之一策也』。奪『不』字則文不成義。用民篇云『故威不可無有，而不足專恃』，語意與此同。」此勝之一策也。策，謀術。

簡選

四曰：夫兵有本幹，必義，必智，必勇。義則敵孤獨，孤獨，無助。敵孤獨則上下虚，○舊校云：「一作『乘』。」○馬叙倫曰：「此句以下，疑有脱譌。」民解落，解，散。孤獨則父兄怨，賢者誹，亂内作。誹，謗也。智則知時化，知時化則知虚實盛衰之變，知先後遠近縱舍之數。數，術也。勇則能羣斷，能羣斷則能若雷電飄風暴雨，能若崩山破潰，别辨賈墜，若鷙鳥之擊也，謂如鷹隼感秋霜之節奮擊也。○維遹案：此文有脱誤，當云：「勇則能羣斷，能羣斷則若雷電飄風暴雨，則若崩山破潰，别辨賈墜，則若鷙鳥之擊也。」第二句「能」字因上文「則能」連文而誤衍，第三句「能」字爲「則」字形近之譌，末句「若」上又奪「則」字。侈樂篇云「爲木革之聲則若雷，爲金石之聲則若霆，爲絲竹歌舞之聲則若譟」，處方篇云「利輕重則若衡石，爲方圓則若規矩」，論人篇云「故知知一則若天地然」，文例竝與此同，足證本書多以「則若」二字連文。如今本則辭爲贅矣。摶攫則殪，殪，死也。中木則碎，此以智得也。○陶鴻慶曰：「『智』當爲『勇』，與上文『勇則能羣斷』云云一意相承。下文『夫民無常勇，亦無常怯』以下，皆申言此義。」

夫民無常勇，亦無常怯。有氣則實，實則勇；無氣則虚，虚則怯。怯勇虚實，其由甚微，不可不知。當知之也。勇則戰，怯則北。北，走也。戰而勝者，戰其勇者也。戰而北者，戰其怯者也。○陶鴻慶曰：「此文有誤。以文義考之，當云：『勇則勝，怯則北。戰而勇者，其氣勇者也。戰而怯者，其氣怯者也。』此承上『有氣則實，實則勇；無氣則虚，虚則怯』而言。此節專論用兵當用民氣，玩上下文自明。」怯勇無常，儵忽往來而莫知其方，方，道也。惟聖人獨見其所由然，故商、周以興，商，湯也。周，武也。桀、紂以亡。巧拙之所以相過，過，絶也。以益民氣與奪民氣，以能鬬衆與不能鬬衆。軍雖大，卒雖多，無益於勝。多而不能以克，故曰「無益於勝」。軍大卒多而不能鬭，衆不若其寡也。○陳昌齊曰：「『以能鬭衆與不能鬭衆』二『鬭』字下不得有『衆』字，蓋因下文而誤衍。」○陶鴻慶曰：「與猶當也。『鬭衆』二字皆當倒乙，衆鬭言萬衆一心也。下文云『善用兵者，諸邊之内莫不與鬭，雖厮輿白徒，方數百里皆來會戰，勢使之然也』，皆言能衆鬭，非能鬭衆之謂也。今作『鬭衆』，則文不成義。」夫衆之爲福也大，其爲禍也亦大。譬之若漁深淵，其得魚也大，其爲害也亦大。爲賈溺則死，故害大。善用兵者，諸邊之内莫不與鬭，雖厮輿白徒，方數百里皆來會戰，勢使之然也。厮，役。輿，衆。白衣之徒。幸也者，審於戰期而有以羈誘之也。羈，牽。誘，導。○松皋圓曰：「『幸』當作『勢』，字畫殘缺爾。」

凡兵，貴其因也。○孫先生曰：「御覽三百二十二引『兵』下有『也者』二字，與下文語例正同。」因也者，因敵之險以爲己固，因敵之謀以爲己事。能審因而加，勝則不可窮矣。窮，極。○俞樾曰：「此本作『能審因而加，則勝不可窮矣』，下云『勝不可窮之謂神』，即承此言。今『則勝』二字傳寫誤倒。」○陶鴻慶曰：「『勝』字當在『則』字下，俞氏已訂正矣。今案：以文義考之，『審』字當在『加』字下，元文本云『能因而加審，則勝不可窮矣』。『因』承上『因敵』而言，『審』承上『審於戰期』而言，謂幸勝者但審於戰期，而不能因敵於戰前，善用兵者能因敵而加之以審，則勝不可窮矣。今本由『則勝』二字傳寫誤倒，校者復以意竄易之耳。」勝不可窮之謂神，神則能不可勝也。能勝不能所以勝，故曰「不可勝」。夫兵，貴不可勝。○畢沅曰：「孫云：『御覽二百二十五作「夫兵不貴勝，而貴不可勝」，此脱四字。』」○孫先生曰：「御覽三百二十引亦作『夫兵不貴勝，而貴不可勝』，孫校是。」不可勝在己，可勝在彼。聖人必在己者，不必在彼者，故執不可勝之術以遇不勝之敵，若此則兵無失矣。○王念孫曰：「『不勝』當作『可勝』。」○陶鴻慶曰：「『以遇不勝之敵』當作『以遇可勝之敵』，承上文『不可勝在己，可勝在彼』而言。」凡兵之勝，敵之失也。勝失之兵，必隱必微，必積必摶。隱則勝闡矣，闡，布也。微則勝顯矣，積則勝散矣，摶則勝離矣。○畢沅曰：「上『必摶』與此『摶』字舊本皆作『搏』，蓋因下文『搏』字而誤。案摶之義爲專壹，正與分離相反，故今定作『摶』字。」諸搏攫柢噬之獸，○維遹案：王念孫校本改「柢」作「抵」。其用齒角爪牙也，必託於卑微隱蔽，此所以成勝。若狐之搏雉，俯伏弭毛以喜說之，雉見而信之，不驚憚遠飛，故得禽之。軍戎亦皆如此，故曰「所以成勝」。○畢沅曰：「注『軍戎』舊本作『軍賊』，訛，今改作『戎』。亦或是『戰』字誤。」○維遹案：高注約用淮南人間篇文。

决勝

五曰：衣人，以其寒也。食人，以其饑也。饑寒，人之大害也，救之，義也。大仁義也。○孫先生曰：「本作『救之，大義也』，故高注云然。今本脱去『大』字，既與上句『大害』不符，又與高注不合。治要引正有『大』字。」人之困窮，甚如饑寒，故賢主必憐人之困也，必哀人之窮也，如此則名號顯矣，國士得矣。得國士也。

昔者，秦繆公乘馬而車爲敗，右服失而埜人取之。四馬車，兩馬在中爲服，詩曰「兩服上襄」是也。

兩馬在邊爲驂，詩曰「兩驂如舞」是也。○王念孫曰：「失讀曰佚。」繆公自往求之，○畢沅曰：「舊本脱此句，孫據李善注文選曹子建求自試表所引補。梁仲子云：『韓詩外傳十作「求三日而得之」，淮南氾論訓作「追而及之」，説苑復恩篇亦有「自往求之」句，皆於語義爲合，此文脱無疑。』」○維遹案：御覽二百八十一引作「繆公自往求焉」。見埜人方將食之於岐山之陽。○畢沅曰：「外傳作『莖山』。」繆公歎曰：○畢沅曰：「選注、御覽四百七十九又八百九十六俱作『笑曰』。」○孫先生曰：「作『笑』是也。若作『歎』，則與下文語氣全不合矣。蓋『笑』本作『咲』，『歎』或寫作『嘆』，二形相近，故本書屢誤。類聚三十二又九十三、御覽二百八十一又四百七十七，竝作『笑』。」「食駿馬之肉而不還飲酒，余恐其傷女也。」○松皋圓曰：「還音旋，疾也。」於是偏飲而去。處一年，爲韓原之戰，處一年，飲食肉人酒之明年也。伐晉惠公，戰於晉地之韓原。晉人已環繆公之車矣，晉梁由靡已扣繆公之左驂矣，環，圍。扣，持。晉惠公之右路石奮投而擊繆公之甲，○王念孫曰：「『投』當爲『杸』，字之誤也。説文：『杸，軍士所持殳也。從木，從殳。』引司馬法『執羽從杸』。急就篇曰：『鐵錘檛杖棁柲杸。』今經傳通作『殳』。」中之者已六札矣。甲，鎧也。陷之六札。○畢沅曰：「孫云：『御覽作「其甲之抎者已六札矣」，注：「抎者，配隕也，文有所失也。」説文繫傳手部「抎」字亦引之。此文疑已爲後人竄改，并注亦刪去。』盧云：『案「抎者，配隕也」語不可曉，疑或是「抎音顛，隕也」。下「有所失也」是説文語，高未必引説文，殆後人所益，又脱去「説」字耳。』」埜人之嘗食馬肉於岐山之陽者三百有餘人，畢力爲繆公疾鬭於車下，畢，盡。疾，急。○孫先生曰：「『於岐山之陽』五字涉上文『見野人方將食之於岐山之陽』而衍。此言凡食繆公駿馬之肉者竝爲繆公效力，不必重述

『於岐山之陽』其意已喻，著此五字反於辭爲贅矣。疑即殘脱之高注而錯入正文者。類聚三十三又九十三、御覽二百八十一又四百七十七又四百九十九又八百九十六引竝無此五字，韓詩外傳十、淮南氾論篇、説苑復恩篇亦竝無此五字，均其證。」遂大克晉，反獲惠公以歸。克，勝也。勝晉，執惠公歸於秦。此詩之所謂曰「君君子則正，以行其德；爲君子作君，正法以行德，無德不報。君賤人則寬，以盡其力」者也。此逸詩也。爲賤人作君，寬饒之以盡其力，故繆公戰以勝晉。人主其胡可以無務行德愛人乎？胡，何也。○畢沅曰：「舊本『行德』下有『人』字，今從御覽删。」行德愛人則民親其上，○畢沅曰：「『行德』二字舊脱，從御覽補。」○維遹案：治要引亦有「行德」二字。民親其上則皆樂爲其君死矣。食馬肉人爲繆公死戰，不愛其死，以獲惠公是也。○陶鴻慶曰：「此文（自「此詩之所謂曰」至此。）乃發明愛士之旨，當爲本篇之總論，不當專指秦繆公言之。今本以此節羼入於秦繆公、趙簡子二事之間，於文例爲不協，蓋錯簡也。疑元文本在下文『人主其胡可以不好士』句下，爲秦繆公、趙簡子二事之總論。『君君子』云云指趙簡子之事言也，『君賤人』云云指秦繆公之事言也，而『民親其上則皆樂爲君死』與下文『凡敵人之來也，以求利也。今來而得死』云云一氣相屬，熟玩本文，足明其誤。」

趙簡子有兩白騾而甚愛之。○王念孫曰：「治要『騾』字竝作『驘』，是也。」陽城胥渠處，陽城，姓。胥渠，名。處猶病也。○畢沅曰：「注以處訓病，未見所出。賈誼書耳痺篇有『渠如處車裂回泉』語，彼是人名，則此亦正相類。漢書人表載『胥渠』，無『處』字。」○梁玉繩曰：「處無訓病之義，亦未必以三字爲名。處猶居也，當連下『廣門之官』作一句。」○陳昌齊曰：「『處』當爲『疾』，蓋處與疾形近，又下文有『陽城胥渠處無幾何』句，遂訛。」○王念孫曰：

「治要無『處』字，注亦無『處猶病』三字。」○洪頤煊曰：「『處』當作『劇』，上脱一病字，注當作『劇，病甚也』，其義方合。史記荀卿列傳『劇子』，集解『應劭氏姓注直云處子』，古字多通用。」○俞樾曰：「高注殊誤，當以『陽城胥渠處廣門之官』爲句。官、館古同字，周易隋初九『官有渝』，蜀才本『官』作『館』，是其證也。『陽城胥渠處廣門之官』者，言陽城胥渠居於廣門之館也。下云『夜款門而謁』者，即陽城胥渠。其曰『主君之臣胥渠有疾』，乃胥渠自通於謁者之詞，非他人代爲之請也，故董安于曰『譆！胥渠也，期吾君騾，請即刑』也。若他人代請，則不得以此爲胥渠罪矣。高氏不知『官』爲古『館』字，而讀『處』字絶句，訓處爲病，古無此義，又以欵門者爲廣門之小臣，益非當時事實。」○馬叙倫曰：「梁説是也。『處廣門之官』一句。」廣門之官，夜款門而謁曰：「主君之臣胥渠有疾，廣門，邑名也。官，小臣也。款，扣也。趙簡子，晉大夫也，大夫稱主者也。○維遹案：御覽九百一引「廣門」作「黄門」，廣、黄古通用。王念孫云：「治要『官』作『宦』，注及下同。注『主者』當作『主君』。」醫教之曰：『得白騾之肝，病則止。止，愈也。不得則死。』」謁者入通。董安于御於側，慍曰：「譆！胥渠也，期吾君騾，請即刑焉。」安于，簡子家臣。慍，怒。即，就也。謂就胥渠而刑之也。簡子曰：「夫殺人以活畜，不亦不仁乎？殺畜以活人，不亦仁乎？」於是召庖人殺白騾，取肝以與陽城胥渠。處無幾何，○畢沅曰：「御覽四十九無『處』字。梁仲子云：『「處」字屬下，與上文「處一年」文義相似。』」○梁玉繩曰：「知士篇云『留無幾何』，文法政同。」○維遹案：御覽九百一引「取」下有「其」字，「無」上亦有「處」字，惟治要引無「處」字。趙興兵而攻翟，廣門之官，左七百人，右七百人，皆先登而獲甲首。獲衣甲者之首。人主其胡可以不好士！○維遹案：治要引「士」下有「也」字。也、邪古通。

凡敵人之來也，以求利也。今來而得死，是不得利而進。○劉先生曰：「注『是不得利而進』疑是正文，而寫者作雙行，遂誤以爲注矣。『是不得利而進』正承上文『凡敵人之來也，以求利也』而言，今以爲注，故正文語意不完。」**且以走爲利，敵皆以走爲利，**且，將也。傳曰：「見可而進，知難而退，武之善經也。」故以走爲利。**則刃無與接。**接，交戰也。**故敵得生於我則我得死於敵，**敵克，故得生也。己負，故爲死也。**敵得死於我則我得生於敵。**敵負，故我得殺敵也。能殺敵，故己得生也。○畢沅曰：「此段正文及注，宋邦乂本脱去，別本皆有。」**夫得生於敵與敵得生於我，豈可不察哉！**得勝則生，負則敗，故不可不察而知。○維遹案：注「負則敗」當作「負則死」。上文注「敵克故得生，己負故爲死」，竝以勝負與生死對舉，下注亦同，此不當獨異。今作「敗」者，或涉下注「克敗」而誤。**此兵之精者也，存亡死生羣於知此而已矣。**言能用兵，勝負死生之本，所由克敗，故曰此兵之精妙矣。

愛士○一作「慎窮」。

吕氏春秋集釋卷第九

榮成許維遹學

季秋紀第九　順民　知士　審己　精通

吕氏春秋訓解　高氏

一曰：季秋之月，日在房，季秋，夏之九月。房，東方宿，宋之分野。是月，日躔此宿。昏虛中，旦柳中。虛，北方宿，齊之分野。柳，南方宿，周之分野。是月昏旦時，皆中於南方。其日庚辛，其帝少皞，其神蓐收，其蟲毛，其音商，律中無射，無射，陽律也，竹管音與無射和也。陰氣上升，陽氣下降，故萬物隨而藏，無射出見也。其數九，其味辛，其臭腥，其祀門，祭先肝。説在孟秋。候鴈來，賓爵入大水爲蛤，是月，候時之鴈從北方來，南之彭蠡，蓋以爲八月來者其父母也，其子羽翼穉羽，未能及之，故於是月來過周雒也。賓爵者，老爵也，棲宿於人堂宇之間，有似賓客，故謂之賓爵。大水，海也。傳曰「爵入于海爲蛤」，此之謂也。○畢沅曰：「月令鄭注以『鴻鴈來賓』爲句，與此異。」○維遹案：注「北方」當作「北漠」，仲秋紀注、淮南注可證。「棲宿於人堂宇之間」，景宋本、藏本淮南「人」下竝有「家」字，别本亦誤脱。菊有黄華，豺則祭獸戮禽。豺，獸也，似狗而長毛，其色黄，於是月殺獸，四圍陳之，世所謂祭獸。戮者，殺也。○維遹案：注「長」下「毛」字當作「尾」，字之壞也，淮南注作「尾」，是其證。天子居總章右个，右个，北頭室也。乘戎路，駕白駱，載白旂，衣白衣，服白玉，食麻與犬，其器廉以深。説在孟秋。

是月也，申嚴號令。命百官貴賤無不務入，季秋畢内，故務入也。○惠棟曰：「月令作『内』，内古文入。」以會天地之藏，會，合也。無有宣出。命冢宰農事備收，舉五種之要，冢宰，於周禮爲天官。冢，大。宰，治也。主治萬事，故命之也。舉書五種之要，具文簿也。藏帝籍之收於神倉，祗敬必飭。天子籍田千畝，其所收穀也，故謂之帝籍之收。於倉受榖，以供上帝神祇之祀，故謂之神倉。飭，正也。祗敬必正，不傾邪也。○畢沅曰：「『榖』爲『穀』之異文，尚書大傳、山海經、論衡、齊民要術皆有此字。或從木，誤。今從篇海從禾。」○吴先生曰：「注文當云『收其所收穀也』，誤奪一『收』字。」又曰：「『榖』爲隸書誤作，非異文。」

是月也，霜始降，秋分後十五日寒露，寒露後十五日霜降，故曰始也。則百工休。霜降天寒，朱漆不堅，故百工休，不復作器。乃命有司曰：「寒氣總至，民力不堪，其皆入室。」有司，於周禮爲司徒。司徒主衆，故命之使民入室也。詩云：「穹窒熏鼠，塞向墐户。嗟我婦子，曰爲改歲，入此室處。」此之謂也。上丁，入學習吹。是月上旬丁日，入學吹笙習禮樂。周禮：「籥師掌教國子舞羽吹籥。」詩云：「吹笙鼓簧，承筐是將。」此之謂也。○畢沅曰：「月令作『命樂正入學習吹』，此脱三字。注『吹籥』舊作『吹笙竽籥』，今據周禮删正。」○孫先生曰：「注『吹笙』下本有『竽』字，『籥』上『笙竽』二字即涉此而衍，當據淮南注補正。」

是月也，大饗帝，嘗犧牲，告備于天子。大饗上帝，嘗犧牲。一日先殺毛以告全，故告備于天子也。○

畢沅曰：「此注似有訛脱。案周禮大宰職論祭天禮云『及納亨，贊王牲事』，鄭注『納牲將告殺，謂鄉祭之晨』，則非先一日殺也。詩信南山篇云『執其鸞刀，以啓其毛，取其血膋』，箋云：『毛以告純，血以告殺。』此注『告全』即『告純』也。舊本誤作『告令』，今改正。」**合諸侯，制百縣，**合，會。諸侯之制度，車服之級，各如其命數。百縣，畿内之縣也。五家爲鄰，五鄰爲里，四里爲攢，五攢爲鄙，五鄙爲縣，然則謂縣者二千五百家也。○畢沅曰：「周禮遂人『攢』作『酇』。舊本『五鄙』訛作『四鄙』，今改正。」○武億曰：「石梁王氏云『「合諸侯制」絶句』，不可從。是以『合諸侯』爲句，『制』字下屬『百縣』爲句，『爲來歲受朔日』又自爲句。」吴澄説同。**爲來歲受朔日，與諸侯所税於民輕重之法。貢職之數以遠近土地所宜爲度，**來歲，明年也。秦以十月爲正，故於是月受明年曆日也。由此言之，月令爲秦制也。諸侯所税輕重，職貢多少之數，遠者貢輕，近者貢重，各有所宜。○畢沅曰：「盧云：『案若以十月爲來歲，而於九月始受朔日，則僅就百縣言爲可。若遠方諸侯，則有不能逮者矣。注據此即爲秦制，吾未之信。』」○梁玉繩曰：「九月受朔，何以不能逮遠方？説似未確。月令一篇，先儒或云周公作，或云不韋作，雖疑莫敢定，然如太尉，秦官名，而曰『命太尉』；囹圄，秦獄名，而曰『省囹圄』；自秦以下，民始得立社，而曰『命民社』，皆不合周法。且序意明言『維秦八年，良人請問十二紀』，則爲不韋作審矣。或難云：『以十月爲朔，故于九月言來歲，而何以十月稱來年，十二月稱來歲？又秦并天下改朔，不韋死于始皇十二年，安得預知十月爲首乎？』曰：『不韋相秦十餘年，秦已得天下大半，故集儒士，採三代，參秦制，創爲此書。後人録入禮記，淮南取名時則也。逸周書闕月令，近刻以月令補之，余未敢信。周書月令，馬融曾引之注論語「鑽燧改火」，與月令迥異。又管子幼官所述，如三卯、二郢、二榆之屬，判然不同。一歲三十節氣，春秋各八，夏冬各七，通三百六十日，春秋各九十六日，夏冬各八十四日，當是周之時令如是，可驗今月令非周法。』」又曰：「宋史張虙傳亦云：『月令之書出於吕不韋。』」**以給郊廟之事，無有所私。**郊祀天，廟祀祖，取共事而已。無有所私，多少不如法制也。○維遹案：注「不如」當作「亦如」。

是月也，天子乃教於田獵，以習五戎，獀馬。五戎，五兵，謂刀劍矛戟矢也。獀，擇也。爲將田，故習肄五兵，選擇田馬，取堪乘也。○畢沅曰：「『獀馬』月令作『班馬政』。舊本『獀』下有『一作蒐』〔一〕三字，乃校者之辭。此無『政』字，避始皇諱，而月令不諱，則月令之非秦制益明矣。」○茆泮林曰：「禮月令作『班馬政』。朱子謂：『吕「班」作「夐」，無「政」字。』今本作『獀馬』，無『政』字。案説文『夐，營求也』，古音與『班』同部相近。又廣雅廋、讂同訓求也，廋與搜同義，讂與夐同義。今吕本作『獀』，高注『獀，擇也』。選擇營求義亦通也。畢本校云吕『無「政」字，避始皇諱』，案所校非也。史記秦本紀正義引宋衷云『始皇以正月旦生，故名正』，吕氏仲夏紀有『班馬正』之文，高注『馬正，掌馬之官』，吕何以不諱『正』於彼，而諱『政』於此也？吕本蓋無『政』字，與仲夏紀不同。」**命僕及七騶咸駕，載旍旐。**僕，於周禮爲田僕，掌御田輅。七騶，於周禮當爲趣馬，掌良馬駕税之任，無七騶之官也。田僕掌佐車之政，令獲者植旍，故載旍也。○畢沅曰：「旍與旌同。『令獲者植旍』舊本作『令獵者揚旍』，誤，今改正。」○梁玉繩曰：「蔡邕月令問答云『七當爲六』，而鄭注七騶謂趣馬，主爲諸官駕説者，疏引皇甫侃曰：『天子馬六種，種别有騶，則六騶也，又有總主之人，

〔一〕「蒐」，四部叢刊本作「夐」。

并六騶爲七。』高與蔡義同非。」○王引之曰：「注言『載旍』而不及『旐』，則『旍』下無『旐』字，『旐』字蓋後人據月令加之也。淮南時則篇作『戴荏』，『荏』即『旌』之譌，『荏』下亦無『旐』字，當删去。其『輿』字當讀爲『旟』，屬上句讀。月令云『載旌旐』，此云『載旍旟』，旟、旐皆旌旂之屬，各舉一物言之耳。高以『輿』字屬下句讀，又訓爲衆，皆失之。」○維遹案：注「田僕掌佐車之政」，「車」字原作「馬」，今改從姜本。周禮司馬「田僕掌佐車之政」，高氏本之。**輿，受車以級，整設于屏外，**輿，衆也。衆當受田車者，各以等級陳于屏外也。天子外屏。屏，樹垣也。爾雅云「屏謂之樹」，論語曰「樹塞門」者也。○畢沅曰：「月令無『輿』字，又『受』作『授』。」**司徒搢扑，北嚮以誓之。**搢，插也。扑，所以教也。插置帶間，誓告其衆。○維遹案：「扑」淮南作「朴」，甚是。月令誤與此同，蔡雲已辨正矣。**天子乃厲服厲飭，執弓操矢以射。**是月天子尚武，乃服猛，厲其所佩之飭，以射禽也。周禮司服章：「凡田，冠弁服。」戎服垂衣也。○畢沅曰：「月令作『天子乃厲飾，執弓挾矢以獵』。古飾、飭亦或通用。注『戎服垂衣也』，亦似有譌。月令正義引熊氏云春夏田冠弁服，秋冬韋弁服，韋弁服即所謂戎服也。鄭云『以貕韋爲弁，又以爲衣裳』，然則『垂衣』乃『韋衣』之誤也。」○陳昌齊曰：「淮南時則訓篇作『厲服廣飾』，注云『服猛厲之服，廣其所佩之飾』，當據改正，並補注脱文。」俞樾説同。**命主祠祭禽於四方。**主祠，掌祀之官也。祭始設禽獸者於四方，報其功也。不知其神所在，故博求於四方。

是月也，草木黄落，乃伐薪爲炭。草木節解，斧入山林，故伐木作炭。○畢沅曰：「注『伐木』舊作『伐林』，譌。」**蟄蟲咸俯在穴，皆墐其户。**咸，皆。俯，伏。藏於穴，墐塞其户也。墐讀如斤斧之斤也。○畢沅曰：「『穴』月令作『内』，古書往往互用。」**乃趣獄刑，無留有罪。**陰氣殺僇，故刑獄當者决之，故曰「無留有罪」也。**收**

禄秩之不當者，共養之不宜者。不當者，謂無功德而受禄秩也。不宜者，謂若屈到嗜芰、曾皙嗜羊棗，非禮之養，故收去之也。一説言所養無勳於國，其先人無賢，所不宜養，故收斂之也。○畢沅曰：「注末舊作『所宜養，故收斂者也』，脱『不』字，『者』當作『之』，今補正。」

是月也，天子乃以犬嘗稻，先薦寢廟。稻始升，故嘗之。先進於廟，孝敬親也。○茆泮林曰：「朱子謂吕無『以犬』字。今同禮月令。案高注似與孟秋『升穀』注一例，不當有『以犬』字。有者，是後人依禮月令增。」

季秋行夏令則其國大水，冬藏殃敗，民多鼽窒。秋，金氣，水之母也。夏陽布施，多淋雨。二氣相并，故大水也。火氣熱，故冬藏殃敗也。火金相干，故民鼽窒，鼻不通也。鼽讀曰仇怨之仇。○畢沅曰：「『鼽窒』月令作『鼽嚏』。」行冬令則國多盜賊，邊境不寧，土地分裂。冬令純陰，姦謀所生之象，故多盜賊，使邊境之人不寧也，則土地見侵削，爲鄰國所分裂。行春令則暖風來至，民氣解墮，師旅必興。春陽仁，故暖風至，民解墮也。木干金，故師旅竝興。二千五百人爲師，五百人爲旅。○畢沅曰：「『師旅必興』，月令作『師興不居』。」○維遹案：「必興」淮南作「竝興」，與此注合。

季秋紀

二曰：先王先順民心，故功名成。治天下之功，聖人之名也。○畢沅曰：「注『名』字舊本作『功』，訛，今改正。」夫以德得民心以立大功名者，上世多有之矣。神農、黄帝、堯、舜、禹、湯、文、武皆是也，故上世多有之。○陶鴻慶曰：「此文本作『夫德民心以大立功名者，上世多有之矣』，與下文『失民心而立功名者，未之曾有也』反覆相明。後人不知『德』之借爲『得』，因於上下增『以』『得』二字，非其舊也。」又曰：「『立大』二字誤倒，士節篇云『故人主之欲大立功名者，不可不務求此人也』，慎人篇云『功名大立，天也』，皆其證。」**失民心而立功名者，未之曾有也。**蚩尤、夷昕、桀、紂下至周厲、幽王、晉厲、宋康、衛懿、楚靈之屬，皆以滅亡，故曰未之曾有也。○畢沅曰：「注夷昕蓋夷羿也，未知高氏有所本，抑字誤？」○維遹案：注「皆以滅亡」，「以」字原作「有」，改從許本、姜本、張本。**得民必有道，萬乘之國，百户之邑，民無有不説。**説其仁與義也。○陳昌齊曰：「『必』當爲『心』，宜據上文改正。」○陶鴻慶曰：「『必』乃『心』之誤。『得民心有道』，承上文『得民心』而言也。『民無有不説』當作『民無不有所説』，言地無大小，民無不有所説也。下文『取民之所説而民取矣，民之所説豈衆哉』，正承此言，如今本則文不成義。」**取民之所説而民取矣，民之所説豈衆哉！此取民之要也。**要，約置也。○吴先生曰：「具備篇『五歲而言其要』，注：『要，約最，簿書。』此注『要，約置也』，『置』字無義，蓋即『最』之誤文。」

昔者湯克夏而正天下，正，治也。○王念孫曰：「正天下，君天下也。廣雅曰：『正，君也。』」**天大旱，五年不收，**穀不熟，無所收。○畢沅曰：「梁仲子云：『論衡感虚篇：「書傳言湯遭七年旱。或言五年。」知此言五年亦非誤。李善注文選應休璉與廣川長書亦作五年。』」○梁玉繩曰：「墨子七患引殷書云：『湯五年旱。』選注兩引吕氏，一作『七年』，一作『五年』。思玄賦注亦引作『七年』，而三國蜀志郤正傳注引吕又作『三年』。文選辨命論注引『湯克夏四年，天大旱』。」**湯乃以身禱於桑林，**禱，求也。桑林，桑山之林，能興雲作雨也。**曰：「余一人有罪，無及**

萬夫。萬夫有罪，在余一人。無以一人之不敏，不敏，不材。使上帝鬼神傷民之命。」上帝，天也。天神曰神，人神曰鬼。穀者，民命也，旱不收，故曰「傷民之命」。於是翦其髮，𨟻其手，○畢沅曰：「李善注引此亦作『𨟻』，音酈。後精通篇『刃若新𨟻研』，注：『𨟻，砥也。』竊意𨟻若作歷音，則似當從磿得聲。善又注劉孝標辯命論引此竟作『磨』字，恐是『磿』字之誤，從邑本無義。戰國燕策『故鼎反乎磿室』，『磿室』猶楚辭招魂之所謂『砥室』，王逸注『砥，石名也』，引詩『其平如砥』，誘之注非取此義乎？而音又同，故余以『磿』字爲是。孫侍御主辯命論注作『磨』，與『刃若新磨』較合，但不讀酈耳。蜀志郤正傳注引作『攦其手』，論衡又作『麗其手』。」○俞樾曰：「畢說是也。呂氏原文本作『磿』，後人音磿爲酈，遂并正文『磿』字亦誤加阝旁，而『磿』又誤作『磨』，於是其字益非矣。『磿』者『櫪』之叚字，說文木部『櫪，櫪㯰，椑指也』，韻會引繫傳曰『謂以木柙十指而縛之也』。亦通作『歷』，莊子天地篇『罪人交臂歷指』是也。此云『磿其手』，於義正合。至精通篇『刃若新𨟻研』，高注曰：『𨟻，砥也。』其字宜是『磨』字之誤，與此文全別，手豈可言砥乎？畢氏混而一之，非是。」以身爲犧牲，○畢沅曰：「蜀志注引作『自以爲犧牲』，文選注及御覽二百七十三皆同。」用祈福於上帝。民乃甚說，雨乃大至。則湯達乎鬼神之化，人事之傳也。達，通。化，變。傳，至。○維遹案：傳，事迹也。觀表篇云「觀事傳」是也。注釋爲「至」，於義未安。

文王處岐事紂，冤侮雅遜，朝夕必時，雅，正。遜，順也。紂雖冤枉文王而侮慢之，文王正順諸侯之禮，不失其時。○孫鏘鳴曰：「冤侮，謂文王自降辱也。注謂紂冤枉文王而侮慢之，非。」上貢必適，祭祀必敬。貢，職貢也。○俞樾曰：「此本作『貢士必適』。禮記射義疏引書傳曰：『古者諸侯之於天子也，三年一貢士，一適謂之好德，再適謂之賢賢，三適謂之有功。』又云：『貢士一不適謂之過，再不適謂之敖，三不適謂之誣。』然則『貢士必適』謂文王貢士於紂無不適也。『士』誤作『上』，又誤作『上貢』，而義不可通矣。」紂喜，命文王稱西伯，賜之千里之地。文王載拜稽首而辭曰：「願爲民請炮烙之刑。」紂常熨爛人手，因作銅烙，布火其下，令人走其上，人墮火而死，觀之以爲娱樂，故名爲炮烙之刑。○畢沅曰：「『炮烙』當作『炮格』。江鄰幾雜志引陳和叔云『漢書作炮格』，乃今本亦盡改作『炮烙』矣。此注云『作銅烙』，乃顯是『銅格』之誤。格是庋格，亦作庋閣，小司馬索隱於史記殷本紀引鄒誕生云『一音閣』，又楊倞注荀子議兵篇音古責反，此二音皆是格非烙。烙乃燒灼，安得言銅烙，且使罪人行其上乎？鄭康成注周禮牛人云：『互，若今屠家懸肉格。』據列女傳云『膏銅柱』，則與康成所言要亦不大相遠耳。」○維遹案：御覽八十四引「請」下有「去」字，下同。今本蓋誤脱。淮南繆稱篇云「文王辭千里之地，而請去炮烙之刑」，竝其證矣。文王非惡千里之地，以爲民請炮烙之刑，必欲得民心也。得民心則賢於千里之地，賢猶多也。故曰文王智矣。

越王苦會稽之恥，恥，辱也。欲深得民心，以致必死於吴。必死戰以報吴，欲以滅會稽恥也。身不安枕席，口不甘厚味，○畢沅曰：「舊本『甘厚』二字倒，今據李善注文選東方曼倩非有先生論乙正。」目不視靡曼，靡曼，好色。耳不聽鐘鼓。不欲聞音樂。三年苦身勞力，焦脣乾肺，内親羣臣，下養百姓，以來其心。欲得其歡心。○陳昌齊曰：「『來』别本作『求』。」有甘脆不足分，弗敢食。不敢獨食。○孫先生曰：「書鈔一百十五又一百四十八、御覽二百八十一又四百七十五引『脆』竝作『肥』，尊師篇亦云『善調和，務甘肥』。」有酒流之江，與民同之。投醪同味。○梁履繩曰：「越王投醪事，列女傳、水經漸江水注竝言之。文選七命曰

『單醪投川，可使三軍告捷』，注引黃石公記：『昔良將用兵，人有饋一簞之醪，投河，令衆迎流而飲之。夫一簞之醪，不味一河，而三軍思爲致死者，滋味及之也。』高注本此意。察微注亦述其事。」身親耕而食，妻親織而衣。味禁珍，珍，異。衣禁襲，襲，重。色禁二。二，青黄也。○孫鏘鳴曰：「謂不置妾媵。此與去私篇『色禁重』義同。」時出行路，從車載食，以視孤寡老弱之漬病漬亦病也。公羊傳曰：「大漬者，大病也。」○畢沅曰：「公羊莊二十年經『齊大災』，傳曰：『大災者何？大瘠也。大漬者何？痢也。』『瘠』亦作『漬』，鄭注曲禮引之，此似所見本異。高注貴公篇亦引公羊『大眚者何？大漬也』，又不同。或『眚』字後人所妄改。」困窮顔色愁悴不贍者，必身自食之。贍猶足也。○俞樾曰：「愁悴即憔悴也。説文禾部『秋，从禾，𤓯省聲。籀文作龝不省』。火部『𤓯讀若焦』。是秋與焦聲相近。漢書律曆志曰：『秋，䪞也。』古誼即存乎聲，秋之訓䪞，亦秋與焦聲近之證也。然則憔悴之爲愁悴，正古人同聲叚借之例。」於是屬諸大夫而告之屬，會。曰：「願一與吳徼天下之衷。徼，求。衷，善。○畢沅曰：「『下』字疑衍。」○維遹案：吳語正作「吾欲與之徼天之衷」。今吳、越之國相與俱殘，○陳昌齊曰：「按文義『今』當作『令』。」俞樾説同。士大夫履肝肺同日而死，○梁履繩曰：「『肺』上脱一字。如節喪篇『涉血盩肝』，期賢篇『履腸涉血』之義，且與下『接頸交臂』相對。」孤與吳王接頸交臂而僨，僨，僵也。此孤之大願也。若此而不可得也，内量吾國不足以傷吳，傷，敗。外事之諸侯不能害之，不能以之害吳。○松皋圓曰：「『上』『之』字衍。」則孤將棄國家，釋羣臣，服劍臂刃，變容貌，易姓名，執箕帚而臣事之，服，帶。臂，手。以與吳王爭一旦之死。爭，羣。旦，朝。孤雖知要領不屬，屬，連。首足異處，四枝布裂，爲天下戮，孤之志必將出焉。」將出必死以伐吴也。於是異日果與吴戰於五湖，吴師大敗，遂大圍王宫，城門不守，禽夫差，戮吴相，夫差，吴王闔廬之子。相，吴臣也。○維遹案：吴語云：「越師入吴國，圍王宫。」韋注：「王宫，姑蘇。」殘吴二年而霸，此先順民心也。越王先順説民心，二年故能滅吴立霸功也。

齊莊子請攻越，問於和子。和子曰：「先君有遺令曰：『無攻越。越，猛虎也。』」齊莊子，齊臣也。和子，齊田常之孫田和也，後爲齊侯，因曰和子也。猛虎，言越王武勇多力，不可伐也。○梁玉繩曰：「史記田完世家和是常之曾孫。」莊子曰：「雖猛虎也，而今已死矣。」言越王衰老，不能復致力戰也，故曰「而今已死矣」。和子曰以告鴞子，鴞子，齊相。○陶鴻慶曰：「『和子』下不當有『曰』字，蓋『因』字之誤。」鴞子曰：「已死矣以爲生。」以爲生，爲民所説。○陶鴻慶曰：「『已死矣』，『矣』當作『民』，屬下讀之。言雖已死，民猶以爲生也。高注云云即其證。今本涉上文『而今已死矣』誤『民』作『矣』，則所云『以爲生』者，不知何指矣。」故凡舉事，必先審民心，然後可舉。審，定也。定民心所繫，而舉大事以攻伐也。

順民

三曰：今有千里之馬於此，非得良工，猶若弗取。良工，相馬工也。良工之與馬也，相得則然後成，成良馬。○維遹案：類聚二十一引「馬」上有「千里」二字。譬之若枹之與鼓。枹待鼓，鼓待枹，乃發聲也。良馬亦然。夫士亦有千里，高節死義，此士之千里也。能使士待千里者，其惟賢者也。

猶賢者能之也。○畢沅曰：「御覽八百九十六『待』作『行』，『也』作『乎』。」○陶鴻慶曰：「『待』當爲『得』字之誤。上文云『夫士亦有千里，高節死義，此士之千里也』，此文承之，言士得竟其用也。御覽『待』作『行』，亦爲不辭。」○孫先生曰：「注文『猶』字乃『獨』字形近之誤，『獨』字正解『惟』字。達鬱篇『孰當可而鏡，其惟士乎』，注云『獨士履禮蹈正，不阿於俗，而能鏡之也』，義賞篇『與寡人居而不失君臣之禮者惟赦』，注云『惟，獨』，亦竝以獨解惟，與此注同，當改正。」

靜郭君善劑貌辨。靜郭君，田嬰也，孟嘗君田文之父也，爲薛君，號曰靜郭君。○畢沅曰：「國策作『靖郭君』、『齊貌辯』，古今人表作『昆辨』。『昆』或是『皃』之訛，然據元和姓纂有『昆姓，夏諸侯昆吾之後，齊有昆弁，見戰國策』。今當各依本文可也。」**劑貌辨之爲人也多訾，**○畢沅曰：「國策作『疵』，高誘注『疵，闕病也』，鮑彪注『疵，病也，謂過失』。」**門人弗說。**靜郭君門人不說也。**士尉以証靜郭君，**証，諫。○畢沅曰：「『証』舊作『證』，注同。案説文証訓諫，證訓告，不同。此當作『証』，今改正。」**靜郭君弗聽，士尉辭而去。孟嘗君竊以諫靜郭君，**竊，私。私諫靜郭君，使聽士尉之言，而止其去。**靜郭君大怒曰：「剗而類，**剗，滅。而，汝也。**揆吾家，苟可以傔劑貌辨者，吾無辭爲也。」**傔，足也。揆度吾家，誠可以足劑貌辨者，吾不辭也。○畢沅曰：「『揆』，國策作『破』，又『傔』作『慊』。」○王念孫曰：「『剗』與『殘』同。觀世篇『以兵相剗』，謹聽篇『剗』作『殘』，是其證也。『揆』與『睽』同。後漢書馬融傳注曰：『睽，離也。』言雖殘害汝類，離析吾家，苟可以快劑貌辨者，吾不辭也。齊策作『剗而類，破吾家』，破與睽、離義亦相近。高以揆爲度，則與上句不類矣。」**於是舍之上舍，令長子御，朝暮進食。**上舍，甲第也。御，侍也。以館貌辨也。旦暮也。○維遹案：注「旦暮也」文不成義，當作「朝，旦。暮，夕也」。姜本作「旦暮然」，蓋「朝」字脱後，僅存「旦暮夕也」四字，校者知其無義，遂疑「夕」爲「然」壞，故改之。齊策作「旦暮進食」，高注

「旦暮，朝夕也」，可互證。數年，威王薨，宣王立，威王之子。○梁玉繩曰：「戰國齊策作『宣王薨，閔王立』，是也。下『宣王』亦當作『閔王』，此誤記。」靜郭君之交，大不善於宣王，交，接也。大不爲王所善也。辭而之薛，與劑貌辨俱。俱，偕。留無幾何，留於薛。劑貌辨辭而行，請見宣王。靜郭君曰：「王之不説嬰也甚，甚猶深。公往，必得死焉。」劑貌辨曰：「固非求生也。」請必行，靜郭君不能止。止，禁止也。劑貌辨行，至於齊，宣王聞之，藏怒以待之。藏，懷。劑貌辨見，宣王曰：「子，靜郭君之所聽愛也？」○王念孫曰：「也與邪同。」劑貌辨答曰：「愛則有之，聽則無有。徒見愛耳，言則不見從也。王方爲太子之時，辨謂靜郭君曰：『太子之不仁，過⿰月頁涿視，若是者倍反。⿰月頁涿，不仁之人也。過猶甚也。太子不仁，甚於⿰月頁涿，視如此者倍反，不循道理也。○畢沅曰：「字書無⿰月頁字。注訓⿰月頁涿爲不仁之人，不知何據？國策作『過頤豕視』，劉辰翁曰：『過頤，即俗所謂耳後見腮。豕視，即相法所謂下邪偷視。』」○王紹蘭曰：「『⿰月頁涿』乃『蔽類』之譌，『蔽類』即『蒯聵』。」○維遹案：據齊策當作「太子之相不仁，過頤豕視」。高此不據策訂正，正高序所謂「若有脱誤而曲爲之説」也。不若革太子，更立衛姬嬰兒校師。』嬰兒，幼少之稱。衛姬所生，校師其名也，威王之庶子也。勸靜郭君令廢太子，更立校師爲太子也。○畢沅曰：「『校師』國策作『郊師』。」靜郭君泫而曰：○畢沅曰：「舊校云『泫』一作『泣』。案國策作『泣』。」○維遹案：「泣」字是。「泫」即「泣」之形誤。『不可，吾弗忍爲也。』且靜郭君聽辨而爲之也，必無今日之患也，此爲一也。言靜郭君聽辨之言，則無今日見逐之患也。此一不見聽也。○維遹案：「且」字齊策作「若」，且、若義同，説見經傳釋詞。至於薛，昭陽請以數倍之地易薛，辨又曰：『必聽之。』昭陽，楚相也。求以倍地易薛之少，辨勸之可也。靜郭君曰：『受薛於先王，雖惡於後王，吾獨謂先王何乎？先王，威王也。見惡於後王，先王其謂我何？○李寶淦曰：「言雖見惡於後王，然受薛於先王，如易去之，其何辭以謂先王？」且先王之廟在薛，吾豈可以先王之廟予楚乎？』又不肯聽辨，此爲二也。」二不見聽。宣王太息，動於顏色，曰：「靜郭君之於寡人一至此乎！寡人少，殊不知此。動，變也。一猶乃也。少，小，故不知此也。客肯爲寡人少來靜郭君乎？」言猶可也。○王念孫曰：「『少』字因上文而衍。」○俞樾曰：「『少』字衍文，涉上文『寡人少，殊不知此』而誤。戰國策無『少』字。」○維遹案：注「言」字王念孫校本改作「肯」，與齊策注正合。劑貌辨答曰：「敬諾。」諾，順。靜郭君來，衣威王之服，冠其冠，帶其劍。宣王自迎靜郭君於郊，望之而泣。靜郭君至，因請相之。請以爲相也。靜郭君辭，不得已而受。受爲相。十日，謝病，彊辭，三日而聽。聽，許。當是時也，靜郭君可謂能自知人矣。知人，知劑貌辨也。能自知人，故非之弗爲阻，阻，止。此劑貌辨之所以外生樂趨患難故也。外棄其生命，樂解人之患，往見宣王，不辟難之故也。○畢沅曰：「國策作『外生樂患趣難者也』。孫云：『觀注，似此亦本與國策同。』」○馬叙倫曰：「此文不譌。説文：『外，遠也。趨，疾也。』言遠生與樂而近患與難也。高注似以『樂趨患難』爲一詞，不必『趨患』乙轉也。」

知士

四曰：凡物之然也必有故，故，事。而不知其故，雖當，與不知同，其卒必困。當，合。同，等也。困於不知其故也。○陶鴻慶曰：「故猶言所以然也。下文云『國之存也，國之亡也，身之賢也，身之不肖也，亦皆有以』，有以即有故也。高注云『故，事』，失之。」又曰：「『而不知其故』上當有『知其然』三字，與上句相承。下云『雖當，與不知同』，正對『知其然』而言也。如今本則文不可通。」先王名士達師之所以過俗者，以其知也。水出於山而走於海，走，歸。水非惡山而欲海也，高下使之然也。稼生於野而藏於倉，稼非有欲也，人皆以之也。以，用也。○王念孫曰：「使與以爲韻，『然』字疑後人所加。」故子路揜雉而復釋之。所得者小，不欲夭物，故釋之也。○梁玉繩曰：「困學紀聞七云：『蓋因子路共之而爲此說。』」○俞樾曰：「高注未得呂氏之旨。下文曰：『子列子常射中矣，請之於關尹子。關尹子曰：「知子之所以中乎？」荅曰：「弗知也。」關尹子曰：「未可。」』子路之釋雉，即關尹子之意。蓋揜襲而取之，是未知所以取之也，猶射中而未知所以中也，雖足以得物，而於己未審，此子路之所以復釋之，而呂氏引以證審己之義者也。高注失之。」○陶鴻慶曰：「俞說較高注爲善，然上文水稼之喻，但言物之必有故，而關尹子論射在下文，則審己之義未明，忽著此句，殊爲鶻突，宜高氏之誤解矣。疑此句當在下文『聖人不察存亡賢不肖，而察其所以也』句下，子路之釋雉，與柳下季之不證岑鼎，事理相類，釋雉事承身之賢不肖言，證鼎事承國之存亡言也。」

子列子常射中矣，請之於關尹子。子列子，賢人體道者，請問其射所以中於關尹喜。關尹喜師老子也。○維遹案：「常」借作「嘗」，李本、黃本作「嘗」。關尹子曰：「知子之所以中乎？」○孫先生曰：「『知子』上當更有『子』字，下文云『子知子之所以中乎』句意竝同。列子說符篇『知子』上正有『子』字。」答曰：「弗知也。」關尹子曰：「未可。」弗知射所以中者，未可語。退而習之三年，又請。習，學也。又復請問於關尹子。關尹子曰：「子知子之所以中乎？」子列子曰：「知之矣。」知射心平體正然後能中，自求諸己，不求諸人，故曰知之。關尹子曰：「可矣，守而勿失。」守求諸己，不求諸人，勿失也。非獨射也，國之存也，國之亡也，身之賢也，身之不肖也，亦皆有以。求諸己則存，求諸人則亡。聖人不察存亡賢不肖，而察其所以也。

齊攻魯，求岑鼎，魯君載他鼎以往。齊侯弗信而反之，爲非，反，還也。以爲非岑鼎，故還也。○陳昌齊曰：「『爲非』二字疑因注而衍。」陶鴻慶說同。○馬叙倫曰：「韓非說林篇亦記此事，『岑鼎』作『讒鼎』，『魯君載他鼎以往』作『魯以其鴈往』。『他鼎』疑本作『僞鼎』，『爲非』二字即『僞鼎』譌爛乙在下文者。齊求岑鼎，岑鼎有銘，見於左傳，魯焉得以他鼎往？直以僞易真，欲以欺齊，故齊弗信而反之。弗信即以爲非岑鼎也，焉得於『反之』下增『爲非』二字？岑、讒古通。」使人告魯侯曰：「柳下季以爲是，請因受之。」齊侯使人告魯君，言柳下季以爲是岑鼎，請因受之也。疑魯君欺之，而信柳下季。魯君請於柳下季，欲令柳下季證之爲岑鼎。柳下季答曰：「君之賂，以欲岑鼎也？以免國也？○畢沅曰：「猶言賂以其所欲之岑鼎。新序節士篇作『君之欲以爲岑鼎也』。」○俞樾曰：「此當作『君之賂以岑鼎也，欲以免國也』。『欲』字誤移在上句，則文不成義。畢曲說也。」○維遹案：「賂」字舊校云「一作欲」。此文疑當爲「君之欲以賂岑鼎也，以免國也」。今本「賂」「欲」二字互易，故文不成義。新序不誤，惟「爲」字借爲「賜」。說文：「賜，資也。」賂、賜義亦相近。臣亦有國於此，亦有國於此，言己有此信以〔一〕爲國也。破臣之國以免君之國，此臣之所難也。」於是魯君乃以真岑鼎往也。○畢沅曰：「韓非說林下『岑鼎』作『讒鼎』，又屬之樂正子春。若是兩事，則各是一鼎，名各不同。否則傳者互異，岑與讒聲通轉耳。」且柳下季可謂此能說矣，○畢沅曰：「新序作『可謂守信矣』。」○馬叙倫曰：「『此』字涉上文而譌衍。又『且』字蓋讀爲若。」非獨存己之國也，又能存魯君之國。論語云「非信不立」，柳下季有信，故能存魯君之國。

齊湣王亡居於衛，亡，出奔。晝日步足，○孫鏘鳴曰：「新序雜事五作『步走』，疑『走』字是。」謂公玉丹曰：「我已亡矣，而不知其故。吾所以亡者，果何故哉？我當已。」不自知爲何故而亡。果亦竟也。竟爲何等故亡哉？○畢沅曰：「史記孝武本紀索隱云『風俗通齊湣王臣有公玉冉，音語録反』。又引『三輔羣録云杜陵有玉氏，音肅。今讀公玉與羣録音同』。盧云：『案「丹」與「冉」字形相近，實一人。賈誼書所載虢君事略與此同。』注『亦竟也』，李本作『一竟也』。」公玉丹答曰：「臣以王爲已知之矣，王故尚未之知邪？○王引之曰：「故猶乃也。」王之所以亡也者，以賢也。天下之王皆不肖，而惡王之賢也，因相與合兵而攻王，此王之所以亡也。」湣王慨焉太息曰：「賢固若是其苦邪？」此亦不知其所以也，湣王不自知其所爲亡之故，愚惑之甚也，故曰「亦不知其所以也」。此公玉丹之所以過也。過，謂不忠也。湣王愚惑，

〔一〕「信以」，四部叢刊本作「以信」。

阿順而說之也。

越王授有子四人。越王之弟曰豫，欲盡殺之，而爲之後。越王授，句踐五世之孫。其弟欲殺王之四子，而以己代爲之後也。○畢沅曰：「句踐五世孫，則王翳也，爲太子諸咎所弒，見紀年，與此略相合。前貴生篇有王子搜，疑一人。注『其弟』二字舊缺，案文義增。」○梁玉繩曰：「越王無名授者，據史越世家、竹書紀年句踐五世孫名翳。莊子讓王、此書貴生有王子搜，高注及陸氏音義引淮南原道謂搜即越王翳，豈『授』爲『搜』之譌歟？而搜乃句踐六世孫無顓，非越王翳，貴生篇已校其誤，此復疑是一人，蓋失檢也。越絕、吳越春秋句踐五世孫爲無彊，又不同。」○諸以敦曰：「授即前貴生篇之王子搜，亦即句踐五世孫王翳也。畢氏於貴生據三世弒君之說疑爲無顓，究屬臆斷，當從審己校語爲是。」○洪頤煊曰：「史記越王句踐世家句踐五世孫爲王之侯。貴生篇『越人三世殺其君，王子搜患之』，即其人。搜、授、侯三字聲皆相近。」惡其三人而殺之矣，國人不說，大非上。非猶咎也。又惡其一人而欲殺之，越王未之聽。其子恐必死，因國人之欲逐豫，圍王宮。越王太息曰：「余不聽豫之言，以罹此難也。」亦不知所以亡也。愚既愚也，其惑固亦甚也，故曰「亦不知所以亡」。○畢沅曰：「正文『亦不知』下，李本有『其』字。注首疑有脫誤。」

審己

五曰：人或謂兔絲無根，兔絲非無根也，其根不屬也，伏苓是。屬，連也。淮南記曰：「下有茯苓，上有兔絲。」一名女羅，詩曰：「葛與女羅，施于松上。」○畢沅曰：「注所引與今詩異。」○陶鴻慶曰：「『其根不屬也』,『也』字當在下句之末,與下文句法一律。」○維遹案:意林引與陶説合,然文義尚不足。此文本云「其根不屬地,伏苓是也」。楚辭山鬼篇王逸注引正作「其根不屬地,伏苓是也」。御覽九百九十三引同,惟「屬」下「地」字亦誤爲「也」。意謂兔絲之根不屬於地,乃屬於伏苓,故淮南説林篇云「伏苓掘,兔絲死」。如今本則「屬」字無所麗矣。又案:注「葛」字王念孫校本改爲「蔦」,馬瑞辰亦謂「葛」爲「蔦」誤,張本正作「蔦」。**慈石召鐵,或引之也。**石,鐵之母也。以有慈石,故能引其子。石之不慈者,亦不能引也。**樹相近而靡,或軵之也。**○畢沅曰:「淮南氾論訓『相戲以刃者,太祖軵其肘』,音讀茸,注『擠也』。」**聖人南面而立,以愛利民爲心,**心在利民。**號令未出,而天下皆延頸舉踵矣,則精通乎民也。**天下皆延頸企踵立而望之,不遑坐也,其精誠能通洞於民使之然也。

夫賊害於人,人亦然。爲賊害人,故人亦延頸舉踵襁負而去之,不遑安坐也,故曰「人亦然」。**今夫攻者,砥厲五兵,侈衣美食,發且有日矣,所被攻者不樂,非或聞之也,神者先告也。**非聞將見攻也,神先告之,令其志意愁戚不樂。○陳昌齊曰:「按文義『神』下不當有『者』字。」○俞樾曰:「『侈衣美食』四字當在『所被攻者』下,言攻者將發,而所被攻者雖侈衣美食而不樂也。」**身在乎秦,所親愛在於齊,死而志氣不安,精或往來也。**淮南記曰:「慈母在於燕,適子念於荆。」言精相往來者也。

德也者,萬民之宰也。宰,主也。**月也者,羣陰之本也。月望則蚌蛤實,羣陰盈;**月,十五日盈滿,在西方與日相望也。蚌蛤,陰物,隨月而盛,其中皆實滿也。○維遹案:大戴禮易本命篇盧注引作「日月望則蚌蛤實」,涉高注衍「日」字。**月晦則蚌蛤虚,羣陰虧。**虚,蚌蛤肉隨月虧而不盈滿也。**夫月形乎天,而羣陰化乎淵；形，見也。羣陰，蚌蛤也，隨月盛衰虛實也。聖人行德乎己，而四荒咸飭乎仁。四表荒裔之民，法聖人之德，皆飭正其仁義，化使之然。養由基射光，中石，矢乃飲羽，誠乎光也。飲羽，飲矢至羽，誠以爲真光也。○畢沅曰：「『光』乃『兕』之或體，舊誤作『先』，校者欲改爲『虎』，非也。日本山井鼎毛詩考文云『兕觥古本作光』。」○林昌彝曰：「詩經釋文云：『兕本又作光。』案『光』乃隸變之體，呂書作『先』〔一〕，爲『光』之誤。山井鼎所見古本似不可盡信也。」○維遹案：文選七啓注引「先」作「兕」。伯樂學相馬，所見無非馬者，誠乎馬也。伯樂善相馬，秦穆公之臣也。所見無非馬者，親之也。宋之庖丁好解牛，所見無非死牛者，三年而不見生牛，用刀十九年刃若新鄠研，鄠，砥也。○陳昌齊曰：「莊子養生主篇：『始臣之解牛之時，所見無非牛者，三年之後，未嘗見全牛也。』此訛『全』爲『生』，又於『無非牛者』句妄加『死』字，遂不成文理。」陶鴻慶説同。○劉先生校莊子曰：「『全』字乃『生』字之誤，『牛者』上敚『死』字，呂覽可證。惟支遁詠懷詩已有『未始見全牛』之句，是晉人所見本『生』字已譌『全』矣。論衡訂鬼篇『伯樂學相馬，顧玩所見無非馬者，宋之庖丁學解牛，三年不見生牛，所見皆死牛也』，即本呂覽。」○維遹案：「鄠研」當作「磨硎」。「鄠」爲「磨」誤，俞樾在順民篇已言及矣。此因「硎」字偏旁刂誤爲阝，校者見順民篇有「鄠」字，遂妄改之。呂覽纂「研」正作「硎」。莊子同。劉先生云：「御覽八百二十八引淮南齊俗篇作『刃如新砥硎』，注『砥，磨也』，與此注正合。」順其理，誠乎牛也。鍾子期夜聞擊磬者而悲，鍾，姓也。子，通稱。期，名也。楚人鍾儀之族。使人

〔一〕「先」，原作「光」，據畢沅注改。

召而問之曰：「子何擊磬之悲也？」答曰：「臣之父不幸而殺人，不得生；臣之母得生，而爲公家爲酒；臣之身得生，而爲公家擊磬。臣不覩臣之母三年矣。昔爲舍氏覩臣之母，量所以贖之則無有，量，度。而身固公家之財也，是故悲也。」○畢沅曰：「新序四載此微不同，云『昨日爲舍市而睹之，意欲贖之無財，身又公家之有也』。孫云：『新序義較長。』」○維遹案：據新序此文當作「量所以贖之則無財，而身固公家之有也」。今本「有」、「財」二字互易，則文不成義。鍾子期歎嗟曰：「悲夫，悲夫！心非臂也，臂非椎非石也。悲存乎心而木石應之，故君子誠乎此而諭乎彼，感乎己而發乎人，豈必彊説乎哉！」周有申喜者，亡其母，聞乞人歌於門下而悲之，動於顏色，謂門者内乞人之歌者，自覺而問焉，○畢沅曰：「御覽五百七十一『自覺』作『自見』。」○維遹案：「見」字是。御覽四百八十八引亦作「自見」。曰：「何故而乞？」與之語，蓋其母也。○維遹案：「蓋其母」御覽兩引，一作「是其母」，一作「乃是其母」，高注淮南説山篇述此事作「則其母」，竝較今本爲優。故父母之於子也，子之於父母也，一體而兩分，○畢沅曰：「李善注文選曹子建求自試表、謝希逸宣貴妃誄皆作『一體而分形』。」同氣而異息。若草莽之有華實也，若樹木之有根心也，雖異處而相通，隱志相及，痛疾相救，憂思相感，感，動。生則相歡，死則相哀，此之謂骨肉之親。神出於忠神，性。而應乎心，兩精相得，豈待言哉！

精通

吕氏春秋集釋卷第十

榮成許維遹學

吕氏春秋訓解　高氏

孟冬紀第十　節喪　安死　異寶　異用

一曰：孟冬之月，日在尾，孟冬，夏之十月。尾，東方宿，燕之分野。是月，日躔此宿。**昏危中，旦七星中。**危，北方宿，齊之分野。七星，南方宿，周之分野。是月昏旦時，皆中於南方。**其日壬癸，**壬癸，水日。**其帝顓頊，其神玄冥，**顓頊，黄帝之孫，昌意之子，以水德王天下，號高陽氏，死祀爲北方水德之帝。玄冥，官也。少皞氏之子曰循，爲玄冥師，死祀爲水神。○畢沅曰：「注『高陽氏』舊本作『湯氏』，訛，今改正。又『循』左傳作『脩』。」○梁玉繩曰：「注依史五帝紀，本大戴禮五帝德也。其實顓頊不出黄帝，亦非昌意子，説在史記志疑一。」**其蟲介，其音羽，**介，甲也，象冬閉固，皮漫胡也。羽，水也，位在北方。○畢沅曰：「注『漫』與『曼』、『鬗』音義同。皮漫胡謂皮長而下垂，亦似閉固之象。」○盧文弨曰：「周禮天官『鼈人掌取互物』，鄭司農云：『互物，謂有甲㒼胡，龜鼈之屬。』按『漫』與『㒼』音義同。甲周其外，皮亦周其內，今人謂鼈有裙。五代史補言僧謙光『但願鵝生四掌，鼈留兩裙』，裙即所謂皮漫胡也。廣雅釋詁三『㒼，當也』，蓋如器之有當。莊子説劍篇『曼胡之纓』，此當與古係冠者殊，必擁其頸與頷下而爲之，故亦取名於此耳。」○維遹案：注「胡也」下疑奪「甲蟲龜爲之長」六字。淮南注可證。孟春紀注「鱗，魚屬也，龍爲之長」，孟夏紀注「羽蟲，鳳爲之長」，孟秋紀注「毛蟲之屬，而虎爲之長」，其比均同，此不應省。律中應鐘，其數六，應鐘，陰律也。竹管音與應鐘和也。陰應於陽，轉成其功，萬物聚藏，故曰律中應鐘。其數六，五行數五，水第一，故曰六也。其味鹹，其臭朽，水之臭味也，凡鹹朽者皆屬焉。氣之若有若無者爲朽也。其祀行，祭先腎。行，門内地也，冬守在内，故祀之。「行」或作「井」，水給人，冬水王，故祀之也。祭祀之肉先進腎，屬水，自用其藏也。○畢沅曰：「淮南時則訓作『祀井』。」○松皋圓曰：「注『或作井』下宜疊『井』字，寫者誤。」○維遹案：松説是，淮南注正作「井水給人」。又案：注「肉」原作「内」，改從張本。水始冰，地始凍，秋分後三十日霜降，後十五日立冬，水冰地凍也，故曰始也。雉入大水爲蜃，虹藏不見。蜃，蛤也。大水，淮也，傳曰：「雉入于淮爲蜃。」虹，陰陽交氣也，是月陰壯，故藏不見。天子居玄堂左个，玄堂，北向堂也。左个，西頭室也。乘玄輅，駕鐵驪，玄輅，黑輅，鐵驪亦黑，象北方也。○茆泮林曰：「禮月令鄭注云『今月令曰乘軫路』，似當爲『袗』字之誤也。今同禮月令。」載玄旂，衣黑衣，服玄玉，玄黑，順水色。食黍與彘，彘，水屬也。其器宏以弇。宏，大。弇，深。象冬閉藏也。

是月也，以立冬。先立冬三日，太史謁之天子，秋分四十六日而立冬，故多在是月也。謁，告也。曰：「某日立冬，盛德在水。」天子乃齋。盛德在水，王北方也。立冬之日，天子親率三公九卿大夫以迎冬於北郊。六里之郊。還，乃賞死事，恤孤寡。先人有死王事以安社稷者，賞其子孫；有孤寡者，矜恤之。

是月也，命太卜禱祠龜策占兆，審卦吉凶。周禮「太卜掌三兆之法，一曰玉兆，二曰瓦兆，三曰原兆」。又「掌三易之法，一曰連山，二曰歸藏，三曰周易」。龜曰兆，筮曰卦，故命太卜禱祠龜策，占兆審卦，以知吉凶。○畢沅曰：「月令作『命太史釁龜筴』。」○茆泮林曰：「朱子謂『呂作命太卜禱祠龜策，審卦兆，以察吉凶』。今本與朱子所見本互有異同。攷禮月令鄭注云『今月令「釁祠」，祠衍字』，則呂氏古本『祠』作『釁』，無『祠』，亦無『禱』字。」於是察阿上亂法者則罪之，無有揜蔽。阿意曲從，取容於上，以亂法度，必察知之，則行其罪罰，無敢彊匿者。○畢沅曰：「月令作『是察阿黨，則罪無有揜蔽』。古本月令『是』下有『月也』二字，宋本正義標題亦有『是月』字。」

是月也，天子始裘。始猶先也。裘，温服，優尊者，故先服之。命有司曰：「天氣上騰，地氣下降，天地不通，閉而成冬。」天地閉，冰霜凛烈成冬也。○畢沅曰：「月令『閉』下有『塞』字。」命百官謹蓋藏。命司徒循行積聚，無有不斂，坿城郭，坿，益也，令高固也。○畢沅曰：「『坿』月令作『坏』」。戒門閭，修楗閉，慎關籥，固封璽，璽讀曰移徙之徙。門閭，里門。關，籥。固，堅。璽，印封也。○畢沅曰：「月令『楗』作『鍵』，『關』作『管』，『璽』作『疆』。鄭注云：『今月令「疆」或作「璽」。』」○孫先生曰：「注『門閭，里門』當作『門，城門。閭，里門』。『璽，印封也』上當更有『封』字，淮南注可證。」備邊境，完要塞，謹關梁，塞蹊徑，要塞，所以固國也。關梁，所以通塗也。塞絶蹊徑，爲其敗田。飭喪紀，辨衣裳，審棺槨之厚薄，紀，數也。正二十五月之服數，遣送衣裳棺槨，尊者厚，卑者薄，各有等差，故别之。審，慎也。○畢沅曰：「注『正二十五月之服數』，舉重者，則其餘皆正可知也。『之服數』舊作『服之數』，今案文義乙正。」營丘壟之小大高卑薄厚之度，貴賤之等級。營，度也。丘，墳。壟，塜也。度其制度，貴者高大，賤者卑小，故曰等級也。

是月也，工師效功，陳祭器，按度程，程，法也。○畢沅曰：「月令『工師』上有『命』字。」無或作爲淫巧，以蕩上心，蕩，動也。必功致爲上。物勒工名，以考其誠。物，器也。勒銘工姓名著於器，使不得詐巧，故曰以考其誠。○梁玉繩曰：「後世制器鐫某造，蓋始于秦。」工有不當，必行其罪，以窮其情。不當，不功致也，故行其罪，以窮斷其詐巧之情。○畢沅曰：「月令『工』作『功』。」

是月也，大飲蒸，天子乃祈來年于天宗。是月農功畢矣，天子諸侯與其羣臣大飲酒，班齒列也。蒸，俎實體解節折謂肴蒸也。祈，求也。求明年於天宗之神。宗，尊也。凡天地四時皆爲天宗。萬物非天不生，非地不載，非春不動，非夏不長，非秋不成，非冬不藏，書曰「禋于六宗」，此之謂也。○畢沅曰：「注『班齒列』即周禮之『正齒位』也。舊本倒作『列齒』，誤。又『體解』亦缺『體』字，又『求明年於天宗之神』倒作『之神於天宗』，今皆改正。」○梁玉繩曰：「六宗之説十餘家，（見後漢書祭祀志注。）各盡所求，殊難偏折。高從伏生、馬融解，司馬彪駁之云『帝在于類，則禋者非天』，不得爲的論也。」大割，祠于公社及門閭，饗先祖五祀，勞農夫以休息之。大割，殺牲也。祠于公社，國社后土也。生爲上公，死祀爲貴神也。先祠公社，乃及門閭先祖，先公後私之義也。五祀，木正句芒其祀户；火正祝融其祀竈；土正后土其祀中霤，后土爲社；金正蓐收其祀門；水正玄冥其祀井，故曰五祀。社爲土官，稷爲木官，俱在五祀中，以其功大，故别言社稷耳。是月農夫空閒，故勞犒休息之，不役使也。○畢沅曰：「舊本『大割』下有『牲』字，月令無。案注亦與月令同，今删。『饗』月令作『臘』。舊本『先祖』作『禱祖』，亦據月令及本注改正。」○王念孫曰：「畢校非。○初學記、太平御覽引月令皆作『大割牲』。注當作『大割牲，殺牲也』。」○茆泮林曰：「朱子謂『呂』『割』下有『牲』

字，「饗」下有「禱」字』。案『大割』下有『牲』字，與朱子所見本正合。『禱』字亦存古本之舊。今校删『牲』字，竝改『禱』作『先』，蓋不審朱子所見本『饗禱』下仍作『先祖』，後脱去『先』字也。」**天子乃命將率講武，肄射御，角力。**肄，習也。角猶試。

是月也，乃命水虞漁師收水泉池澤之賦，虞，官也。師，長也。賦，税也。○王念孫曰：「注『虞，官也』當作『水虞，掌水官也』。」○維遹案：王説是。高注十二紀多有此例。淮南注作「虞，掌水官也」，「虞」上亦脱「水」字。**無或敢侵削衆庶兆民，**削，刻也。天子曰兆民。兆，大數也。**以爲天子取怨于下。**税斂重則民怨，故取怨于下。**其有若此者，行罪無赦。**此爲天子取怨于下者，故行其罪罰，無赦貸也。

孟冬行春令則凍閉不密，地氣發泄，民多流亡。春陽散越，故凍不密，地氣發泄。使民流亡，象陽布散。○畢沅曰：「『發泄』月令作『上泄』。」**行夏令則國多暴風，方冬不寒，蟄蟲復出。**冬法當閉藏，反行夏盛陽之令，故多暴疾之風。陽氣炎温，故盛冬不寒，蟄伏之蟲復出也，於洪範五行「豫恒燠若」之徵也。○維遹案：注「冬法」當作「冬陰」，仲夏紀注「冬陰閉藏」，季夏紀注「冬陰閉固」，竝其證。**行秋令則雪霜不時，小兵時起，土地侵削。**秋，金氣干水，不當霜而霜，不當雪而雪，故曰不時。小兵數起，鄰國來伐，侵削土地，於洪範五行「急恒寒若」之徵也。

孟冬紀

二曰：審知生，聖人之要也。審知死，聖人之極也。知生也者，不以害生，養生之謂也。知死也者，不以害死，安死之謂也。○畢沅曰：「續漢書禮儀志下注引此『不以物害生』、『不以物害死』兩句，皆有『物』字。」此二者，聖人之所獨捃也。捃，知。

凡生於天地之間，其必有死，所不免也。莊子曰：「生，寄也。死，歸也。」故曰「所不免」。孝子之重其親也，重，尊。慈親之愛其子也，愛，心不能忘也。○畢沅曰：「續志注『慈』作『若』。以下文觀之，『慈』字是。」痛於肌骨，性也。所重所愛，死而棄之溝壑，人之情不忍爲也，故有葬死之義。言情不忍棄之溝壑，故有葬送之義。○維遹案：注「葬送」許本作「葬死」，與正文合。葬死猶云葬屍。期賢篇「扶傷輿死」，「輿死」即「輿屍」。史記魯世家「以其屍與之」，索隱本「屍」作「死」字。漢書酷吏尹賞傳「安所求子死？桓東少年場」，顔注：「死謂尸也。」竝其例證。葬也者，藏也，慈親孝子之所慎也。慎，重也。慎之者，以生人之心慮。慮，計也。以生人之心爲死者慮也，莫如無動，莫如無發。○陶鴻慶曰：「此文當有譌脱，元文本云『慎之者，以生人之心爲死者慮也。以生人之心爲死者慮，莫如無動，莫如無發』。如今本則文義不完。」○劉師培曰：「『以生人之心慮』，『以』上脱『非』字。」○維遹案：治要引「慮」下「也」字在上句「心慮」下，例以吕文，陶説義長。無發無動，莫如無有可利，則此之謂重閉。無有可利，若楊王孫倮葬，人不發掘，不見動摇，謂之重閉也。○王念孫曰：「治要引『莫如無有可利』下，更有『無有可利』四字，無『則』字。」○維遹案：治要引是。此文本脱去「無有可」三字，餘一「利」字，校者知其無義，遂改「利」爲「則」字。

古之人有藏於廣野深山而安者矣，非珠玉國寶之謂也，葬不可不藏也。葬淺則狐狸扫之，扫讀曰掘。○維遹案：治要引「扫」作「掘」，古通。深則及於水泉，故凡葬必於高陵之上，以避狐狸之患、水泉之溼。此則善矣，而忘姦邪盜賊寇亂之難，豈不惑哉？厚葬，人利之，必有此難，故謂之惑也。譬之若瞽師之避柱也，避柱而疾觸杙也。狐狸水泉姦邪盜賊寇亂之患，此杙之大者也。○陳昌齊曰：「此段前後文義，是以柱喻狐狸水泉，以杙喻姦邪盜賊。『狐狸水泉』四字因上文而誤衍。」陶鴻慶說同。慈親孝子避之者，得葬之情矣。得薄葬之情也。○舊校云：「『避』一作『備』。下同。」○維遹案：舊校是。薄葬所以防盜賊發掘，故言備。作「避」則於義未安。御覽五百五十一引下「避」字亦作「備」。善棺槨，所以避螻蟻蛇蟲也。今世俗大亂之主愈侈其葬，則心非爲乎死者慮也，生者以相矜尚也。慮，計也。以厚葬奢侈相高大，不爲葬〔一〕者避發掘之計也，故曰「生者以相矜尚也」。○孫先生曰：「『之主』當作『人生』，屬下爲句。治要引此文云：『今世俗大亂，人主（此當作「生」，細玩高注自明。）愈侈，非葬之心也，非爲死者慮也，生者以相尚也。』御覽五百五十一引云：『今世俗大亂，人生愈侈，非爲死者慮，亦所以相矜。』」侈靡者以爲榮，榮，譽也。儉節者以爲陋，○維遹案：治要引「陋」作「辱」。不以便死爲故，故，事。而徒以生者之誹譽爲務，此非慈親孝子之心也。父雖死，孝子之重之不怠。重，尊。怠，懈。子雖死，慈親之愛之不懈。夫葬

〔一〕「葬」，原作「死」，據諸子集成本改。

所愛所重，而以生者之所甚欲，其以安之也，若之何哉？甚欲，欲厚葬也。厚葬必見發掘，故曰「其以安之也，若之何哉」？言不安也。○俞樾曰：「生者之所甚欲，謂利也。珠玉國寶之類，豈非生者之所甚欲乎？而以之徇葬，其必不能安也明矣。下文曰『民之於利也，犯流矢，蹈白刃，涉血盩肝以求之』，即承此而言。高注曰『甚欲，欲厚葬也』，則與下意不屬矣。」

民之於利也，犯流矢，蹈白刃，涉血盩肝以求之。盩，古抽字。**野人之無聞者，忍親戚兄弟知交以求利。**無聞禮義。○維遹案：親戚，父母也。墨子兼愛下：「家室奉承親戚。」錢大昕云：「古人稱父母爲親戚。」竝舉大戴禮、孟子爲證。**今無此之危，無此之醜，**醜，恥。**其爲利甚厚，乘車食肉，澤及子孫，雖聖人猶不能禁，而況於亂？**○畢沅曰：「盧云：『疑此下當有「世」字。蓋言聖人在上，治平之世，猶有貪利而冒禁者，況於四海鼎沸之日，其又誰爲禁之哉？』」○陳昌齊曰：「『亂』下當脱『國』字。」**國彌大，**彌猶益也。**家彌富，葬彌厚。含珠鱗施，**含珠，口實也。鱗施，施玉於死者之體如魚鱗也。○孫先生曰：「初學記十四、御覽五百四十九引注『玉』下竝有『匣』字，最是。今本誤脱，當據補。」○維遹案：書鈔九十二引注作「含珠，口實也。鱗施，玉匣也。死者之體如魚鱗矣」。疑此注當云「含珠，口實也。鱗施，玉匣也。施玉匣於死者之體如魚鱗也」，文義方足。淮南齊俗篇亦云「含珠鱗施」，許注：「鱗施，玉紐也。」劉台拱云「續漢書禮儀志『金縷玉柙』，注引漢舊儀曰『腰以下以玉爲札，長一尺，廣二寸半，爲柙，下至足，綴以黄金縷』。紐當是柙誤」。案劉説是。柙、匣古今字，後漢書梁竦傳作「玉匣」。**夫玩好貨寶，**○王念孫曰：「『夫玩好』疑當作『珠玉玩好』。『玉』、『夫』字相近而誤，又脱『珠』字耳。下篇曰『具珠玉玩好財物寶器甚多』，是其證。」○維遹案：許本、姜本亦有「夫」字。元刻本、張本、李本皆無，呂覽纂同。**鍾鼎壺濫，**以冰置水漿於其中爲濫，取其冷也。○畢沅曰：「梁仲子云：『「壺濫」劉本作「壺鑑」，注同。案集韻「鑑，胡暫切」。周禮「春始治鑑」，或從水，亦作「𦉥」、「𤮶」，故左傳襄九年正義引周禮作「𦉥」。』盧云：『案墨子節葬篇云「又必多爲屋幕，鼎鼓几梴，壺濫戈劍，羽毛齒革，寢而埋之」，凡兩見，蓋亦器名，注似肊説。愼勢篇作「壺鑑」，云「功名著乎盤盂，銘篆著乎壺鑑」。』」**轝馬衣被戈劍，不可勝其數。**○畢沅曰：「『其』字衍。」**諸養生之具，無不從者。**諸養生之具無不從。從，送也，以送死人。**題湊之室，**室，槨藏也。題湊，複絫。○畢沅曰：「漢書霍光傳『便房黄腸題湊』，注引蘇林曰：『以柏木黄心致絫棺外，故曰黄腸。木頭皆内向，故曰題湊。』」**棺槨數襲，**襲，重。**積石積炭以環其外。**石以其堅。炭以禦溼。環，繞也。○畢沅曰：「積炭非但禦溼，亦使樹木之根不穿入也。」**姦人聞之，傳以相告。**告，語也。○畢沅曰：「『傳』續志注作『轉』。」**上雖以嚴威重罪禁之，猶不可止。**不能止其發掘。**且死者彌久，生者彌疏，生者彌疏則守者彌怠，守者彌怠而葬器如故，**言寶賂不渝變。**其勢固不安矣。世俗之行喪，載之以大輴，**大輴，車也。○松皋圓曰：「注『車』上脱『柩』字。」**羽旄旌旗如雲，僂翣以督之，珠玉以備之，黼黻文章以飭之，**喪車有羽旄旌旗之飾，有雲氣之畫。僂，蓋也。翣，棺飭也。畫黼黻之狀如扇翣於僂邊，天子八，諸侯六，大夫四也。○畢沅曰：「禮記檀弓下云『制絞衾，設蔞翣，爲使人勿惡也』，注云：『蔞翣，棺之牆飾也。』此作『僂』，或音同可借用。此『飭』字義皆是飾。」○維遹案：元刻本、張本「備」作「佩」，許本、姜本作「備」。**引紼者左右萬人以行之，**紼，引棺索也。禮送葬皆執紼。**以軍制立之然後可。**

制，法。以此觀世，觀世猶示人也。則美矣侈矣。以此爲死，則不可也。於死人不可也。○孫先生曰：「『死』下脱『者』字。上文云『以生人之心爲死者慮也』，又云『則心非爲乎死者慮也』，此與彼文相應。安死篇云『以此爲死則不可也』，續志注及治要引『死』下竝有『者』字，蓋後人據此誤文而删之，非其舊也。且高注云云，是正文本有『者』字明矣。」苟便於死，則雖貧國勞民，○舊校云：「一作『身』。」若慈親孝子者之所不辭爲也。

節喪

三曰：世之爲丘壟也，其高大若山，其樹之若林，木藂生曰林也。○畢沅曰：「續志注『山』下有『陵』字，『林』下有『藪』字。」○維遹案：御覽五百五十八引「樹」下無「之」字。其設闕庭、爲宮室、造賓阼也若都邑。賓階，阼階也。若爲都邑之制。以此觀世示富則可矣，以此爲死則不可也。○王念孫曰：「治要『死』下有『者』字。下『夫死』同。」

夫死，其視萬歲猶一瞚也。瞚者，潁川人相視曰瞚也。一曰，瞚者，謂人卧始覺也。○畢沅曰：「瞚與瞬同。李善注文選陸士衡文賦引作『萬世猶一瞬』。」人之壽，久之不過百，○畢沅曰：「『久之』續志作『久者』。」○維遹案：治要及文選曹子建贈白馬王彪詩注引「久」下竝無「之」字。中壽不過六十。○梁玉繩曰：「左僖三十二年疏：『上壽百二十，中壽百，下壽八十。』又莊子盜跖、及意林引王孫子云：『人上壽百歲，中壽八十，下壽六十。』（淮南原道『凡人中壽七十歲』。）」以百與六十爲無窮者之慮，慮，謀也。其情必不相當矣。以無窮爲死者之慮，則得之矣。○陶鴻慶曰：「『爲無窮者之慮』當作『爲無窮之慮』，下『以無窮爲死者之慮』即其證。『爲死者之慮』當作『爲死者慮』，下文『非愛其費也，非惡其勞也，以爲死者慮也』即其證。」○孫先生曰：「續志注及治要引二『慮』字上竝無『之』字。」

今有人於此，爲石銘置之壟上，○梁玉繩曰：「據此則秦時已有碑表矣。」曰：「此其中之物，具珠玉玩好財物寶器甚多，不可不抇，抇，發也。○維遹案：治要引無「之物具」三字。抇之必大富，世世乘車食肉。」謂抇墓富而得爵禄，故乘車食肉，世世相傳也。人必相與笑之，以爲大惑。惑，悖也。世之厚葬也，有似於此。○畢沅曰：「續志注作『而爲之闕庭以自表，此何異彼哉』。」自古及今，未有不亡之國也。無不亡之國者，是無不抇之墓也。以耳目所聞見，齊、荆、燕嘗亡矣，宋、中山已亡矣，趙、魏、韓皆亡矣，其皆故國矣。○畢沅曰：「續志注作『趙、韓、魏皆失其故國矣』。」自此以上者，亡國不可勝數，上猶前也。不可勝數，亡國多也。○畢沅曰：「『者』字續志無。」是故大墓無不抇也。○王念孫曰：「治要『大』上有『古』字，『抇』下有『者』字。」而世皆爭爲之，豈不悲哉！○畢沅曰：「續志注『世』作『猶』。」

君之不令民，令，善。○畢沅曰：「續志注句上有『今夫』二字。」父之不孝子，兄之不悌弟，皆鄉里之所釜甂者而逐之，以釜甂食之人，皆欲討逐之。○畢沅曰：「『甂』，舊『鬲』旁作『几』，字書無攷。顧亭林引作『甂』，注云『鬲同』，今從之。史記蔡澤傳：『遇奪釜鬲於塗。』」○俞樾曰：「此句與上下文不屬，疑『鄉里』以下十字乃後文『撲擊遏奪』下之錯簡，當云『君之不令民，父之不孝子，兄之不悌弟，皆憚耕稼採薪之勞，不肯官人事，而祈美衣侈食之樂，智巧窮屈，無以爲之，於是乎聚羣多之徒，以深山廣澤林藪撲擊遏奪鄉里之所釜甑者而逐之，又視名丘大墓葬之厚者，求舍便居，以微抇之』，如此則文義始順。戰國策秦策『蔡澤見逐於趙而入韓、魏，遇奪釜鬲於涂』，此云『撲擊遏奪鄉里之所釜甑者而逐之』，即其事矣。若在上文，則義殊不可曉。」○孫先生曰：「『所』下脱一『遺』字。此言不令之民，不孝之子，不悌之弟，皆鄉里之所遺棄，雖釜甑食之人皆欲逐之也。脱去『遺』字，不可通矣。續志注引此文云『皆鄉邑之所遺而憚耕耒之勞者也』，雖截引此節，然『所』下有『遺』字，實足正今本之誤。俞氏謂『鄉』里十字爲下文錯簡，恐非。」**憚耕稼採薪之勞，不肯官人事，**既憚耕稼，又不肯居官，循治人事也。○畢沅曰：「注『循治』疑當作『脩治』。」○王念孫曰：「官猶事也。（事如請事斯語之事。）言不肯事其民事也。樂記『禮樂明備，天地官矣』，鄭注曰：『官猶事也。』人事即指耕稼而言。高誤以官爲居官，遂分耕稼與人事爲二。」孫鏘鳴説同。**而祈美衣侈食之樂，**祈，求。**智巧窮屈，無以爲之，**窮，極。屈，盡。**於是乎聚羣多之徒，以深山廣澤林藪，扑擊遏奪，又視名丘大墓葬之厚者，求舍便居以微抇之，**○畢沅曰：「有人自關中來者，爲言姦人掘墓，率於古貴人冢旁，相距數百步外爲屋以居，人即於屋中穿地道以達於葬所，故從其外觀之，未見有發掘之形也，而藏已空矣。噫！孰知今人之巧，古已先有爲之者。小人之求利，無所不至，初無古今之異也。」**日夜不休，必得所利，相與分之。夫有所愛所重，而令姦邪盗賊寇亂之人卒必辱之，此孝子忠臣親父交友之大事。**傳曰：「宋文公卒，始厚葬，用蜃炭，益車馬，始用殉，重器備。椁有四阿，棺有翰檜。君子謂華元、樂呂〔一〕於是不臣。臣，治煩去惑者也，是

〔一〕「樂呂」，十三經注疏本作「樂舉」。

以伏死而爭。今二子者，君生則縱其惑，死也又益其侈，是棄君於惡也，何臣之爲！」此之謂也。〇王念孫曰：「『事』疑當作『患』。」

堯葬於穀林，通樹之。通林以爲樹也。傳曰「堯葬成陽」，此云穀林，成陽山下有穀林。〇畢沅曰：「堯葬成陽，水經注言之甚晰。」又曰：「劉向云『葬濟陰丘隴山』，續征記『在小成陽南九里』，通典『曹州界有堯冢，堯所居』。其說皆非。羅苹路史注以墨子云『堯葬蛩山之陰』，王充云『葬冀州』，山海經云『葬狄山，或云葬崇山』，皆妄之甚。」舜葬於紀，市不變其肆。市肆如故，言不煩民也。傳曰「舜葬蒼梧九疑之山」，此云於紀市，九疑山下亦有紀邑。〇畢沅曰：「墨子云『舜葬南己之市』，御覽五百五十五作『南紀』，引尸子作『南己』。案路史注云：『紀即冀，故紀后爲冀后。今河東皮氏東北有冀亭。冀，子國也。鳴條在安邑西北，其地相近。記謂舜葬蒼梧，皇覽謂在零陵營浦縣，尤失之。』梁伯子云：『困學紀聞五引薛氏言蒼梧在海州界，近莒之紀城，亦非。閻伯詩云「海州蒼梧山即山海經之郁州，無舜葬於此之説」。』」〇王念孫曰：「魏志二注引此『市』下有『廛』字。」〇吳先生曰：「注云『市肆如故』，是以『舜葬於紀』爲句，文義甚明。而注又云『此云於紀市』，『市』爲衍文可知。」禹葬於會稽，不變人徒。變，動也。言無所興造，不擾民也。會稽山在會稽山陰縣南。〇王念孫曰：「職方氏疏引此作『不煩徒』。案上文『變』字無注，而此云『變，動也』，則『變』字本作『煩』，而後人改之耳。」是故先王以儉節葬死也，非愛其費也，費，財也。非惡其勞也，惡猶患也。以爲死者慮也。〇維遹案：續志注及治要引竝無「慮」字。治要有注，云「爲猶便也」。先王之所惡，惟死者之辱也。發則必辱，儉則不發，故先王之葬，必儉、必合、必同。何謂合？何謂同？葬於山林則合乎山林，葬於阪隰〇舊校云：「一作『阪阬』。」則同乎阪隰，此之謂愛人。

夫愛人者衆，知愛人者寡。謂凡愛死人者之衆，多厚葬之。知所以愛之者寡，言能儉葬者少也。○陶鴻慶曰：「『愛人』皆當作『愛死人』，高注可證。」○維遹案：注「衆」上「之」字，許本、姜本無，與治要引合。故宋未亡而東冢抇，東冢，文公冢也。文公厚葬，故冢被發也。冢在城東，因謂之東冢。齊未亡而莊公冢抇，莊公名購，僖公之父，以葬厚，冢見發。國安寧而猶若此，又況百世之後而國已亡乎？故孝子忠臣親父交友不可不察於此也。夫愛之而反危之，其此之謂乎。使見發掘之謂。○畢沅曰：「續志注作『欲愛而反害之，欲安而反危之，忠臣孝子亦不可以厚葬矣』。」○孫先生曰：「今本固非，續志注所引亦未是也。（續志注引此篇改作甚多。）此文當作『夫愛之而反害之，安之而反危之，其此之謂乎』，今本脱去六字耳。治要引此文正作『夫愛之而反害之，安之而反危之，其此之謂乎』。」詩曰：「不敢暴虎，不敢馮河，人知其一，莫知其他。」此言不知鄰類也。詩小雅小旻之卒章也。無兵搏虎曰暴。無舟渡河曰馮。喻小人而爲政，不可以不敬，不敬之則危，猶暴虎馮河之必死也。人知其一，莫知其他。一非也。人皆知小人之爲非，不知不敬小人之危殆，故曰「不知鄰類也」。○俞樾曰：「『鄰』字衍文也。『此言不知類也』，與孟子告子篇『此之謂不知類』文義正同。鄰、類形似，因譌致衍耳。聽言篇曰『乃不知類矣』，達鬱篇曰『不知類耳』，竝無『鄰』字，足徵此文之衍。」故反以相非，反以相是。其所非方其所是也，其所是方其所非也。方，比。○俞樾曰：「兩『方』字竝『乃』字之誤。言所非乃其所是，所是乃其所非也，故曰『是非未定』。高氏不知『方』字之誤，而訓爲比，迂矣。」是非未定，而喜怒鬭爭，反爲用矣。吾不非鬭，不非爭，非猶罪也。而非所以鬭，非所以爭。故凡鬭爭者，是非已定之用也。今多不先定其是非，而先疾鬭爭，此惑之大者也。○畢沅曰：「『故反以相非』以下，似不二篇之文誤脱於此。」魯季孫有喪，孔子往弔之。入門而左，從客也。主人以璵璠收，喪，季平子意如之喪也。桓子斯在喪位，孔子弔之，入門而左行，故曰從客位也。「主人以璵璠收」，收，斂者也。○孫先生曰：「『客』下脱『位』字。高注云云，是正文本有『位』字明矣。」孔子徑庭而趨，歷級而上，上堂。曰：「以寶玉收，譬之猶暴骸中原也。」璵璠，君佩玉也。昭公在外，平子行君事，入宗廟佩璵璠，故用之。孔子以平子逐昭公出之，其行惡，不當以斂，而反用之，肆行非度，人又利之，必見發掘，故猶暴骸中原也。○梁玉繩曰：「左定五年，季平子卒，陽貨將以璵璠斂，仲梁懷弗與曰：『改步改玉。』此與論衡薄葬篇、三國魏文帝志並譌爲孔子。」徑庭歷級，非禮也，雖然，以救過也。孔子「拜下，禮也。今拜乎上，泰也，雖違衆，吾從下」，言不欲違禮，亦不欲人之失禮，故歷級也。○陶鴻慶曰：「徑庭者，自西階下越中庭而東也。歷級者，歷阼階之級而上也。禮大斂於阼階上。阼階下，主人主婦宗族子姓之位在焉。惟國君臨喪，得於阼階上視斂。孔子往弔，入門而左，本從客位，當西階下。今以諍言救過，故越中庭至阼階下，歷級而上，斯爲非禮，謂非客禮也。上文云『入門而左，從客也』，正爲此文張本。高注引論語之文爲證，於此無涉。」

安死

四曰：古之人非無寶也，其所寶者異也。孫叔敖疾，將死，戒其子曰：「王數封我矣，吾不受也。孫叔敖，楚大夫蔿賈之子，莊王之令尹也。爲我死，王則封汝，必無受利地。人所貪利之地。

○畢沅曰：「『爲』字衍，後漢書郭丹傳注引此無。」○王念孫曰：「爲猶如也。言如我死而王封汝，汝必無受利地也。古或謂如曰爲。管子戒篇『管仲寢疾，桓公往問之，管仲曰「夫江、黄之國近於楚，爲臣死乎，君必歸之楚而寄之」』，言如臣死也。秦策『秦宣太后病，將死，出令曰「爲我葬，必以魏子爲殉」』，言如我葬也。（長見篇魏公叔痤對惠王曰：『臣之御庶子鞅，願王以國聽之也，爲不能聽，勿使出竟。』言如不能聽也。韓子内儲説『荆王新得美女，鄭袖教之曰：「王甚喜人之掩口也，爲近王，必掩口。」』言如近王也。秦策：『公孫衍謂義渠君曰「中國無事於秦，則秦且燒焫獲君之國，中國爲有事於秦，則秦且輕使重幣而事君之國」。』言中國如有事於秦也。）考列子説符篇亦作『爲我死』，則『爲』非衍字明矣。後漢書注引此無『爲』字者，注内引書，例得從省，不可援以爲據也。」○劉先生曰：「『汝』字當重。列子説符篇、史記滑稽列傳正義引此文並重『汝』字，是其證。淮南子人間篇作『王必封女，女必讓肥饒之地，而受沙石之間』。女與汝同。」○維遹案：書鈔三十八及渚宫舊事引竝重「汝」字。

楚、越之間有寢之丘者，此其地不利人不利之。○畢沅曰：「列子説符篇、淮南人間訓皆作『寢丘』，無『之』字。史記滑稽傳正義引此同。」○王引之曰：「『有寢之丘』當作『有有寢之丘』，今本脱『有』字。詳言之則曰『有寢之丘』，略言之則曰『寢丘』，故列子作『寢丘』。」○維遹案：渚宫舊事及御覽百五十九引竝作「寢丘」。

而名甚惡，惡，謂丘名也。○畢沅曰：「史記正義引作『而前有垢谷，後有戾丘，其名惡，可長有也』。此見淮南注。此注自謂寢丘名惡，非有缺文。」

荆人畏鬼而越人信贇，言荆人畏鬼神，越人信吉凶之贇祥，此地名丘，畏惡之名，終不利也。○吴先生曰：「注『此地名丘』，『丘』上疑奪『寢』字。」

可長有者，其唯此也。唯，獨也。

孫叔敖死，王果以美地封其子而子辭，○畢沅曰：「後漢書作『其子辭』。」○維遹案：淮南亦作「其子辭」。列子作「子辭」，省一「其」字。**請寢之丘，**○梁玉繩曰：「此與列子説符、淮南人間同。韓子喻老謂封敖在未死時。」○維遹案：據淮南「寢」上當有「有」字。**故至今不失。孫叔敖之知，**○維遹案：知同智。墨子書「智」多作「知」。**知不以利爲利矣，**○陶鴻慶曰：「『不以利爲利』，當作『以不利爲利』。上文云『楚、越之間有寢之丘者，此其地不利而名甚惡，荆人畏鬼而越人信禨，可長有者，其唯此也』，是知以不利爲利也。下文『知以人之所惡爲己之所喜』，正承此言。今本『以不』二字誤倒，則非其旨。」○劉師培曰：「『不以利爲利』，書抄三十八引作『可謂以不利爲利』。」**知以人之所惡爲己之所喜，此有道者之所以異乎俗也。**衆人利利，孫叔敖病利，故曰「所以異於俗也」。

五員亡，荆急求之。○維遹案：五、伍古通。渚宮舊事引作「伍」。**登太行而望鄭曰：「蓋是國也，地險而民多知。**登，升也。太行，山名，處則未聞。多知，將問所以自竄也。○畢沅曰：「高氏注淮南地形訓云『太行，在今上黨太行關，直河内野王縣是也』，此何以云『處則未聞』？此山今在河南輝縣西北，與山西澤州相鄰也。」○洪亮吉曰：「常疑太行在河北，與楚、吴絶遠，員何得登之？及考史記伍子胥列傳『子胥自楚奔宋，從太子建奔鄭』，下云『太子建又適晉』，不言與伍胥俱，此蓋史闕略。其實建之適晉，伍胥亦與俱，及自晉與建還鄭之時，登太行望鄭，故有國險而多智數言耳。後因建還鄭謀泄，爲鄭所殺，員又自鄭之許。異寶篇云『胥去鄭之許，見許公而問所之』。許公不應，東南嚮而唾。伍胥再拜受教，遂如吴』。越絶書亦言『子胥奔鄭，從横嶺上太行，北望齊、晉』，又言『子胥挾弓矢以逸楚、鄭之間』。合史記、吕覽、越絶書等觀之，員出亡後蹤跡始悉，蓋歷宋、鄭、晉、許四國後乃入吴。左氏文簡質，且要其後言之，故於楚殺尚、奢下即云員如吳也。」其主，俗主也，不足與舉。」舉猶謀也。俗主，不肖凡君。○俞樾曰：「『舉』字衍文也，此當云『其主，俗主也，不足與』。今衍『舉』字者，古與、舉二字通用。周官師氏職曰『王舉則從』，鄭注『故書舉爲與』；史記吕后紀『蒼天舉直』，徐廣曰『舉一作與』，是其證也。疑此文『與』字本或作『舉』，傳寫誤合之，因爲『不足與舉』矣。高注訓舉爲謀，非是。」○吳先生曰：「『不足與舉』，謂不足與之舉事也。『舉』非衍文。高注訓舉爲謀，蓋謂不足與謀，即不足舉事矣。此展轉相訓之例，高注多有之。俞説非。」去鄭而之許，見許公而問所之。許公不應，東南嚮而唾。欲令之吳也。五員載拜受賜，曰：「知所之矣。」因如吳。過於荆，至江上，欲涉，涉，渡。見一丈人，丈人，長老稱也。刺小船，方將漁，從而請焉。○維遹案：御覽七百六十九引「漁」作「渡」。史記伍子胥傳云「江上有一漁父乘船」，似「漁」字是。丈人度之，絶江，絶，過。問其名族，族，姓。則不肯告，丈人不肯告。解其劍以予丈人，○舊校云：「『予』一作『獻』。」曰：「此千金之劍也，願獻之丈人。」獻，上也。丈人不肯受，曰：「荆國之法，得五員者，爵執圭，禄萬檐，○畢沅曰：「檐與儋古通用，今作『擔』。」○維遹案：渚宮舊事引作「擔」，李本同。金千鎰。昔者子胥過，吾猶不取，執圭，周禮「侯執信圭」，言爵之爲侯也。萬檐，萬石也。金千鎰，二十兩爲一鎰。不取子胥以受賞也，故曰我何以欲子之千金劍爲。○舊校云：「『猶』一作『尚』。」今我何以子之千金劍爲乎？」○畢沅曰：「舊校云『何』一作『曷』。」梁伯子云『此江上丈人僞言也，因揣知必五員，故作此言以拒之耳』。」五員過於吳，過猶至也。○俞樾曰：「此當作『五員適於吳』，涉上文『過於荆』而誤耳。上文云『因如吳，過於荆』，蓋紀其所經歷，故得言過。若吳則其所如也，不得言過矣。

高注曰『過猶至也』，當作『適猶至也』。莊子天地篇釋文引司馬注曰：『適，至也。』高氏訓適爲至，正與此同，足徵『過』字之誤。」使人求之江上則不能得也，每食必祭之，祝曰：「江上之丈人，天地至大矣，至衆矣，○維遹案：渚宫舊事引「至衆」上有「人」字。將奚不有爲也而無以爲，爲矣何不有爲，言無不爲也。江上丈人無以爲矣，無以爲，乃大有於五員也，故曰「而無以爲」也。○畢沅曰：「注當云『乃大有爲於五員也，故曰而無以爲爲也』，脱兩『爲』字。」而無以爲之。○陳昌齊曰：「『而無以爲之』五字當因上文而誤衍。」○孫鏘鳴曰：「言人皆有所爲而爲，江上丈人不望報，不立名，是無所爲而爲之，吾將何以爲之名乎？『名』下當重『名』字，屬下『不可得而聞』爲句。」○俞樾曰：「『而無以爲』四字爲句。『將奚不有爲也，而無以爲』，言人皆有爲而彼獨無爲也。『爲矣而無以爲之』，言雖有爲而仍無爲也。高氏讀『而無以爲爲矣』六字爲句，則上下文皆不成義。」○陶鴻慶曰：「俞氏雖得其讀，而未得其旨。『將奚不有爲也，而無以爲』，皆指天地言。言天地之德，爲體至大，生物至衆，固無不爲，而實無爲也。『爲矣而無以爲之』與下文『名不可得而聞，身不可得而見，其惟江上之丈人乎』一氣相屬，言惟丈人之有爲而無爲，與天地之德同也。如俞〔一〕説則於文複矣。」名不可得而聞，聞，知也。身不可得而見，求之江上，不能得也。其惟江上之丈人乎！」

宋之野人，耕而得玉，獻之司城子罕，子罕不受。司城，官名。野人請曰：「此野人之寶也，願相國爲之賜而受之也。」子罕曰：「子以玉爲寶，我以不受爲寶。」○王念孫曰：「『不受』當

〔一〕「俞」，原作「愈」，據讀諸子札記改。

作『不愛』，此涉上文『不受』而誤。」○維遹案：王説非是。韓非喻老篇：「子罕曰：『爾以玉爲寶，我以不受子玉爲寶。』」吕文本之，省「子玉」二字。**故宋國之長者曰：「子罕非無寶也，所寶者異也。」**

今以百金與摶黍以示兒子，兒子，小兒。**兒子必取摶黍矣。以龢氏之璧與百金以示鄙人，鄙人必取百金矣。**○焦循曰：「春秋繁露身之養重於義篇『握棗與錯金以示嬰兒，嬰兒必取棗而不取金也。握一斤金與千萬之珠以示野人，野人必取金而不取珠也』。抱朴子官理篇『髫孺背千金而逐蛺蜨，越人棄八珍而甘鼃黽』。以握棗例摶黍，則黍爲黄米。以蛺蜨例之，則摶黍亦可爲黄鳥矣。」○維遹案：焦氏引繁露原作「精華篇」，誤，今改正。**以龢氏之璧、道德之至言以示賢者，賢者必取至言矣。**○陶鴻慶曰：「『道德之至言』上當有『與』字。上文云『以百金與摶黍以示兒子，兒子必取摶黍矣。以龢氏之璧與百金以示鄙人，鄙人必取百金矣』。皆有『與』字，此文例亦當同。」○孫先生曰：「新序節士篇正有『與』字。」**其知彌精，其所取彌精。其知彌觕，其所取彌觕。**精，微妙也。觕，麤疏也。

異寶

五曰：萬物不同，而用之於人異也，○陳昌齊曰：「据通篇文義，當衍『不』字。」○陶鴻慶曰：「『不』字不當有。淮南説林訓云『柳下惠見飴曰「可以養老」，盜跖見飴曰「可以黏牡」，見物同而用之異』，義即本此。衍『不』字，則非其旨矣。」**此治亂存亡死生之原。**原，本。**故國廣巨，兵彊富，**○舊校云：「一作『充富』。」**未必安**

也；尊貴高大，未必顯也，在於用之。桀、紂用其材而以成其亡，湯、武用其材而以成其王。

湯見祝網者，置四面，置，設。其祝曰：「從天墜者，墜，隕也。從地出者，從四方來者，皆離吾網。」湯曰：「嘻！盡之矣。非桀其孰爲此也？」孰，誰也。湯收其三面，○畢沅曰：「舊校云『收』一作『放』。孫云『李善注文選張平子東京賦、揚子雲羽獵賦引此「收」竝作「拔」，舊校當是「一作拔」』。」置其一面，更教祝曰：「昔蛛蝥作網罟，今之人學紓。紓，緩。○畢沅曰：「賈誼書諭誠篇『蛛蝥作網，今之人循緒』。舊本『蝥』作『螯』，誤。紓疑與杼通，注訓爲緩，非是。」○維遹案：文選左太沖魏都賦注引作「今之人學之」，殆以義改。欲左者左，欲右者右，欲高者高，欲下者下，吾取其犯命者。」漢南之國聞之曰：「湯之德及禽獸矣。」漢南，漢水之南。四十國歸之。○畢沅曰：「梁仲子云『李善注東京賦作三十國』。」人置四面，未必得鳥。湯去其三面，置其一面，以網其四十國，非徒網鳥也。徒猶但也。

周文王使人抇池，得死人之骸，○維遹案：御覽八十四引「池」作「地」。吏以聞於文王，○維遹案：聞猶問也。聞、問古通用。論語公冶長篇「聞一知十」，本或作「問」。荀子堯問篇「不聞即物少至」，楊倞注「聞或作問」，是其比。文王曰：「更葬之。」吏曰：「此無主矣。」文王曰：「有天下者，天下之主也。有一國者，一國之主也。今我非其主也？」○畢沅曰：「也與邪古通用，御覽八十四作『邪』。」遂令吏以衣棺更葬之。天下聞之曰：「文王賢矣，澤及髊骨，骨有肉曰髊，無曰枯。又況於人乎！」或得寶以危其國，文王得朽骨以喻其意，喻，說。說民意也。故聖人於物也無不材。材，用也。

孔子之弟子從遠方來者，孔子荷杖而問之曰：「子之公不有恙乎？」搏杖而揖之，問曰：「子之父母不有恙乎？」置杖而問曰：「子之兄弟不有恙乎？」杙步而倍之，問曰：「子之妻子不有恙乎？」〇畢沅曰：「孫云『御覽七百十「公」作「父」，下無「父」字，「搏杖」作「持杖」，「杙步而倍之」作「杖步而倚之」』。廣韻『杖』字下引云『孔子見弟子，抱杖而問其父母，柱杖而問其兄弟，曳杖而問其妻子，尊卑之差也』，蓋約此文。」〇梁玉繩曰：「賈子容經篇載此事作子贛謁孔子。」〇俞樾曰：「『搏杖』即『扶杖』也。專聲、夫聲相近，故義得通。釋名釋言語曰：『扶，傅也，傅近之也。』是其例矣。」故孔子以六尺之杖，諭貴賤之等，辨疏親之義，又況於以尊位厚祿乎？

古之人貴能射也，以長幼養老也。禮，射中飲不中，故所以長幼養老也。今之人貴能射也，以攻戰侵奪也。其細者以劫弱暴寡也，以遏奪爲務也。仁人之得飴，飴，餳。以養疾侍老也。侍亦養也。〇王念孫曰：「正文及注内兩『侍』字皆當爲『持』，持老謂養老也。長見篇曰『申侯伯善持養吾意』，管子明法篇曰『小臣持祿養交，不以官爲事』，墨子天志篇曰『内有以食飢息勞，持養其萬民』，荀子勸學篇曰『除其害者以持養之』，榮辱篇曰『以相羣居，以相持養』，議兵篇曰『高爵豐祿以持養之』，是持與養同義，故注云『持亦養也』。」跖與企足得飴，以開閉取楗也。跖，盗跖；企足，莊蹻也，皆大盗人名也。以飴取人楗牡，開人府藏，竊人財物者也。〇畢沅曰：「淮南説林訓『柳下惠見飴曰「可以養老」，盗跖見飴曰「可以黏牡」，見物同而用之異』，注：『牡，門户籥牡。』此云楗即牡也。黏牡使之無聲，又開之滑易也。」〇梁玉繩曰：「莊蹻字企足，僅見此。」〇維遹案：正文及注「企足」二字竝當作「蹻」。「蹻」俗書作「跻」，「乔」與「企」形近，遂錯分爲二字，非「企足」爲「蹻」之字也。緣古書中多以跖、蹻竝舉，淮南主術篇「明分以示之，則蹠、蹻之姦止矣」，高注謂「蹻，莊蹻」，與此注例同。困學紀聞十七引此正作「仁人得飴，以養疾侍老也。跖、蹻得飴，以開閉取楗也」，是其證。

異用

吕氏春秋集釋卷第十一

榮成許維遹學

吕氏春秋訓解　高氏

仲冬紀第十一　至忠　忠廉　當務　長見

一曰：仲冬之月，日在斗，仲冬，夏之十一月。斗，北方宿，吴之分野。是月，日躔此宿。○畢沅曰：「淮南天文訓斗屬越。」昏東壁中，旦軫中。東壁，北方宿，衛之分野。軫，南方宿，楚之分野。是月昏旦時，皆中於南方。其日壬癸，其帝顓頊，其神玄冥，其蟲介，其音羽，說在孟冬。律中黄鐘，黄鐘，陽律也。竹管音與黄鐘和也。陽氣聚於下，陰氣盛於上，萬物萌聚於黄泉之下，故曰黄鐘也。其數六，其味鹹，其臭朽，其祀行，祭先腎。冰益壯，地始坼，立冬後三十日大雪節，故冰益壯，地始坼，凍裂也。鶡鴠不鳴，虎始交。鶡鴠，山鳥，陽物也。是月陰盛，故不鳴也。虎乃陽中之陰也，陰氣盛，以類發也。○畢沅曰：「『鶡鴠』月令古本作『曷旦』，今本作『鶡旦』，淮南作『鳱鳴』。」○維遹案：玉燭寶典引作「曷旦」，與月令古本合。天子居玄堂太廟，太廟，中央室也。乘玄輅，駕鐵驪，載玄旂，衣黑衣，服玄玉，食黍與彘，其器宏以弇。說在孟冬。命有司曰：「土事無作，無發蓋藏，無起大衆，以固而閉。」有司，於周禮爲司徒，掌建邦之土地，主地圖與民人之教，故命之也。**發蓋藏，起大衆，地氣且泄，是謂發天地之房，**房，所以閉藏也。○畢沅曰：「『且泄』，古本月令同，今本作『沮泄』，釋文不爲『沮』作音，注、疏亦無解，然則『沮』字非也。音律篇亦作『陽氣且泄』。」○俞樾曰：「『以固而閉』本作『以固天閉地』，『地氣且泄』本作『陽氣且泄』，音律篇曰『黄鐘之月，土事無作，慎無發蓋，以固天閉地，陽氣且泄』，是其證也。月令作『以固而閉，地氣且泄』，乃奪『陽』字，又誤『天』字爲『而』字耳。後人據月令以改此文，幸音律篇未改，尚可訂正。說詳羣經平議。」**諸蟄則死，民多疾疫，又隨以喪，**發泄陰氣，故蟄伏者死，民疾以喪亡也。○孫先生曰：「注『發泄陰氣』于義不合，『陰』當作『陽』，字之誤也。是月陰氣用事，故陰氣在上，陽氣在下。若發蓋藏，起大衆，必發泄陽氣，與時令不合，故諸蟄伏者必死，民多疾疫。若作『陰氣』，不可通矣。月令孔疏云『土事毋作，慎毋發蓋者，爲陰氣凝固，陽須閉藏，若起土功，開蓋物，發室屋，起大衆，開泄陽氣，故下云諸蟄則死，人則疾疫也』，是其證。御覽二十八引正作『陽』，當據正。」**命之曰暢月。**陰氣在上，民人空閑，無所事作，故命之曰暢月也。

是月也，命閹尹，申宮令，審門閭，謹房室，必重閉。閹，宮官。尹，正也。於周禮爲宮人，掌王之六寢，故命之。申宮令，審門閭，謹房室，必重閉，皆所以助陰氣也。○畢沅曰：「『門閭』蔡邕月令說作『門闈』，云：『閹尹者，內官也，主宮室出入宮門。宮中之門曰闈，閹尹之職也。閭，里門，非閹尹所主，知當作「闈」。』見月令問荅。」**省婦事，毋得淫，雖有貴戚近習，無有不禁。**淫則禁之，尊卑一者也。**乃命大酋，秫稻必齊，麴糱必時，**大酋，主酒官也。酋醞米麴，使之化熟，故謂之酋。於周禮爲酒正，掌酒之政令，以式法度授酒材，辨五齊之名。秫與稻必得其齊，麴與糱必得其時，則酒善也。○畢沅曰：「注『酋醞米麴』及『故謂之酋』兩『酋』字舊本皆作『酒』，訛。又『麴與糵必得其時』，舊無『與』字。案上云『秫與稻』，則此亦當相配，且與下注數六物相合也。又舊本疊『得其時』三字，案亦衍文，今去之。」○凌曙曰：「酒字從酉。釋名：『酒，酉也。』説文：『酉，就也。八月黍成，可爲酎酒。』『酋，繹酒。從酉，水半見於上。』酒久則水上見而糟少也，故月令鄭注『大酋者，酒官之長也』，疏『酋者，久遠之稱』，則是久熟者善，故名酒官爲大酋。揚子方言『自河以北，趙、魏之間，久熟曰酋』，故酒久熟亦謂之酋。」**湛饎必潔，水泉必香，**湛，漬也。饎，炊也。香，美也。炊必清潔，水泉善則酒美也。湛讀瀋釜之瀋。饎讀熾火之熾也。○畢沅曰：「『瀋釜』未詳。陸德明音子廉反，異於高讀。」○維遹案：注「水泉善則酒美也」當云「水泉美則酒善也」，善、美二字誤倒其次。注訓香爲美，則水泉香即宜訓爲水泉美，方與文例合。上注「麴與糵必得其時，則酒善也」，此注亦不應獨異。淮南注正作「水泉美則酒善也」。**陶器必良，火齊必得，兼用六物。大酋監之，無有差忒。**陶器，瓦器也。六物，秫、稻、麴、糵、水、火也。大酋監之，皆得其齊，故無有差忒也。○俞樾曰：「上文『秫稻必齊，麴糵必時，湛饎必潔，水泉必香，陶器必良，火齊必得』，正是六物，故月令正義曰：『六物者，秫稻一，麴糵二，湛熾三，水泉四，陶器五，火齊六也。』其義明白，自可無疑。而高氏此注曰『六物，秫、稻、麴、糵、水、火也』，則與上文不合。疑高注本曰『六物，秫稻、麴糵、湛饎、水泉、陶器、火齊也』，傳寫有奪文耳。」**天子乃命有司，祈祀四海大川名原淵澤井泉。**皆有功於人，故祈祀之也。

是月也，農有不收藏積聚者，牛馬畜獸有放佚者，取之不詰。詰，誅也。○維遹案：取之不詰者，警戒其失主也，竝無誅罪。注「誅」字當是「讓」之形誤，處方〔一〕篇注「詰，讓」可證。淮南注「詰，呵問」與讓義正合。**山林藪澤，**無水曰藪。有水曰澤。**有能取疏食田獵禽獸者，野虞教導之。**草實曰疏食。野虞，掌山澤之官也，故教導之也。**其有侵奪者，罪之不赦。**必罰之也。○孫先生曰：「周書月令篇、禮記月令、淮南子『侵』上竝有『相』字，疑此文誤脱『相』字。」

是月也，日短至，冬至之日，晝漏水上刻四十五，夜水上刻五十五，故曰日短至。在牽牛一度也。**陰陽爭，諸生蕩。**陰氣在上，微陽動升，故曰爭也。諸蟄伏當生者皆動摇也。○畢沅曰：「鄭注月令云：『蕩謂物動將萌牙也。』」**君子齋戒，處必弇，身欲寧，去聲色，禁嗜慾，安形性，**弇，深邃也。寧，靜也。聲，五聲也。色，五色也。屏去之，崇寂靜也。陰陽方爭，嗜慾咸禁絶之，所以安形性也。○畢沅曰：「處必弇，以其所居言之。今月令作『處必揜身』，蓋與仲夏文相涉而更誤矣。」**事欲靜，以待陰陽之所定。**定猶成也。**芸始生，荔挺出，蚯蚓結，麋角解，水泉動。**芸，蒿菜名也。荔，馬荔。挺，生出也。蚯蚓，蟲也。結，紆也。麋角解墮，水泉湧動，皆應微陽氣也。○畢沅曰：「鄭注月令云『荔挺，馬薤也』，與此異。」○維遹案：顔氏家訓書證篇謂「説文云『荔似蒲而小，根可爲㲉』，廣雅云『馬薤，荔也』，通俗文亦云『馬藺』，然則月令注『荔挺』爲草名，誤矣。江東呼爲旱蒲。」案蒲、藺、薤竝以葉形得名。荔、藺一聲之轉。吾鄉稱此草爲馬楝，是由馬薤而轉者矣。**日短至則伐林木，取竹箭。**是月也，竹木

〔一〕「方」，原作「分」，形近而譌，今改。

調牣，又斧斤入山林之時也，故伐取之也。○畢沅曰：「周禮地官『山虞，仲冬斬陽木，仲夏斬陰木』，鄭注云『堅濡調』，此注調意正同。又牣與韌、刃、忍古皆通用。有取柔韌者，此則取其堅韌也。汪本乃改作『調均』，非是。」

是月也，可以罷官之無事者，去器之無用者。塗闕庭門閭，闕，門闕也，於周禮爲象魏。門閭皆塗塞，使堅牢也。**築囹圄，此所以助天地之閉藏也。**

仲冬行夏令則其國乃旱，氣霧冥冥，雷乃發聲。夏火炎上，故其國旱也。清濁相干，氣霧冥冥也。夏氣發泄，故雷動聲也。○畢沅曰：「『氣霧』月令作『氛霧』，此疑訛。」○維遹案：畢說是。淮南「氣」亦作「氛」，注同。**行秋令則天時雨汁，瓜瓠不成，國有大兵。**秋，金，水之母也。冬節白露，故雨汁也。金用事以干水，故瓜瓠不成，有大兵來伐之也。○維遹案：注「金」下脱一「氣」字，淮南注可證。季秋紀注云：「秋，金氣，水之母也。」**行春令則蟲螟爲敗，水泉減竭，民多疾癘。**春，木氣。木生蟲，故蟲螟爲敗。食穀心曰螟。陽氣炕燥，故水泉減竭也。水木相干，氣不和，故民多疾癘也。○畢沅曰：「月令『減』作『咸』，古通用。左傳『咸黜不端』，正義云：『諸本或作減。』又『不爲末減』，王肅注家語云『左傳作咸』。梁仲子云『羣經音辨咸有胡斬切，一音消也。史記索隱司馬相如傳「上減五，下登三」，韋昭説作「咸」』。又『疾癘』月令作『疥癘』。」

仲冬紀

二曰：至忠逆於耳，倒於心，倒亦逆也。○楊德崇曰：「『至忠』當作『忠言』，言、至二字形近而譌，校者復以小題爲『至忠』，遂乙轉『忠至』爲『至忠』。下注云『賢主説忠言』，是正文原作『忠言』明矣。下文『夫惡聞忠言，乃自伐之精者也』，即承此而言。史記留侯世家有『忠言逆耳利於行』語。」非賢主其孰能聽之？聽，受也。故賢主之所説，不肖主之所誅也。賢主説忠言也，不肖主反之。春秋傳曰：「忠爲令德，非其人則不可，況不令之尤者乎？」故被不肖主之所誅也。人主無不惡暴劫者，而日致之，惡之何益？日致爲暴劫之政也。孟子曰「惡溼而居下」，故曰「惡之何益」也。○維遹案：注「溼」字張本作「濕」，與今本孟子合。今有樹於此，而欲其美也，美，茂也。○維遹案：注「茂」字原作「成」，改從張本、姜本。太玄注「美，茂也」，其比同。人時灌之，則惡之，惡其灌之。而日伐其根，則必無活樹矣。○俞樾曰：「『日』當作『自』，字之誤也。此句『自』字與上句『人』字正相對。下文曰『夫惡聞忠言，乃自伐之精者也』，即承此言之，足徵『日伐』之當作『自伐』矣。」夫惡聞忠言，乃自伐之精者也。精猶甚。甚於自伐其根者也。

荆莊哀王獵於雲夢，荆莊哀王，考烈王之子，在春秋後。雲夢，楚澤也，在南郡華容也。○畢沅曰：「此楚莊王也，不當有『哀』字。説苑立節篇、渚宮舊事、御覽八百九十皆作『楚莊王』，是穆王子也。或有作『莊襄王』者，亦誤。」射隨兕，中之。申公子培劫王而奪之。隨兕，惡獸名也。子培，申邑宰也。楚僭稱王，邑宰稱公也。以殺隨兕者之凶，故劫奪王，代王受殃也。○畢沅曰：「『隨兕』説苑作『科雉』。」王曰：「何其暴而不敬也？」命吏誅之。下陵其上謂之暴。誅之，誅子培也。左右大夫皆進諫曰：「子培，賢者也，又爲王百倍之臣，此必有故，願察之也。」子培之賢，百倍於人，必有所爲故也，故曰「願王察之也」。○孫先生曰：「『願』下本有

『王』字，而今本脱之。高注『故曰願王察之也』，是正文本有『王』字明矣。渚宮舊事正作『願王察之』。」不出三月，子培疾而死。爲代王殺隨兕，故死也。荆興師，戰於兩棠，大勝晉，兩棠，地名也。荆尅晉負，故曰大勝。○孫先生曰：「渚宮舊事及御覽八百九十引『師』下竝有『與晉』二字，此蓋後人因下句有『大勝晉』之語，删去『與晉』二字，其實不相干也。」○維遹案：説苑立節篇云：「邲之戰，楚大勝晉。」賈誼新書先醒篇云：「楚莊王南與晉人戰於兩棠。」鹽鐵論險固篇云：「楚有汝淵、滿堂之固。」「滿」爲「兩」壞，堂、棠聲同，是兩棠爲楚地名。此可補左宣十二年傳邲之戰。歸而賞有功者。申公子培之弟進請賞於吏曰：「人之有功也於軍旅，臣兄之有功也於車下。」於王車下，奪王隨兕，所以代王死之，兄有是功。○畢沅曰：「舊本『請賞於』下脱『吏曰人之有功也於』八字，又『軍旅』下衍『曰』字，今據御覽删補。」○維遹案：説苑「吏」字作「王」，義勝。王曰：「何謂也？」對曰：「臣之兄犯暴不敬之名，觸死亡之罪於王之側，其愚心將以忠於君王之身，而持千歲之壽也。忠猶愛也。持猶得也。忠愛君上，犯奪隨兕，是代君王受死亡之殃，使君王得千歲之壽也。○王念孫曰：「持猶保也。」臣之兄嘗讀故記曰：『殺隨兕者，不出三月。』故記，古書也。比三月必死，故曰「不出」也。○維遹案：説苑作「不出三月必死」。是以臣之兄驚懼而爭之，驚懼王壽之不長，故與王爭隨兕而奪王也。故伏其罪而死。」罪，殃也。王令人發平府而視之，於故記果有，乃厚賞之。平府，府名也。賞之，賞子培之弟也。申公子培，其忠也可謂穆行矣。穆，美也。穆行之意，人知之不爲勸，人不知不爲沮，勸，進。沮，止也。行無高乎此矣。

齊王疾痏，齊王，湣王也，宣王之子。痏，病痏也。○畢沅曰：「梁仲子云：『論衡道虛篇作「齊王病痏」。痏蓋即周禮天官疾醫之所謂「痟首」也。』盧云：『案痟首常有之疾，未必難治，此或與消渴之消同。李善注文選張景陽七命又引作「病瘠」。』」使人之宋迎文摯。文摯至，視王之疾，謂太子曰：「王之疾必可已也。已猶愈也。雖然，王之疾已，則必殺摯也。」太子曰：「何故？」文摯對曰：「非怒王怒讀如强弩之弩。○畢沅曰：「日抄引作『弩激之弩』。」則疾不可治，○畢沅曰：「孫云：『御覽六百四十五「治」作「活」，與下「文摯非不知活王之疾」合。』」怒王則摯必死。」○孫先生曰：「『怒王』當作『王怒』。上文云『非怒王則疾不可治』，由文摯而激王之怒以治疾，其主在文摯，其賓在王，故曰『怒王』。此語王怒而必殺摯，其主在王，其賓在文摯，故曰『王怒』。同爲文摯言，而語氣迥異，到作『怒王』，失之遠矣。御覽六百四十五又七百二十四引竝作『王怒』，論衡道虛篇同，當乙正。」太子頓首彊請曰：「苟已王之疾，臣與臣之母以死爭之於王，王必幸臣與臣之母，幸，哀也。願先生之勿患也。」文摯曰：「諾。請以死爲王。」爲，治也。與太子期，而將往不當者三，三不如期也。齊王固已怒矣。文摯至，不解屨登牀，履王衣，問王之疾，王怒而不與言。故不解屨以履王衣，欲令王怒也。王果甚怒，不與文摯言也。文摯因出辭以重怒王，○梁玉繩曰：「三國魏志華佗傳：『有一郡守篤病，佗以爲其人盛怒則差，乃多受其貨而不加治。無何，棄去，留書罵之。郡守果大怒，令人追捉殺佗。郡守子知之，屬使勿逐。守瞋恚既甚，吐黑血數升而愈。』此實事，與摯怒齊王類。」王叱而起，疾乃遂已。已猶愈也。○維遹案：注「猶」字原作「除」，改從姜本，與前注合。王大怒不說，○俞樾曰：「『大怒不說』，於文似複而非複也。說之言解也。詩氓篇「猶可説也」，鄭箋曰：「説，解也。」禮記檀弓篇「天下其孰能説之」，鄭注曰：「説猶解也。」然則大怒不説猶大怒不解耳。」將生烹文摯。太子與王后急爭之而不能得，果以鼎生烹文摯。爨之三日三夜，顔色不變。變，毀也。文摯曰：「誠欲殺我，則胡不覆之，以絶陰陽之氣。」王使覆之，文摯乃死。夫忠於治世易，忠於濁世難。賢君賞忠臣，故曰易也。亂主殺之，故曰難也。文摯非不知活王之疾而身獲死也，獲，得也。爲太子行難以成其義也。爲太子故，行其所難也。死之，以成太子孝敬之義也。○畢沅曰：「此事姑妄聽之而已。」

至忠

三曰：士議之不可辱者大之也，議，平也。平之不可得污辱者，士之大者也。○孫鏘鳴曰：「議讀曰義，謂爲士者義不可辱，視義甚大也。視義甚大則富貴不足尊，故下言『大之則尊於富貴』。注議讀如字，曲爲之説，未安。」○吳先生曰：「議，平也。平爲平論之平，即今所云名節，亦今所謂名譽、人格等。大之也，謂士視此事甚重大。（他人小之，士自視則大。）注非。」大之則尊於富貴也，利不足以虞其意矣。虞猶回也。○洪頤煊曰：「虞無回訓。虞與娛同。莊子讓王篇『許由虞於潁濱〔一〕』，釋文：『虞本作娛。』孟子盡心『驩虞如也』，丁音：『驩虞，義當作歡娛，古

〔一〕「潁濱」，莊子作「潁陽」。

字通用耳。』」雖名爲諸侯，實有萬乘，不足以挺其心矣。挺猶動也。誠辱則無爲樂生。言誠可欲得辱，則無用生爲，故曰「無爲樂生」也。○畢沅曰：「注『欲』字疑衍。」若此人也，有勢則必不自私矣，處官則必不爲汙矣，將衆則必不撓北矣。北，走也。忠臣亦然。苟便於主利於國，無敢辭違，殺身出生以徇之。出猶去。去生必死也。徇猶衛也。○畢沅曰：「注『衛也』疑『從也』之訛，見下注。」○俞樾曰：「『出生』二字義甚迂曲，疑當作『出身殺生以徇之』。誠廉篇曰『此二士者，皆出身棄生以立其意』，亦以『出身』二字連文可證。」○吴先生曰：「『出生殺身』與『出身棄生』互文也，俞校不可從。」又曰：「注『殉，衛也』，爲展轉相訓之例，高注類此者多，畢校非。」國有士若此，則可謂有人矣。若此人者固難得，言得之難。其患雖得之有不智。其患者，當其難也，雖得踐其難，踐其難必死，故曰「有不智」也。○畢沅曰：「若此士者，得之固難，幸而得之矣，又患在於人主不能知之，所謂以衆人遇之也。注殊失本意。有與又同，智讀曰知，墨子書皆如是。」○維遹案：畢讀有、智爲又、知，甚是。惟「其患」下當有「者」字，高注云云，是正文本有「者」字明矣。上文「若此人者」指國士言，此云「其患者」指人主言。下出二例，即證此所謂「其患者雖得之有不智」也。

吴王欲殺王子慶忌而莫之能殺，吴王，闔廬光，簒庶父僚而即其位。慶忌者，僚之子也，故欲殺之。慶忌有力捷疾，而人皆畏之，無能殺之者。吴王患之。要離曰：「臣能之。」吴王曰：「汝惡能乎？惡，安也。吾嘗以六馬逐之江上矣而不能及，射之矢，左右滿把而不能中。今汝拔劍則不能舉臂，上車則不能登軾，汝惡能？」要離曰：「士患不勇耳，奚患於不能？王誠能助，臣請必能。」吳王曰：「諾。」明旦，加要離罪焉，摯執妻子，焚之而揚其灰。吳王僞加要離罪，燒其妻子，揚其灰。○畢沅曰：「孫云：『李善注文選鄒陽獄中上書作「執其妻子，燔而揚其灰」。』」○維遹案：摯當讀爲縶，摯、縶皆從執聲，故可通假。要離走，往見王子慶忌於衛。○畢沅曰：「左氏哀廿年傳云：『慶忌適楚。』此與吳越春秋皆云在衛。」王子慶忌喜曰：「吳王之無道也，子之所見也，諸侯之所知也，今子得免而去之，亦善矣。」要離與王子慶忌居有間，謂王子慶忌曰：「吳之無道也愈甚，請與王子往奪之國。」王子慶忌曰：「善。」乃與要離俱涉於江。涉，渡也。中江，拔劍以刺王子慶忌。王子慶忌捽之，投之於江，浮則又取而投之，○畢沅曰：「孫云：『李善注文選郭景純江賦「捽之」作「捽而」，「浮則」作「浮出」。』」○維遹案：說文：「捽，持頭髮也。」如此者三。其卒曰：「汝天下之國士也，幸汝以成而名。」幸，活。而，汝。○孫鏘鳴曰：「卒猶終也。介立篇『其卒遞而相食』，義同。」要離得不死，歸於吳。吳王大説，請與分國。要離曰：「不可。臣請必死。」吳王止之。要離曰：「夫殺妻子焚之而揚其灰，以便事也，臣以爲不仁。便猶成也。夫爲故主殺新主，臣以爲不義。○畢沅曰：「此文訛。案吳越春秋：『爲新君而殺故君之子，非義也。』」○徐時棟曰：「國策並載其語，文義正同。而畢沅以爲誤，是書不誤，而校者反誤也。」又曰：「義各有當，文不訛也。要離既事慶忌，即新主矣，夫非爲故主殺新主乎？轉較吳越春秋之説爲義長也。」夫捽而浮乎江，三入三出，特王子慶忌爲之賜而不殺耳，特猶直也。臣已爲辱矣。夫不仁不義又且已辱，不可以生。」吳王不能止，果伏劍而死。果，終也。要離可謂不爲賞動矣。故臨大利而不易其義，可謂廉矣。廉故不以貴富而忘其辱。不忘其妻子燒死之辱，以取吳國之貴富也。

衛懿公有臣曰弘演，有所於使。懿公，衛惠公之子赤也。演讀如胤子之胤。翟人攻衛，○維遹案：韓詩外傳七作「衛懿公之時，有臣曰洪演者，受命而使，未反，而狄人攻衛」。其民曰：「君之所予位祿者鶴也，所貴富者宮人也，君使宮人與鶴戰，余焉能戰！」魯閔二年傳曰：「狄人伐衛，衛懿公好鶴，鶴有乘軒者。將戰，國人受甲者皆曰：『使鶴，鶴有祿位，余焉能戰？』」此之謂也。遂潰而去。翟人至，及懿公於榮澤，○畢沅曰：「左傳、韓詩外傳七竝作『熒澤』，當從之。」殺之，盡食其肉，獨捨其肝。弘演至，報使於肝，畢，呼天而啼，盡哀而止，○孫先生曰：「初學記十七引『啼』作『號』，韓詩外傳七、新序義勇篇亦竝作『號』，疑『號』字是。」曰：「臣請爲襮。」因自殺，先出其腹實，內懿公之肝。襮，表也。納公之肝於其腹中，故曰「臣請爲襮」者也。○黃生曰：「『襮』即古『表』字。表，外衣也。弘演剖胸納公之肝，言不忍使其暴露，如以衣襲之也。」桓公聞之曰：「衛之亡也，以爲無道也。今有臣若此，不可不存。」於是復立衛於楚丘。弘演可謂忠矣，殺身出生以徇其君。出，去也。去生就死，以徇從其君。非徒徇其君也，又令衛之宗廟復立，祭祀不絕，可謂有功矣。

忠廉

四曰：辨而不當論，信而不當理，勇而不當義，法而不當務，惑而乘驥也，狂而操吳干將也，大亂天下者，必此四者也。四者，辨、信、勇、法也。惑而乘驥，必失其道。吴干將，利劍也，狂而操之，必殺害人。故曰「亂天下者，必此四者也」。○維遹案：辨與辯古通，荀子書皆如是。張本、凌稚隆本正作「辯」，注及下文同。所貴辨者，爲其由所論也。所貴信者，爲其遵所理也。○陶鴻慶曰：「『所論』、『所理』兩所字皆衍文。論與倫同，倫亦理也。下文云：『所貴勇者，爲其行義也。所貴法者，爲其當務也。』此文例亦當同。」所貴勇者，爲其行義也。所貴法者，爲其當務也。

跖之徒問於跖曰：「盜有道乎？」跖，大盜之人。徒，其弟子。跖曰：「奚啻其有道也！夫妄意關内，關，閉也。中藏，聖也。以外知内，此幾於聖也。○畢沅曰：「『妄意關内』，於文已足，不當復有『中藏』字。淮南道應訓作『意而中藏者，聖也』。疑後人以淮南之文旁注『關内』下，後遂誤入正文。」○孫先生曰：「畢校非也。莊子胠篋篇作『夫妄意室中之藏，聖也』，莊書『之』字亦當作『中』。上『中』字讀如『允執厥中』之中，下『中』字讀如『億則屢中』之中，成疏可證。此蓋緣後人於重疊之文記以『〻』字，遂誤作『之』，呂氏、淮南竝不誤也。妄意關内者，妄度門内之財物。（意與億同，度也。説文：『關，以木横持門户也。』周禮司關注：『關，界上之門也。』是關内即門内。高訓爲閉，未得其旨。）意而中藏者，揣度而竟中其藏也，義亦明順。畢氏誤讀中爲中内之中，故謂『中藏』爲衍文，遂使莊、呂及淮南之文竝不可通，斯爲謬矣。」入先，勇也。出後，義也。知時，智也。分均，仁也。不通此五者，而能成大盜者，天下無有。」無有成大盜者。備説非六王五伯，備，具也。説，道也。非者，譏呵其闕也。六王，謂堯、舜、禹、湯、文、武也。五伯，齊桓、晉文、宋襄、楚莊、秦繆也。以爲「堯有不慈之名，不以天下與胤子丹朱，而反禪舜，故曰「有不慈之名」也。○馬叙倫曰：「莊子盜跖篇亦云『堯不慈』，釋文亦云『不授子也』。尋盜跖篇又云『堯殺長子』，韓非説疑云『記曰堯誅丹朱』，則不慈謂殺子也。」**舜有不孝之行，**詩云：「娶妻如之何？必告父母。」堯妻舜，舜遂不告而娶，故曰「有不孝之行」也。**禹有淫湎之意，**禹甘旨酒而飲之，故曰「有淫湎之意」。**湯、武有放殺之事，**成湯放桀於南巢，周武殺殷紂於宣室，故曰「有放殺之事」。**五伯有暴亂之謀，**五伯爭國，骨肉相殺，以大兼小，故曰「有暴亂之謀」。**世皆譽之，人皆諱之，惑也」。**世稱六王之聖，五伯之賢，而人諱其放殺暴亂之謀。論語曰：「愛之欲其生，惡之欲其死。既欲其生，又欲其死，惑也。」此之謂也。○畢沅曰：「注引論語殊不切。」**故死而操金椎以葬曰：「下見六王五伯，將毃其頭矣。」辨若此，不如無辨。**毃音敲，擊也。辨説六王、五伯之闕，而欲見毃其頭。辨如此，不若無辨也。○畢沅曰：「『毃』舊本作『穀』，注『音敲』作『音殸』，又一本作『音穀』，竝訛。段云『説文：「毃，擊頭也。口卓切」』。錢詹事云：『殸不成字，當爲敲之譌。説文「敲，从上擊下也」。』孫氏説同。盧案：『廣韻敲、毃竝苦角切，是其音正同也。』今俱改正。」○吳汝綸曰：「『穀』字諸公多妄改。注『音殸』，乃古字之覿存者。古告、高多相通，鵠借爲翯，皓借爲皜，然則殸殆毃之借字也。」

楚有直躬者，其父竊羊而謁之上，謁，告也。上，君也。語曰：「葉公告孔子曰：『吾黨有直躬者，其父攘羊而子證之。』」此之謂也。○維遹案：孔安國解「直躬」謂「直身而行」，經師多從其説，遂以呂覽爲人姓名非是。惟武億據莊子、淮南、三國志注定呂覽非誤，説見羣經義證。**上執而將誅之。直躬者請代之。將誅矣，告吏曰：「父竊羊而謁之，不亦信乎？父誅而代之，不亦孝乎？信且孝而誅之，國將有不誅者**

乎？」言淫刑以逞，誰能免之？故曰「國將有不誅者乎」？荆王聞之，乃不誅也。孔子聞之曰：「異哉！直躬之爲信也，一父而載取名焉。」故直躬之信，不若無信。父爲子隱，子爲父隱，直在其中矣。信而證父，故曰「不若無信」也。

齊之好勇者，其一人居東郭，其一人居西郭，卒然相遇於塗曰：「姑相飲乎？」觴數行，觴，爵也。曰：「姑求肉乎？」一人曰：「子，肉也；我，肉也，尚胡革求肉而爲？革，更也。於是具染而已。」染，豉醬也。因抽刀而相啖，至死而止。勇若此，不若無勇。傳曰：「酒以成禮，弗繼以淫。」勇而相噬，無禮之甚，故曰「不若無勇」。○畢沅曰：「注迂甚。」

紂之同母三人，其長曰微子啟，其次曰中衍，○梁玉繩曰：「人表宋微中，下注曰『啓子』，與此異。史記、家語竝依吕氏，先儒多仍之，惟蘇子由古史據人表云：『微子卒，世子蚤死，立世子之弟微仲衍。』孫頤谷曰：『孟子以微仲與微子竝言，疑是弟，非子也。人表有兩微仲，或疑一子一弟。』説頗可採。」○蔡雲曰：「兩微中猶兩虞中也。閻徵君釋地續孤引宋微中爲證，疎矣。馬氏繹史以爲重出，恐非。」其次曰受德。受德乃紂也，甚少矣。少，小也。○梁玉繩曰：「受、紂音相亂。書立政曰『其在受德暋』，猶言桀德，豈二名乎？逸書克殷解誤以『受德』爲名，吕仍其誤，鄭康成遂謂紂字受德，僞孔傳又云『帝乙愛焉，爲作善字』，尤妄也。」紂母之生微子啟與中衍也，尚爲妾。已而爲妻而生紂。紂之父、紂之母欲置微子啟以爲太子，太史據法而爭之曰：「有妻之子，而不可置妾之子。」紂故爲後。置，立也。○王念孫曰：「而猶乃也，則也。」○俞樾曰：「此當作『有妻之子，不可而置妾之子』，乃後人不解古義而妄改之也。不可而者，不可以也。本書每有此例。功名篇曰：『故當今之世，有仁人在焉，不可而不此務，有賢主不可而不此事。』不屈篇曰：『惠子曰：「若王之言，則施不可而聽矣。」』用民篇曰：『處次官，執利勢，不可而不察於此。』凡言『不可而』者，竝與『不可以』同。」○維遹案：王説是。尚書微子篇孔疏引此文云：「紂之母生微子啓與中衍，其時猶尚爲妾，改而爲妻後生紂。紂之父欲立微子啓爲太子，太史據法而爭曰：『有妻之子，不可立妾之子。』故立紂爲後。」孟子梁惠王下孫疏引略同。則唐、宋人所見之本與今本少異。**用法若此，不若無法。**太子所以繼世樹德化下也，法當以法。紂爲淫虐，以亂天下，故曰「不若無法」也。○畢沅曰：「注『法當以法』句有脱誤，其意蓋謂立長建善，不當徒法也。」

當務

五曰：智所以相過，以其長見與短見也。長，遠也。短，近也。**今之於古也猶古之於後世也，今之於後世亦猶今之於古也，**○陶鴻慶曰：「此四句文不成義，疑元文本二句，當云『後世之於今，亦猶今之於古也』，文義已足，下文『故審知今則可知古，知古則可知後世』，義正與此相承。今本作四句者，蓋即二句之誤衍，校者竄易其文而並存耳。」**故審知今則可知古，知古則可知後。**古，昔也。後，來也。**古今前後一也，故聖人上知千歲，下知千歲也。**

荆文王曰：「莧譆數犯我以義，違我以禮，文王，武王之子也。犯我，使從義也。違我，使入禮也。○

畢沅曰：「『莧譆』説苑君道篇作『筦饒』，新序一作『筦蘇』。」○王念孫曰：「漢州輔碑：『昔管蘇之尹楚，以直見疏，死記其□。』『莧』即『筦』之譌，『饒』與『譆』形相近。棘鎮碑：『膺姿管蘇，靖位衛上。』」○俞樾曰：「『犯我以義，違我以禮』即『範我以義，圍我以禮』。範、圍作犯、違，皆叚借字。周易繫辭傳『範圍天地之化』，釋文曰：『範，馬、張、王肅本作犯。圍，本作違。』是其證矣。」與處則不安，曠之而不穀得焉。與之居不安之也。曠察之使我從義入禮，則不穀得不危亡焉。○畢沅曰：「曠猶久也。」不以吾身爵之，後世有聖人，將以非不穀。」非猶罪也。於是爵之五大夫。爵莧譆爲五大夫也。「申侯伯善持養吾意，吾所欲則先我爲之，意，志也。先意承志，傳所謂「從而不違」也。與處則安，曠之而不穀喪焉。與處則安者，臧武仲曰：「季孫之愛我，疾疹也。孟孫之惡我，藥石也。美疹不如惡石也。」故曰「而不穀喪焉」也。○畢沅曰：「注『疾疹』左傳作『疾疢』。」不以吾身遠之，後世有聖人，將以非不穀。」於是送而行之。魯僖七年傳曰：「初，申侯之出也，有寵於楚文王。文王將死，與之璧使行，曰：『惟我知汝，汝專利而不厭，予取予求，不汝玼瑕也。後之人將求多於汝，汝必不免。我死，汝速行，毋適小國，將不汝容焉。』」此之謂也。申侯伯如鄭，阿鄭君之心，先爲其所欲，阿，從也。三年而知鄭國之政也，知猶爲也。五月而鄭人殺之。是後世之聖人，使文王爲善於上世也。上猶前也。

晉平公鑄爲大鐘，使工聽之，皆以爲調矣。平公，悼公之子。調，和也。師曠曰：「不調，請更鑄之。」平公曰：「工皆以爲調矣。」師曠曰：「後世有知音者，將知鐘之不調也，臣竊爲君恥之。」至於師涓而果知鐘之不調也。是師曠欲善調鐘，以爲後世之知音者也。

呂太公望封於齊，太公望，炎帝之後。四岳佐禹治水有功，錫姓爲姜，氏曰有呂，故曰呂望。遭紂之亂，聞西伯善養老者，遂奔於周，釣於渭濱。文王出田而見之曰：「吾望公之久矣。」乃載與俱歸，號爲太公望，使爲太師。文王薨，佐武王伐紂，成王封之於齊，故傳曰：「齊，太岳之胤。」○畢沅曰：「注『吾望公之久矣』，史記齊世家作『吾太公望子久矣』。宋書符瑞志『太公望本名呂尚，文王至磻谿之水，尚釣于涯，王下趨拜曰：「望公七年，乃今見光景於斯。」尚立變名，荅曰：「望釣得玉璜。」云云』。蓋本尚書緯帝命驗之文。梁仲子云『注蓋引左氏莊廿二年傳「姜，太嶽之後也」，而偶涉隱十一年之文』。」○梁玉繩曰：「組紺號太公，安得預知呂尚而望之？通志以爲誕語，高蓋有意更之。」**周公旦封於魯，**周公旦，文王之子，武王之弟也。武王崩，成王幼少，代攝政七年，致太平，成王封之於魯也。**二君者甚相善也，相謂曰：「何以治國？」太公望曰：「尊賢上功。」周公旦曰：「親親上恩。」太公望曰：「魯自此削矣。」**親親上恩，恩多則威武不行，威武不行故削弱也。**周公旦曰：「魯雖削，有齊者亦必非呂氏也。」其後齊日以大，至於霸，二十四世而田成子有齊國。**尊賢敬德，故能霸也。上功則臣權重，故能奪君國也。田成子恒殺簡公，適二十四世也。**魯公以削，至於覲存，**覲，裁也。○劉先生曰：「『公』當爲『日』，字之誤也。淮南子齊俗篇、韓詩外傳十竝作『魯日以削』，正與上文『齊日以大』相對，是其證矣。」**三十四世而亡。**自魯公伯禽至頃公讎爲楚考烈王所滅，適三十四世也。○梁玉繩曰：「此及史魯世家、韓詩外傳十皆作三十四世，蓋不數伯御一代也。淮南齊俗作三十二，氾論作三十六，竝誤。」

吳起治西河之外，王錯譖之於魏武侯，吳起，衞人，爲魏將，善用兵，故能治西河之外，謂北邊也。

武侯，文侯之子。武侯使人召之。吳起至於岸門，岸門，邑名。○畢沅曰：「史記魏世家正義引括地志云：『岸門在許州長社縣西北十八里。』」止車而望西河，○畢沅曰：「後觀表篇『止車而』下有『休』字。」泣數行而下。其僕謂吳起曰：「竊觀公之意，視釋天下若釋躧。釋，棄。○維遹案：躧與屣、履並通。觀表篇作「屣」。漢書地理志「女子彈絃跕躧」，如淳云：「躧音屣。」師古云：「躧字與履同。」今去西河而泣，何也？」吳起抿泣而應之曰：「子不識。識，知也。○畢沅曰：「抿與拭同。觀表篇作『雪』，注『拭也』。」○維遹案：觀表篇「識」下有「也」字。君知我而使我，畢能西河可以王。能，力也。盡力爲之，可以致君於王也。今君聽讒人之議，讒人，王錯也。而不知我，西河之爲秦取不久矣，魏從此削矣。」秦將取之，不復久也。魏失西河，故從此削弱也。吳起果去魏入楚。有間，西河畢入秦，秦日益大。畢由盡也。此吳起之所先見而泣也。

魏公叔座疾，惠王往問之，惠王，武侯之子。○畢沅曰：「『座』舊作『痤』，與魏策同。據御覽四百四十四又六百三十二兩引皆作『座』，與史記商君傳合，今從之。」曰：「公叔之病甚矣，○畢沅曰：「舊本作『公叔之疾嗟疾甚矣』。案御覽兩引皆作『公叔之病甚矣』，今據改正。」將奈社稷何？」公叔對曰：「臣之御庶子鞅，願王以國聽之也。御庶子，爵也。鞅，衛之公孫也，故曰公孫鞅，或曰衛鞅。言其智計足以相社稷，能使用而從也。爲不能聽，○畢沅曰：「『爲』御覽作『若』。」勿使出境。」言不能用鞅者必殺之，無令他國得用之也，故曰「勿使出境」。王不應，出而謂左右曰：「豈不悲哉！出，王視公叔疾而出也。以公叔之賢，而今謂寡人必以國聽鞅，悖也夫！」公叔死，公孫鞅西游秦，秦孝公聽之，秦果用彊，魏果用弱，非公叔座之悖也，魏王則悖也。夫悖者之患，固以不悖爲悖。悖者不自知爲悖，故謂不悖者爲悖。○孫先生曰：「『不悖』下疑亦當有『者』字，高注云云，是正文本有『者』字明矣。」

長見

呂氏春秋集釋卷第十二

榮成許維遹學

季冬紀第十二　士節　介立　誠廉　不侵　序意

呂氏春秋訓解　高氏

一曰：季冬之月，日在婺女，季冬，夏之十二月。婺女，北方宿，越之分野。是月，日躔此宿也。○畢沅曰：「此書『婺』舊竝從『務』，案說文從『敄』，今竝改正。」昏婁中，旦氐中。婁，西方宿，魯之分野。氐，東方宿，韓之分野。是月昏旦時，皆中於南方。○畢沅曰：「淮南天文訓氐屬宋。」其日壬癸，其帝顓頊，其神玄冥，其蟲介，其音羽，律中大呂，大呂，陰律也。竹管音與大呂和也。萬物萌生，動於黃泉，未能達見。呂，旅也。所以旅陰即陽，助其成功，故曰大呂也。○畢沅曰：「注『所以旅陰即陽』，舊本『旅』下有『去』字，衍，今刪去。」○王念孫曰：「畢校非也。淮南時則訓注作『所以旅旅去陰即陽』，與此同，寫者脫去下『旅』字耳。淮南天文訓云：『大呂者，旅旅而去也。』此高注所本。」其數六，其味鹹，其臭朽，其祀行，祭先腎。鴈北鄉，鵲始巢，鴈在彭蠡之澤，是月皆北鄉，將來至北漠也。鵲，陽鳥，順陽而動，是月始爲巢也。雉雊雞乳。詩云：「雉之朝雊，尚求其雌。」乳，卵也。

○畢沅曰：「舊本作『乳雉雊』，誤，今案注當與月令文同，今改正。」**天子居玄堂右个，**玄堂，北向堂。右个，東頭室也。**乘玄駱，駕鐵驪，載玄旂，衣黑衣，服玄玉，食黍與彘，其器宏以弇。命有司大儺，旁磔，出土牛，以送寒氣。**大儺，逐盡陰氣，爲陽導也。今人臘歲前一日，擊鼓驅疫，謂之逐除，是也。周禮：「方相氏掌蒙熊皮，黄金四目，玄衣朱裳，執戈揚楯，率百隸而時儺，以索室驅疫鬼。」此之謂也。旁磔犬羊於四方以攘，其畢冬之氣也。出土牛，令之鄉縣，得立春節，出勸耕土牛於東門外，是也。○畢沅曰：「注『其畢冬之氣也』，『其』字衍。又『令之鄉縣』，疑是『令之郡縣』。案續漢禮儀志亦於季冬出土牛，此云『立春節』，説又異也。」○孫先生曰：「初學記四、白帖四、御覽十七、海録碎事二引注竝作『前歲一日，擊鼓驅疫癘之鬼，謂之逐除，亦曰儺』。較今本爲優。」**征鳥厲疾，乃畢行山川之祀，及帝之大臣、天地之神祇。**征猶飛也。厲，高也。言是月羣鳥飛行高且疾也。帝之大臣，功施於民，若禹、稷之屬也。天曰神，地曰祇。是月歲終報功，載祀典諸神畢祀之也。○畢沅曰：「月令無『行』字、『地』字。」

是月也，命漁師始漁，天子親往。漁讀如論語之語。是月也，將捕魚，故命其長也。天子自行觀之。**乃嘗魚，先薦寢廟。冰方盛，水澤復，**復亦盛也。「復」或作「複」，凍重絫也。○畢沅曰：「月令作『水澤腹堅』。舊本於此下又有二『堅』字，乃後人以月令之文益之，今删去。」○茆泮林曰：「朱子謂『吕腹作復』。今本同。案禮月令鄭注云『今月令無「堅」』，不言『腹』作『復』。腹、復合義通。」**命取冰。冰已入，**入凌室也。詩云：「二之日，鑿冰沖沖。三之日，納于凌陰。」此之謂也。**令告民，出五種。**出之於窌，簡擇之也。**命司農計耦耕事，**計，會也。耦，合也。○畢沅曰：「月令作『命農』，無『司』字。」**修耒耜，具田器。命樂師大合吹而罷。**周禮籥章：「仲春，晝擊土鼓，吹邠詩，以逆暑。仲秋，夜逆寒亦如之。」舉春、秋，省文也，則冬、夏可知。**乃命四監收秩薪柴，以供寢廟及百祀之薪燎。**四監者，周制，天子畿方千里之内，分爲百縣，縣有四郡，郡有一大夫監之，故命四監，使收掌薪柴也。燎者，積聚柴薪，置璧與牲於上而燎之，升其煙氣，故曰「以供寢廟及百祀之薪燎」也。○畢沅曰：「『寢廟』月令作『郊廟』。案注所云燔柴之禮，是郊也。下文『寢廟』始注云『祖廟』，則此處正文亦必本與月令同。」

是月也，日窮于次，月窮于紀，星迴于天，次，宿也。是月，日周於牽牛，故曰「日窮于次」也。月遇日相合爲紀。月終紀，光盡而復生曰朔，故曰「月窮于紀」。日有常行，行於中道，五星隨之，故曰「星迴于天」也。一説十二次窮於牽牛，故曰「窮于次」也。紀，道也。月窮于故宿，故曰「窮于紀」。星迴于天，謂二十八宿更見于南方，是月迴于牽牛，故曰「星迴于天」也。**數將幾終，歲將更始。**夏以十三月爲正。夏數得天，言天時者皆從夏正也，故於是月十二月之數近終，歲將更始於正月也。**專於農民，無有所使。**農事將起，獨於農民無所役使也。**天子乃與卿大夫飭國典，論時令，以待來歲之宜。**飭讀曰勑。勑正國法，論時令所宜者而行之。○畢沅曰：「月令『與公卿大夫共飭國典』，多『公』字、『共』字。」**乃命太史次諸侯之列，賦之犧牲，**次，列也。諸侯異姓者，太史乃次其列位、國之大小，賦斂其犧牲也。**以供皇天上帝社稷之享。**皇天上帝，五帝也。社，后土之神，謂句龍也。稷，田官之神，謂列山氏子柱與周棄也。享，祀也。**乃命同姓之國供寢廟之芻豢。**寢廟，祖廟也。親同姓，故使供之也。牛羊曰芻，犬豕曰豢。**令宰歷卿大夫至于庶民土田之數而賦之犧牲，以供山林名川之祀。**宰歷，於周禮爲太宰，掌建邦之六典八法，以御其衆，故命之也。○畢沅曰：「『令』，月令作『命』。正義云：『宰，小宰。』鄭注云：『歷猶次也。』此注以『宰歷』連文，似誤。或『歷』字衍。『掌』字舊本脱，今補。」○茆泮林曰：「朱子謂『吕歷作磨』。案朱子引作『磨』，『磨』當作『曆』，音歷，古字通。周禮遂師『抱磨』，音歷，疏謂『抱持役名之版籍』。竊思卿大夫庶民因土田而賦犧牲，亦必有版籍，故謂之磨。而百官萬民皆唯太宰得主之，故高注云然。高氏之解，自異於鄭，非誤，亦非衍字。」凡在天下九州之民者，無不咸獻其力，咸，皆也。獻，致也。以供皇天上帝社稷寢廟山林名川之祀。

行之是令，此謂一終，三旬二日。行之是令，行是之令也。終，一歲十二月終也。三旬二日者，十日一旬也，二十日爲二旬，後一旬在新月，故曰「三旬二日」。○陶鴻慶曰：「季夏篇云『行之是令，是月甘雨三至，（案『三』字疑衍，説具本條。）三旬二日』，此文『三旬二日』與彼同，而上無所承，不知所指何事。高注云云，與季夏篇注語意略同。（案此注亦有譌奪，當以彼注互補。）疑正文『三旬二日』之上當有脱文，亦指雨雪言之。蓋是月冰水方盛，歲事告終，民咸獻力，故雨雪之節，一月中祇得二日，與季夏同，以見祁寒盛暑，皆非常月之比也。」季冬行秋令則白露蚤降，介蟲爲妖，四鄰入保。金氣白，故白露蚤降，介甲之蟲爲妖災也。金爲兵革，故四境之民入城郭以自保守也。○畢沅曰：「『四鄰』月令作『四鄙』。」○維遹案：淮南亦作「四鄙」。注與此同。行春令則胎夭多傷，國多固疾，命之曰逆。季冬大寒，而行春温仁之令，氣不和調，故胎養夭傷。國多逆氣之由，故命曰逆。行夏令則水潦敗國，時雪不降，冰凍消釋。火氣炎陽，又多淋雨，故水潦敗國也。時雪當降而不降，冰凍不當消釋而消釋，火氣温，干時之徵也。

季冬紀

二曰：士之爲人，當理不避其難，理，義也。殺身成義，何難之避也。臨患忘利，道而用之。遺生行義，惟義所在，不必生也，故曰「遺生」也。視死如歸。易也。有如此者，國君不得而友，天子不得而臣。以其義高任大，一國之君不能得友，天子不能得臣也。堯不能屈許由，周不能移伯夷，漢高不能致四皓，此之類也。大者定天下，其次定一國，必由如此人者也。定天下，舜、禹、周棄是也。定一國，蘧伯玉、段干木是也。故人主之欲大立功名者，不可不務求此人也。務，勉也。賢主勞於求人，而佚於治事。得賢而任之，故佚於治事也。

齊有北郭騷者，結罘罔，捆蒲葦，織萉屨，○畢沅曰：「舊本作『屨履』，校云『一作萉履』，今據尊師篇定作萉屨。」以養其母猶不足，猶，尚也。踵門見晏子曰：「願乞所以養母。」晏子之僕謂晏子曰：「此齊國之賢者也，其義不臣乎天子，不友乎諸侯，於利不苟取，於害不苟免。於不義之利，不苟且而取也。當義能死，故不苟免。今乞所以養母，是説夫子之義也，必與之。」晏子使人分倉粟、分府金而遺之，○畢沅曰：「次『分』字衍。説苑復恩篇無。」○維遹案：晏子雜上篇亦無次「分」字。辭金而受粟。有間，晏子見疑於齊君，有間，無幾間也。○維遹案：齊君，景公也。出奔，過北郭騷之門而辭。辭者，別也。北郭騷沐浴而出見晏子曰：「夫子將焉適？」適，之也。晏子曰：「見疑於齊君，將出奔。」奔，走也。北郭子曰：「夫子勉之矣。」晏子上車，太息而歎曰：「嬰之亡豈不宜哉！亦不知士甚矣。」晏子行。行，去也。北郭子召其友而告之曰：「説晏子之義，○維遹案：

晏子、説苑「説」上竝有「吾」字。而嘗乞所以養母焉。〇畢沅曰：「『嘗』舊本作『當』，訛，今從説苑改正。『焉』彼作『者』。」吾聞之曰：『養及親者，身伉其難。』伉，當。今晏子見疑，吾將以身死白之。」白，明也。著衣冠，令其友操劍奉笥而從，造於君庭，求復者曰：「晏子，天下之賢者也，去則齊國必侵矣。必見國之侵也，不若先死。〇劉師培曰：「『必見國之侵』，晏子雜上作『方（即「與」字之譌。）見國之必侵』，可證呂氏舊本『必』字當在『侵』上。」請以頭託白晏子也。」因謂其友曰：「盛吾頭於笥中，奉以託。」退而自刎也。其友因奉以託。其友謂觀者曰：〇維遹案：「觀者」晏子作「復者」，義勝。「北郭子爲國故死，吾將爲北郭子死也。」又退而自刎。齊君聞之，大駭，乘馹而自追晏子，及之國郊，馹，傳車也。郊，境也。〇畢沅曰：「『馹』各本多作『驛』，李本作馹。案文十六年左氏傳『楚子乘馹』，杜注『馹，傳車也』，與此合，今從之。」請而反之。晏子不得已而反，聞北郭騷之以死白己也，曰：「嬰之亡豈不宜哉！亦愈不知士甚矣。」晏子自謂施北郭騷不得其人爲不知士也，又不知北郭騷能爲其殺身以明己，故曰「嬰之亡豈不宜哉！亦愈不知士甚矣」。自責深也。〇畢沅曰：「舊本正文『嬰之亡』上有『晏』字，衍，今據注刪去。」〇維遹案：晏子、説苑「嬰」上竝無「晏」字，惟「曰」上有「太息而歎」四字。

士節

三曰：以貴富有人易，以貧賤有人難。今晉文公出亡，文公名重耳，晉獻公之太子申生異母弟也。遭麗姬之亂，太子申生見殺，重耳避難奔翟十二年，自翟經於諸國也。○松皋圓曰：「『今』字疑誤〔一〕，恐宜作『昔』。」周流天下，窮矣賤矣，○舊校云：「『窮』一作『貧』。」而介子推不去，有以有之也。反國有萬乘，而介子推去之，無以有之也。能其難，能以貧賤有人也。不能其易，不能以富貴有人也。此文公之所以不王也。力能霸，德不能王也。晉文公反國，○舊校云：「一作『反入』。」介子推不肯受賞，自爲賦詩曰：「有龍于飛，周徧天下。五蛇從之，爲之丞輔。丞，佐也。輔，相也。龍，君也，以喻文公。五蛇，以喻趙衰、狐偃、賈他、魏犨、介子推也。○梁玉繩曰：「五蛇以比五士，當取狐偃、趙衰、賈佗、魏犨、胥臣爲五。此與左傳及杜注、史晉世家及索隱所説各異，因下云『一蛇羞之，槁死中野』，故去胥臣而數介推耳。」龍反其鄉，得其處所。四蛇從之，得其露雨。露雨，膏澤。一蛇羞之，橋死於中野。」懸書公門而伏於山下。○畢沅曰：「傳載介子推之言曰：『身將隱，焉用文。』安有自爲詩而懸於公門之事？説苑復恩篇以爲從者憐之，乃懸書宮門，説尚可通。歌辭與此及史記晉世家、新序節士篇所載各不同。梁仲子云：『橋死疑是槁死，御覽九百二十九無「橋」字。』」○維遹案：梁説近是。類聚九十六引正作「槁死中野」，無「於」字。文公聞之曰：「譆！此必介子推也。」避舍變服，令士庶人曰：「有能得介子推者，爵上卿，田百萬。」百萬畝也。或遇之山中，

〔一〕「誤」，原作「矣」，據畢校吕氏春秋補正改。

負釜〔一〕蓋簦，○畢沅曰：「舊本『簦』誤從『艸』，又注『音登』二字，亦與高注不似。」○劉先生曰：「畢校是也。漢代諸師皆言『讀』不言『音』，凡言『某音某』者，皆後人所加。」問焉，曰：「請問介子推安在？」應之曰：「夫介子推苟不欲見而欲隱，吾獨焉知之？」遂背而行，終身不見。人心之不同，豈不甚哉！今世之逐利者，早朝晏退，焦脣乾嗌，日夜思之，猶未之能得。今得之而務疾逃之，介子推之離俗遠矣。

東方有士焉曰爰旌目，○畢沅曰：「梁仲子云：『列子說符篇亦作「爰旌目」，後漢書張衡傳作「旌瞀」，注云「一作爰精目」，并引列子亦作「精目」。又新序節士篇作「族目」，訛。』」將有適也，而餓於道。狐父之盜曰丘，見而下壺餐以餔之。爰旌目三餔之而後能視，曰：「子何爲者也？」曰：「我狐父之人丘也。」爰旌目曰：「譆！汝非盜邪？胡爲而食我？吾義不食子之食也。」兩手據地而吐之，不出，喀喀然遂伏地而死。昔者齊饑，黔敖爲食於路。有人戢其履，瞢瞢而來。黔敖呼之曰：「嗟！來食。」揚其目而應之曰：「吾惟不食嗟來之食，以至於此。」黔敖隨而謝之。遂去，不食而死。君子以爲其嗟也可去，其謝也可食。一介相似，旌目其類也。○畢沅曰：「『瞢瞢而來』，禮記檀弓下作『貿貿然來』。」○松皐圓曰：「注『一介』當作『其介』。」鄭人之下⿰韋虒也，⿰韋虒，邑名也。義則未聞。○畢沅曰：「吳志伊字彙補云：『⿰韋虒音未聞，一本作「⿰韋⿱虍婁」。』梁仲

〔一〕四部叢刊本「釜」下有注「一作貧文」。

子云：『説文婚籀文作𡟰，略相似。古音附録以革旁作者云「古昏字」，未詳。』盧云：『韓哀侯滅鄭而徙都之，改號曰鄭。此「昏」疑即漢志陳留郡之東昏縣，正鄭地。鄭人下昏，或即説韓滅鄭一事。觀下云「韓、荆、趙」，更可見鄭人之即韓矣。』」**莊蹻之暴郢也，**莊蹻，楚成王之大盜。郢，楚都。○畢沅曰：「梁伯子云：『商子弱民篇、荀子議兵篇、韓詩外傳四、補史記禮書竝有莊蹻起而楚分之語，皆不言在楚何時。韓非喻老篇載楚莊王欲伐越，杜子説曰「莊蹻爲盜於境内」，以爲在莊王時。而高氏以爲楚成王時，則又在前，未知何據。若史、漢則以蹻爲莊王苗裔，在楚威王之世，而杜氏通典邊防三、馬氏通考南蠻二辨其誤，以范史謂在頃襄王時爲定。獨困學紀聞考史據韓非、漢書以將軍莊蹻與盜名氏相同，是二人，此未敢信。』盧云：『案後漢書西南夷傳：「楚頃襄王時，遣將軍莊豪伐夜郎，因留王滇池。」杜氏言即莊蹻。華陽國志南中志云：「楚威王遣將軍莊蹻伐夜郎，剋之，會秦奪楚黔中地，無路得反，遂留王滇池。」此本非楚之境内地。今此言「暴郢」，韓非言「爲盜於境内」，荀子言「莊蹻起，楚分爲三四」，皆與言將軍事不合。荀子以唐蔑之死與蹻竝言。案秦殺唐昧，昧即蔑，在楚懷王二十八年，則蹻當威、懷時，亦可見此注或本作「威」，因形近而誤「成」，未可知也。』」**秦人之圍長平也，**秦使白起圍趙括軍於長平，阬其四十萬衆。**韓、荆、趙此三國者之將帥貴人皆多驕矣，其士卒衆庶皆多壯矣，**○畢沅曰：「盧云：『壯，傷也。』」○陶鴻慶曰：「驕壯與脆弱對文，言壯者相殺，弱者避死。畢引盧校，失之。」**因相暴以相殺，脆弱者拜請以避死，**避猶免也。**其卒遞而相食，不辨其義，冀幸以得活。如爰旌目已食而不死矣，惡其義而不肯不死，今此相爲謀，豈不遠哉！**○陶鴻慶曰：「『今』蓋『令』字之誤。言假令三國之人與爰旌目相爲謀，則甚遠也。」○維遹案：陶説是。惟「惡其義」疑當作「惡其不義」。言爰旌目若食盜者之食則不死矣，而爰旌目惡其不義，故不得不死，正與上文「不辨其義，冀幸以得活」者相反成誼。今本誤脱「不」字，殊非其旨。

介立〇一作「立意」。

四曰：石可破也，而不可奪堅。性堅。〇維遹案：文選謝玄暉始出尚書省詩注及類聚六引「奪」下有「其」字。下同。丹可磨也，而不可奪赤。磨猶化也。〇維遹案：此注原脱，據元刻本及張本增補。畢沅云：「舊校云：『「磨」一作「靡」。注亦同。』今案不見所爲注，豈脱漏歟？」案畢氏亦見元刻本，此不知引，偶失照耳。堅與赤，性之有也。〇畢沅曰：「各本多脱『也』字，唯朱〔一〕本有。」性也者，所受於天也，非擇取而爲之也。豪士之自好者，其不可漫以汙也，亦猶此也。倍百人爲豪。〇舊校云：「『豪士』一作『人豪』。」

昔周之將興也，有士二人，處於孤竹，曰伯夷、叔齊。孤竹國在遼西，殷諸侯國也。二人相謂曰：「吾聞西方有偏伯焉，似將有道者，今吾奚爲處乎此哉？」二子西行如周，至於岐陽，則文王已殁矣。武王即位，觀周德，則王使叔旦就膠鬲於次四内，四内，地名。而與之盟曰：「加富三等，就官一列。」爲三書同辭，血之以牲，埋一於四内，皆以一歸。又使保召公就微子開於共頭之下，共頭，水名。〇畢沅曰：「共頭即共首，山名，在漢之河内共縣。」〇松皋圓曰：「注『水名』當作

〔一〕「朱」，原作「李」，據諸子集成本改。

『山名』。兵略訓注正爲『山名』。荀子儒效篇『至共頭而山隧』，楊倞曰：『共，河内縣名，共頭蓋共縣之山名。』」而與之盟曰：「世爲長侯，守殷常祀，相奉桑林，宜私孟諸。」相猶使也。使奉桑林之樂。孟諸，澤名也，爲私邑也。爲三書同辭，血之以牲，埋一於共頭之下，皆以一歸。伯夷、叔齊聞之，相視而笑曰：「譆，異乎哉！此非吾所謂道也。昔者神農氏之有天下也，時祀盡敬而不祈福也。時，四時。祈，求也。其於人也，忠信盡治而無求焉。無所求於民也。樂正與爲正，樂治與爲治，不以人之壞自成也，〇畢沅曰：「『壞』，宋邦乂本作『壤』，壤亦傷也。」不以人之庳自高也。今周見殷之僻亂也，而遽爲之正與治，遽，疾也。上謀而行貨，阻丘而保威也。行貨，謂與膠鬲盟，加富三等也。阻，依。保，持。〇畢沅曰：「『阻丘』疑是『阻兵』。杜注左傳：『阻，恃也。』保亦當訓恃。」〇梁玉繩曰：「莊子讓王政作『阻兵』。」〇維遹案：注「保，持」，許本、姜本竝作「保，恃」。割牲而盟以爲信，因四内與共頭以明行，揚夢以説衆，宣揚武王威殷之夢，以喜衆民。〇畢沅曰：「事見周書程寤篇，今已亡。御覽五百三十三載其略云：『文王去商在程。正月既生魄，太姒夢見商之庭産棘，小子發取周庭之梓，樹于闕間，化爲松柏棫柞，寤驚以告文王。文王曰：「召發于明堂拜吉夢，受商之大命于皇天上帝。」』此其事也。」殺伐以要利，以此紹殷，是以亂易暴也。紹，續。吾聞古之士，遭乎治世，不避其任，任，職也。力所能。遭乎亂世，不爲苟在。〇松皋圓曰：「『在』，莊子作『存』，勝。」〇俞樾曰：「『在』字無義，疑『仕』字之誤。」〇維遹案：松説是。今天下闇，周德衰矣。與其竝乎周以漫吾身也，漫，汙。〇俞樾曰：「『竝』字無義，疑『立』字之誤。」不若避之以潔吾行。」二子北行，至首陽之下而餓焉。○維遹案：莊子作「遂餓而死焉」，此疑脱「死」字。人之情莫不有重〔一〕，莫不有輕〔二〕。莫不有重，於天下也。莫不有輕，義重身輕也。○維遹案：注「身」下「輕」字原脱，據姜本增。有所重則欲全之，有所輕則以養所重。養所重，不汙於武王，爲以全其忠也。○畢沅曰：「注『忠』疑當作『重』。」○維遹案：注「忠」字當作「意」，形近而誤也。下文「以立其意」，高氏本之。伯夷、叔齊，此二士者，皆出身棄生以立其意，輕重先定也。伯夷、叔齊讓國而去，輕身重名，故曰輕重先定。

誠廉

五曰：天下輕於身，而士以身爲人。輕於身，重於義也。以身爲人者，爲人殺身。以身爲人者，如此其重也，淮南記曰：「左手據天下之圖，右手刎其喉，愚夫不爲也。」今以義爲人殺身，故曰「如此其重也」。而人不知，以奚道相得？奚，何也。不知以何道得人，乃令之爲己死也。○王念孫曰：「高説非也。『而人不知』爲句，『奚道相得』爲句。道者，由也。言士之輕身重義如此而人不知，則何由與士相得哉。（不相知則不能相得，故下文云『賢主必自知士，故士盡力竭智，直言交爭，而不辭其患』。）下賢篇曰：『有道之士，固驕人主，人主之不肖者，亦驕有道

〔一〕「重」，原作「輕」，據諸子集成本改。
〔二〕「輕」，原作「重」，據諸子集成本改。

之士，日以相驕，奚時相得？』知接篇曰：『智者其所能接遠也，愚者其所能接近也。所能接近而告之以遠化，奚由相得？』語意略與此同。有度篇：『若雖知之，奚道知其不爲私？』言何由知其不爲私也。晏子春秋雜篇：『君何年之少而棄國之蚤，奚道至於此乎？』言何由至於此也。韓子孤憤篇：『法術之士，奚道得進？』言何由得進也。『奚道』上不當有『以』字，蓋後人不能正高注之誤，又因注而加『以』字耳。」賢主必自知士，故士盡力竭智，直言交爭，而不辭其患，士爲知己者死，故盡力竭智，何患之辭也？豫讓、公孫弘是矣。當是時也，智伯、孟嘗君知之矣。智伯知豫讓，故爲之報讎，言士爲知己者死也。孟嘗君知公孫弘，故爲之不受折於秦也。世之人主，得地百里則喜，四境皆賀；舉國皆賀，國中喜可知也。得士則不喜，不知相賀，不通乎輕重也。不但不知相賀也，乃不知賢也，故曰「不通乎輕重也」。

湯、武，千乘也，而士皆歸之。湯，殷受命之王，名天乙，商主癸之子也。武王，周文王之子，名發。桀、紂，天子也，而士皆去之。桀，夏失天下之王，帝皋之孫，帝發之子。紂，殷失天下之王，文丁之孫，帝乙之子也。○畢沅曰：「注『文丁』舊本作『太丁』，訛，今據竹書紀年改正。」孔、墨，布衣之士也，孔子。墨翟。萬乘之主、千乘之君不能與之爭士也。萬乘，天子也。千乘，諸侯也。士不歸之而歸孔、墨，故曰「不能與之爭士也」。自此觀之，尊貴富大不足以來士矣，來猶致也。必自知之然後可。可者，可致也。豫讓之友謂豫讓曰：○梁玉繩曰：「戰國趙策、說苑復恩竝作趙襄子語。」○陶鴻慶曰：「此節之文，語意失倫，蓋寫者亂其次也。『世之人主得地百里』云云，當在『奚道相得』句下。『賢主必自知士』云云，當在『必自知之然後可』句下。而『智伯、孟嘗君知之矣』句下乃叙述豫讓、公孫弘二人之事。如此則上下文理一氣承接矣。今輒正其文如下『天下輕於身，而士以身爲人。以身爲人者，如此其重也，而人不知，奚道相得？（王氏云今本「以」字誤衍，今從之。）世之人主，得地百里則喜，四境皆賀；得士則不喜，不知相賀，不通乎輕重也。湯、武，千乘也，而士皆歸之。桀、紂，天子也，而士皆去之。孔、墨，布衣之士也，萬乘之主、千乘之君不能與之爭士也。自此觀之，尊貴富大不足以來士矣，必自知之然後可。賢主必自知士，故士盡力竭智，直言交爭，而不辭其患，豫讓、公孫弘是矣。當是時也，智伯、孟嘗君知之矣。豫讓之友謂豫讓曰』云云。」

「子之行何其惑也？子嘗事范氏、中行氏，諸侯盡滅之，而子不爲報，至於智氏，而子必爲之報，何故？」豫讓曰：「我將告子其故。告，語也。故，事也。范氏、中行氏，我寒而不我衣，我饑而不我食，而時使我與千人共其養，是衆人畜我也。夫衆人畜我者，我亦衆人事之。至於智氏則不然，出則乘我以車，入則足我以養，衆人廣朝，而必加禮於吾所，是國士畜我也。夫國士畜我者，我亦國士事之。」豫讓，國士也，而猶以人之於己也爲念，於猶厚也。○吴先生曰：「於猶相於也。人之於己如衆人則衆人報之，如國士則國士報之。高訓於爲厚，僅據一邊，亦展轉相訓之例，非其確詁。」○畢沅曰：「『是』舊本多作『謂』，則當以『所謂』連讀。今從李本作『是』，義長。」○維遹案：元刻本、張本作「是」。

又況於中人乎！

孟嘗君爲從，關東曰從。公孫弘謂孟嘗君曰：「君不若使人西觀秦王。意者秦王帝王之主也，君恐不得爲臣，何暇從以難之？言不能成從以難秦也。意者秦王不肖主也，君從以難之未晚也。」晚，後。○維遹案：「不肖」下齊策有「之」字，正與上文「意者秦王帝王之主也」句法一律。孟嘗君曰：

「善。願因請公往矣。」往，行。公孫弘敬諾，以車十乘之秦。秦昭王聞之，而欲醜之以辭，以觀公孫弘。昭王，秦惠王之子，武王之弟也。「醜」或作「恥」。恥，辱也。觀公孫弘云何也。公孫弘見昭王，昭王曰：「薛之地小大幾何？」公孫弘對曰：「百里。」昭王笑曰：○維遹案：治要引「笑」下有「而」字。齊策同。「寡人之國，地數千里，猶未敢以有難也。今孟嘗君之地方百里，而因欲以難寡人，猶可乎？」公孫弘對曰：「孟嘗君好士，大王不好士。」○維遹案：治要引句末有「也」字。齊策同。昭王曰：「孟嘗君之好士何如？」公孫弘對曰：「義不臣乎天子，不友乎諸侯，得意則不慙爲人君，不得意則不肯爲人臣，○畢沅曰：「舊本『慙』上脱『不』字。又『肯』訛作『肖』。案戰國齊策云：『得志不慙爲人主，不得志不肯爲人臣。』今據補正。」○維遹案：正文「肯」字原作「屑」，畢氏校語同。尋畢氏既以齊策校此「肖」字，即當從策改「肖」爲「肯」，畢本作「屑」者，乃手民之誤，今改正。孫先生云：「治要引正作『肯』。」如此者三人。有此者三人也。能治可爲管、商之師，管仲。商鞅。○維遹案：治要引注作「管，管仲。商，商鞅。」説義聽行，其能致主霸王，○畢沅曰：「策作『能致其主霸王』，句順。」○維遹案：治要引與齊策同。如此者五人。有此者五人也。萬乘之嚴主，辱其使者，退而自刎也，必以其血汙其衣，有如臣者七人。」臣，公孫弘自謂也，故言「有如臣者七人」也。○畢沅曰：「『七人』，策作『十人』。」注殊贅。昭王笑而謝焉曰：「客胡爲若此？」○維遹案：齊策作「客胡爲若此，寡人直與客論耳」。寡人善孟嘗君，欲客之必謹諭寡人之意也。」諭，明。公孫弘敬諾。○俞樾曰：「『敬諾』上本有『曰』字，傳寫奪之耳。戰國策正作『公孫弘曰：敬諸』。」**公孫弘可謂不侵矣。昭王，大王也。**○畢沅曰：「策作『大國也』。」**孟嘗君，千乘也。立千乘之義而不可凌，**凌，侮。**可謂士矣。**孔子曰：「使於四方，不辱君命，可謂士矣。」此之謂也。○畢沅曰：「策作『可謂足使矣』。」

不侵

維秦八年，歲在涒灘，八年，秦始皇即位八年也。歲在申名涒灘。涒，大也。灘，循也。萬物皆大循其情性也。涒灘，誇人短舌不能言爲涒灘也。○畢沅曰：「今謂始皇即位之年歲在乙卯。錢氏塘以超辰之法推之，知在癸丑。再加七年是庚申，是年又當超辰，則爲辛酉。而此猶云涒灘者，失數超辰之歲耳。超辰亦謂之跳辰，周禮馮相保章注疏中詳言之。自東漢以後，不明此理，故武帝太初元年，班固謂之丙子者，後人却謂之丁丑矣。」○張文虎曰：「歲，陽歲名，雖見爾雅，而古書用歲名者僅見此。若楚詞之『攝提貞于孟陬』，自謂月建，（史記天官書『大角者，天王帝廷。其兩旁各有三星，鼎足句之曰攝提。攝提者，直斗杓所指以建時節，故曰攝提格』。）王叔師誤以太歲釋之。閻氏百詩以授時術，我友顧君觀光以三統術，推得始皇八年七月甲子朔。然是年實壬戌，當爲閹茂，非涒灘。錢少詹事以歲有超辰爲解，超辰之説，始於劉歆，古法無之。今姑依三統積年求得是年歲星在壽星，太歲在作鄂，仍差一次。王氏雜志用許周生説，以『八年』爲『六年』之誤，而六年秋無甲子朔，無以定其果是也。」**秋，甲子朔。朔之日，良人請問十二紀。**良人，君子也。○俞樾曰：「高注未得。國語齊語曰『十連爲鄉，鄉有良人焉』，韋注曰：『賈侍中云：「良人，鄉士也。」』昭謂良人，鄉大夫也。』呂氏所稱良人，或亦此乎？」**文信侯曰：**呂不韋封洛陽，號文信侯。**「嘗得學黃帝之所以**

誨顓頊矣，爰有大圜在上，大矩在下，圜，天也。矩，方，地也。汝能法之，爲民父母。○俞樾曰：「『大圜』四語，皆黄帝之言。『爰』即『曰』字也。尚書洪範篇『土爰稼穡』，史記宋世家作『土曰稼穡』。古爰、曰通用，『爰有』即『曰有』耳。」蓋聞古之清世，清，平。是法天地。凡十二紀者，所以紀治亂存亡也，所以知壽夭吉凶也。上揆之天，下驗之地，中審之人，若此則是非可不可無所遁矣。天曰順，順維生。地曰固，固維寧。人曰信，信維聽。三者咸當，無爲而行。行也者，行其理也。○陶鴻慶曰：「『理』當作『數』，數猶術也。下文云『行數，循其理，平其私』，即承此言。今作『理』者，即涉下文而誤。」行數，循其理，平其私。○劉咸炘曰：「『行數』當作『行其數』。任數篇言『脩其數，行其理』，脩即循之誤。」夫私視使目盲，私聽使耳聾，私慮使心狂。三者皆私設精則智無由公，公，正也。○俞樾曰：「精之言甚也。吕氏之意，蓋謂目耳心三者皆爲私設，至其甚則智無由公矣。至忠篇曰『夫惡聞忠言，乃自伐之精者也』，注曰：『精猶甚。』勿躬篇曰『夫自爲人官，自蔽之精者也』，注曰：『精，甚。』然則謂甚爲精，本書之恒言。畢氏疑『精』爲『情』，失之矣。」智不公則福日衰，災日隆，隆，盛。以日倪而西望知之。」日中而盛，跌而衰，人之盛衰於此。西望，日暮也，故曰「倪而西望之」也。○畢沅曰：「倪與睨同，李本作『兒』。注『跌』與『昳』同。周禮大司徒『日東則景夕多風』，鄭司農云：『景夕，謂日跌景乃中。』史記天官書『日昳』，漢書天文志作『日跌』。謝云：『此句文與上不屬，又下一段亦不當在此篇。』」○孫詒讓曰：「日倪猶日衺側。廣雅釋詁云：『倪，衺也。』莊子天下篇云『日方中方睨』，與此義同。」○維遹案：王念孫校本亦引廣雅、莊子，無斷語，惟注「故曰」下補一「日」字。

趙襄子游於囿中，〇梁玉繩曰：「從子常云：『此篇係序意，不應入此事，疑屬前篇豫讓事下，傳寫錯誤耳。』」〇洪亮吉曰：「『趙襄子』以下一百三十六字，當在上不侵篇『是國士畜我也』之下，錯簡在此。」〇孫鏘鳴曰：「此文當在上篇『豫讓之友謂豫讓〔一〕曰』上，簡錯在此。」至於梁，馬却不肯進。青荓爲參乘，〇畢沅曰：「舊校云：『一作「青蓱」。』案李善注文選陳琳荅東阿王牋引作『青蓱』。梁仲子云：『漢書人表作「青荓子」，水經汾水注作「清洴」，今新刻亦改作「青荓」矣。』」襄子曰：「進視梁下，類有人。」類，象也。青荓進視梁下。豫讓却寢，〇維遹案：王念孫校本改「却」爲「卬」。「卬」即今文「仰」字。佯爲死人，叱青荓曰：「去！長者吾且有事。」言將殺襄子。〇畢沅曰：「選注無『吾』字，是。長者，讓自謂也。」青荓曰：「少而與子友，子且爲大事，〇畢沅曰：「選注作『子今日爲大事』。」而我言之，是失相與友之道。子將賊吾君，而我不言之，是失爲人臣之道。如我者，惟死爲可。」適可得死也。〇維遹案：「而我言之」，猶曰「若我言之」。周官旅師「而用之」，鄭注：「而讀爲若。」是其例也。乃退而自殺。青荓非樂死也，重失人臣之節，惡廢交友之道也。青荓、豫讓，可謂之友也。

序意〇畢沅曰：「舊云：『一作廉孝。』案『廉孝』二字與此無涉，必尚有脱文。」

〔一〕「讓」，原脱，據上篇補。

呂氏春秋集釋卷第十三

榮成許維遹學

有始覽第一　應同　去尤　聽言　謹聽　務本　諭大

呂氏春秋訓解　高氏

一曰：天地有始，天微以成，地塞以形。始，初也。天，陽也，虛而能施，故微以生萬物。地，陰也，實而能受，故塞以成形兆也。○陳昌齊曰：「据注當作『天微以生，地塞以成』。」天地合和，生之大經也，經猶道也。以寒暑日月晝夜知之，知猶別也。○畢沅曰：「舊本『以寒』下衍『以』字，今去之。」以殊形殊能異宜說之。形能各有所施，故說譯之也。夫物合而成，離而生。知合知成，知離知生，則天地平矣。合，和也。平，成也。平也者，皆當察其情，處其形。○舊校云：「一作『平也者，皆反其情，變其形也』。」

天有九野，地有九州，土有九山，山有九塞，澤有九藪，險阻曰塞。有水曰澤。無水曰藪。風有八等，水有六川。○畢沅曰：「淮南地形訓作『水有六品』，後『六川』作『六水』。」何謂九野？中央曰鈞天，其星角、亢、氐。鈞，平也。爲四方主，故曰鈞天。角、亢、氐，東方宿，韓、鄭分野。○洪頤煊曰：「二十八宿皆隨斗杓所指而言，角、亢、氐離斗杓最近，故古法以此三星爲中央天。」東方曰蒼天，其星房、心、尾。東方二月建卯，木之中也。木色青，故曰蒼天。房、心、尾，東方宿。房、心，宋分野。尾、箕，燕分野。**東北曰變天，其星箕、斗、牽牛。**東北，水之季，陰氣所盡，陽氣所始，萬物向生，故曰變天。斗、牛，北方宿。尾、箕，一名析木之津，燕之分野。斗、牛，吴、越分野。**北方曰玄天，其星婺女、虚、危、營室。**北方十一月建子，水之中也。水色黑，故曰玄天也。婺女亦越之分野。虚、危，齊分野。營室，衛分野。**西北曰幽天，其星東壁、奎、婁。**西北，金之季也，將即太陰，故曰幽天。東壁，北方宿，一名豕韋，衛之分野。奎、婁，西方宿，一名降、婁，魯之分野。○吴先生曰：「劉昭注補郡國志引帝王世紀曰『自危十七度至奎四度曰豕韋之次，今衛分野』，與高誘説同，蓋舊義也。天文訓注『豕韋』作『承委』者，形聲相近而誤，應據此注訂正。」**西方曰顥天，其星胃、昴、畢。**西方八月建酉，金之中也。金色白，故曰顥天。昴、畢，西方宿，一名大梁，趙之分野。○畢沅曰：「注『昴、畢』上當有『胃，魯之分野』五字。」**西南曰朱天，其星觜巂、參、東井。**西南，火之季也，爲少陽，故曰朱天。巂、參，西方宿，一名實沈，晉之分野。東井，南方宿，一名鶉首，秦之分野。○維遹案：注「西南，火之季也，爲少陽，故曰朱天」，文義不足，疑當作「西南，火之季也。朱，陽也。西南爲少陽，故曰朱天」。淮南天文篇注可證。**南方曰炎天，其星輿鬼、柳、七星。**南方五月建午，火之中也。火曰炎上，故曰炎天。輿、鬼，南方宿，秦之分野。柳、七星，南方宿，一名鶉火，周之分野。○維遹案：注「火曰炎上」，當作「火性炎上」。孟春紀注謂「夏，火也，火性炎上」，文選顔延年夏夜呈從兄散騎車長沙詩注引淮南天文篇高注「南方五月建午，火之中也，火性炎上，故曰炎天」，與此注正同。今本作「曰」者，乃涉下文而誤。**東南曰陽天，其星張、翼、軫。**東南，木之季也，將即太陽，純乾用事，故曰陽天。張、翼、軫，南方宿。張，周之分野。翼、軫，一名鶉尾，楚之分野。○畢沅曰：「注『張、翼、軫、南方宿』，舊脱『軫』字，又『南』訛作『北』，今補〔一〕正。」何謂九州？河、漢之間爲豫州，周也。河在北，漢在南，故曰之間。兩河之間爲冀州，晉也。東至清河，西至西河。河、濟之間爲兗州，衞也。河出其北，濟經其南。東方爲青州，齊也。泗上爲徐州，魯也。泗，水名也。東南爲揚州，越也。南方爲荆州，楚也。西方爲雍州，秦也。北方爲幽州，燕也。何謂九山？會稽，太山，會稽山在今會稽郡。太山在今太山郡，是爲東嶽也。王屋，首山，太華，王屋在河東垣縣東北，濟水所出也。首山在蒲阪之南，河曲之中，伯夷所隱。太華在弘農華陰縣，是爲西嶽也。○松皋圓曰：「注當云『河東東垣縣』，欠一『東』字。」岐山，太行，羊腸，孟門。岐山在右扶風美陽縣西北，周家所邑。太行在河内野王縣北。羊腸，其山盤紆，譬如羊腸，在太原晉陽縣北。○畢沅曰：「注末七字舊本缺，據李善注文選魏武帝苦寒行所引補。又誘注淮南地形訓云『孟門，太行之限也』，此不注，疑文脱。」○孫先生曰：「御覽三十八引注有『孟門，太行是』五字。」何謂九塞？大汾，冥阸，荆阮，方城，大汾，處未聞。冥阸、荆阮、方城皆在楚。魯定四年，吴伐楚，楚左司馬請塞直轅、冥阸以擊吴人者也。○畢沅曰：「『大汾』，淮南作『太汾』，注云：『在晉。』此何以云未聞？『冥阸』，淮南作『澠阸』，彼注云：『今弘農澠池是也。』皆與此不同。豈彼乃許慎注歟？又『塞』字舊本脱，今案傳文增。」○吴先生曰：「畢説非也。墜形篇九山九藪八風六水之文皆爲高注，已有明徵，無緣于此九塞之文羼入許説。尋呂氏春秋高誘序

〔一〕「補」，諸子集成本作「改」。

曰『誘正孟子章句，作淮南、孝經解畢訖，家有此書，輒爲之解焉』，是則先説淮南，後解呂氏。淮南注以澠阨、殽阪同在澠池，是一縣有二塞矣。即實言之，澠、冥本一聲之轉，澠阨即冥阨，有始覽注以左氏證之是也。可知舊説偶疏，後則棄而不用。言太汾、令疵未聞者，亦其慎耳。不得以兩注有異，遂定爲許説也。」**殽，井陘，令疵，句注，居庸。**殽在弘農澠池縣西。井陘在常山井陘縣，通太原關。令疵，處則未聞。句注在鴈門。居庸在上谷沮陽之東，通軍都關也。○畢沅曰：「淮南『殽』下有『阪』字。『令疵』舊本訛作『疵處』，據注是『令疵』。淮南注云『令疵在遼西』，則即是令支，乃齊桓所剬者。又『軍都關』舊訛作『居都關』，淮南注作『運都關』。錢云：『運乃軍之訛，軍都亦上谷縣，在居庸之東。』今皆改正。」○維遹案：正文「疵處」，張本、姜本正作「令疵」，黄氏日抄同。畢氏未見張本、姜本，故僅據注訂正。**何謂九藪？**藪，澤也。有水曰澤，無水曰藪。**吴之具區，**具區在吴、越之間。○畢沅曰：「淮南『吴』作『越』。」○錢坫曰：「漢書『具區，古文以爲震澤，跨今常州、蘇州、湖州、嘉興四府之境，即太湖也』。周禮『揚州澤藪曰具區，浸曰五湖』，枝分有五湖，合爲一湖也。」**楚之雲夢，**雲夢在南郡華容。○錢坫曰：「漢書地理志南郡華容縣有雲夢澤。華容，今荆州府石首、堅利二縣也。」**秦之陽華，**陽華在鳳翔，或曰在華陰西。○畢沅曰：「爾雅作『陽陓』。淮南作『陽紆』，注云：『陽紆在馮翊池陽，一名具圃。』」○俞樾曰：「當以華陰之説爲是。『陽華』與『華陰』，其實一地，皆從華山得名。主乎山而言之，則爲華山之陰，故縣名華陰。主乎地而言之，則華山當其陽，故藪名陽華。漢書地理志『太原郡陽曲』，應劭曰：『河千里，一曲當其陽，故曰陽曲。』陽華之名，猶陽曲也。周禮之楊紆，爾雅之楊陓，竝陽華之叚音。至周禮以楊紆爲冀州藪，亦猶以潁湛爲荆州浸，波溠爲豫州浸，同屬傳寫之訛。郭璞注爾雅謂在扶風汧縣西，則混於雍州之弦蒲，高誘注淮南子謂在馮翊池陽，則混於周之焦護，竝非也。説詳羣經平議。」○孫詒讓曰：「元和郡縣志云『岐州，至德元年改爲鳳翔郡』，則鳳翔之名起於唐中葉，非高氏所得聞。『鳳翔』當作『馮翊』，字形之誤也。淮南子墬形訓云『秦之楊紆』，高注云『楊紆蓋在馮翊池陽，一名具圃』，可據以校此注。爾雅釋地『十藪，周有焦護』，郭注云：『今扶風池陽縣瓠中是也。』高蓋以陽華、楊紆、瓠中、焦護爲一。其後一説謂在華陰，則淮南注無之。」**晉之大陸，**魏獻子所畋，猶楚之華容也。○畢沅曰：「注『畋』舊訛作『居』，據左氏定元年傳改正。」○梁履繩曰：「魏獻所畋者，乃汲郡吴澤荒蕪之地，非禹貢大陸也。高注誤。詳予左通中。」**梁之圃田，**圃田在今河南中牟。○畢沅曰：「『梁』淮南作『鄭』。」○維遹案：王念孫校本改「梁」爲「鄭」。曹楞云「圃田在春秋時爲鄭地，戰國時鄭已殞矣，秦人而曰『梁之圃田』固宜」。**宋之孟諸，**孟諸在梁國睢陽之東南。○畢沅曰：「淮南注作『東北』，郭注爾雅亦同。此訛。」○錢坫曰：「孟諸，菏澤水所被也，在今歸德府虞城縣西北，禹貢作『孟豬』，周禮作『望諸』，史記作『明都』，漢書作『盟諸』。澤周回五十里，元時河水衝決遂廢。」**齊之海隅，**隅猶崖也。**趙之鉅鹿，**廣阿澤也。○畢沅曰：「郭璞注爾雅『晉有大陸』云：『今鉅鹿北廣阿澤是也。』爾雅本無『趙之鉅鹿』，而有『魯之大野，周之焦護』，爲十藪。」**燕之大昭。**大昭，今太原郡是也。○畢沅曰：「『大昭』淮南作『昭余』，爾雅作『昭余祁』。」○維遹案：「大昭」當據淮南作「昭余」，注同。漢書地理志太原郡鄔縣，顔注「九澤在北，是爲昭余祁，并州藪」。淮南注「昭余，今太原郡」，知高所見本不誤。**何謂八風？東北曰炎風，**炎風，艮氣所生，一曰融風。**東方曰滔風，**震氣所生，一曰明庶風。○畢沅曰：「淮南作『條風』。」**東南曰熏風，**巽氣所生，一曰清明風。○畢沅曰：「舊校云：『熏風或作景風。』案淮南作『景風』。」**南方曰巨風，**離氣所生，一曰凱風。詩曰：「凱風自南。」○畢沅曰：「孫云『李善注文選木玄虛海賦、王子淵洞簫賦、潘安仁河陽縣作詩引俱作凱風』。」○俞樾曰：「『巨』疑『豈』之壞字也。禮記孔子閒居篇、表記篇釋文竝曰『凱本作豈』，是豈、凱古通用。豈風即凱風也。『豈』字闕壞，止存下半，因譌爲『巨』耳。」**西南曰淒風，**坤氣所生，一曰涼風。○畢沅曰：「淮南作『涼風』。」**西方曰飂風，**兑氣所生，一曰閶闔風。**西北曰厲風，**乾氣所生，一曰不周風。○畢沅曰：「淮南作『麗風』。」**北方曰寒風。**坎氣所生，一曰廣莫風。**何謂六川？河水，赤水，遼水，黑水，江水，淮水。**河出崑崙東北陬。赤水出其東南陬。遼水出砥石山，自塞北東流，直至遼東之西南入海。黑水出崑崙西北陬。江水出岷山，在蜀西徼外。淮水出桐柏山，在南陽平氏縣也。○畢沅曰：「注『自塞北東流』，水經注『北』作『外』，又下作『直遼東』，無『至』字。」

凡四海之内，東西二萬八千里，南北二萬六千里，子午爲經，卯酉爲緯。四海之内，緯長經短。**水道八千里，受水者亦八千里，通谷六，名川六百，陸注三千，小水萬數。**陸無水，水盛内乃注之也。

凡四極之内，東西五億有九萬七千里，南北亦五億有九萬七千里。海東西長，南北短。極内等。○畢沅曰：「淮南『注』作『徑』。」

極星與天俱游，而天極不移。極星，辰星也。語曰「譬如北辰，居其所而衆星拱之」，故曰不移。○陳昌齊曰：「元刻劉節軒校本『天極』作『天樞』。以下文『當樞之下』證之，則『樞』爲是。」○王念孫曰：「爾雅：『北極謂之北辰。』昭十七年公羊傳疏引孫炎注曰：『北極，天之中。以正四時，謂之北辰。』開元占經石氏中官占引黄帝占注曰：『北極紐星，天之樞也。天運無輟，而極星不移。』案極星即北辰也。（或言北辰，或言北極，或言極星，或言紐星，或言樞星，皆異名而同實。）古者極星正當不動之處，故曰居其所而衆星拱之。爾雅「北極謂之北辰」，與角、亢以下同在星名之列。公羊傳以北辰、心、伐爲三大辰，鄉飲酒義謂之三光，皆指極星言之。考工記「匠人建國，夜攷之極星，以正朝夕」，（偏東爲朝，偏西爲夕。）鄭注曰「極星，謂北辰」，尤爲明據。晏子春秋雜篇曰：「古之立國者，南望南斗，北戴樞星，彼安有朝夕哉。」春秋繁露深察名號篇曰「正朝夕者視北辰」，併與考工相合。楚辭九歎「綴鬼谷於北辰」，王注曰「北辰，北極星也」，亦與鄭注相同。賈逵、張衡、蔡邕、王蕃、陸績以紐星爲不動處是也。梁祖暅測不動處距紐星一度有餘，今紐星又移，而不動之處乃在鉤陳大星與紐星之間，此因恒星東徙，是以極星移度，後儒遂謂經文之北辰，皆指無星之處言之，失其指矣。吕氏春秋有始篇曰「衆星與天俱遊，而極星不移」，高注曰：「極星，北辰星也。語曰『譬如北辰，居其所而衆星拱之』，故曰不移。」蓋周、秦之間，極星未移，故吕氏之言正與考工相合，故高注引論語以證極星之不移。後人見極星已移，乃妄改之曰「極星與天俱遊，而天極不移」，或又改爲「天樞不移」，以强合無星之説，而不知其與高注大相抵牾也。凡言辰者，皆在天成象而可以正時者也。日月星謂之三辰，極星謂之北辰，北辰、星、伐謂之大辰，其義一也。是以堯典言「歷象日月星辰」，中庸言「日月星辰繫焉」，祭法言「日月星辰，民所瞻仰」，皆指在天成象者言之。後儒謂天之無星處皆辰，則無稽之言耳。」**冬至日行遠道，周行四極，命曰玄明。**遠道，外道也，故曰「周行四極」。玄明，大明也。**夏至日行近道，乃參于上。當樞之下無晝夜。**近道，内道也。乃參倍于上，下曰高也。當極之下，分明不寘，曜統一也，故曰「無晝夜」。○畢沅曰：「注『下曰』疑是『夏日』，『不寘』疑是『不冥』。」○王引之曰：「高讀參爲三，非也。參如『立則見其參於前』之參，參猶值也。言正值人上也。夏至日行北道，日中之時，正值人上，故曰近。墨子經篇曰：『直，參也。』直與值同。淮南説山篇『越人學遠射，參天而發，適在五步之内』，高注曰：『越人習水便舟而不知射，射遠反直仰向天而發，矢勢盡而還，故近在五步之內。參猶望也。』案參天而發，謂值天而發也，高訓參爲望，亦失之。」**白民之南，建木之下，日中無影，呼而無響，蓋天地之中也。**白民之國，在海外極內。建木在廣都南方，衆帝所從上下也，復在白民之南。建木狀如牛，引之有皮，黃葉若羅也。日正中將下，日直人下，皆無影，大相叫呼，又無音響人聲，故謂「蓋天地中也」。○畢沅曰：「注『引』舊作『豕』字，訛。案海內南經云：『有木，其狀如牛，引之有皮，若纓黃蛇，其葉如羅，其實如欒，其木若蓲，其名曰建木，在窫窳西。』」

天地萬物，一人之身也，此之謂大同。以一人身喻天地萬物。易曰「近取諸身，遠取諸物」，故曰「大同」也。**衆耳目鼻口也，衆五穀寒暑也，此之謂衆異，則萬物備也。天斟萬物，**○畢沅曰：「舊校云：『斟〔一〕一作堪。』注亦同。案『堪』或是『卙〔二〕』字，會集也，盛也。」**聖人覽焉，以觀其類。**天斟輪萬物，聖人總覽以知人也。**解在乎天地之所以形，**天地之初，始成形也。**雷電之所以生，**震氣爲雷，激氣爲電，始生時也。**陰陽材物之精，**陰陽皆由天地，陰陽材萬物也。○劉師培曰：「『精』上挩『所以』二字。」○吳先生曰：「文意蓋謂材物皆由陰陽變化而成，故云『陰陽材物之精』。注意當云陰陽化生萬物，其字雖不能輒定，而『例』爲譌文則可知也。」○維遹案：注「材」字原作「例」，改從姜本。**人民禽獸之所安平。**人民禽獸，動作萬物，皆由天地陰陽以生，

〔一〕「斟」，原作「卙」，據諸子集成本改。

〔二〕「卙」，原作「斟」，據諸子集成本改。

各得其所樂，故曰「之所安平」也。

有始覽

二曰：凡帝王者之將興也，天必先見祥乎下民。祥，徵應也。黄帝之時，天先見大螾大螻，螻，螻蛄。螾，蚯蚓。皆土物。○畢沅曰：「注『螻，螻蛄』舊本作『蛄螻』，今補正。」黄帝曰：「土氣勝。」土氣勝，故其色尚黄，其事則土。則，法也。法土色尚黄。及禹之時，天先見草木秋冬不殺，禹曰：「木氣勝。」木氣勝，故其色尚青，其事則木。法木色青。及湯之時，天先見金刃生於水，湯曰：「金氣勝。」金氣勝，故其色尚白，其事則金。法金色白。及文王之時，天先見火赤烏銜丹書集于周社，○王念孫曰：「『火赤烏』衍『火』字。」文王曰：「火氣勝。」火氣勝，故其色尚赤，其事則火。法火色赤。代火者必將水，天且先見水氣勝。水氣勝，故其色尚黑，其事則水。法水色黑。水氣至而不知，數備將徙于土。○舊校云：「『徙』一作『見』。」○俞樾曰：「『水氣勝，故其色尚黑，其事則水』，此十二字當爲衍文，乃淺人不察文理，以上文之例增入，而不知其不可通也。當吕氏箸此書時，秦猶未并天下，所謂尚黑者果何代乎？吕氏之意，以爲周以火德王，至今七百有餘歲，則火氣之衰久矣，其中間天已見水氣勝矣，但無人起而當之耳，故曰『水氣至而不知，數備將徙于土』，言後之有天下者，又當以土德王也。今增入『故其色尚黑，其事則水』

二語，則與『水氣至而不知』文不相屬矣。厥後秦始皇有天下，推五德之運，以爲水德之始，此由其時不韋已死故也。若不韋猶在朝用事，則必以爲水數已備，秦得土德矣。」○維遹案：此陰陽家之説而散見於此者。馬國翰據文選魏都賦李注引七略云「鄒子終始五德，從所不勝，木德繼之，金德次之，火德次之，水德次之」，定篇首至此爲鄒子佚文。案馬氏有輯本一卷。

天爲者時，而不助農於下。助猶成也。○孫鏘鳴曰：「廣雅：『農，勉也。』『農』當在『助』字上。」**類固相召，氣同則合，聲比則應。**應，和。○維遹案：「類固」當作「類同」，下文亦有「類同」連文，召類篇云「類同相召」，尤爲明證。**鼓宮而宮動，鼓角而角動。**鼓，擊也。擊大宮而小宮應，擊大角而小角和，言類相感也。**平地注水，水流溼。均薪施火，火就燥。**水流溼者先濡，火就燥者先然。**山雲草莽，水雲魚鱗，**○畢沅曰：「舊本誤作『角鱗』，吳志伊字彙補載之，徐仲山謂『魚鱗』之訛。今案唐、宋人類部所引皆作『魚鱗』，淮南覽冥訓亦同，今改正。」○維遹案：淮南覽冥篇注云：「山中氣出雲似草莽，水氣出雲似魚鱗。」可移以注此。**旱雲煙火，雨雲水波，**○王引之曰：「『煙』當爲『熛』字之誤也。（淮南亦誤作『煙』，辯見淮南。）説文：『熛，火飛也，讀若標。』一切經音義十四引三倉曰：『熛，迸火也。』『旱雲熛火，雨雲水波』，猶言旱雲如火，雨雲如水耳。若云『旱雲煙火』，則與下句不類矣。藝文類聚天部上、初學記天部、太平御覽天部八引此竝誤作『煙』，唯舊本北堂書鈔天部二出『熛火』二字，引呂氏春秋『旱雲如熛火』，（陳禹謨依俗本改爲『烟火』。）則所見本尚未誤。慎小篇曰『突泄一熛，而焚宮燒積』，今本『熛』字亦誤作『煙』，畢校本已改正。一切經音義十三引此正作『熛』。韓子喻老篇曰：『百尺之室，以突隙之熛焚。』（淮南人間篇亦曰：『百尋之屋，以突隙之熛焚。』）淮南齊俗篇曰：『譬若水之下流，熛之上尋也。』説林篇曰：『一家失熛，百家皆燒。』史記淮陰侯傳曰：『熛至風起。』漢書敘傳曰：『勝、廣熛起，梁、籍扇烈。』皆其證也。魏徵羣書治要引尸子貴言篇曰：『熛火始起，易息也。』吴越春秋句踐入臣外傳曰：『目若熛火，聲若雷霆。』此尤熛火二字之明證。而今本晏子、韓子及淮南覽冥、齊俗、人間三篇『熛』字皆誤作『煙』，唯史記、漢書、吴越春秋、淮南説林及羣書治要、一切經音義、舊本北堂書鈔所引不誤。世人多見『煙』，少見『熛』，固宜其沿誤而不知也。」**無不皆類其所生以示人。**○畢沅曰：「御覽八『皆』作『比』。」○維遹案：類聚、事類賦二引「皆」亦作「比」。淮南覽冥篇作「各象其形類」。**故以龍致雨，以形逐影。師之所處，必生棘楚。**軍師訓罰，以殺伐爲首，棘楚以戮人，喜生戰地，故生其處也。○畢沅曰：「老子曰：『師之所處，荆棘生焉。』此偏不爲孝文王諱，何也？注亦不明。『訓罰』疑『討罰』。『戮人』舊作『戰人』，訛，今改正。」○維遹案：論衡寒温篇有「故曰以形逐影，以龍致雨」二語，而感虚篇作「以龍致雨，以刑逐暑」，春秋繁露同類相動篇又作「以龍致雨，以扇逐暑」，足證感虚篇之「暑」字爲「景」之形誤。繁露「以扇逐暑」亦通。暑字與雨爲韻，而影字與雨亦爲合韻。王念孫周秦諸子韻譜定雨、影、處、楚、所同屬語部，於影字旁鐫一直畫，推其例，即以影字爲合韻。王氏校召類篇有云「景字古音在養部，養部之字多與語部相通」，與韻譜正合。嗣見王氏手校吕覽，云「影字合韻，讀爲鄘鄔之鄔」，尤爲切證。**禍福之所自來，衆人以爲命，安知其所。**自，從也。凡人以爲天命，不知其所由也。

夫覆巢毁卵則鳳凰不至，○畢沅曰：「『覆巢』舊誤倒，今乙正。」**刳獸食胎則麒麟不來，乾澤涸漁則龜龍不往。**○畢沅曰：「疑當作『不住』，此有韻。」○陳昌齊曰：「舊刻作『巢覆毁卵』，畢校作『覆巢毁卵』，並誤。此數語皆二句一韻，當作『巢覆卵毁』，『龜龍不住』，則毁、至一韻，胎、來一韻，漁、住一韻。」物之從同，不可爲記。子不遮乎親，臣不遮乎君。遮後遏也。○維遹案：注「後」字疑是「猶」誤。君同則來，異則去。○陶鴻慶曰：「『同則來，異則去』，總承上文子臣而言，下文即申説此義。『君』字不當有，涉上文『臣不遮乎君』而衍。」故君雖尊，以白爲黑，臣不能聽。聽，從。父雖親，以黑爲白，子不能從。黄帝曰：「芒芒昧昧，○畢沅曰：「舊本皆不重。案文子符言、上仁篇、淮南繆稱、泰族訓及御覽七十七引皆重，此注亦然，今據改正。」○焦循曰：「高注以『芒芒昧昧』解『芒昧』，猶樂記以『肅肅雝雝』解『肅雝』，毛詩傳以『洸洸潰潰』解『有洸有潰』也。校者據注謂本文宜作『芒芒昧昧』，非是。」因天之威，○舊校云：「一作『道』。」與元同氣。」芒芒昧昧，廣大之貌。天之威無不敬也。非同氣不協。○孫先生曰：「注語不明。『天之威無不敬也』當作『因天之威無不敬也』，脱『因』字。『非同氣不協』當作『與元同氣無不協也』。蓋脱去『與元同氣』四字，後人遂加『非』字，非高氏之舊也。御覽七十七引此注云：『因天之威無不敗也，與元同氣無不協也。』引『敬』作『敗』者，乃不解『威』字之誼而妄改之。廣雅：『威，德也。』此亦當訓德，非威武之威也。『敗』字雖誤，而上下文皆是，實足校正今本。」故曰同氣賢於同義，同義賢於同力，同力賢於同居，同居賢於同名。帝者同氣，同元氣也。王者同義，同仁義也。霸者同力，同武力也。○畢沅曰：「文子、淮南竝作『同功』。」勤者同居則薄矣，同居於世。亡者同名則觕矣。同名不仁不義。粗，惡也。○維遹案：注「義」下脱一「觕」字。其智彌觕者其所同彌觕，其智彌精者其所同彌精，精，微妙也。故凡用意不可不精。夫精，五帝三王之所以成也。成齊類同皆有合，故堯爲善而衆善至，桀爲非而衆非來。○舊校云：「一本作『桀爲惡而衆惡來』。」商箴云：「天降災布祥，竝有其職。」以言禍福，人或召之也。職，主也。召，致也。○梁玉繩曰：「困學紀聞二『文心雕龍（銘箴篇。）「夏、商二箴，餘句頗存」，夏箴見周書文傳，商箴見此』。」○維遹案：左襄二十三年傳云「禍福無門，惟人所召」，此之謂也。故國亂非獨亂也，又必召寇。獨亂未必亡也，召寇則無以存矣。存，在也。

凡兵之用也，用於利，用於義。攻亂則脆，脆則攻者利。○王念孫曰：「召類作『攻亂則服，服則攻者利』，『服』字是。」攻亂則義，義則攻者榮。榮且利，中主猶且爲之，況於賢主乎？故割地寶器卑辭屈服不足以止攻，惟治爲足。足止人攻。治則爲利者不攻矣，爲名者不伐矣。凡人之攻伐也，非爲利則因爲名也，○王念孫曰：「召類篇『因』作『固』，是也。」名實不得，國雖彊大者，曷爲攻矣！解在乎史墨來而輟不襲衛，趙簡子可謂知動靜矣。○畢沅曰：「事見召類篇。『史墨』作『史默』。」

應同

應同○畢沅曰：「舊作『名類』，乃『召類』之訛，然與卷二十篇目複。舊校云：『一名應同。』今即以『應同』題篇。」〔一〕

〔一〕畢注與目録詳略不同。

三曰：世之聽者多有所尤，〇維遹案：治要有注：「尤，過。」疑「尤」借作「囿」，謂有所拘蔽也。過字不足以盡其義。多有所尤則聽必悖矣。所以尤者多故，其要必因人所喜與因人所惡。東面望者不見西牆，南鄉視者不覩北方，意有所在也。

人有亡鈇者，意其鄰之子，視其行步竊鈇也，〇維遹案：治要有注：「竊，盜。」顔色竊鈇也，言語竊鈇也，動作態度無爲而不竊鈇也。抇其谷而得其鈇〔一〕，〇畢沅曰：「『抇』舊訛作『相』，今從列子説符篇改正。」〇維遹案：畢改是。治要引「抇」作「掘」，抇、掘古通。又引「谷」下有注：「谷，坑。」他日復見其鄰之子，動作態度無似竊鈇者。其鄰之子非變也，己則變矣。變也者無他，有所尤也。〇維遹案：治要引作「己則變之，變之者無他，有所尤也」。

邾之故法，爲甲裳以帛。以帛綴甲。〇維遹案：據注及下文皆單言「甲」，此「裳」字其義爲「常」。裳、常古通，初學記二十二、御覽八百十九引「裳」竝作「常」。公息忌〇舊校云：「一作『忘』。」謂邾君曰：「不若以組。凡甲之所以爲固者，以滿竅也。今竅滿矣，而任力者半耳。且組則不然，竅滿則盡任力矣。」邾君以爲然，曰：「將何所以得組也？」公息忌對曰：「上用之則民爲之矣。」邾君曰：「善。」下令，令官爲甲必以組。公息忌知説之行也，因令其家皆爲組。人有傷之者

〔一〕四部叢刊本「鈇」下有注「一作抇其舌而得其鈇」。

曰：○維遹案：治要有注「傷，敗」。「公息忌之所以欲用組者，其家多爲組也。」○維遹案：御覽引「其」上有「由」字。郱君不説，於是復下令，○維遹案：治要引作「於是乎復下止令」。令官爲甲無以組。以，用。此郱君之有所尤也。爲甲以組而便，公息忌雖多爲組何傷也？以組不便，公息忌雖無組○畢沅曰：「孫云：『御覽三百五十六作「雖無爲組」。』」○孫先生曰：「『組』上當有『爲』字，與上下文義亦相應。治要引正有『爲』字。御覽八百十九同。」亦何益也？爲組與不爲組不足以累公息忌之説，○維遹案：治要有注「累猶辱也」。用組之心不可不察也。

魯有惡者，惡，醜。其父出而見商咄，○章炳麟曰：「商咄即是宋朝，宋亦稱商，朝、咄聲轉也。」反而告其鄰曰：「商咄不若吾子矣。」且其子至惡也，商咄至美也，彼以至美不如至惡，尤乎愛也。故知美之惡，知惡之美，然後能知美惡矣。

莊子曰：「以瓦投者翔，以鉤投者戰，以黄金投者殆。○畢沅曰：「莊子達生篇：『以瓦注者巧，以鉤注者憚，以黄金注者殙。』列子黄帝篇『注』竝作『摳』，『殙』作『湣』，文義各小異。此『投』字無攷。淮南説林訓又作『鉒』。」○洪頤煊曰：「字書無『投』字。説文：『𣪘，繇擊也，从殳，豆聲。古文祋〔一〕如此。』投即𣪘字。列子黄帝篇『投』並作『摳』，張湛注：『互有所投曰摳。』摳即投假借字。莊子達生作『注』，淮南説林訓作『鉒』。注亦投也，字相近，

〔一〕「祋」，原作「投」，據説文改。

合譌作『投』。」○孫鏘鳴曰：「『投』疑當作『𣪘』。集韻：『𣪘，遥擊也。』蓋皆博戲之類。」又曰：「翔，釋名：『佯也，言仿佯也。』猶安詳之意。戰者懼也，殆則迷惑矣。」其祥一也，○孫鏘鳴曰：「祥，善也，謂技之巧也。」○劉師培曰：「據莊子達生兩『巧』字證之，則翔、祥二字同義而異文。」而有所殆者，必外有所重者也。外有所重者，泄蓋内掘。」○畢沅曰：「淮南作『是故所重者在外，則内爲之掘』，注云：『掘，律氣不安詳。』列子作『凡重外者掘内』，語更簡而明。」○陳昌齊曰：「『泄』字疑爲『也』字之訛，此書如貴生篇『惟不以天下害其生者也可以託天下』，『其虧彌甚者也其尊彌薄』，皆用此句法。餘篇尚多。」魯人可謂外有重矣。解在乎齊人之欲得金也，及秦墨者之相妬也，皆有所乎尤也。○畢沅曰：「兩事皆見去宥篇。」老聃則得之矣。若植木而立乎獨，必不合於俗，則何可擴矣。

去尤

四曰：聽言不可不察，○維遹案：治要引「聽」上有「凡」字；「察」下有注云：「察者，詳也。」不察則善不善不分，善不善不分，亂莫大焉。

三代分善不善，故王。今天下彌衰，聖王之道廢絶，○舊校云：「『聖王』一作『聖人』。」世主多盛其歡樂，○舊校云：「『歡』一作『觀』。」大其鐘鼓，侈其臺榭苑囿，以奪人財；輕用民死，以行其忿，老弱凍餒，夭瘠壯狡汔盡窮屈，○畢沅曰：「狡與佼同，説見仲夏紀。」○王念孫曰：「瘠讀爲『大災者何？

大瘠也』之瘠。」○維遹案：汔盡猶言幾盡。詩大雅民勞篇「汔可小康」，鄭箋：「汔，幾也。」加以死虜，攻無辜之國以索地，誅不辜之民以求利，而欲宗廟之安也，社稷之不危也，不亦難乎！今人曰：「某氏多貨，其室培濕，○俞樾曰：「淮南子齊俗篇『鑿培而遁之』，高注曰：『培，屋後牆也。』此『培』字當從彼訓。其室培者，其室之牆也。濕讀爲㬤。廣雅釋詁：『㬤，下也。』其室培濕，謂其室牆卑下也，與下文『其城郭庳』正同一律。若依本字讀之，則不可通矣。」○劉先生曰：「淮南子齊俗篇高注：『培，屋後牆也。』字又作『備』。齊俗篇『則必有穿窬拊楗抽箕踰備之姦』，高注：『備，後垣也。』其室培溼，謂其後垣溼而易鑿耳。」守狗死，其勢可穴也。」則必非之矣。曰：「某國饑，其城郭庳，其守具寡，可襲而篡之。」則不非之，乃不知類矣。○畢沅曰：「與墨子非攻篇意同。」周書曰：○梁玉繩曰：「漢書晁錯傳作『傳曰』。」「往者不可及，來者不可待，賢明其世，謂之天子。」○維遹案：其猶之也。故當今之世，有能分善不善者，其王不難矣。

善不善本於義，不於愛，愛利之爲道大矣。○維遹案：「本於義不於愛」，疑當作「本於利本於愛」，方與下句「愛利之爲道大矣」相承接。今本「本」字誤爲「不」，校者遂改「利」爲「義」，則文不成義。離俗篇云「以愛利爲本」，用民篇云「託於愛利」，適威篇云「古之君民者，愛利以安之」，足徵「愛利」爲本書恒語。夫流於海者，行之旬月，見似人者而喜矣。及其朞年也，見其所嘗見物於中國者而喜矣。夫去人滋久，而思人滋深歟！亂世之民，其去聖王亦久矣，其願見之，日夜無間，故賢王秀士之欲憂黔首者，不可不務也。務，勉也。

功先名，事先功，言先事。不知事惡能聽言？不知情惡能當言？安能使其言當合於事乎？其與人穀言也，其有辯乎？其無辯乎？穀言，善言。辯，别也。○梁玉繩曰：「『穀言』二字新，猶『善人』稱『穀人』。」○陳昌齊曰：「莊子齊物論云：『言者有言，其所言者，特未定也，果有言耶？其未嘗有言耶？其以爲異於𣪊音，亦有辨乎？其無辨乎？』語意正與此相同。『穀言』二字疑爲『𣪊音』之誤。『其與人』三字或『其異於人』之誤也。不然，則『人』字衍也。注『穀言，善言』或作『𣪊音，鳥言』。」○陶鴻慶曰：「『人』爲『夫』字之誤。『穀言』爲『𣪊音』之誤。元文本云：『其與夫𣪊音也，其有辯乎？其無辯乎？』辯讀爲辨，别也。言不能聽言，與不能當言，則人言之與𣪊音無以異也。莊子齊物論篇云：『其以爲異於𣪊音，亦有辯乎？其無辯乎？』即呂氏所本。」○維遹案：陶説是。

造父始習於大豆，䗬門始習於甘蠅，習，學也。大豆、甘蠅，蓋御、射人姓名。○畢沅曰：「梁仲子云：『列子湯問篇造父之師曰泰豆氏。』此『大豆』當讀泰。案䗬門即逢蒙，荀子王霸篇、史記龜策傳皆同。漢書人表作『逢門子』，莊子作『蓬蒙』，法言學行篇作『逢蒙』，音轉紅切，鹽鐵論能言篇作『逢須』，唯今本孟子乃作『逢蒙』。」御大豆，射甘蠅，而不徙人以爲性者也。專學不徙，以得深術。○王念孫曰：「『人』疑當作『之』。」不徙之，所以致遠追急也，所以除害禁暴也。專學大豆、甘蠅之法而不徙之，故御、射得。御可以致遠追急，射而發中，可以除害禁暴也。凡人亦必有所習其心，然後能聽説。不習其心，習之於學問。不學而能聽説者，古今無有也。解在乎白圭之非惠子也，白圭，周人也。惠子，惠施，仕魏。○畢沅曰：「見不屈篇。」○梁玉繩曰：「白圭有二：一在魏文侯時，圭是其名，周人，史貨殖傳所謂觀時變治生，鄒陽傳所謂爲魏取中山者也。一與惠施竝時，名丹，字圭，（戰國魏策作『珪』。）魏人，孟子所謂治水以鄰國爲壑、韓子喻老所謂行堤塞穴者也。此及趙岐注竝云周人，恐誤。（注言周人凡三見。）揚子法言曰『子之治産不如丹圭』，則已先錯合爲一人矣。」**公孫龍之説燕昭王以偃兵及應空洛之遇也，**○畢沅曰：「説偃兵見應言篇。梁仲子云：『空洛之遇，事見後淫辭篇，作「空雄」，地名，豈非「空雒」之誤歟？』」**孔穿之議公孫龍，翟翦之難惠子之法。此四士者之議皆多故矣，不可不獨論。**公孫龍、孔穿、翟翦，皆辯人。○畢沅曰：「二事亦見淫辭篇。」○維遹案：「論」字許本作「諭」，誤。必己篇注「獨猶孰也」，孰、熟古通，是獨論猶熟論也。應言篇云「不可不熟論」，注：「論，辯也。」

聽言

五曰：昔者禹一沐而三捉髮，一食而三起，○畢沅曰：「梁仲子云：『淮南氾論訓作「一饋而十起」。』」○梁玉繩曰：「史魯世家以吐握爲周公事。鬻子上禹政、淮南氾論與此以爲夏禹。黃氏日抄云：『此形容之語，本無其事也。』」**以禮有道之士，通乎己之不足也。**欲以問知所不知也，故曰「通乎己之不足」。○維遹案：治要引注作「欲以聞所不聞，知所不知故也，故曰通乎己之不足」。今本誤脱。**通乎己之不足，則不與物爭矣。**情欲之物不爭。**愉易平靜以待之，使夫自得之。**○維遹案：舊校云：「『得』一作『以』。」治要引亦作「以」，下有注云：「以，用。」**因然而然之，使夫自言之。**○舊校云：「『言』一作『寧』。」**亡國之主反此，乃自賢而少人，**○維遹案：治要引無「乃」字。**少人則説者持容而不極，**極，至。**聽者自多而不得，**自多，自賢也。

雖有天下何益焉！是乃冥之昭，亂之定〔一〕，毁〔二〕之成，危之寧，以冥爲明，以亂爲定，以毁爲成，以危爲寧也。故殷、周以亡，比干以死，誖而不足以舉。殷、周以亂而亡，比干以忠而死。不當亂而亂，不可爲忠而忠，故悖不可勝舉。○陶鴻慶曰：「舉當讀爲與。異寶篇云：『其主，俗主也，不足與。』（今本『與』下有『舉』字，俞氏以爲衍文，今從之。）義與此同。高注云『悖不可勝舉』，失之。」故人主之性，○舊校云：「一作『任』。」莫過乎所疑，而過於其所不疑；所疑者不敢行，故不過也。其所不疑者，不可而行之，故以爲過。不過乎所不知，而過於其所以知。所不知者不敢施，故不爲。所以知者，不可施而必爲，故曰過於其所以知。○王念孫曰：「以同已。」故雖不疑，雖已知，必察之以法，揆之以量，驗之以數，其所不疑，其所已知，俗主所專用，而賢主能以法制行之，以度量揆之，以數術驗之。若此，則是非無所失而舉措無所過矣。其慎所不疑，審所已知，故不失過也。

夫堯惡得賢天下而試舜？舜惡得賢天下而試禹？惡，安。試，用也。何以得賢於天下能用舜、禹？斷之於耳而已矣。耳之可以斷也，反性命之情也。反，本。今夫惑者，非知反性命之情，惑，眩惑也。其次非知觀於五帝三王之所以成也，成，成其治。則奚自知其世之不可也？奚

〔一〕「定」，原作「安」，據諸子集成本改。

〔二〕「毁」，四部叢刊本作「敗」，注「一作毁」。

自知其身之不逮也？奚，何也。逮，及也。太上知之，其次知其不知。生自知，其上也。其次，知其不知也。不知則問，不能則學。周箴曰：「夫自念斯學，德未暮。」暮，晚。學賢問，三代之所以昌也。學賢知，昌盛。○松皋圓曰：「『賢』字宜作『且』，考上下文意可見。」○孫鏘鳴曰：「『學賢問』三字疑有誤脱。」不知而自以爲知，百禍之宗也。宗，本也。論語曰：「不知爲不知。」夫不知者而自以爲知，則反於道，百禍歸之，故曰「百禍之宗也」。名不徒立，功不自成，國不虛存，必有賢者。惟賢者然後立名成功而存其國也。賢者之道，牟而難知，妙而難見，牟猶大也。賢者之道，碨落不凡，惟義所在，非不肖所及，故難知也。其仁愛物本於中心，精妙幽微亦非不肖所及，故難見也。○維遹案：注「仁」下當有「民」字，今本誤脱。故見賢者而不聳則不惕於心，不惕於心則知之不深，不深知賢者師法之也。○王念孫曰：「聳，敬也。惕猶動也。」不深知賢者之所言，不祥莫大焉。祥，善也。

主賢世治則賢者在上，位在上。○畢沅曰：「自『主賢世治』已下，又見後觀世篇。」主不肖世亂則賢者在下。今周室既滅，而天子已絶。周厲王無道，流于彘而滅，無天子十一年，故曰已絶。○畢沅曰：「秦昭王五十二年西周亡，十年而始皇帝繼爲王，又二十六年始爲皇帝。所云『天子已絶』者，在始皇未爲皇帝之時。注非是。」亂莫大於無天子，○畢沅曰：「『亂』字舊本脱在上注内，今據觀世篇改正。」無天子則彊者勝弱，衆者暴寡，以兵相殘，不得休息，○舊校云：「『休』一作『暫』。」今之世當之矣。當其時也。故當今之世，求有道之士則於四海之内、山谷之中、○陳昌齊曰：「元刻劉節軒校本『内』作『上』。」○孫先生曰：

「觀世篇作『江海之上』，疑此亦作『則於江海之上，山谷之中』。若作『四海』，則『内』字似較『上』字爲優。」僻遠幽閒之所，所，處也。若此則幸於得之矣。得之，則何欲而不得？何爲而不成？得賢，則欲而得，爲而成也。太公釣於滋泉，遭紂之世也，故文王得之而王。○畢沅曰：「梁仲子云：『水經渭水上注引作「太公釣茲泉」。』孫云：『御覽七十又八百三十四竝作「茲泉」。』舊本句末『王』字脱，亦從御覽補。」文王，千乘也。紂，天子也。天子失之，而千乘得之，知之與不知也。文王知太公賢，是以得之；紂不知賢，是以失之，故曰知與不知也。○孫先生曰：「『知之與不知也』，『之』字疑衍。高注云云，是正文本無『之』字明矣。後觀世篇亦有『之』字，乃據此衍文誤加者，非其實也。御覽八百三十四引無『之』字。」諸衆齊民，不待知而使，不待禮而令。齊民，凡民。非一，故言諸衆。○畢沅曰：「舊校云：『「令」一作「合」。』案觀世篇亦作『令』，注『令猶使也』。」若夫有道之士，必禮必知，然後其智能可盡。可盡得而用也。解在乎勝書之説周公，可謂能聽矣。齊桓公之見小臣稷，魏文侯之見田子方也，皆可謂能禮士矣。能禮士，故曰得士。帝紂不能禮士，故失太公以滅亡也。○畢沅曰：「勝書説周公見精諭篇。齊桓、魏文二事，皆見下賢篇。此田子方乃段干木之訛。」

謹聽

六曰：嘗試觀上古記，三王之佐，其名無不榮者，其實無不安者，功大也。上古記，上世古書也。名者，爵位名也。實者，功實也。詩云：「有晻淒淒，興雲祁祁，雨我公田，遂及我私。」詩小雅大田之三章也。晻，陰雨也。陰陽和，時雨祁祁然不暴疾也。古者井田，十一而税，公田在中，私田在外，民有禮讓之心，故願先公田而及私也。○畢沅曰：「顏氏家訓書證篇辨『興雲』當作『興雨』，以班孟堅靈臺詩『祁祁甘雨』爲證。錢詹事曉徵作漢書攷異，據韓奕篇『祁祁如雲』，謂經師傳授有異，非轉寫有訛。又段明府若膺云：『古人言雨，止言降雨、下雨，無有言興雨者。「興雲祁祁，雨我公田」，猶白華詩之「英英白雲，露彼菅茅」，語意正相似。』案錢、段二説極是，然觀注意亦似本作『興雨』。」○梁玉繩曰：「靈臺詩、後書左雄傳、鹽鐵論水旱篇皆作『雨』字，故家訓以『雲』爲誤寫，詩疏、釋文並同彥説，然非也。韓詩外傳八、漢書食貨志上、隸釋無極山碑俱是『興雲』，與此文合。錢説蓋本隸釋及野客叢書。」○維遹案：注「晻，陰雨也。陰陽和，時雨」，王念孫校本改作「晻，陰雲也。陰陽和，風雨時」，畢謂觀注意亦似本作「興雨」，非是。**三王之佐，皆能以公及其私矣。俗主之佐，其欲名實也與三王之佐同，而其名無不辱者，其實無不危者，無公故也。**○畢沅曰：「『無公』，後務大篇作『無功』。公亦功也，古通用。」○梁玉繩曰：「詩『以奏膚公』，毛傳：『公，功也。』隸釋樊安碑以『功德』爲『公德』。」又曰：「大戴禮記禮察篇『處此之功，無私如天地』，漢書『功』作『公』。」○維遹案：治要引「公」作「功」。**皆患其身不貴於國也，而不患其主之不貴於天下也；**○維遹案：王念孫校本「身」下據治要補「之」字，與下文辭例正同。**皆患其家之不富也，而不患其國之不大也，此所以欲榮而愈辱，欲安而益危。**○舊校云：「『益』一作『愈』。」

安危榮辱之本在於主，主之本在於宗廟，宗廟之本在於民，民之治亂在於有司。有司，於周禮爲太宰，掌建國之六典，以佐王治邦國，以治官府，以紀萬民，此之謂也。○孫鏘鳴曰：「有司謂百官。注專以太宰言之，非是。」易曰：「復自道，何其咎，吉。」乾下巽上，小畜，「初九，復自道，何其咎，吉」。乾爲天，天道轉運，爲乾初得其位。既天行周匝復始，故曰「復自道」也。復自進退，又何咎乎？動而無咎，故吉也。**以言本無異則動卒有喜。**乾動，反其本，終復始，無有異，故卒有喜也。**今處官則荒亂，臨財則貪得，**欲多。○畢沅曰：「『臨財』各本作『臨射』，今從劉本。」**列近則持諫，**列，位也。持諫，不公正。○陳昌齊曰：「晏子春秋有『持巧諛以正禄』語，『諫』字或當爲『諛』也。」○俞樾曰：「『持諫』二字義不可通，疑『持禄』之誤。持禄言保其禄也。管子明法篇『小臣持禄養交，不以官爲事』，晏子春秋問篇『仕者持禄，游者養交』，荀子臣道篇『偷合苟容，以持禄養交』，皆古書言持禄之證。」○維遹案：陳説是。「諫」與「諛」形近，故譌爲「諫」。據高注所云，非「諫」字明矣。俞説雖辯，然禄、諫形聲俱不相近，無緣致誤。**將衆則罷怯，**罷，勞也。怯，無勇。**以此厚望於主，豈不難哉！**厚，多。**今有人於此，修身會計則可恥，**○舊校云：「『可』一作『不』。」**臨財物資盡則爲己，**盡猶略也。無不充仞以爲己有。○王念孫曰：「高説『盡』字之義非是。盡讀爲賮。張載注魏都賦引倉頡篇云：『賮，財貨也。』賮與盡古字通。（孟子公孫丑篇作『賮』，史記高祖紀作『進』。）管子乘馬篇云：『黄金一溢，百乘一宿之盡也。』是其證。『財物資盡』四字連讀。『修身會計則可恥』，『臨財物資盡則爲己』，句法正相對。若讀『臨財物資』爲句，『盡則爲己』爲句，則句不成義，且與上文不類矣。」○維遹案：王讀盡爲賮，是。然高注竝未誤，「盡猶略」即「盡猶賂」也，略、賂皆從各得聲，故可通用。淮南兵略篇云「貪金玉之略」，御覽二百七十一引「略」作「賂」。賂與賮義正相合，且注「盡猶略」爲展轉相訓，非讀如字明矣。「無不充仞」者，正指財物資盡而言，其非「盡則爲己」絶句，可斷言矣。**若此而富者，非盜則無所取。**詩云：「不稼不穡，胡取禾三百億兮？不狩不獵，胡瞻爾庭有縣特兮？」故曰「非盜則無所取」。**故榮富非自至也，緣功伐也。今功伐甚薄而所望厚，誣也；**以薄獲厚爲誣也。**無功伐而求榮富，詐也，**以虛取之爲詐。**詐誣之道，君子不由。**由，用也。

人之議多曰：「上用我則國必無患。」用己者未必是也，而莫若其身自賢。有人於此，言用我者則國無患。而使用之未必然也。使無患莫若自修其身之賢也。**而已猶有患，用己於國，惡得無患乎？**猶，尚。惡，安。○陶鴻慶曰：「而讀爲如。」**己，所制也，釋其所制而奪乎其所不制，誖，**言身者己所自制也，釋己而不修，故曰奪乎所不制，乃誖謬之道也。○陶鴻慶曰：「『己所制也』上當有『身者』二字。高注云『言身者己所自制也』，即其證。『奪』當爲〔一〕『奮』字之誤，奮猶矜也。荀子子道篇『奮於言者華，奮於行者伐』，楊注云：『奮，振矜也。』是也。上文云『人之議多曰，上用我則國必無患』，此即承上言之。」**未得治國治官可也。**官，小政也。推此言之，若此人者，未任爲大臣，但可小政也。○陶鴻慶曰：「此文當云『治國治官未可得也』，語意與下文相屬。下文云『若夫内事親，外交友，必可得也。苟事親未孝，交友未篤，是所未得，惡能善之矣』，與此文反覆相明，言治國治官未可必得，而事親交友則己所得爲，故釋其所制而奮乎其所不制者悖也。如今本則上下文義不貫矣。淮南主術訓云：『治國非上使不得舉焉。（今本無「非」字，依俞氏平議補正。）孝於父母，弟於兄嫂，信於朋友，不得上令而可得爲也。釋己之所得

〔一〕「爲」，原脱，據讀諸子札記補。

爲，而責于其所不得制，悖矣。』義即本此。高氏據誤本，以『未得治國』斷句，而解之云『若此人者，未任爲大臣，但可小政也』，斯曲説矣。」若夫内事親，外交友，必可得也。苟事親未孝，交友未篤，是所未得，惡能善之矣？故論人無以其所未得，而用其所已得，可以知其所未得矣。以其孝得〔一〕於親，則知必忠於君也；以其所行能高仁義，知必輕身，故可以知其未得也。古之事君者，必先服能然後任，服其能堪任也。必反情然後受。反情，常内省也。受，受禄也。主雖過與，臣不徒取。過，多。大雅曰：「上帝臨汝，無貳爾心。」以言忠臣之行〔二〕也。大雅大明之七章也。言天臨命武王，伐紂必克之，不敢有疑心。喻君命臣齊一專心輸力，不敢惑忠臣之行也。解在鄭君之問被瞻之義也，見務大論。被瞻知齊國衰亂，桓公之薨，蟲流出户，蓋不聽管仲臨終之言，因諷鄭君。○畢沅曰：「務大論鄭君問被瞻義不死君、不亡君，殊不如注所言。」○維遹案：「在」下疑奪「乎」字，本書多以「解在乎」三字連文，見應同、聽言、謹聽諸篇。薄疑應衛嗣君以無重税，此二士者，皆近知本矣。嗣君，平侯之子也，秦貶稱君。薄疑勸嗣君以王者富民，故曰無重税也。○畢沅曰：「薄疑事見審應覽。」

務本

〔一〕「得」，原脱，據諸子集成本補。

〔二〕四部叢刊本「行」下有注「一作徒」。

七曰：昔舜欲旗古今而不成，旗，覆也。○畢沅曰：「旗當與綦同，乃極盡之義。舊校云：『一旗』一作「禃」，一作「揭」。』梁伯子云：『觀注訓覆，則作「禃」爲是，禃即冒也。』」既足以成帝矣。○孫鏘鳴曰：「此謂舜、禹以下諸人所欲者大，則所成自不少也。」禹欲帝而不成，既足以正殊俗矣。殊俗，異方之俗也。湯欲繼禹而不成，既足以服四荒矣。四表之荒服也。武王欲及湯而不成，既足以王道矣。○陳昌齊曰：「此句當有脱誤，後務大篇作『足以王通達矣』，亦不可解。楊升庵瑣語作『足以王矣』，或別有所據也。荒、王、長爲韻，名合韻。」○俞樾曰：「『既足以王道』文義未足，吕氏原文當作『既足以王通達矣』。務大篇曰『湯、武欲繼禹而不成，既足以王通達矣』，是其證也。荀子儒效篇『通達之屬，莫不從服』，楊倞注曰：『通達之屬，謂舟車所至，人力所通之處也。』荀子書屢言『通達之屬』，蓋古有此語，吕氏亦循用之耳。『通』與『道』字形相似，史記天官書『氣來卑而循車通』，漢書天文志作『車道』，是其形似易譌之證。此文『通』譌作『道』，又奪『達』字，以致文不成義，當據務大篇訂正。」五伯欲繼三王而不成，既足以爲諸侯長矣。孔丘、墨翟欲行大道於世而不成，既足以成顯名矣。名，聖賢之名。夫大義之不成，既有成矣已。○畢沅曰：「二字當衍其一。」○陳昌齊曰：「務大無『矣』字。」夏書曰：「天子之德，○舊校云：「一作『惠』，一作『位』。」廣運乃神，乃武乃文。」逸書也。○維遹案：困學紀聞二引此文「乃神」上有「乃聖」二字，竝注「今本吕覽無『乃聖』字」。攷尚書大禹謨云「都帝德廣運，乃聖乃神，乃武乃文」，蓋王氏據尚書增「乃聖」二字。此當各依本書，不必强同。以吕覽所引爲古本尚書，高注云「逸書」，足徵在東漢時大禹謨尚無此文。又報更篇云「此書之所謂德幾無小者也」，説苑復恩篇云「此書之所謂德無小者也」，今本伊訓作「惟德罔小」，此皆僞古文尚書摭吕覽所引逸書文而竄改之也。**故務在事，事在大。**事，爲。**地大則有常祥、不庭、岐母、羣抵**〔一〕、**天翟、**常祥、不庭、羣抵、岐母、天翟皆獸名也。**不周，**○畢沅曰：「此雖山名，然不應獨舉，當亦與上文爲一類。」○凌曙曰：「『不周』二字，高注屬下不屬上文也。本文云『不周山大，則有虎豹熊螇蛆』，故高注云『皆獸名，不周山在翟』。本文下云『水大則有蛟龍』云云，然則『不周』當屬下文作不周山也。若屬上文與『羣抵、天翟』爲一類，是皆獸名，試問有不周之獸耶？獨舉不周者，以山在昆侖，言其大耳。」○俞樾曰：「高氏於『天翟』下注曰：『皆獸名也。』『不周』二字屬下句讀，注曰：『不周山在翟。』然下文云『山大則有虎豹熊螇蛆，水大則有蛟龍黿鼉鱣鮪』，山大、水大文正相對，不得有『不周』二字也。且山亦多矣，何獨舉不周山乎？『不周』二字當屬上，自『常祥』以至『不周』，皆山水名也。雖不盡可考，然即不周之爲山名，已可例其餘矣。若從高注，以『常祥』之屬皆爲獸名，則與下文言山複矣。山者獸之窟穴，故舉獸類以明其大，若地之所有，固不獨獸矣。言地大而專舉獸類，非理也。高氏失其義，因失其讀，殆不可從。」○孫詒讓曰：「『常祥』以下六者皆山名，高唯以『不周』爲山，餘皆爲獸，又以『不周』屬下『山大』爲句，竝非也。山海經大荒西經云『有山名常陽之山，日月所入』，又云『有偏句、常羊之山』，即此『常祥』也。大荒南經云『大荒之中有不庭之山』。大荒東經云『大荒東南隅有山，名皮母地丘』。（『皮母』淮南子墬形訓作『波母之山』。）又云『有山名曰孽搖頵羝』，即此『岐母、羣抵』也。（以上略本郝懿行、錢侗説。）不周山亦見大荒西經。是吕書悉本彼經，惟『天翟』未見，竊疑即大荒西經所云『天穆之野，高二千仞』者。穆與繆通，故書或本作『天繆』，右半

〔一〕四部叢刊本「抵」下有注「一作怪」。

從翏，形與翟相似，因而致誤耳。」**山大則有虎豹熊螇蛆，**皆獸名。不周山在翟。○畢沅曰：「『螇蛆』未詳所出，或是『猨狙』，亦可作虫旁。」○馬叙倫曰：「畢校是也。説文『猨』字本作『蝯』。『蛆』者因『蝯』而易虫旁。然『熊』下疑脱『羆』字，此與下句『水大則有蛟龍黿鼉鱣鮪』辭例相同。」**水大則有蛟龍黿鼉鱣鮪。**魚二千斤爲蛟。黿可作羹，傳曰：「楚人獻黿於鄭靈公，不與公子宋黿羹。公子怒，染指於鼎，嘗之而出。」鼉魚皮可作鼓，詩云：「鼉鼓韸韸。」鱣鮪皆大魚，長丈餘，詩云：「鱣鮪發發。」**商書曰：「五世之廟，可以觀怪。**逸書。喻山大水大生大物。廟者鬼神之所在，五世久遠，故於其所觀，魅物之怪異也。**萬夫之長，可以生謀。」**長，大也。大故可以成奇謀也。○洪邁曰：「呂不韋作書時，秦未有詩書之禁，何因所引訛謬如此？高誘注文恠異之説，一何不典之甚邪？」○梁玉繩曰：「困學紀聞二以爲呂氏引書舛異。案喪服小記『王者立四廟』，鄭注：『高祖以下與始祖而五。』王制『天子七廟』，鄭注：『此周制，殷則六廟。』疏曰：『殷五廟，至子孫六。』此所引逸書，蓋在成湯之世也。惟王肅不以七廟爲周制，謂天子立七廟，高祖之父及祖並始祖及親廟四，先儒皆不從之。書咸有一德改『五世』作『七世』，乃晚出之僞古文，獨與王肅合，豈足據哉？」（周亦五廟，兼二祧廟爲七。）**空中之無澤陂也，**○維遹案：「空」許本、張本、姜本作「室」，誤。莊子秋水篇云：「計四海之在天地之間也，不似礨空之在大澤乎？」釋文引崔云：「礨空，小穴也。」案空、孔古通，作「室」者，殆忘莊文。**井中之無大魚也，**淮南記曰：「蠡房不能容鶴卵。」此之謂也。○孫先生曰：「注『鶴卵』當作『鵠卵』。」**新林之無長木也。**言未久也。**凡謀物之成也，必由廣大衆多長久，信也。**

季子曰：○畢沅曰：「後務大篇作『孔子曰』。」梁仲子云：「『案孔叢子論勢篇子順引「先人有言」云云，則作「孔子」爲是。』」「燕雀爭善處於一室之下，○松皋圓曰：「或云『善』當作『棲』。」○維遹案：各本「室」竝作「屋」，與務大篇同。子母相哺也，姁姁焉相樂也，○畢沅曰：「『姁姁』後作『區區』，孔叢作『呴呴』。」○梁玉繩曰：「後務大篇作『區』，乃『嘔』之省。姁、呴、嘔、煦並同。」自以爲安矣。竈突羣則火上焚棟，燕雀顔色不變，是何也？乃不知禍之將及己也。爲人臣免於燕雀之智者寡矣。○孫先生曰：「御覽九百二十二引『免』上有『能』字。後務大篇『免』上亦有『而』字。能、而古通。今本蓋誤脱『能』字。」夫爲人臣者，進其爵禄富貴，父子兄弟相與比周於一國，姁姁焉相樂也，以危其社稷，○畢沅曰：「後句上有『而』字，此脱。」其爲竈突近也，而終不知也，其與燕雀之智不異矣。故曰：『天下大亂，無有安國。一國盡亂，無有安家。一家盡亂，無有安身。』此之謂也。故小之定也必恃大，大之安也必恃小，○維遹案：後務大篇「恃」竝作「待」。小大貴賤交相爲恃，○舊校云：「一作『贊』。」○畢沅曰：「後作『贊』。」然後皆得其樂。○孫先生曰：「務大篇『樂』上有『所』字。疑此脱。」定賤小在於貴大，淮南記曰：「牛馬之氣烝生蟣蝨，蟣蝨氣烝不能生牛馬。」小不能生大，故曰「定賤小在於貴大」。解在乎薄疑説衛嗣君以王術，見務大論。杜赫説周昭文君以安天下，杜赫，周人，杜伯之後。昭文君，周末世分東西之後君號也。説見務大論。及匡章之難惠子以王齊王也。匡章，乃孟軻所謂通國稱不孝者，能王齊王亦大也。○畢沅曰：「此見愛類篇。」

諭大

呂氏春秋集釋卷第十四

滎成許維遹學

孝行覽第二　本味　首時　義賞　長攻　慎人　遇合　必己

呂氏春秋訓解　高氏

一曰：凡爲天下，治國家，必務本而後末。詹何曰：「身治而國不治者，未之有也。」故曰「必務本」。所謂本者，非耕耘種殖之謂，務其人也。務猶求也。○維遹案：御覽七十七引「耘」作「稼」。務其人，非貧而富之，寡而衆之，衆，多也。務其本也。務本莫貴於孝。孝爲行之本也。行於孝者，故聖人貴之。人主孝則名章榮，下服聽，天下譽。譽，樂也。孔子曰：「昔者明王之以孝治天下也，不敢遺小國之臣，而況於公侯伯子男乎？故得萬國之懽心。」○吴先生曰：「譽不得訓樂，此注蓋讀譽爲豫也。王元長曲水詩序李善注云：『孫子兵法「人效死而上能用之，雖優游暇譽〔一〕，令猶行也」。譽猶豫，古字通。』是其比。」人臣孝則事君忠，處官廉，臨難死。孝於親故能忠於君，孝經曰：「以孝事君則忠。」此之謂也。處官廉，孝經曰：「修身慎行，恐辱先

〔一〕「譽」，原作「豫」，據四部叢刊本改。

也。」此之謂也。臨難死，君父之難，視死如歸，義重身輕也。士民孝則耕芸疾，守戰固，不罷北。耕芸疾，用天之道，分地之利。衣食足，知榮辱，故守則堅，戰必克，無退走者。○畢沅曰：「孫云：『御覽七十七「罷」作「敗」。』」夫孝，三皇五帝之本務，○維遹案：御覽引「孝」下有「者」字。而萬事之紀也。三皇，伏羲、神農、女媧也。五帝，軒轅、帝顓頊、帝嚳高辛、帝堯陶唐、帝舜有虞也。紀猶貫因也。○畢沅曰：「初學記十七引『紀』上有『綱』字。注女媧當在神農前。所紀五帝，文有訛脱，當云『黄帝軒轅、帝顓頊高陽』，方與下相配。『貫因』劉本無『因』字。」○吴先生曰：「注文本作『紀猶毌也』，蓋以條貫釋紀也。校者記『貫』字於旁，後又誤衍爲『因』耳。」

夫執一術而百善至、百邪去、天下從者，其惟孝也。一術，孝術。○維遹案：治要、御覽引「也」作「乎」。故論人必先以所親而後及所疏，先本後末，先近後遠。必先以所重而後及所輕。所重，謂其親。所輕，謂他人。今有人於此，行於親重而不簡慢於輕疏，則是篤謹孝道，有人行孝，敬於其親，以及人之親，故不敢簡慢於輕疏者，是厚慎孝道之謂也。先王之所以治天下也。先王以孝治天下。故愛其親不敢惡人，敬其親不敢慢人。愛敬盡於事親，光耀加於百姓，加，施也。究於四海，究，極也。此天子之孝也。曾子曰：「身者，父母之遺體也。行父母之遺體，敢不敬乎？敬，畏慎。居處不莊，非孝也。莊，敬。事君不忠，非孝也。忠，正也。莅官不敬，非孝也。莅，臨也。朋友不篤，非孝也。篤，信也。○維遹案：禮記祭義「篤」作「信」。戰陳無勇，非孝也。揚子曰：「孟軻勇於義。」勇而立義，揚名於後世，孝之終也。五行不遂，災及乎親，敢不敬乎？」遂，成。○維遹案：祭義「行」作「者」。商書曰：「刑三百，罪莫重於不孝。」商湯所制法也。曾子曰：「先王之所以治天下者五：貴德，貴貴，貴老，敬長，慈幼。此五者，先王之所以定天下也。定，安也。所謂貴德，爲其近於聖也。○畢沅曰：「禮記祭義『聖』作『道』。」所謂貴貴，爲其近於君也。所謂貴老，爲其近於親也。所謂敬長，爲其近於兄也。所謂慈幼，爲其近於弟也。」○維遹案：祭義「弟」作「子」。曾子曰：「父母生之，子弗敢殺。父母置之，子弗敢廢。置，立。父母全之，子弗敢闕。闕猶毁。故舟而不游，道而不徑，能全支體，以守宗廟，可謂孝矣。」濟水載舟不游涉，行道不從邪徑，爲免没溺畏險之害，故曰「能全支體，以守宗廟」。○畢沅曰：「注『免』字舊本作『逸』，訛，今改正。」

養有五道：修宮室，安牀笫，節飲食，養體之道也。節飲食，肉雖多不使勝食氣；修宮室，不上漏下溼，故曰「養體之道也」。樹五色，施五采，列文章，養目之道也。列，別也。青與赤謂之文。赤與白謂之章。以極目觀，故曰「養目之道也」。正六律，六律，黄鍾、太蔟、姑洗、蕤賓、夷則、無射。龢五聲，五聲，宮、商、角、徵、羽。雜八音，養耳之道也。八音，八卦之音。雜會之以聽耳，故曰「養耳之道」。熟五穀，烹六畜，龢煎調，養口之道也。熟五穀，烹芻豢，龢快口腹，故曰「養口之道」。龢顔色，説言語，敬進退，養志之道也。龢顔色，以説父母之志意，故曰「養志之道」。此五者，代進而厚用之，可謂善養矣。代，更。更次用之，以便親性，可謂爲善養親也。○王引之曰：「『厚』當爲『序』，隸書『厚』字或作『厚』，（見漢荆州刺史度尚碑。）又作『厚』，（見三公山碑。）形與『序』竝相近，故『序』譌爲『厚』。『代進而序用之』者，序亦代也。燕禮『序進』，鄭注曰：『序，次第也，猶代也。』郊特牲『昏禮不賀，人之序也』，鄭注曰：『序猶代也。』是序與代同義。楚辭離騷『春與秋其代序』，是也。高訓代爲更，序亦更也。周官『御僕以序守路鼓』，公食大夫禮『序進』，仲尼燕居『夏籥序興』，鄭注竝曰：『序，更也。』序與次亦同義，故高云『更次用之』。」

樂正子春下堂而傷足，○維遹案：祭義「傷」下有「其」字。瘳而數月○畢沅曰：「舊校云：『一作「三月」。下同。』案祭義亦作『數月』。」不出，猶有憂色。門人問之曰：「夫子下堂而傷足，瘳而數月不出，猶有憂色，敢問其故？」故，事也。樂正子春曰：「善乎而問之。而，汝也。吾聞之曾子，曾子聞之仲尼，父母全而生之，子全而歸之，不虧其身，不損其形，可謂孝矣。君子無行咫步而忘之。余忘孝道，是以憂。」故曰：身者，非其私有也，私猶獨。嚴親之遺躬也。躬，體。

民之本教曰孝，本，始。其行孝曰養。養可能也，敬爲難。行敬之難。敬可能也，安爲難。安寧其親難。安可能也，卒爲難。卒，終。父母既没，敬行其身，無遺父母惡名，可謂能終矣。仁者仁此者也，○畢沅曰：「此皆祭義之文，舊本獨少此一句，脱耳，今補之。」禮者履此者也，履，行。義者宜此者也，信者信此者也，彊者彊此者也。樂自順此生也，○舊校云：「『順』一作『慎』。」刑自逆此作也。能順行，無遺父母惡名，故樂生也。逆之則刑辟作也。

孝行覽

二曰：求之其本，經旬必得。求之其末，勞而無功。雖久無所得。功名之立，由事之本也，得賢之化也。得賢人與之共治，以立其功名，故曰「得賢之化也」。非賢其孰知乎事化？○畢沅曰：「『事化』承上文之言。舊校云：『「化」一作「民」，本又作「名」。』皆訛。」故曰其本在得賢。

有侁氏女子採桑，得嬰兒于空桑之中，侁讀曰莘。獻之其君。其君令烰人養之，烰猶庖也。察其所以然，察，省。曰：「其母居伊水之上，孕，任身爲孕。夢有神告之曰：『臼出水而東走，毋顧。』明日視臼出水，告其鄰，東走十里，而顧，其邑盡爲水，身因化爲空桑。」伊尹母化作空桑。故命之曰伊尹。○畢沅曰：「以其生於伊水，故名之伊尹，非有訛也。而黄氏東發所見本作『故命之曰空桑』，以爲地名，且爲之辨曰：『此書第五紀云「顓頊生自若水，實處空桑」，則前乎伊尹之未生，已有空桑之地矣。』盧云：『案黄氏所據本非也。同一因地命名，不若伊尹之確。張湛注列子天瑞篇「伊尹生於空桑」，引傳記與今本同，尤爲明證。』」○梁玉繩曰：「空桑，地名。寰宇記：『空桑城在開封府雍丘縣西二十里。』蓋母生尹即卒也。楚辭天問『水濱之木，得彼小子』，王逸注同此説。謂尹母化爲空桑，妄矣。」又曰：「歸藏易云：『空桑之蒼蒼，八極之既張。』可證其爲地名。古樂篇云『顓頊處空桑』，則其地古矣。」○維遹案：畢校引盧氏引列子天瑞篇原作黄帝篇，訛，今改正。此伊尹生空桑之故也。○舊校云：「『生』一作『出』。」長而賢。湯聞伊尹，使人請之有侁氏。有侁氏不可。伊尹亦欲歸湯，湯於是請取婦爲婚。○維遹案：舊校云：「『婦』一作『妻』。」御覽四百二引作「湯於是請取妻於有侁氏」。有侁氏喜，以伊尹媵女。○畢沅曰：「舊本作『以伊尹爲媵送女』，段云『説文「㑞」字下引呂不韋曰：「有侁氏以伊尹倂女。」倂，送也。則爲、送二字明是後人所增入」。媵已是送，無煩重絫言之，今删正。」○孫先生曰：「此文可疑，使無『送』字，義已明順，後人不得再加『送』字矣。疑此文作『有侁氏喜，以伊尹媵女』，『媵』下本有『媵，送』二字注，『送』字混入正文，自當删去注文『媵』字，又於伊尹下加『爲』字，以『媵』字爲讀，『送女』爲句，其實不相合也。畢、段所校，實吕氏之舊，恐非高氏之舊矣。」故賢主之求有道之士無不以也，以，用也。○畢沅曰：「『以也』舊作『在以』。孫云：『御覽四百二作「無不以也」』。」又此下舊本有一『爲』字，衍，竝依御覽删正。」有道之士求賢主無不行也，爲媵言必行。○李寶洤曰：「言雖爲媵亦行。注未可通。」相得然後樂。賢主得賢臣，賢臣得賢主，故曰「相得然後樂」也。不謀而親，不約而信，相爲殫智竭力，犯危行苦，殫、竭皆盡也。危，難也。勤，苦也。志懽樂之，此功名所以大成也固不獨。固，必也。士有孤而自恃，人主有奮而好獨者，○俞樾曰：「奮猶矜也。奮而好獨者，矜而好獨也。荀子子道篇『奮於言者華，奮於行者伐』，楊注曰：『奮，振矜也。』故古書每以『奮矜』連文。荀子正名篇曰：『有兼聽之明，而無奮矜之容。』墨子所染篇曰：『其友皆好矜奮。』淮南説林篇曰：『吕望使老者奮，項託使嬰兒矜。』」則名號必廢熄，熄，滅也。社稷必危殆。故黄帝立四面，堯、舜得伯陽、續耳然後成，黄帝使人四面出求賢人，得之立以爲佐，故曰「立四面」也。伯陽、續耳皆賢人，堯用之以成功也。○畢沅曰：「『續耳』，尸子、韓非子作『續牙』，漢書人表作『續身』，皆隸轉失之。」○梁玉繩曰：「古『牙』字或作『牙』、作『耳』，故譌爲『身』字、『耳』字。」○馬叙倫曰：「太平御覽七九及三六五引尸子曰：『子貢曰：「古者四面，信乎？」孔子曰：「黄帝取合己者四人，使治四方，不謀而親，不約而成，此之謂四面。」』尸子，高誘時未就亡，不知引，何也？」凡賢人之德有以知之也。知其賢乃得而用之。○舊校云：「『之德』一作『道德』。」○陶鴻慶曰：「德讀爲得，高注云云，即其義也。一本作『道德』，誤。」

伯牙鼓琴，鍾子期聽之。方鼓琴而志在太山，○陶鴻慶曰：「『太山』本作『大山』，大山與流水對文，乃泛言山之大者，非指東嶽泰山也。列子湯問篇作『志在登高山』，高山即大山也。莊子在宥篇『故賢者伏處大山嵁巖之下』，釋文云：『大山音泰，亦如字。』皆其例也。」鍾子期曰：「善哉乎鼓琴，巍巍乎若太山。」少選之間，而志在流水，少選，須臾之間也。志在流水，進而不解也。鍾子期又曰：「善哉乎鼓琴，湯湯乎若流水。」鍾子期死，伯牙破琴絶弦，終身不復鼓琴，以爲世無足復爲鼓琴者。伯，姓。牙，名，或作「雅」。鍾，氏。期，名。子皆通稱。悉楚人也，少善聽音，故曰「爲世無足爲鼓琴」也。○孫先生曰：「下『復』字涉上『復』字而衍。高注云云，是正文『爲』上無『復』字，明矣。類聚四十四、御覽五百七十七又五百七十九引竝無此字。」非獨琴若此也，賢者亦然。世無賢者，亦無所從受禮義法則與共治國也。雖有賢者，而無禮以接之，賢奚由盡忠？猶御之不善，驥不自千里也。言不肖者無禮以接賢者，賢者何用盡其忠乎？若不知御者御驥，驥亦不爲之從千里也。

湯得伊尹，祓之於廟，○畢沅曰：「風俗通祀典引此句下有『薰以萑葦』四字，續漢書禮儀志中注亦同，今本脱去耳。」爝以爟火，釁以犧猳。周禮：「司爟掌行火之政令。」火者所以祓除其不祥，置火於桔皋，燭以照之。釁，以牲血塗之曰釁。爟讀曰權衡之權。○段玉裁曰：「贊能篇『桓公迎管仲，祓以爟火』，高注略同，亦曰爟讀如權字。

攷史記封禪書、漢書郊祀志皆曰『通權火』，又曰『權火舉而祠』，張晏云：『權火，爟火也，狀若井挈臯，其法類稱，故謂之權火。欲令光明遠照，通於祀所也。』漢祀五時於雍，五里爟火，如淳曰：『權，舉也。』按如云『權，舉也』，許云『舉火曰爟』，（説文：『爟，取火於日，官名，从火，雚聲。周禮曰：「司爟掌行火之政令。」舉火曰爟。』）高云『爟讀曰權』，然則爟、權一也。」**明日，設朝而見之。**○劉師培曰：「書抄一百四十引作『設朝見之禮』，不誤。」**説湯以至味。**爲湯説美味。○梁玉繩曰：「漢藝文志小説家有伊尹説二十七篇。史司馬相如傳索隱稱應劭引伊尹書説文櫨字、秏字注亦引伊尹之言，豈本味一篇出于伊尹説歟？然孟堅謂：『其語淺薄，似依託也。』」**湯曰：「可對而爲乎？」**○畢沅曰：「『對』字訛，當作『得』。御覽八百四十九作『可得爲之乎』。」○俞樾曰：「『對』字衍文也。『可而爲乎』，猶曰可以爲乎。本書多有此例，去私篇曰『南陽無令，其誰可而爲之』，可而即可以也，此因涉下文『對曰』而誤衍『對』字耳。」○維遹案：畢説是。書鈔一百十三引與御覽同〔一〕。**對曰：「君之國小，不足以具之，爲天子然後可具。夫三羣之蟲，**三羣，謂水居、肉玃、草食者也。**水居者腥，肉玃者臊，草食者羶，**水居者，川禽魚鼈之屬，故其臭腥也。肉玃者，玃拏肉而食之，謂鷹鵰之屬，故其臭臊也。草食者，食草木，謂麞鹿之屬，故其臭羶也。**臭惡猶美，皆有所以。**臭惡猶美，若蜀人之作羊腊，以臭爲美，各有所用也。**凡味之本，水最爲始。五味三材，**五行之數，水第一，故曰水最爲始。五味，鹹、苦、酸、辛、甘。三才，水、木、火。**九沸九變，火爲之紀。**紀猶節也。

〔一〕四庫本北堂書鈔一百四十二引作「可對而爲乎」。

品味待火然後成，故曰火爲之節。○畢沅曰：「舊本正文作『火之爲紀』，今從御覽乙正，與注合。」時疾時徐，滅腥去臊除羶，必以其勝，無失其理。用火熟食，或熾或微，治除臊腥，勝去其臭，故曰必以其勝也。齊和之節，得其中適，故曰無失其理也。調和之事，必以甘酸苦辛鹹，先後多少，其齊甚微，皆有自起。齊，和分也。自，從也。鼎中之變，精妙微纖，口弗能言，志不能喻，鼎中品味，分齊纖微，故曰不能言也。志意揆度，不能諭説。若射御之微，陰陽之化，四時之數。射者望毫毛之近，而中藝於遠也；御者執轡於手，調馬口之和，而致萬里，故曰若射御之微也。陰陽之化，而成萬物也。四時之數，春生夏長，秋收冬藏，物有異功也。○畢沅曰：「注『馬口』似當作『馬足』。」○維遹案：畢説非，詳先己篇。故久而不弊，熟而不爛，弊，敗也。爛，失飪也。論語云：「失飪不食。」甘而不噥〔一〕，○畢沅曰：「『噥』乃『噮』字之訛。後審時篇『得時之黍，食之不噮而香』，玉篇『於縣切』。又酉陽雜俎亦云『酒食甘而不噮』。」○俞樾曰：「噥者，味之厚也。言甘而不失之過厚也。古或叚『膿』爲之，文選七發『甘脆肥膿』，注曰：『膿厚之味也。』是矣。説文無『噥』字。『膿』〔二〕亦『𧖱』之俗體，其訓爲『腫血』，非肥厚之義。然衣部『襛，衣厚皃』，酉部『醲，厚酒也』，衣厚謂之襛，酒厚謂之醲，然則味厚謂之噥，正合六書之例，未可因説文所無而轉疑見于吕氏書者爲譌字。畢氏疑爲『噮』字之誤，非是。」○維遹案：畢説是。「噮」爲「餇」借，説文「餇，厭

〔一〕四部叢刊本「噥」下有注「一作壞」。

〔二〕「膿」，原作「噥」，據諸子平議改。

也」，集韻引伊尹曰「甘而不䬼」可證。**酸而不酷，**○畢沅曰：「玉篇引伊尹曰『酸而不嗾』酉陽雜俎亦是『嗾』字。」**鹹而不減，辛而不烈，澹而不薄，肥而不脵。** 言皆得其中適。○畢沅曰：「『脵』，字書無攷。案今人言味過厚而難入口者有虛侯、虛交二音，豈本此歟？」○吳先生曰：「類篇：『脵，胡溝切，咽也。』此爲『喉』之異文。疑呂氏此字本有本義，今不審其訓讀云何。」○維遹案：集韻引伊尹曰「肥而不𩞁」，酉陽雜俎作「肥而不腴」，未知孰是。**肉之美者：猩猩之脣，貛貛之炙，** 猩猩，獸名也，人面狗軀而長尾。貛貛，鳥名，其形未聞。○畢沅曰：「舊校云：『「貛」一作「獲」』。」今案南山經云「青邱之山有鳥焉，其狀如鳩，其音若呵，名曰灌灌」，注：「或作『濩濩』。」則此「貛」當作「灌」，「獲」亦當作「濩」。若貛從豸則是獸名，今注云鳥名，則當如山海經所說也。」○王念孫曰：「炙讀爲雞跖之跖。」**雋觾之翠，** 鳥名也。翠，厥也。形則未聞也。○畢沅曰：「『觾』乃『燕』字之訛。初學記與文選七命注皆作『燕』。選注『雋』作『巂』，則子規也。禮記內則有『舒鴈翠』、『舒鳧翠』，注『尾肉也』，皆『不可食』者。今閩、廣人以此爲美。『翠』亦作『臎』，廣雅『臎，髁臀也』，說文作『𩩲，臀骨也』，訓皆相合。玉篇：『臎，鳥尾上肉也。』」○孫志祖曰：「字書無『觾』字，文選七命注引作『巂燕』是也。」○王念孫曰：「說文、玉篇、廣韻、集韻皆無『觾』字。『雋觾』當爲『觿燕』，觿與巂同。（巂、觿竝户圭反。）爾雅釋鳥云『巂周，燕燕，鳦』，郭璞以『燕燕』二字連讀，而以巂與周爲一物，燕燕與鳦爲一物。說文云『巂，巂周，燕也』，（俗本脫下『巂』字，今依段氏注補。）則以『巂周』二字連讀，而以巂周與燕爲一物。此云『巂燕之翠』，義與說文同。作『觿』者，借字耳。因右畔『巂』字譌作『雋』，左畔『角』字又下移於『燕』字之旁，故譌爲『雋觾』二字。北堂書鈔酒食部四、太平御覽飲食部十一、羽族部十及文選七命注竝引作『巂燕』。初學記器物部十四引作『巂燕』，『攜』即『觿』之譌。」**述蕩之掔**，獸名。掔讀如棬椀之椀。掔者，踏也。形則未聞。○畢沅曰：「初學記引作『迷蕩』。」○王念孫曰：「注内『踏』字疑當作『蹯』。」○維遹案：大荒南經云：「南海之外，赤水之西，流沙之東，有獸，左右有首，名曰跊踢。」畢氏據此謂「跊踢」當爲「述蕩」之譌，並云高注「獸名，形則未聞」即是此也。校此書反不知引，蓋偶未照耳。**旄象之約**。旄，旄牛也，在西方。象，象獸也，在南方。約，飾也。以旄牛之尾，象獸之齒，以飾物也。一曰：約，美也。旄、象之肉美，貴異味也。○畢沅曰：「此論味之美者，何忽及於飾乎？楚辭招魂『土伯九約』，王逸注：『約，屈也。』九屈難解，『屈』必是『屈』之訛，玉篇云『短尾也』。今時牛尾、鹿尾皆爲珍品，但象尾不可知耳。說文無『屈』，有『屈』，云『無尾也』，疑『無』字亦誤衍。」○梁玉繩曰：「畢氏輯校引楚辭招魂『九約』王逸注『約，屈也』，疑『屈』爲『屈』之譌，（諸藹堂云：『屈即屈，非譌字。玉篇「屈，短尾」，與說文訓「無尾」同。淮南原道注「屈讀秋雞無尾屈之屈」。畢校以說文無字爲衍，亦非。』）而象尾不聞與牛尾並稱珍美。明謝肇淛五雜俎云：『象體具百獸之肉，惟鼻是其本肉，以爲炙，肥脆甘美。約即鼻也。』此說似勝，然則旄亦以鼻爲美乎？」○洪頤煊曰：「『約』當爲『白』，聲之誤也。文選張景陽七命『髦殘象白』，詩韓奕正義引陸機疏『熊脂謂之熊白』，則髦、象之脂皆可謂之白也。」**流沙之西，丹山之南，有鳳之丸**，丸，古卵字也。流沙，沙自流行，故曰流沙，在燉煌西八百里。丹山在南方，丹澤之山也。二處之表，有鳳皇之卵。**沃民所食**。食鳳卵也。沃之國在西方。○畢沅曰：「見大荒西經。」○松皋圓曰：「注『沃』下漏『民』字。」**魚之美者：洞庭之鱄，東海之鮞**。洞庭，江水所經之澤名也。鱄鮞，魚名也，一云魚子也。○維遹案：「鱄」原作「鱄」，注同，改從張本。王念孫亦云：「『鱄』當作『鱄』，士喪禮曰：『魚鱄鮒九。』」**醴水之魚，名曰朱鼈，六足，**

有珠百碧。醴水在蒼梧，環九疑之山，其魚六足，有珠如蛟皮也。○畢沅曰：「東山經注引『澧水之魚，名曰朱鼈，六足，有珠』。梁仲子云：『此注不解「百碧」，疑當從下文作「若碧」，蓋青色珠也。』」○郝懿行曰：「『百碧』疑『青碧』，字之譌也。高誘注云『有珠如蛟皮』，『蛟』當爲『鮫』，皮有珠文。但郭氏江賦云『頳鼈胏躍而吐璣』，南越志亦云『朱鼈吐珠』，高誘以爲皮有珠，蓋非也。」○維遹案：郝説是。雚〔一〕水之魚，名曰鰩，其狀若鯉而有翼，雚水在西極。若，如也。翼，羽翼也。○畢沅曰：「西山經『泰器之山，觀水出焉，是多文鰩魚』，形狀與此同。」○郝懿行曰：「陳藏器本草拾遺云：『此魚生海南，大者長尺許，有翅與尾齊，羣飛海上，海人候之，當有大風。』」常從西海夜飛游於東海。鰩從西海至東海，乘雲氣而飛。菜之美者：崑崙之蘋，崑崙，山名，在西北，其高九萬八千里。蘋，大蘋，水藻也。○畢沅曰：「郭璞以蘋即西山經之蕢草，其狀如葵，其味如葱，食之可以已勞。」○維遹案：注「蘋，大蘋，水藻」，王念孫校本據爾雅翼改作「蘋，大萍，水藻」，是也。説詳季春紀。壽木之華。壽木，崑崙山上木也。華，實也。食其實者不死，故曰壽木。指姑之東，○畢沅曰：「舊校云：『指』一作『枯』。案齊民要術十引作『括姑』，則『枯』亦『括』之訛。」中容之國，有赤木、玄木之葉焉。指姑，乃姑餘，山名也，在東南方，淮南記曰「軼鶤雞於姑餘」，是也。赤木、玄木，其葉皆可食，食之而仙也。○畢沅曰：「注『鶤雞』舊訛作『題難』，今據淮南覽冥訓改正。」餘瞀之南，○舊校云：「『瞀』一作『督』。」南極之崖，○舊校云：「一作『旁』。」有菜，其名曰嘉樹，其色若碧。餘瞀，南方

〔一〕「雚」，四部叢刊本作「萑」，下注「一作雚」。

山名也。有嘉美之菜，故曰嘉樹，食之而靈。若碧，青色。○畢沅曰：「注『靈』字舊作『虚』，今據齊民要術十改正。」○維遹案：中山經云「半石之山，其上有草焉，其名曰嘉榮，服之者不霆」，郝懿行云：「高注『食之而靈』，疑即此草，『而靈』或『不霆』之譌也。」**陽華之芸。**陽華乃華陽，山名也。芸，芳菜也。在吴、越之間。○梁履繩曰：「陽華即前有始覽所云『秦之陽華』也，注疑非。」**雲夢之芹。**雲夢，楚澤。芹生水涯。○畢沅曰：「孫云：『説文艸部「菦」字云「菜之美者，雲夢之菦」，徐鍇云「此吕氏春秋伊尹對湯之辭，其爲狀未聞」。』盧云：『案説文有「菦」字，云「菜類蒿，周禮有菦菹」，又有「芹」字，云「楚葵也」，俱巨巾切。又出「菦」字，驅喜切。今案：菦亦是芹。凡真、文韻中字俱與支、微、齊相通，不勝枚舉。但以從「斤」者言之，如沂、圻、旂、祈、頎、蘄等字皆可見。祭法「相近於坎壇」讀爲禳祈，左氏傳「公子欣時」公羊傳作「喜時」，謚法「治典不殺曰祈」，「祈」亦作「震」，則可知菦之即爲芹無疑矣。』」○王念孫曰：「齊民要術引吕氏春秋云『菜之美者，雲夢之芹』，又引吕氏春秋云『菜之美者，有雲夢之菦』，則古有此二本。」○江藩曰：「考芹有二種，一爲野芹，莖葉黑色，味如蔌蒿，疑即説文蒿類之菦；一爲芹菜，青白色，味甘美，有水芹旱芹，疑即楚葵。」又曰：「菦、芹聲相近，生于雲夢，故名楚葵。」**具區之菁。**具區，澤名，吴、越之間。菁，菜名。○維遹案：注「名」下脱「在」字，有始覽注可證。**浸淵之草，名曰土英。**浸淵，深淵也，處則未聞。英言其美善。土英，華也。**和之美者：陽樸之薑，招摇之桂，**陽樸，地名，在蜀郡。招摇，山名，在桂陽。禮記曰「草木之滋，薑桂之謂也」，故曰「和之美」。**越駱之菌，鱣鮪之醢，**越駱，國名。菌，竹筍也。鱣鮪，大魚也，以爲醢醬。無骨曰醢，有骨曰臡。○孫先生曰：「戴凱之竹譜、御覽九百九十八引『越駱』竝作『駱越』，疑正文及注皆倒。後漢書馬援傳云『援與越人申明舊制目約束之，自後駱越奉行馬將軍故事』，又云『援好騎，善別名馬，於交阯得駱越銅鼓，乃鑄爲馬式』，章懷注：『駱者，越別名。』」○維遹案：王念孫校本改「菌」爲「箘」，注同。大夏之鹽。宰揭之露，其色如玉。大夏，澤名，或曰山名，在西北。鹽，形鹽。宰揭，山名，處則未聞。○畢沅曰：「梁仲子云：『初學記引作「揭雩之露，其色紫」，御覽十二同。』」○郝懿行曰：「大夏，古晉地。」○維遹案：「宰揭」，開元占經露占引同，子史彙天文類引作「揭雲」，宋本初學記引作「揭雩」，未知孰是。長澤之卵。長澤，大澤，在西方。大鳥之卵，卵大如甕也。飯之美者：玄山之禾，不周之粟，飯，食也。玄山，處則未聞。不周，山名，在西北方，崑崙之西北。陽山之穄，南海之秬。山南曰陽，崑崙之南，故曰陽山。南海，南方之海。穄，關西謂之䵚，冀州謂之⿱毀黍。秬，黑黍也。○畢沅曰：「孫云：『案說文禾部秏字注：「伊尹曰：『飯之美者，玄山之禾，南海之秏。』」』」注『䵚』舊訛『糜』，又『⿱毀黍』舊訛『堅』，今皆改正。」○程瑤田曰：「據說文禾屬而黏者黍，則禾屬而不黏者䵚，對文異，散文則通偁黍。內則『飯黍稷稻粱白黍黃粱』，鄭注：『黍，黃黍也。』黃黍者，䵚也，穄也，飯用之。黏者，釀酒及爲餌餈酏粥之屬。不黏者，評䵚評穄，而黏者乃專得黍名矣。今北方皆評黍子、䵚子、穄子。穄與稷雙聲，故俗誤認爲稷。其誤自唐之蘇恭始。」水之美者：三危之露，三危，西極山名。○維遹案：類聚九十八引句末有「其色若紫」四字，例以上文「其色若碧」、「其色如玉」，此疑誤脫。崑崙之井。井，泉。沮江之丘，名曰摇水。沮漸如江旁之泉水。○維遹案：西山經云「槐江之山」，郝懿行云：「疑沮江即槐江。」又云：「摇水即瑶池。史記大宛傳贊云『禹本紀言昆侖上有醴泉、瑶池』，穆天子傳云『西王母觴天子于瑶池』，是也。」曰山之水。高泉之山，其上有涌泉焉，冀州之原。皆西方之山泉也。冀州在中央。水泉東流，經於冀州，故曰「之原」。

原，本也。○畢沅曰：「『曰山』當是『白山』。『高泉』中山經作『高前』。」○吳汝綸曰：「『冀州之原』屬下，謂冀原之果有沙棠也。」**果之美者：沙棠之實。**沙棠，木名也，崑崙山有之。○畢沅曰：「見西山經。」**常山之北，投淵之上，有百果焉，羣帝所食。**有覈曰果，無覈曰蓏。羣帝，衆帝，先升遐者。**箕山之東，青鳥之所，有甘櫨焉。**箕山，許由所隱也，在潁川陽城之西。青鳥，崑崙山之東。二處皆有甘櫨之果。○畢沅曰：「史記司馬相如傳索隱引應劭曰：『伊尹書云：「箕山之東，青鳥之所，有盧橘，夏熟。」』此或誤記。説文櫨字下引作『青鳬』，師古漢書注訛作『青馬』，海外北經注引作『有甘柤焉，柤音柤梨之柤』，又不同。」○梁履繩曰：「『櫨』本作『樝』，字相似而譌。」○洪頤煊曰：「『櫨』當作『樝』，因字形近而譌。山海經海外北經郭璞注引作『有甘柤焉，柤音柤梨之柤』，淮南墬形訓『昆侖、華丘，爰有遺玉，青馬視肉，楊桃甘樝』，字皆作『樝』。史記司馬相如列傳索隱引應劭曰『伊尹書云「箕山之東，青鳥之所，有盧橘，夏熟」』，始譌作『櫨』字。説文櫨字下有『伊尹曰「果之美者，箕山之東，青鳧之所，有櫨橘焉，夏熟也」』二十二字，疑後人據應劭注羼入，非許氏原文。」○孫先生曰：「『櫨』爲『樝』字之誤，御覽九百六十六引作『櫨』，九百六十九引作『樝』，是宋人所見本尚有作『樝』者。」**江浦之橘，雲夢之柚，**浦，濱也，橘所生也。生江北則爲枳。雲夢，楚澤，出柚。**漢上石耳。所以致之，**漢，水名，出於嶓冢，東注於江。石耳，菜名也。所以致之，致備味也。**馬之美者，青龍之匹，遺風之乘。**匹、乘，皆馬名。周禮：「七尺以上爲龍。」行迅謂之遺風。○俞樾曰：「此論果之美，而忽及馬之美，殊爲不倫。疑此當蒙上文『所以致之』爲句。『馬之美』三字乃衍文也。當云『所以致之者，青龍之匹，遺風之乘』。蓋果之美者皆不可以致遠，時日稍久則味變矣，故必有青龍之匹，遺風之乘，然後可以致之也。後人不得其義，疑此二句言馬，與上文言果者不屬，因加『馬之美』三字，使自爲一類，而不悟與本篇之旨全不相涉，且上句『所以致之』四字亦無箸矣。」**非先爲天子，不可得而具。天子不可彊爲，必先知道。**言當順天命而受之，不可以彊取也。道，謂仁義天下之道。**道者，止彼在己，**彼，謂他人。○俞樾曰：「『止彼在己』，誼不可通，『止』疑『亡』字之誤。亡彼在己，言不在彼而在己也。古書每以『亡』與『在』相對。荀子正論篇曰『然則鬬與不鬬，亡於辱之與不辱也，乃在於惡之與不惡也』，正名篇曰『故治亂在於心之所可，亡於情之所欲』，堯問篇曰『吾所以得三士者，亡於十人與三十人中，乃在百人與千人之中』，淮南原道篇曰『聖亡乎治人而在於得道，樂亡於富貴而在於得和』，竝其例也。莊子田子方篇曰『其在彼邪亡乎我，在我邪亡乎彼』，與此文『亡彼在己』文法正同。『亡』譌作『止』，因失其旨矣。」**己成而天子成，**己成仁義之道而成爲天子。孟子曰：「得乎丘民爲天子。」**天子成則至味具。**天下貢珍，故至味具。**故審近所以知遠也，成己所以成人也，聖人之道要矣，豈越越多業哉！」**要，納也。越越，輕易之貌。業，事也。聖王〔一〕得仁義約要之道以化天下，天下化之，豈必越越然輕易多爲民之事也？○王念孫曰：「越越猶搰搰也。莊子天地篇云：『搰搰然用力甚多而見功寡。』」

本味

三曰：聖人之於事，似緩而急，似緩，謂無爲也。急，謂成功也。**似遲而速，以待時。**謂若武王會

〔一〕「王」，原作「人」，據諸子集成本改。

於孟津，八百諸侯皆曰「紂可伐矣」。武王曰：「汝未知天命也。」還歸二年，似遲也。甲子之日，尅紂於牧野，故曰「待時」。**王季歷困而死，文王苦之，**王季歷，文王之父也。勤勞國事，以至薨没，故文王哀思苦痛也。○維遹案：晉書束皙傳引竹書紀年稱季歷爲殷王文丁所殺，與史記周本紀及此注不同。**有不忘羑里之醜，時未可也。**紂爲無道，拘文王於羑里。不忘其醜恥也，所以不伐紂者，天時之未可也。○王念孫曰：「有讀爲又。」**武王事之，夙夜不懈，亦不忘王門之辱，**武王繼位，雖臣事紂，不忘文王爲紂所拘於羑里之辱。文王得歸，乃築靈臺，作王門，相女童，擊鐘鼓，示不與紂異同也。武王以此爲恥而不忘也。○畢沅曰：「『王門』即『玉門』，古以中畫近上爲『王』字，『王』三畫正均即『玉』字。淮南道應訓注云：『以玉飾門也。』注『擊』字舊本缺，據淮南注補。又下脱『異』字，亦案文義補。」○梁玉繩曰：「竹書『夏發元年，諸夷賓于王門』，與此同。攷周禮『九嬪玉齍』，注：『故書玉爲王。』逸論語有問王篇，荀子王霸云『改王改行』，竝是『玉』字。本書過理篇公玉丹亦作『公王丹』。」○松皋圓曰：「紀年文丁十一年注：『執季歷於塞庫，羈文王於玉門，鬱尼之情辭以作歌，其傳久矣。』又韓子喻老篇『武王見詈於玉門』，『詈』即『羈』字畫殘缺爾，蓋文王被係，武文亦從執辱，故云『不忘玉門之辱』。」**立十二年，而成甲子之事。**立爲天子也。甲子之日，尅紂牧野，故曰「成甲子之事」。

時固不易得。固，常也。**太公望，東夷之士也，**太公望，河内人也。於周豐、鎬爲東，故曰「東夷之士」。○畢沅曰：「史記『太公望，東海上人也』。此云河内，不知何本。」**欲定一世而無其主，**主，謂賢君。**聞文王賢，**文，謚也。經天緯地曰文。**故釣於渭以觀之。**渭，水名，近豐、鎬，文王所邑也。觀視文王之德，能有天下也。**伍**

子胥欲見吳王而不得，吳王，王僚也，王子光之庶長子。○畢沅曰：「此注訛舛顯然。劉本、汪本改『子光』二字爲『夷昧』，似順而實非也。梁伯子云：『史記以吳王僚爲夷昧之子，光爲諸樊之子。漢書人表亦以僚爲夷昧子。而公羊襄廿九年傳謂僚者長庶。左傳昭廿七年正義據世本以僚爲壽夢庶子，夷昧庶兄，而光爲夷昧子。先儒皆從史記，不從世本。乃高氏於當染、簡選、察微三篇注云「夷昧子光」，於忠廉篇云「光庶父僚」，皆依世本爲說。此處若依劉、汪改本，是又依史記爲說，且誤解公羊「長庶」一語，以爲夷昧之庶子，而不自知其矛盾矣。』盧云：『案此注但當改「庶長子」爲「庶父」，便與前後注合。且下文王子光即於此注內帶見亦是，今去「子光」而改「夷昧」，尚賸一「王」字未去，所改未爲得也。』」客有言之於王子光者，見之而惡其貌，不聽其說而辭之。光惡子胥之顔貌，不受其言，辭謝之也。客請之王子光，王子光曰：「其貌適吾所甚惡也。」請，問也。惡，憎也。客以聞伍子胥，伍子胥曰：「此易故也。故，事。願令王子居於堂上，重帷而見其衣若手，請因說之。」王子許。言於重帷中見衣若手者，爲說霸國之說也。許，諾。伍子胥說之半，王子光舉帷，搏其手而與之坐。搏執子胥之手，與之俱坐，聽其說。說畢，王子光大說。子胥說霸術畢，子光大說，其將必用之也。伍子胥以爲有吳國者必王子光也，退而耕于野七年。王子光代吳王僚爲王，任子胥。子胥乃修法制，下賢良，選練士，習戰鬭，六年，然後大勝楚于柏舉。柏舉，楚南鄙邑。○沈欽韓曰：「水經注：『江北岸烽火洲，即舉洲也，北對舉口。春秋定公四年，吳、楚陳于柏舉。京相璠曰：「漢東地矣。」』於漢爲邾縣，屬江夏郡。元和志：『龜頭山在黃州麻城縣東南八十里，舉水之所出，春秋吳、楚戰于柏舉，即此地。』方輿紀要：『黃州府麻城縣東北三十里有柏子山。』吴、楚陳于柏舉，蓋合柏山、舉水而名。」九戰九勝，追北千里，北，走也。昭王出奔隨，○維遹案：左桓六年傳注：「隨國，今義陽隨縣。」沈欽韓云：「續志『南陽隨縣，故隨國』。今德安府隨州。」遂有郢，郢，楚都。傳云：「五戰及郢。」○沈欽韓曰：「方輿紀要：『紀南城在荆州府北十里，即故郢城。』」親射王宫，鞭荆平之墳三百。平王，恭王之子棄疾也，後改名熊居，聽費無忌之讒，殺伍子胥父兄，故子胥射其宫，鞭其墳也。鄉之耕，非忘其父之讎也，待時也。鄉，曩者。始之吴時，耕於吴境，待天時，須楚之罪熟也。

墨者有田鳩，欲見秦惠王，田鳩，齊人，學墨子術。惠王，孝公之子駟也。○維遹案：田鳩即田俅，馬驌繹史以爲一人，是也。漢志墨家有田俅子三篇，注「先韓子」。據韓非問田篇、外儲説左上篇引田鳩之説，是班氏亦謂即田鳩也。其書隋志云：「梁有田俅子一卷，亡。」唐志不著録，佚已久，馬國翰有輯本一卷。留秦三年而弗得見。客有言之於楚王者，往見楚王，楚王説之，與將軍之節以如秦，如，之也。至，因見惠王。告人曰：「之秦之道，乃之楚乎？」固有近之而遠、遠之而近者，留秦三年，不得見惠王，近之而遠也。從楚來，至而得見，遠之而近也。時亦然。

有湯、武之賢而無桀、紂之時不成，不成其王。有桀、紂之時而無湯、武之賢亦不成。聖人之見時，若步之與影不可離。步行日中，影乃逐之，不可得遠之也。人從得時，如影之隨人，亦不可離之也。○俞樾曰：「『見』當作『㝵』，『㝵』古『得』字，形與『見』相近，因譌爲『見』。史記趙世家『踰年歷歲，未得一城』，趙策『得』作『見』，即其例也。」又曰：「『聖』字疑衍文。呂氏之意，泛言人之得時，若步與影之不可離，非專言聖人也。涉下文『聖人之所貴唯時』而誤衍『聖』字。」**故有道之士未遇時，隱匿分竄，勤以待時。**分，大。竄，蔬。勤，勞。○畢沅曰：「注『大』字疑『火』之訛，即『別』字。」○維遹案：勤當訓盡。**時至，有從布衣而爲天子者，**舜是也。**有從千乘而得天下者，**湯、武是也。**有從卑賤而佐三王者，**太公望、伊尹、傅說是也。**有從匹夫而報萬乘者，**豫讓是也。越襄子兼土拓境，有兵車萬乘，豫讓爲智伯報之，襄子高其義而不殺，豫讓卒不止，終得斬襄子襯身之衣，然後就死也。**故聖人之所貴唯時也。水凍方固，**固，堅也。**后稷不種，后稷之種必待春，故人雖智而不遇時無功。**五稼非春不生。智者之功，非時不成。

方葉之茂美，終日採之而不知，不知其葉之盡也。**秋霜既下，衆林皆羸。**羸，葉盡也。○梁玉繩曰：「羸字甚精。」**事之難易，不在小大，務在知時。**聖人時行則行，時止則止，與萬物終始也。**鄭子陽之難，猘狗潰之；**潰，亂也。子陽，鄭相，或曰鄭君，好行嚴猛，人家有猘狗者誅之。人畏誅，國人皆逐猘狗也。○梁玉繩曰：「子陽，鄭相，乃駟氏之後，史記稱駟子陽，非鄭君也。後適威篇注『子陽，鄭君，一曰鄭相』，竝誤。又淮南氾論：『鄭子陽剛毅而好罰，其於罰也，執而無赦。舍人有折弓者，畏罪而恐誅，則因猘狗之驚，以殺子陽。』適威篇云：『子陽好嚴，有過而折弓者，恐必死，遂應猘狗而殺子陽。』高氏彼注兩處皆言因國人有逐猘狗之擾殺子陽，此注亦誤。」**齊高國之難，失牛潰之，衆因之以殺子陽、高國。**衆因之以殺二子。逐失牛之亂，如逐猘狗之亂也，故禍同。○陶鴻慶曰：「高注『二子』指高、國言，與子陽無涉。是正文『子陽』二字當爲衍文。而上文『鄭子陽之難，猘狗潰之』下，當有『衆因之以殺子陽』七字，與此文相配，故注云『逐失牛之亂，如逐猘狗之亂也』。傳寫奪去此句，則上文事實不完，校者乃補『子陽』二字於『高國』之上，而不知其與注文不相值也。」當其時，狗牛猶可以爲人唱，而況乎以人爲唱乎！飢馬盈厩，嗼然，嗼然，無聲。未見芻也。飢狗盈窖，○畢沅曰：「御覽八百九十六作『宮』字。」嗼然，未見骨也。見骨與芻，動不可禁。動猶爭也。○孫先生曰：「御覽八百九十六引『動』下有『則』字，亦非也。『則』字當在『動』字上。下文云『亂世之民，嗼然，未見賢者也，見賢人則往不可止』，則『動不可禁』與『往不可止』對文。」亂世之民，嗼然，未見賢者也，見賢人則往不可止。往者，非其形，心之謂乎？

齊以東帝困於天下而魯取徐州，齊湣王僭號於東，民不順之，故困於天下，是以魯國略取徐州也。邯鄲以壽陵困於萬民而衛取繭氏。壽陵，魏邑，趙兼有之，萬民不附，是以衛人取其繭氏之邑也。以魯、衛之細而皆得志於大國，遇其時也。細，小也。遇大國之民皆欲之，則取之也。故賢主秀士之欲憂黔首者，亂世當之矣。當亂世憂而濟之者。天不再與，時不久留，能不兩工，事在當之。天不再與，一姓不再興，時不久留，日中則昃者也。○王念孫曰：「『當之』宜爲『當時』。時、之聲相近，又與上文『當之』相涉而誤。」

首時○一作「胥時」。○王念孫曰：「一作『胥』者是也。篇内三言『待時』，待即胥也。」

四曰：春氣至則草木産，秋氣至則草木落，産與落或使之，非自然也，故使之者至物無不爲，使之者不至物無可爲。未春無可爲生，未秋無可爲落。古之人審其所以使，故物莫不爲用。使之者，以其時生則生，時落則落，故曰「莫不爲用」。賞罰之柄，此上之所以使也。其所以加者義，則忠

信親愛之道彰。彰，明也。**久彰而愈長，民之安之若性，此之謂教成。教成，則雖有厚賞嚴威弗能禁。**言德教一成，雖復賞罰之，使爲不忠不信，人人自爲忠信，若性自然，不可禁止也。**故善教者不以賞罰而教成，**〇陶鴻慶曰：「『不以賞罰而教成』，當作『義以賞罰而教成』。上文云：『賞罰之柄，此上之所以使也。其所以加者義，則忠信親愛之道彰。久彰而愈長，民之安之若性，此之謂教成。』此即承上而言。至教成而賞罰無所用，故又云『教成，則雖有厚賞嚴威弗能禁』，乃極言教成之效，非謂不用賞罰以成教也。今本作『不』，乃後人見上下有『賞罰弗能禁』之文而妄改之，失本篇之旨矣。」**教成而賞罰弗能禁。用賞罰不當亦然。**言民爲不忠不信亦不能禁。**姦僞賊亂貪戾之道興，**興，作也。**久興而不息，民之讎之若性，**讎，用也。**戎、夷、胡、貉、巴、越之民是以，雖有厚賞嚴罰弗能禁。**禁，止也。〇俞樾曰：「『性』字衍文也。上文云『民之安之若性』，此云『民之讎之若戎、夷、胡、貉、巴、越之民』，雖句法參差，而意本相準。因涉上文而衍『性』字，則『戎夷胡貉巴越之民』八字贅矣。」〇維遹案：「性」字非衍文，「是以」二字當屬上爲句。以猶與也，見鄉射禮鄭注。意謂賞罰易化民性，然賞罰當則善教成，而民固安之若性，否則惡習成，而民必讎之若性，與戎、夷、胡、貉、巴、越之民相與，既相與矣，雖有厚賞嚴罰亦弗能禁止。故此文本著重兩「性」字，「性」非衍文，明矣。又案：注「讎，用」當作「讎，周也」，行論篇注可證〔一〕。集韻

〔一〕行論篇注作「讎，周也」。

「讐」古文作「周」，周、用形近，故譌爲用。詩抑〔一〕篇「無言不讐」，毛傳亦以「用」訓「讐」，誤與此同。桂馥已辨正矣。**郢人之以兩版垣也，吳起變之而見惡，**郢，楚都也。楚人以兩版築垣。吳起，衛人也，楚以爲將。變其兩版，教之用四，楚俗習久見怨也。公羊傳曰：「文公逆祀，去者三人。定公順祀，叛者五人。」此之謂久習也。**賞罰易而民安樂；**易其邪而施其正，民去邪從正，故安樂也。**氐、羌之民，其虜也，**氐與羌二種夷民。言氐、羌之民爲寇賊，爲人執虜也。**不憂其係纍，而憂其死不焚也，**焚，燒也。〇王念孫曰：「荀子大略篇注引此『死』下有『而』字。」**皆成乎邪也。**不得天之正氣。**故賞罰之所加，不可不慎，且成而賊民。**賞罰正而民正，賞罰不正而民邪，故曰「且成而賊民」，是以君人慎之也。〇陶鴻慶曰：「『皆成乎邪也』句爲上文郢人兩版、氐、羌焚尸二事之總結，而以『賞罰易而民安樂』七字羼入二事之間，殊爲不倫。『且成而賊民』五字又與上句意不相屬，蓋傳寫亂其次也。今以文義考之，元文當云：『郢人之以兩版垣也，吳起變之而見惡，氐羌之民，其虜也，不憂其係纍，而憂其死不焚也，皆成乎邪也。且成而賊民。賞罰易而民安樂，故賞罰之所加，不可不慎。』如此則上下文一意相承矣。又以注文考之，高於『且成而賊民』注云『賞罰正而民正，賞罰不正而民邪，故曰且成而賊民』，於『賞罰易而民安樂』注云『易其邪而施其正，民去邪從正，故安樂也』，皆以邪正對言，明正文『且成而賊民』、『賞罰易而民安樂』二句本相承接，故高注云然。今本注文亦隨正文錯亂，非其舊矣。」

〔一〕「抑」原作「蕩」，據毛詩改。

昔晉文公將與楚人戰於城濮，城濮，楚北境之地名。○沈欽韓曰：「方輿紀要：『臨濮城在東昌府濮州南七十里，或曰即古城濮也。』」召咎犯而問曰：「楚衆我寡，奈何而可？」咎犯，狐偃也，字子犯，文公之舅也，因曰咎犯。○畢沅曰：「古咎與舅同。」○維遹案：姜本「咎」作「舅」，注同。咎犯對曰：「臣聞繁禮之君不足於文，繁戰之君不足於詐，足猶厭也。詐者，謂詭變而用奇也。○舊校云：「一本作『以力戰之君，不足於力。以詐戰之君，不足於詐』。」君亦詐之而已。」文公以咎犯言告雍季，雍季曰：「竭澤而漁，豈不獲得？而明年無魚。焚藪而田，豈不獲得？而明年無獸。言盡其類。○維遹案：三國志魏志徐宣傳注引此文作「竭澤而漁，豈不得魚？而明年無魚。焚藪而田，豈不得獸？而明年無獸」。詐僞之道，○維遹案：治要引「之」下有「爲」字。雖今偷〔一〕可，後將無復，不可復行。非長術也。」文公用咎犯之言，言，謀也。而敗楚人於城濮。敗，破也。反而爲賞，雍季在上。上，首也。左右諫曰：「城濮之功，咎犯之謀也。君用其言，而賞後其身〔二〕，或者不可乎！」文公曰：「雍季之言，百世之利也。咎犯之言，一時之務也。務猶事。焉有以一時之務先百世之利者乎！」孔子聞之曰：「臨難用詐，足以却敵。反而尊賢，足以報德。文公雖不終始，足以霸矣。」○維遹案：治要引

〔一〕四部叢刊本「偷」下有注「一作愈」。
〔二〕四部叢刊本「身」下有注「一作資後其賞」。

「始」下有「焉」字。此文本作「文公雖不終，焉始足以霸矣」。焉，於是也，見經傳釋詞。焉始足以霸矣，猶言於是始足以霸矣。校者不知古人以「焉始」二字連文而妄删之，治要又誤乙之。賞重則民移之，民移之則成焉。移猶歸。○俞樾曰：「高注未得移字之義。禮記郊特牲篇『順成之方，其蜡乃通，以移民也』，鄭注曰『移之言羨也』，是移有羨義。『賞重則民移之』，言賞重則民欣羨之也。玉篇：『遂，移也。』移之爲羨，猶遂之爲移矣。」成乎詐，其成毁，雖成必毁。其勝敗。雖勝，後必毁敗。天下勝者衆矣，而霸者乃五，乃猶裁也。文公處其一，知勝之所成也。居五霸之一。勝而不知勝之所成，與無勝同，同，等也。秦勝於戎而敗乎殽，秦繆公破西戎而霸，使孟明、白乙丙、西乞術將師東襲鄭，鄭人知之，還，晉襄公禦之殽，大破之，獲其三帥。楚勝於諸夏而敗乎柏舉。莊王服鄭勝晉於邲，故曰「勝乎諸夏」也。及昭王南與吴人戰，吴破之柏舉。此皆不知勝之所成也，故曰「與無勝同」。武王得之矣，得猶知。故一勝而王天下。一勝，剋紂。衆詐盈國，不可以爲安，患非獨外也。亦從内發之也。

趙襄子出圍，賞有功者五人，高赦爲首。智伯求地於襄子，襄子不與，智伯率韓、魏之君圍趙襄子於晉陽三月，張孟談私與韓、魏構謀，韓、魏反智伯軍，使趙襄子殺之，故曰出圍。○畢沅曰：「韓非難一、淮南氾論、人間訓、説苑復恩篇、古今人表『高赦』竝作『高赫』。史記趙世家作『高共』，徐廣曰：『一作「赫」。』」○梁玉繩曰：「作『赫』是也。赦與赫聲相近，『共』乃『赫』之譌脱。」張孟談曰：「晉陽之中，○維遹案：「中」當作「事」，字之壞也。韓非難一篇正作「事」。赦無大功，賞而爲首，何也？」襄子曰：「寡人之國危，社稷殆，身在憂約之中，與寡人交而不失君臣之禮者惟赦，惟，獨。吾是以先之。」仲尼聞之曰：「襄子可謂善賞矣，○維遹案：李本、凌本「善賞」下有「者」字。賞一人而天下之爲人臣莫敢失禮。」一人，謂高赦。○畢沅曰：「王伯厚云：『趙襄子事在孔子後，孔鮒已辯其妄。』」爲六軍則不可易，易，輕。北取代，東迫齊，令張孟談踰城潛行，與魏桓、韓康期而擊智伯，斷其頭以爲觴，觴，酒器也。○畢沅曰：「孫云：『案此可證飲器之爲酒器。』」○梁玉繩曰：「斷頭爲觴，蓋以報灌酒之辱也。韓子難三亦云知伯頭爲飲杯。淮南道應云『襄子大敗智伯，破其首以爲飲器』，注：『飲酒器椑榼也。』（俗本『酒』字譌『溺』。）史刺客、大宛傳集解、索隱、漢書張騫傳顏注引『韋昭曰：「飲器椑榼也。」晉灼曰：「虎子之屬，或曰飲酒器。」』師古、小司馬以椑榼、虎子二解爲非，甚是。漢書匈奴傳『以老上單于所破月氏王頭爲飲器者共飲血盟』，則知非椑榼、虎子矣。惟韓子喻老有『漆首爲溲器』之語，與難篇異，故晉灼及鮑彪注戰國越策以爲溺器也。」遂定三家，韓、魏、趙也。豈非用賞罰當邪？當，正也。

義賞

五曰：凡治亂存亡，安危彊弱，必有其遇，然後可成，各一則不設。遇猶遭也。各有一亂，不能相治。傳曰：「以亂平亂，何治之有？」故不設攻戰相攻伐也。○俞樾曰：「廣雅釋詁：『設，合也。』尚書盤庚中篇『各設中于乃心』，隸釋載漢石經『設』作『翕』。爾雅釋詁：『翕，合也。』是設與翕文異義同。『各一則不設者』，言各一則不合也。高注以爲『不設攻戰』，則增出『攻戰』字矣。」○維遹案：俞說亦通。廣雅釋詁：「設，施也。」「各一則不設」，言各有其同者則不能施行矣，所謂「地醜德齊莫能相尚」是也。慎勢篇云「權鈞則不能相使，勢等則不能相并，治亂齊則不能相正」，最足解釋此句。下文云云，亦申說斯義。故桀、紂雖不肖，其亡遇湯、武也。遇湯、武，天也，非桀、紂之不肖也。湯、武雖賢，其王遇桀、紂也。遇桀、紂，天也，非湯、武之賢也。若桀、紂不遇湯、武，未必亡也。桀、紂不亡，雖不肖，辱未至於此。至於此，滅亡也。若使湯、武不遇桀、紂，未必王也。湯、武不王，雖賢，顯未至於此。顯，榮。此，天下。故人主有大功不聞不肖，功名揜也。亡國之主不聞賢。亂以揜也。譬之若良農，辯土地之宜，謹耕耨之事，未必收也。然而收者，必此人也收由耕耨始也，故曰「必此人也」。始，在於遇時雨。○陶鴻慶曰：「今本於『必此人也』斷句，蓋失其讀。此當以『必此人也始』爲句，言收者必此人始，但在遇時雨耳。高注可證。」遇時雨，天地也，非良農所能爲也。○陳昌齊曰：「据文不得有『地』字。」○俞樾曰：「『地』字衍文。『遇時雨天也』與上文『遇湯、武天也』、『遇桀、紂天也』一律，呂氏引喻之旨也。『地』與『也』形相似，因譌致衍耳。」

越國大饑，穀不熟。王恐，召范蠡而謀。范蠡曰：「王何患焉？○畢沅曰：「說苑權謀篇四水進諫語與下文略同。」今之饑，此越之福而吳之禍也。夫吳國甚富而財有餘，其王年少，智寡才輕，好須臾之名，不思後患。其王，吳王夫差也。○畢沅曰：「正文『其王』舊本脫『其』字，今據注增。」王若重幣卑辭以請糴於吳，則食可得也。王，越王句踐也。食得，其卒越必有吳，而王何患焉？」得其糴，終必得其國，王何憂焉？越王曰：「善。」乃使人請食於吳。吳王將與之，伍子胥進諫曰：「不可與也。夫吳之與越，接土鄰境，道易人通，○畢沅曰：「說苑無『人』字。」○維遹案：「道易人通」疑本作「道易達通」,「達」字或作「㚔」,因壞爲「人」字。音律篇云「達道通路」,治要作「達通道路」,此其比也。達通與通達同。荀子儒效篇云「通達之屬,莫不從服」,楊注:「通達之屬,謂舟車所至之處也。」義與此正合。説苑無「達」字,乃省文耳。仇讎敵戰之國也,非吴喪越,越必喪吴。若燕、秦、齊、晉,山處陸居,豈能踰五湖九江、越十七阸以有吴哉? 踰,度也。越,歷也。謂彼險難也。○畢沅曰:「『九江』説苑作『三江』。」故曰非吴喪越,越必喪吴。○陳昌齊曰:「『故曰』十字當是注文。」今將輸之粟,與之食,是長吾讎而養吾仇也,○畢沅曰:「御覽八百四十『養』作『豢』。」財匱而民恐,○畢沅曰:「説苑作『怨』。」○維遹案:「怨」字義長。類聚二十四引亦作「怨」。悔無及也。不若勿與而攻之,固其數也,數,術。此昔吾先王之所以霸。且夫饑,代事也,先王,謂闔閭也。代,更也。猶淵之與阪,誰國無有!」吴王曰:「不然。吴王,夫差。吾聞之『義兵不攻服,仁者食饑餓』。今服而攻之,非義兵也。饑而不食,非仁體也。不仁不義,雖得十越,吾不爲也。」遂與之食。不出三年而吴亦饑,使人請食於越,越王弗與,乃攻之,夫差爲禽。夫差,吴王也。禽,爲越所獲。○維遹案:類聚引「乃」作「反」。

楚王欲取息與蔡,楚王,文王也。息、蔡,二國名。乃先佯善蔡侯,而與之謀曰:「吾欲得息,奈何?」蔡侯曰:「息夫人,吾妻之姨也。蔡侯,昭侯也。妻之女弟爲姨,傳曰「吾姨也」,此之謂也。○畢沅曰:「此乃蔡哀侯也,注誤。又『女弟』當作『女兄弟』。」吾請爲饗息侯與其妻者,而與王俱,因而襲之。」○舊校云:「『而』一作『以』。」楚王曰:「諾。」於是與蔡侯以饗禮入於息,因與俱,遂取息。

旋，舍於蔡，又取蔡。不勞師徒而得之曰取。傳曰：「易也。」

趙簡子病，召太子而告之曰：「我死，已葬，服衰而上夏屋之山以望。」趙簡子，晉大夫趙景子成之子鞅也。太子，趙無恤襄子也。服衰，謂朞年，勿復三年也。夏屋山，代之南山也。觀望，欲令取代也。○梁玉繩曰：「史趙世家因左傳『趙孟降於喪食』之文，謬謂簡子居定公喪改三年爲期。高氏仍史誤，而又移爲襄子居父喪朞年。其實服衰者，謂服未除也，觀下服衰以遊可見。」○吴先生曰：「喪服自齊斬以訖緦麻，皆上衰而下裳。衰服以游，失禮之允。簡子命太子衰服上夏屋之山，欲其違禮以就事耳。注以衰服爲期年，失之。本文云『已葬』，諸侯五月而葬，又與期年之説不相應矣。」○孫先生曰：「御覽四百九十四引『死』上有『則』字，是也。則猶若也。此蓋後人不解『則』字之義而删之，非其舊也。」太子敬諾。簡子死，已葬，服衰，召大臣而告之曰：「願登夏屋以望。」大臣皆諫曰：「登夏屋以望，是游也。服衰以游，不可。」襄子曰：「此先君之命也，寡人弗敢廢。」羣臣敬諾。襄子上於夏屋，以望代俗。俗，土也。其樂甚美，於是襄子曰：「先君必以此教之也。」及歸，○維遹案：舊校云：「一作『反歸』。」御覽四百九十四引同。慮所以取代，乃先善之。代君好色，請以其弟姊妻之，○畢沅曰：「『弟姊』二字不當連文，據趙世家襄子之姊前爲代王夫人，是『弟』字衍。」○王念孫曰：「『弟』即『姊』之壞字。今作『弟姊』者，後人據史記旁記『姊』字，而傳寫者誤合之也。」○維遹案：畢、王説是。御覽引作「請以其弟妻之」，「弟」又爲「姊」字形誤。代君許諾。弟姊已往，所以善代者乃萬故。善，好也。襄子所好於代者非一事，故言「萬故」也。馬郡宜馬，代君以善馬奉襄子，傳曰：「冀州之北土，馬之所生也。」故謂代爲馬郡也。言代君以馬奉襄子也。○畢沅曰：「傳無『州』字。」**襄子謁於代君而請觴之，馬郡盡，**謁，告也。觴，饗也。襄子告代君而請飲之酒，醉而殺之，盡取其國也，故曰「馬郡盡」也。○畢沅曰：「『馬郡盡』似當在上節之下，言善馬俱盡也，注欠順。」○洪頤煊曰：「『馬郡盡』者，謂盡馬郡之人而皆觴之。」○馬叙倫曰：「畢説爲長。然疑『馬郡宜馬』當作『代郡宜馬』。下『馬郡』二字涉『代郡宜馬』而衍。『盡』字當在『奉〔一〕襄子』下。或本作『代郡馬盡』，亦宜在『奉襄子』下。」**先令舞者置兵其羽中數百人，**羽，舞者所執持也。置兵其中，不欲代君覺之也。**先具大金斗。代君至，酒酣，**金斗，酒斗也。金重，大，作之可以殺人。酣，飲酒合樂之時。○孫先生曰：「既云『先令』，又云『先具』，辭義未安。御覽引『先具』上有『又』字，義勝。」**反斗而擊之，一成，腦塗地。**一成，一下也。首碎，故腦塗地也。**舞者操兵以鬬，盡殺其從者。因以代君之車迎其妻，其妻遥聞之狀，**○畢沅曰：「『疑』『之』字衍。」○維遹案：畢説非。之猶其也，見音初篇注。「遥」字許本、張本、姜本作「道」，亦通。**磨笄以自刺，故趙氏至今有刺笄之證**○舊校云：「一作『山』。」○孫先生曰：「舊校近是。疑此文當作『故至今有刺笄之山』，『山』誤爲『證』，後人復加『趙氏』二字以足其義，非其舊也。燕策：『張儀爲秦破縱連横，謂燕王曰：「大王之所親莫如趙。昔趙王以其姊爲代王妻，欲并代，約與代王遇於句注之塞，乃令工人作爲金斗，長其尾，令之可以擊人，與代王飲，而陰告厨人曰：『即酒酣樂，進熱歠，即因反斗擊之。』於是酒酣樂，取熱歠，厨人進斟羹，因反斗而擊之，代王腦塗地。

〔一〕「奉」，原作「秦」，形近而誤，據正文改。

其姊聞之，摩笄以自刺也，故至今有摩笄之山。」』本書所云即張儀所云之事，字正作『山』可證。」與反斗之號。

此三君者，其有所自而得之，不備遵理，三君，越王句踐、楚文王、趙襄子也。自，從也。遵，循也。理，道也。然而後世稱之，有功故也。有功於此而無其失，雖王可也。此三君有功名，假令無其闕失，雖爲王可也。

長攻

○孫鏘鳴曰：「此篇歷引越王句踐、楚文王、趙襄子之事，皆不循理而有功者也。以功爲貴，故曰『長功』。今篇題作『長攻』，非。下恃君覽有長利篇。」○維遹案：孫説是，惟功與攻古字通。周齊侯鎛鐘銘「肇敏於戎攻」，此義爲功而作攻；秦嶧山刻石「功戰日作」，此義爲攻而作功，是其例證。

六曰：功名大立，天也。爲是故，因不慎其人不可。推之於天，不復慎其爲人修仁義，故曰「不可」也。夫舜遇堯，天也。舜耕於歷山，陶於河濱，釣於雷澤，陶，作瓦器。天下説之，秀士從之，人也。夫禹遇舜，天也。禹周於天下，以求賢者，事利黔首，事，治也。黔首，民也。水潦川澤之湛滯壅塞可通者，禹盡爲之，人也。夫湯遇桀，武遇紂，天也。湯、武修身積善爲義，以憂苦於民，人也。苦，勞也。舜之耕漁，其賢不肖與爲天子同。同，等也。○維遹案：注「等」字原作「辭」，畢沅云：「辭疑等之誤。」案爲欲篇、審民篇竝注「同，等也」，今據改正。其未遇時也，以其徒屬，掘地財，取水利，地財，五穀。水利，濯灌。○畢沅曰：「以、與同。」○維遹案：「掘」原作「堀」，畢沅云：「堀當作掘。」案李本作「掘」，今據改正。**編蒲葦，結罘網，手足胼胝不居，**居，止。**然後免於凍餒之患。**患，難也。**其遇時也，登爲天子，賢士歸之，萬民譽之，丈夫女子，振振殷殷，無不戴説。**振振殷殷，衆友之盛。○畢沅曰：「孫云：『「振振」，王元長曲水詩序「殷殷均乎姚澤」，李善注先引此作「陳陳殷殷，無不戴説，高誘曰：殷，盛也」。後又引此作「輒輒啟啟，莫不戴説，高誘曰：啟啟，動而喜貌也。殷殷或爲啟啟，故兩引之。輒，知葉切。啟，仕勤切」。案此所引，蓋吕覽别本。又廣韻一先有「𨊻」字，在田字紐下，引「天子𨊻𨊻啟啟，莫不載悦」，注「喜悦之貌」。又十九臻有「𣪠」字，引吕氏春秋注云「𣪠𣪠，動而喜貌」。輒、𨊻、啟、𣪠皆與吕氏今本不同，而又互異。説文欠部「𣢾」云「指而笑也」，然則从支、从殳皆非。』」○梁玉繩曰：「通雅第九『𨊻當作輷，譌爲𨊻。啟即振字』。」**舜自爲詩曰：「普天之下，莫非王土。率土之濱，莫非王臣。」所以見盡有之也。**○畢沅曰：「王伯厚云：『疑與咸邱蒙同一説而託之於舜。』」○梁履繩曰：「韓子忠孝篇言舜放父殺弟引此詩，蓋戰國時人議論如是。此云『舜自爲詩』，疑有譌舛。」○翟灝曰：「古人詩每不嫌彼此承襲，漢、魏樂府中尤多。『普天』四語，舜曾賦之，北山詩人述用之，亦事理所應有矣。」○焦循曰：「蓋當時相傳此詩爲舜作，故咸邱蒙引見爲問，孟子直據北山之詩解之，則詩非舜作明矣。」○胡承珙曰：「此當是不韋之時，經師道絶，六籍榛蕪，門下食客因咸邱蒙事而遂誤託於舜耳。」○沈濂曰：「客既不知六籍，何獨知孟子？疑或古有是説，燔書後莫能改耳。」**盡有之，賢非加也；**加，益也。**盡無之，賢非損也，**損，減。**時使然也。**

百里奚之未遇時也，亡虢而虜晉，「虢」當爲「虞」。百里奚，虞臣也。傳曰：「伐虞，獲其大夫井伯以媵秦繆姬。」孟子曰：「百里奚，虞人也。晉人以垂棘之璧假道於虞以伐虢，宮之奇諫之。百里奚知虞公之不可諫也而去之秦。」此云亡虢，誤矣。揚子雲恨不及其時，車載其金。○梁玉繩曰：「奚是虞之公族，井伯乃姜姓，子牙之後，判然兩人，故人表分列上中、下下二等。史秦本紀、晉世家錯合爲一人，高氏仍其誤耳。」飯牛於秦，傳鬻以五羊之皮。公孫枝得而說之，公孫枝，秦大夫子桑。獻諸繆公，三日，請屬事焉。獻，進也。請以大夫職事屬付百里奚也。繆公曰：「買之五羊之皮而屬事焉，無乃天下笑乎？」○孫先生曰：「『無乃』下脱『爲』字。類聚二十又五十三、御覽四百二又六百三十二引竝有『爲』字。」公孫枝對曰：「信賢而任之，君之明也。讓賢而下之，臣之忠也。下，避也。君爲明君，臣爲忠臣，彼信賢境内將服，敵國且畏，夫誰暇笑哉！」○維遹案：御覽四百二引「彼」下有「爲」字。繆公遂用之。謀無不當，舉必有功，○畢沅曰：「御覽四百二此下有『號曰五羖大夫』六字。」非加賢也。使百里奚雖賢，無得繆公，必無此名矣。今焉知世之無百里奚哉？故人主之欲求士者，不可不務博也。

孔子窮於陳、蔡之間，七日不嘗食，藜羹不糝。宰予備矣。「備」當作「憊」。憊，極也。論語曰：「衛靈公問陳於孔子，對曰：『俎豆之事，則嘗聞之矣。軍旅之事，未之學也。』明日遂行。在陳絶糧，從者病，莫能興。」此之謂也，故曰「宰予憊矣」。孔子弦歌於室，顔回擇菜於外，子路與子貢相與而言曰：「夫子逐於魯，削迹於衛，伐樹於宋，○畢沅曰：「舊校云：『「伐」一作「拔」。』案風俗通窮通篇作『拔』。」窮於陳、蔡，殺夫子者無罪，藉夫子者不禁，藉猶辱也。○畢沅曰：「藉，陵藉也。」夫子弦歌鼓舞，未嘗絶音，

○維遹案：莊子「舞」作「琴」。蓋君子之無所醜也若此乎？」醜猶恥也。○孫先生曰：「莊子、風俗通竝無『所』字，於義爲長。」顔回無以對，入以告孔子。孔子憱然推琴，喟然而歎曰：「由與賜，小人也。召，吾語之。」子路與子貢入。子貢曰：○畢沅曰：「莊子讓王篇及風俗通俱作『子路曰』。」「如此者，可謂窮矣。」孔子曰：「是何言也！君子達於道之謂達，窮於道之謂窮。論語曰：「君子亦有窮乎？子曰：『君子固窮，小人窮斯濫矣。』」今丘也拘仁義之道，○畢沅曰：「『拘』，莊子、風俗通竝作『抱』。」以遭亂世之患，其所也，何窮之謂？言不窮於道也。故内省而不疚於道，臨難而不失其德。大寒既至，霜雪既降，吾是以知松柏之茂也。衆木遇霜雪皆凋，喻小人遭亂世無以自免，松柏喻君子而能茂盛也。論語曰：「歲寒然後知松柏之後凋。」此之謂也。昔桓公得之莒，文公得之曹，越王得之會稽。齊桓公遭無知之亂出奔莒；晉文公遇麗姬之讒出過曹；越王句踐與吴戰而敗，棲於會稽之山，卒皆享國，克復其恥，爲霸君，故曰「得之」。○劉先生曰：「高注『卒皆享國，克復其恥，爲霸君，故曰得之』，疑所謂『得之』者，非指享國、霸君之事，乃謂取威定霸之心，高注未晰。荀子宥坐篇：『孔子南適楚，戹於陳、蔡之間，七日不火食，藜羹不糂。子路進問之，孔子曰：「由，居，吾語女。昔晉公子重耳霸心生於曹，越王句踐霸心生於會稽，齊桓公小白霸心生於莒。」』家語在厄篇亦云：『是以晉重耳之有霸心生於曹、衛，越王句踐之有霸心生於會稽。』未言齊桓公出奔莒事，當有敓句也。惟皆言霸心，非指享國、霸君之事也。」陳、蔡之阸，於丘其幸乎！」孔子烈然返瑟而弦，返，更也。更取瑟而弦歌。○畢沅曰：「『烈然返瑟』，莊子作『削然反琴』。」子路抗然執干而舞。干，楯也。○畢沅曰：「『抗然』，莊子作『扢然』。」子貢曰：「吾不知天之高也，不知地之下也。」高下喻廣大也。言不能知孔子聖德之如天地。古之得道者，窮亦樂，樂其道也。達亦樂，樂兼善天下也。所樂非窮達也，言樂道也。道得於此，則窮達一也，此，近，喻身也。言得道之人，不爲窮極，不爲達顯，故一之也。爲寒暑風雨之序矣，寒暑，陰陽也。陰陽和，風雨序也。聖人法天地，順陰陽，故能不爲窮達變其節也。○維遹案：爲猶如。序，更代。注迂。故許由虞乎潁陽，虞，樂也。潁水之北曰陽。輕天下而不屈於堯，養志於箕山，山在潁水之北，故曰樂乎潁陽也。而共伯得乎共首。共，國。伯，爵也。棄其國，隱於共首山而得其志也。不知出何書也。○畢沅曰：「梁伯子云：『共伯值厲王之難，攝政十四年，乃率諸侯會二相而立宣王，共伯歸共國，得乎共首，所謂「逍遥得志乎共山之首」云爾，安得有棄國隱山之事？開春論注又以共伯爲夏時諸侯，大誤。』盧云：『案誘時竹書紀年猶未出，故云不知出何書，而所言皆誤也。』」○梁玉繩曰：「史周本紀正義引魯連子言共伯事在竹書前。」○左暄曰：「紀年：『厲王亡奔彘，共伯和攝行天子事。王陟于彘，周定公、召穆公立太子靖爲王。共伯和歸其國，逍遥得志於共山之首。』原委甚明，而高氏乃注之乖誤如此。又漢書古今人表有共伯和，居第四等，次於厲王時，則在漢時當有可據之書籍，不然班氏何以知之？況吕氏以共伯和與周厲之難連言，明是一事，而高氏不辨文義，臆爲之説，何其謬也。史記周本紀『周公、召公二相行政，號曰共和』，與紀年異，恐當以紀年爲正。又莊子讓王篇亦有『共伯得乎共首』之語，顔師古注漢書古今人表云『共，國名。伯，爵也。和，共伯之名。共音恭。遷史以爲周、召二公行政，號曰共和，無所據也』。」○茆泮林曰：「注『不知出何書也』六字乃後人校語，傳鈔者竝録爲注，遂致近校疑爲高誘之誤。不思吕氏全用莊子讓王篇文，注中棄國歸隱之説，正與『許由虞乎潁陽』同意，高誘必有傳授，故取以爲注，豈有箸書不知其事而如此妄説者？至後人見竹書『逍遥得意共山之首』云云，與誘注不合，故有此校。而近校乃因其語，謂誘時竹書未出，故不知而誤。誘時不見竹書，豈亦不見莊子中有此語耶？」

慎人〇一作「順人」。

七曰：凡遇，合也。時不合，必待合而後行。〇畢沅曰：「『凡遇合也時』句下當疊一『時』字。」〇陳昌齊曰：「前勸學篇『凡遇，合也，合不可必』，與此語同意。時字當連下讀，畢校云『當疊時字』，誤也。」〇陶鴻慶曰：「此當讀云：『凡遇，合也。時不合，必待合而後行。』蓋遇以人言，合以時言，謂人之遭遇，必因時機之會合也。下文云：『故曰：遇，合也，無常。説，適然也。』即其證矣。後人習見『遇合』連文，疑『凡遇合也』四字文義未完，遂連『時』字讀之，失其旨矣。」故比翼之鳥死乎木，比目之魚死乎海。孔子周流海内，再干世主，〇陳昌齊曰：「『再干』當是『稱于』，蓋緣『稱』古作『爯』，遂誤爲『再』，而『于』與『干』近，因並誤耳。下文云『見八十餘君』，何得言『再干』乎？」〇孫先生曰：「陳説非也。再猶更也，禮記儒行『過言不再』，鄭注：『不再，猶不更也。』更干世主者，歷干世主也。長門賦『懷鬱鬱其不可再更』，李善注：『更，歷也。』是其證。」如齊至衛，所見八十餘君，〇梁玉繩曰：「莊子天運言孔子干七十二君，史記、淮南、説苑諸書皆襲其説。此云八十餘君，其數且過之，豈不妄哉。」論衡藝增曰：『孔子所至，不能十國，言七十餘國，非其實也。』」委質爲弟子者三千人，達徒七十人。七十人者，萬乘之主得一人用可爲師，不爲無人，以此游僅至於魯司寇。僅猶裁也。孔子有聖德，不見大用，裁至於司寇也。此天子之所以時絶也，諸侯之所以大亂也。言不知聖人，不能用之，所以絶，所以亂也。亂則愚者之多幸也，幸則必不勝其任矣。多幸愛不肖之人而寵用之，故不勝其任。○陶鴻慶曰：「高注未得幸字之義。幸當讀爲『行險徼幸』之幸，愚者倖得寵用，故不勝其任。下文云『任久不勝，則幸反爲禍。其幸大者，其禍亦大』，幸與禍皆指愚者言之。」任久不勝，則幸反爲禍。其幸大者，其禍亦大，非禍獨及己也。故君子不處幸，不爲苟，處，居也。不爲苟易邀於俗，取容説也。必審諸己然後任，任然後動。任則處德，動則量力。

凡能聽説者，必達乎論議者也。世主之能識論議者寡，所遇惡得不苟？惡，安也。凡能聽音者，必達於〔一〕五聲。達，通也。人之能知五聲者寡，所善惡得不苟？○舊校云：「『善』一作『喜』。」客有以吹籟見越王者，羽角宮徵商不繆，籟，二孔籥也。不繆，五聲無失。越王不善，爲野音而反善之。野，鄙也。○孫先生曰：「此文定有錯誤。書鈔一百十一引云：『客有以簫吹籟見越王者，上下工商而越王不喜也。或爲之野音而王反悦。』初學記十六引云：『客有以吹籟見越王者，上下宮商和而越王不喜。或爲之野音而王反説之。亦有如此者，要在好之而已。』論衡逢遇篇云：『吹籟工爲善聲，因越王不喜，更爲野聲。』劉子新論適才篇云：『越王退吹籟之音，而好鄙野之聲。』參合諸文校之，上『善』字實『喜』字之誤。餘文及注，疑經後人錯改，非唐、宋諸人所見之舊矣。」説之道亦有如此者也。説賢人而不用，言不肖而歸之，故曰「亦有如此者也」。○李寶洤曰：

〔一〕四部叢刊本「於」下有注「一作乎」。

「『説之道亦有如此者』，承上文言之，謂聽者或以是爲非，以非爲是。」

人有爲人妻者，人告其父母曰：「嫁不必生也。不必生，謂終死。○孫鏘鳴曰：「生謂生子。古者婦人無子者出，故云然。」○俞樾曰：「高氏此解大誤。不必生者，謂不必生子也。古者婦人無子則出。蓋恐其以無子見出，故令外藏衣器以備之，而不知其適以盜竊見出也。高注大非其旨矣。淮南子氾論篇『宋人有嫁子者，告其子曰：「嫁未必成也，有如出，不可不私藏，私藏而富，其於以復嫁易。」』大旨與此略同。」衣器之物，可外藏之，以備不生。」其父母以爲然，於是令其女常外藏。藏私財於外也。姑妐知之，曰：「爲我婦而有外心，○畢沅曰：「釋名：『俗或謂舅曰章，又曰妐。』舊校云：『「外心」一作「異心」。』」○梁玉繩曰：「釋名作『伀』，一切經音義引釋名同。」○梁履繩曰：「爾雅釋親釋文：『妐音鍾，今本作公。』故淮南氾論作『若公』。漢書十三王傳注師古曰：『尊章猶言舅姑。今關中俗，婦呼舅姑爲鍾。鍾者，章聲之轉也。』」不可畜。」因出之。以爲盜竊，犯七出，故出之也。○維遹案：「可」下舊校云：「一本下有『當』字。」蓋一本作「不可常畜，因出之」。當、常聲同字通。婦之父母以謂爲己謀者以爲忠，終身善之，亦不知所以然矣。不知其女之所以見出由此也。宗廟之滅，天下之失，亦由此矣。亦由此不理者，故宗廟滅没，以失其天下也。故曰：遇，合也，無常。説，適然也。若人之於色也，無不知説美者，而美者未必遇也。故嫫母執乎黄帝，黄帝説之。○俞樾曰：「執無説義，此注非也。詩執競篇釋文引韓詩曰：『執，服也。』『執乎黄帝』者，服乎黄帝也。白虎通三綱六紀篇『婦，服也，以禮屈服也』，後漢書皇后紀注曰『婦，服也，明其服事於人也』，皆可以解此文執字之義。下文『黄帝曰：「厲女德而弗忘，與女正而弗衰，雖惡奚傷？」』方見黃帝說之之意。若此文，但言嫫母服事黃帝，未以黃帝言也。」○孫詒讓曰：「高以『說之』訓執，於文意無迕，而未能質言執字之義。今攷執猶親厚也。墨子尚賢中篇云『則此語古者國君諸侯之不可以不執善承嗣輔佐也』，執善猶言親善也。（王氏墨子雜志謂『善』上不當有『執』字，『執』乃衍文，失之。詳余所箸墨子閒詁〔一〕。）列女傳辯通篇齊鍾離春傳云『衒嫁不售，流弃莫執』，莫執猶言莫之親也。此云『嫫母執於黃帝』，亦言嫫母雖醜而親厚於黃帝耳。此先秦、西漢舊義，雖不見於倉、雅，而校覈古籍，尚可得其塙詁。俞據詩周頌釋文引韓詩釋執爲服，則於墨子、列女傳之文不可通矣。（禮記曲禮『執友稱其仁也』，執友亦猶言親友。荀子堯問篇云『貌執之士百有餘人』，貌執亦言以禮貌相親厚也。詳經迻禮記。）」○劉師培曰：「高以『黃帝說之』相釋，與執誼不符，蓋論衡逢遇篇作『進』，本書作贄，（贄即進御。）執乃傳寫之訛。」○維遹案：孫說是。劉子新論殊好篇襲此文作「軒皇愛嫫母之醜貌」，愛與親義合。**黃帝曰：「厲女德而弗忘，與女正而弗衰，雖惡奚傷？」**惡，醜也。奚，何也。言勑厲女以婦德而不忘失，付與女以內正而不衰疏，故曰雖醜何傷，明說惡也。○畢沅曰：「『厲』舊作『屬』。案『屬』與下『付與』意複，觀注以勑爲訓，則當作『厲』字，因形近而訛，今并注俱改正。」**若人之於滋味，無不說甘脆，而甘脆未必受也。文王嗜昌蒲葅，**昌本之葅。**孔子聞而服之，**○孫先生曰：「書鈔一百四十六、御覽三百六十七引竝無『而服』二字，疑此涉上下文及注語而衍。」**縮頞而食之，三年然後勝之。**勝，服。○陸繼輅曰：「孟子『舉疾首

〔一〕「詁」，原作「話」，形近而誤，今改。

蹙頞而相告」，説文「頞，鼻莖也」，故可云蹙。蹙頞猶言縐眉也。蹙、縮古今字，即蹙頞也。」人有大臭者，○梁玉繩曰：「『大』一本作『犬』，蓋腋病也。輟耕録引唐崔令欽教坊記謂之『愠羝』，今俗云猪狗臭。」其親戚兄弟妻妾知識無能與居者，自苦而居海上。苦，傷也。○維遹案：親戚謂父母也，詳節喪篇。海上人有〔一〕説其臭者，晝夜隨之而弗能去。去，離也。説亦有若此者。

陳有惡人焉，曰敦洽讎麋，椎顙廣顔，色如漆赭，○畢沅曰：「『麋』舊作『糜』，案李善注左太沖魏都賦、劉孝標辯命論竝作『麋』，御覽三百八十二同，初學記作『眉』，與麋同，今定作『麋』。『椎』舊本作『雄』，校云『一作推』，案魏都賦注作『椎』，今從之。廣韻作『狹顙廣額，顔色如漆』。今『漆赭』舊本作『浹赬』，校云『一作沫赭』，『沫』或『柒』字之誤，『柒』即『漆』字，辯命論注作『漆赭』，今從之。初學記作『色如漆』，無『赭』字。」垂眼臨鼻，○舊校云：「『眼』一作『髮』。」長肘而盭。盭，胝也。○畢沅曰：「盭即戾字，不當訓胝。案選注引正文作『盭股』，今脱『股』字，誤爲『胝』入注中，而又誤增二字也。」陳侯見而甚説之，○畢沅曰：「選注引高誘曰『醜而有德也』，今本缺。下注『醜惡無德』，正相反。」外使治其國，内使制其身。制陳侯身。楚合諸侯，陳侯病不能往，使敦洽讎麋往謝焉。○維遹案：説苑奉使篇所載蔡使師强、王堅使於楚，事亦與此相類。楚王怪其名而先見之。○舊校云：「『怪』一作『知』。」客有進狀有惡其名言有惡狀，○俞樾曰：「『客』下涉下文而衍『有』字。

〔一〕「人有」，原作「有人」，據諸子集成本乙。

『其』下涉上文『楚王怪其名』句而衍『名』字。句末『狀』字亦涉上文而衍。呂氏原文本云『客進，狀有惡，其言有惡』，兩『有』字均讀爲又。『狀又惡，其言又惡』，即下文所謂『惡足以駭人，言足以喪國』也。因多衍字，遂不可讀。」楚王怒，合大夫而告之，（合，會。）曰：「陳侯不知其不可使，是不知也。（不知，無所知也。）知而使之，是侮也。（侮，慢。）侮且不智，不可不攻也。」興師伐陳，三月然後喪。（喪，滅之也。○梁玉繩曰：「此言陳滅之故與經史異。」）惡足以駭人，言足以喪國，（讎麋貌惡足以驚人，其言足以亡國也。）而友之足於陳侯而無上也，至於亡而友不衰。（友愛敦洽讎麋，無有出上者也。楚怒而伐之，以至於滅，而愛之不衰廢也。）夫不宜遇而遇者則必廢，（若敦洽讎麋醜惡無德，不宜見遇而反見遇，如此者不必久，故曰「必廢」也。○王念孫曰：「『不宜遇而遇者』上當有『友』字，『則必廢』三字連下六字爲一句。高注非。」）宜遇而不遇者，此國之所以亂，世之所以衰也，（賢者至道，宜一遇明世，佐時理物，不遇之，故國不治，所以亂也。世不知賢不肖，所以衰也。）天下之民，其苦愁勞務從此生。（從此宜遇而不遇也。）凡舉人之本，太上以志，其次以事，其次以功。（舉，用也。志，德也。）三者弗能，國必殘亡，羣孽大至，身必死殃，年得至七十、九十猶尚幸。（所遇不當，而無此三者，身必死殃也。得至七十、九十者，乃大幸耳。）賢聖之後，反而孽民，是以賊其身，（○舊校云：「『賊』一作『殘』。」）豈能獨哉！（陳，舜之苗胤也，故曰「賢聖之後」也。孽，病也。所遇不當，爲楚所滅，以殘其身也，并病其民，故曰「豈能獨哉」。）

遇合

八曰：外物不可必，故龍逄誅，比干戮，龍逄諫桀而桀殺之。比干，紂之諸父也，諫紂，紂剖其心視之，故曰戮。○畢沅曰：「此處龍逄，各本皆不作『逄』，仍之。」箕子狂，惡來死，箕子，紂之庶父也，見紂之亂而佯狂也。惡來，飛廉之子，紂諛臣也，武王殺之。桀、紂亡。殺忠臣，故滅亡。人主莫不欲其臣之忠，而忠未必信，故伍員流乎江，伍子胥諫吳王夫差，不欲與越羅，夫差未信之，不從其言，以鴟夷置子胥而投之江也。萇弘死，藏其血三年而爲碧。萇弘，周敬王大夫，號知天道，欲城成周，支天之所壞，故衛奚知其不得没也。及棘吉射、荀寅叛其君，萇弘與知之。周劉氏、棘氏世爲婚姻，萇弘事劉文公，故周人與棘氏。晉人讓周，周爲之殺萇弘。不當其罪，故血三年而爲碧也。○畢沅曰：「『衛奚』，左傳作『衛徯』。」○梁玉繩曰：「萇弘血化爲碧，見莊子外物篇，釋文引呂作『化爲碧玉』。」親莫不欲其子之孝，而孝未必愛，故孝己疑，曾子悲。孝己，殷王高宗子也。曾參以其至孝見疑於其父，故爲之傷悲也。○畢沅曰：「注『以』字舊脱，今補。」莊子行於山中，○舊校云：「『行』一作『過』。」見木甚美長大，枝葉盛茂，莊子名周，宋之蒙人也，輕天下，細萬物，其術尚虚無，著書五十二篇，名之曰莊子。○畢沅曰：「五十二篇本漢志，今本十卷三十三篇。」伐木者止其旁而弗取，問其故，曰：「無所可用。」莊子曰：「此以不材得終其天年矣。」出於山，及邑，舍故人之家。舍，止也。故人，知舊也。故人喜，具酒肉，令豎子爲殺鴈饗之。○郭慶藩曰：「雁，鵝也。説文：『鵝，雁〔一〕也。雁，鵝也。』爾雅『舒雁，鵝』，

〔一〕「雁」，説文作「鴚鵝」。

注：『今江東呼鴚。』方言：『雁自關而東謂之鴚鵝，南楚之外謂之鵝。』廣雅：『鴚鵝，雁也。』即此所謂雁。」豎子請曰：「其一鴈能鳴，一鴈不能鳴，請奚殺？」主人之公曰：「殺其不能鳴者。」明日，弟子問於莊子曰：「昔者山中之木以不材得終天年，主人之鴈以不材死，○舊校云：「一作『以不能鳴死』。」先生將何以處？」莊子笑曰：「周將處於材不材之間。材不材之間，似之而非也，故未免乎累。若夫道德則不然，無訝無訾，○畢沅曰：「莊子山木篇作『無譽無疵』。」一龍一蛇，與時俱化，而無肯專爲，專，一。一上一下，以禾爲量，禾三變，故以爲法也。一曰：「禾，中和。」○畢沅曰：「注禾三變，謂始於粟，生於苗，成於穗也。見淮南子繆稱訓高誘注。舊本『三』上有『兩』字，衍，今刪去。」○俞樾曰：「此本作『一下一上』，上與量爲韻。今作『一上一下』者，失其韻矣。古書往往倒文以協韻，後人不知而誤改者多矣。」又曰：「『以禾爲量』，殊爲無誼。高氏引淮南文以釋之，亦曲説也。『禾』當作『和』，莊子山木篇『一上一下，以和爲量』，是其證。『禾』即『和』之壞字。」而浮游乎萬物之祖，祖，始。物物而不物於物，則胡可得而累？物物而不物，言制作，喻天地不在萬物中，故曰「不物」。若制禮者不制於禮也，不以物自累之也。此神農、黄帝之所法。法，則也。神農，少典之子炎帝也，居三皇之中，農殖嘉穀而化之，號曰神農。黄帝，軒轅氏也，得道而仙。言二帝以此爲法則者也。○維遹案：注『炎帝』原作『赤帝』，譌，改從許本、姜本，與慎勢、用民、愛類諸篇注皆合。若夫萬物之情、人倫之傳則不然，傳猶轉。○李寶洤曰：「人倫之傳猶言人倫相傳之道，注訓爲轉，無謂。」成則毀，大則衰，廉則剉，廉，利也。剉，缺傷。尊則虧，直則骫，尊，高也。傳曰「高位疾顛」，故曰「則虧」。骫，曲也。直不

可久，故曰「直則骫」。詩云「草木死，無不萎」，此之謂也。○畢沅曰：「此約小雅谷風之詩『無草不死，無木不萎』二語而失之。」○劉師培曰：「高以『高位疾顛』爲訓，與虧誼不合。蓋莊子山木作『議』，本書以『獻』作『議』，（誼均訓傾。）『虧』乃後人所改。」○維遹案：「骫」，古「委」字。注引詩蓋訓骫字之音，今本疑傳寫脱誤，非約舉詩説而失之也。合則離，愛則隳，隳，廢也。多智則謀，不肖則欺，多智則人謀料之，不肖則人欺詐之。胡可得而必？」

牛缺居上地，大儒也，下之邯鄲，遇盜於耦沙之中。牛，姓也。缺，其名。秦人也。秦在西方，故稱下之邯鄲。淤沙爲耦，蓋地名也。○梁玉繩曰：「漢地理志及説文渪水出趙國襄國縣之西山，師古音藕。寰宇記五十九『渪水在邢州沙河縣西北七十一里，俗名沙河水』，即耦沙也。」盜求其橐中之載則與之，求其車馬則與之，求其衣被則與之。牛缺出而去。○畢沅曰：「列子説符作『步而去〔一〕』。」○陶鴻慶曰：「『出』爲『步』字之誤，列子正作『步』。」盜相謂曰：「此天下之顯人也，今辱之如此，此必愬我於萬乘之主，劫奪其財，不以禮爲辱。愬，告也。萬乘之主必以國誅我，我必不生，不若相與追而殺之，以滅其迹。」迹，蹤也。於是相與趨之，趨，逐。行三十里，及而殺之。此以知故也。盜知牛缺爲賢人故。○畢沅曰：「盧云：『知與不知，注皆不得本意。當云「牛缺使盜知其爲賢人故也」。下注當云「孟賁不使船人知其爲勇士故也」。此則與上文一意相承，所謂如此如彼，皆不可必也。』」孟賁過於河，先其五，○畢沅曰：「章懷注後漢書鄭太傳引『孟賁

〔一〕「去」，原作「出」，據諸子集成本改。

過河，先於其伍』，古『伍』字作『五』。」船人怒，而以楫虓其頭，先其伍，超越次弟也。虓，暴辱。○馬叙倫曰：「説文：『虓，虎鳴也。一曰師子。』此借爲『毃』，説文曰：『毃，擊頭也。』」顧不知其孟賁也。中河，孟賁瞋目而視船人，髮植，目裂，鬢指，植，豎。指，直。○畢沅曰：「御覽三百六十六『鬢』作『鬚』。」舟中之人盡揚播入於河。揚，動也。播，散也。入猶投也。使船人知其孟賁，弗敢直視，直，正。涉無先者，無敢先孟賁也。又況於辱之乎！此以不知故也。船人不知孟賁爲勇士故也。知與不知，皆不足恃，其惟和調近之。猶未可必，近之，近無愁難，猶未可必也。蓋有不辨和調者，則和調有不免也。○畢沅曰：「盧云：『此二句頗似注中語，誤入正文。若直接上注「猶未可必」之下，正相脗合。注末一「也」字，當爲衍文。』」

宋桓司馬有寶珠，抵罪出亡。桓司馬，桓魋。抵，當也。王使人問珠之所在，曰「投之池中」，春秋魯哀十四年傳曰：「宋桓魋之有寵，欲害公。公知之，攻桓魋。魋出奔衛。」公則宋景公也。春秋時，宋未僭稱王也。此云「王使人問珠」，復妄言者也。○梁玉繩曰：「左傳哀十一年：『太叔疾臣向魋納美珠焉，與之城鉏。宋公求珠，魋不與，由是得罪。』此文遂附會之耳。」於是竭池而求之，無得，魚死焉。此言禍福之相及也。紂爲不善於商，而禍充天地，充猶大。和調何益？和調，善之者也。紂不能行之，故曰何益也。○畢沅曰：「盧云：『此注又錯説。本意謂當紂之時，善人亦不得免焉，如魚之安處於池，而適遭求珠之害，故曰和調何益。終篇皆言處世之難必耳。高氏意常歆羡秦市之金，豈亦知己之亦多誤乎。』」

張毅好恭，門閭帷薄○舊校云：「『帷』一作『帳』。」聚居衆無不趨，過之必趨。○維遹案：「居」爲

「見」譌，當在「恭」下，淮南人間篇正作「見門閭聚衆必下」。**興隸媰媾小童無不敬，以定其身，**定，安也。**不終其壽，內熱**〔一〕**而死。**幽通記曰：「張毅修襮而內偪。」此之謂也。**單豹好術，離俗棄塵，**○舊校云：「一作『棄世謂不羣也』。」**不食穀實，不衣芮温，**不食穀實，行氣道引也。芮，絮也。○嚴元照曰：「釋名釋首飾云：『毳冕，毳芮也。畫藻文於衣，象水草之毳。芮，温暖而潔也。』芮温之義如此。高氏訓絮，義亦相類。」○俞樾曰：「高注不解『温』字，殆即以本字讀之，非也。温讀爲緼，禮記玉藻篇『緼爲袍』，鄭注曰：『緼謂今纊及舊絮也。』是芮、緼義同。」**身處山林巖堀，以全其生，不盡其年，而虎食之。**幽通記曰：「單豹治裏而外凋。」此之謂也。○畢沅曰：「舊本作『治衷不外調』，訛，今據班孟堅賦改正。」**孔子行道而息，**○畢沅曰：「李善注文選陸士衡演連珠『東野有不釋之辯』，引此作『孔子行於東野』。」○王念孫曰：「此文當據選注作『孔子行於東野』。淮南人間篇亦作『孔子行於東野』，今本譌作『孔子行遊』。」○維遹案：選注引作『孔子行於東野，馬逸，食野人稼，野人留其馬。子貢說而請之，野人終不聽。於是鄙人馬圉乃復往說曰：『子耕東海至於西海，吾馬何得不食子苗？』野人大悅，解馬還之』。與今本呂氏絕異。且今本呂氏、淮南皆無「東野」二字，而士衡之文明言「東野有不釋之辯」，則唐以前呂氏與今本不同者多矣。**馬逸，食人之稼，野人取其馬。子貢請往說之，畢辭，野人不聽。有鄙人始事孔子者曰：「請往說之。」**○陶鴻慶曰：「『曰』字不當有，涉下文『因謂野人曰』而誤衍也。上文『子貢請往說之』，亦無『曰』字，是其

〔一〕四部叢刊本「熱」下有注「一作崩」。

證。」因謂野人曰：「子不耕於東海，吾不耕於西海也，○畢沅曰：「選注引作『子耕東海至於西海』，與淮南人間訓同。」○俞樾曰：「『吾不』二字衍文也。『子不耕於東海，耕於西海也』，此『也』字讀爲邪，古字通用，言東海、西海皆非子所耕邪，吾馬何得不食子之禾乎？淮南人間篇作『子耕於東海至於西海』，其義更明。後人不達古書語意，臆加『吾不』二字，使與上句相對，而文義不可通矣。」吾馬何得不食子之禾？」其野人大説，相謂曰：「説亦皆如此其辯也，獨如嚮之人？」獨猶孰也。嚮之人，謂子貢也。○維遹案：「其」字當作「也」，屬上爲句。秦刻石「也」作「㔾」，鐘鼎「其」或作「𠀠」，二字形似致誤。淮南無「其」字，可證。解馬而與之。説如此其無方也而猶行，方，術。外物豈可必哉？

君子之自行也，敬人而不必見敬，愛人而不必見愛。敬愛人者己也，見敬愛者〔一〕人也。君子必在己者，不必在人者也。必在己，無不遇矣。必己○一作「本知」，一作「不遇」。

〔一〕「者」上原衍「人」，據諸子集成本删。